KB179478

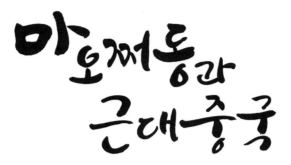

마오쩌둥과 근대중국

리쥔루(李君如) 지음 · 김승일(金勝一) · 홍매(洪梅) 옮김

마오쩌둥과 근대중국

초판 1쇄 인쇄 2019년 1월 15일
초판 1쇄 발행 2019년 1월 23일

지 은 이 리쥔루(李君如)
옮 긴 이 김승일(金勝一)·홍매(洪梅)
발 행 인 김승일(金勝一)
디 자 인 조경미(jojo4@hanmail.net)
펴 낸 곳 경지출판사

출판등록 제2015-000026호
주소 경기도 파주시 산남로 85-8
Tel : 031-957-3890~1 Fax : 031-957-3889
e-mail : zinggumdari@hanmail.net

ISBN 979-11-88783-75-5 03910

마오쩌둥과 근대중국

경지출판사

CONTENTS

CONTENTS

총 서문

리쩬루

마오쩌동 동지 탄생 120주년을 기념하여 푸젠(福建) 인문출판사에서 나에게 다시 『마오쩌동과 근대 중국毛澤東與近代中國』, 『마오쩌동과 당대 중국毛澤東與當代中國』, 『마오쩌동과 포스트 마오쩌둥의 당대 중국毛澤東與毛澤東後的當代中國』으로 이루어진 "마오쩌동 연구 시리즈 3부작"의 재출판 희망을 전해와 고민 끝에 출판에 응하게 되었다.

재출판 요청을 받고서 잠시 머뭇거렸던 이유는 이 세 권이 이미 1980년대 말에 쓰기 시작하여 90년대 초와 중반에 출판했던 책(어떤 책은 이미 재판을 발행하였고, 또 여러 번의 인쇄를 거쳤다.)으로 다시 재출판을 하게 되면, 역사적 본모습을 유지해야 할지, 아니면 새로운 인식에 맞춰서 수정을 해야 할지, 또 이미 사회적으로 영향력을 가지고 있는 저서를 수정하는 것이 합당한지의 문제 때문이었다. 많은 분들의 의견을 듣고서 일정 부분의 수정이 필요하다고 판단하여(역사를 존중하여 관점에 대한 수정은 주석을 달아 설명), 결국에 다시 출판하는데 동의하게 되었다.

수정이 필요하다고 판단한 까닭 중의 하나는 원래 세 권의 저작은 연이어 쓰였지만, 『마오쩌동과 당대 중국』은 『마오쩌동과 근대 중국』보다 먼저 쓰였고, 또 3부작 시리즈로서의 총 서문이 없었기 때문이다.

그래서 이번 수정판에서는 시리즈로써의 총평 서문을 추가하게 된 것이다. 이것이 이 총 서문을 쓰게 된 이유이다.

본인은 왜 이다지도 이 '총 서문'을 중요하게 생각할까? 그 이유는 바로 『마오쩌동과 근대 중국』에서부터 『마오쩌동과 당대 중국』, 그리고 『마오쩌동과 포스트 마오쩌동의 당대 중국』에 이르기까지 시종일관 '마르크스주의의 중국화'라는 이 주선율이 관철되고 있기 때문이다. 그러나 원래 이 세 권의 책이 각각 쓰여 진 것이었기 때문에 『마오쩌동과 근대 중국』에서 이 사상을 어떻게 제기하게 되었는지, 이 사상이 중국 공산당의 혁신적 실천과 혁신적 이론에 어떤 의미를 가지고 있는지를 설명할 수가 없었다. 그래서 이러한 점을 보충해야할 필요가 있었던 것이다. 이와 동시에 우리는 또한 중국공산당의 역사와 이론을 연구함에 있어서 기초에서부터 시작하여야 할 필요가 있기 때문에 '마르크스주의의 중국화'라는 이 명제의 제기와 발전과 관계된 일련의 기본 문제에 대해 심도 있는 사고와 연구가 필요하기 때문이다.

1. '마르크스주의의 중국화'의 제기

'마르크스주의의 중국화'라는 이 명제는 마오쩌동이 중국의 혁명 실천에서 쌓아온 풍부한 경험을 진지하게 총합산하면서 깊이 있게 철학적·이론적 사고를 바탕으로 제기한 것이다. 개혁 개방의 새로운 실천을 기초로 해서 21세기 초에 우리는 이 명제를 중국공산당의 이론적 혁신과 이론적 무장을 중심 임무로 해서 다시 제기하게 되었다.

1) '마르크스주의의 중국화' 명제의 제기

'마르크스주의의 중국화'라는 명제는 마오쩌동이 항일전쟁 초기에 제기한 것이다.

1938년 10월 중국공산당의 제 6대 중국공산당 확대 전체회의에서 마오쩌동은 「새로운 단계를 논함論新階段」이라는 제목의 장편의 보고서를 썼다. 이 유명한 보고서의 7번째 부분인 「민족 전쟁에서의 중국공산당의 위치」에서 그는 중국공산당이 북벌전쟁과 토지개혁 전쟁에서 두 차례의 승리와 두 차례의 실패라는 역사적 경험과 항일전쟁 초기 통인전선 문제에서 출현한 우경화와 실수를 경계로 삼아 "추상적인 마르크스주의란 없으며, 단지 구체적인 마르크스주의가 있을 뿐이다. 이른바 구체적인 마르크스주의라고 하는 것은 바로 민족적 형식의 마르크스주의를 통해, 바로 마르크스주의를 중국의 구체적 환경의 구체적 전투에 적용시키는 것이지 추상적으로 응용하는 것이 아니다.

위대한 중화민족의 일부분으로서, 이 민족과 피와 살로 연결되어 있는 공산당원으로서 중국적 특징을 벗어나서 마르크스주의를 이야기하는 것은 단지 추상적이고 공허한 마르크스주의일 뿐이다. 그러므로 마르크스주의의 중국화는 그 모든 표현 속에 중국적 특징을 가지고 있어야 하는 것이다. 다시 말해서 중국적 특징에 따라 그것을 응용함으로써 당 전체가 절박하게 이해하고 절실하게 해결해야 할 문제가 되게 하는 것이다.'"라고 심도 있게 지적하였다. 여기서 마오쩌동은 처음으로 중앙 전체 위원회에서 '마르크스주의의 중국화' 임무를 제기하면서

---

1) 마오쩌동, 「새로운 단계를 논함論新階段」 (1938년 10월), 『건당 이래 중요문헌 선편建黨以來重要文獻選編』 (중앙문헌출판사, 2011) 제15권, 651쪽.

당 전체가 "절박하게 이해하고 절실하게 해결해야 할 문제"라고 강조하였다. 중국혁명과 건설의 위대한 실천 속에서 만들어진 마오쩌동 사상은 바로 마르크스주의 중국화의 첫 번째 성과인 것이다. 류샤오치가 중국공산당 제7차 전당대회 보고서에서 마오쩌동 사상이 당의 지도적 사상이라고 언급할 때, 마오쩌동은 "마르크스주의의 중국화라는 거대한 작업을 성공적으로 진행시켰다"라고 분명하게 지적하기도 했다.

2) '마르크스주의의 중국화' 사상의 형성

마오쩌동이 항일전쟁 초기에 '마르크스주의의 중국화'라는 이 명제를 제기했던 이유는, 중국혁명의 실천이 우리에게 마르크스주의가 중국의 문제를 해결하는데 가장 좋은 이론적 무기이기는 하지만, 마르크스주의가 오직 중국혁명의 구체적 실천과 결합되어질 때에만 비로소 중국혁명의 면모를 일신시켜줄 수 있음을 말해주고 있기 때문이다.

중국혁명의 실재 진전 과정에서 고찰해 보면, 마오쩌동의 '마르크스주의의 중국화' 사상의 형성과 이 명제의 제기 과정은 크게 세 단계의 발전 과정으로 나눌 수 있다.

첫 번째는 "중국과 세계의 개조"를 임무로 하여 마르크스주의를 배우고 수용하는 단계이다. 근대에 이르러 낙후된 중국이 열강들에게 유린당하게 되는 비참한 운명은 수많은 뜻있는 지식인이나 어진 사람들의 구망과 생존을 위한 애국적 열정을 불러일으켰다. 그러나 임칙서(林則徐), 위원(魏源)이 내세웠던 "오랑캐(서구열강)의 빼어난 기술을 배워 오랑캐를 제압하자!(師夷之長技而制夷)"는 주장에서부터 홍수전(洪秀全)이 이끌었던 기세등등했던 태평천국 운동에 이르기까지, 그리고 또 강유위(康有爲)와 양계초(梁啓超)가 추친 했던 무술변법(戊戌變法)에 이르기까지 모두 성공을 거두지 못했다. 손중산(孫中山) 선생이 이끌었던 신해혁명으로 2천여 년 동안 중국을 통치해온 전제군주제가 막을 내리게 되긴 했지만, 1840년 아편전쟁 이후에 점진적으로 형성되어 온 반식민지·반봉건의 사회적 성격을 크게 변화시키지는 못한 채 혁명의 성과는 결국 북양군벌(北洋軍閥)의 수중에 넘어가고 말았으며, 국가와 인민들은 여전히 도탄에 빠져 있었다. 마오쩌둥은 청년 시절에 "중국과 세계 개조"라는 원대한 포부를 가지고 있었다. 구망과 생존을 위해 그는 동시대의 많은 애국청년들과 마찬가지로 5·4 신문화운동에서 "공자를 타도하자(打倒孔家店)"를 외치면서 중국이 봉건적 문화의 울타리를 부수고 나와 드넓은 세계적 시야로 구국(救國)과 구민(救民)의 진리를 찾기를 바랐다. '5·4신문화운동' 또한 부족했다고 말해야 할 것이다.

훗날 마오쩌둥이 「당팔고를 반대한다.反對黨八股」라는 글에서 말했던 것처럼 중국 전통문화에 대한 역사 유물주의의 비판정신의 결여라는 문제, 즉 "이른바 나쁜 것은 절대적으로 나쁜 것"이라는 식의 형식주의 문제가 남아 있었던 것이다. 그러나 '5·4신문화운동' 과정에서 세계의 여러 사조들이 밀물처럼 중국으로 쏟아져 들어오면서 마오쩌둥의 사상적 인식에도 변화가 일어나게 되어 한 차례의 도약을 실현시켜 주었다고 할 수 있다. 철학사상적 측면에서 보면 '무아론(無我論)'에서 '유아론(唯我論)', 그 중에서도 특히 '정신적 개인주의'로, 다시 '포퓰리즘(Populism)'으로, 또 다시 '유물사관(唯物史觀)'으로의 변화과정을 보였다. 정치사상에 있어서는 전통적인 애국주의에서 민주주의, 특히 무정부주의로, 다시 공산주의로의 변화과정을 겪었다.

마오쩌둥이 경험했던 일련의 사상적 변화들은 서재 속에서 일어난 것이 아니라, 그가 직접 몸으로 체험했던 실천을 통해서 일어난 것이었다. 즉 참여하고 또 이끌기도 했던 사상 계몽운동과 구장운동(驅張運動 : 5·4운동 당시 후난(湖南)지방의 군벌이었던 장경요(張敬堯)를 몰아내기 위한 운동-역자 주), '후난 자치운동' 등 일련의 민주주의 실천들이 실패한 후에 일어난 것이었다. 그리하여 그의 사상적 변화는 다른 사람들보다 더욱 절박했던 것이었다.[2] 마오쩌동이 결국에는 마르크스주의를 수용 또는 선택하였던 것은 그가 마르크스주의를 중국과 세계 개조의 사상적 무기로 삼기 시작했음을 보여주는 것이다. 그리고 이것이 바로 그가 훗날 '마르크스주의의 중국화'를 형성시키고 내세우게 된 역사적 출발점이기도 했다.

두 번째는 "교조주의를 반대"하는 가운데 마르크스주의의 '교과서'와 중국의 실제상황을 결합시켜 나가야 한다는 원칙을 주장했던 단계이다. 마오쩌동은 당시의 일부 선진적인 지식인들과 함께 마르크스주의를 수용했을 뿐만 아니라, 마르크스주의와 중국의 노동자운동을 결합시켜 중국공산당을 창당했던 이유는 그들이 실천을 통해 마르크스주의가 사회발전의 객관적 규율을 반영하고 있을 뿐만 아니라, 억압받고 착취당하는 많은 노동인민들의 이익을 대변하고 있음을 인식하게 되었으며, 또한 마르크스주의만이 중국사회의 주요 모순, 즉 제국주의와 봉건주의를 반대하는 사상적 무기가 될 수 있다고 인식하게 되었기 때문이었다. 그러나 실천은 마오쩌동과 중국의 공산당원들에게 서구사회에서 생겨난 무산계급과 자산계급의 모순 해결이라는 주요한 임무로 삼는 마르크스주의가 중국적 사회 환경에 운용되기 위해서는 또한

---

2) 마오쩌동은 "러시아식 계통의 여러 방법들은 모두 새로운 발명의 길로 통하지 못했기 때문에 오직 이 방법만이 다른 개조방법들과 비교하여 그 가능성이 크다."고 했다. 마오쩌동의 「신민학회 장사 회원대회에서의 발언在新民學會長沙會員大會上的發言」 (1921년 1월 1일, 2일) 참고. 『모택동문집毛澤東文集』 (인민출판사, 1993) 제 1권, 1~3 쪽.

반드시 중국의 실제에 근거하여 중국의 문제를 충분히 해결할 수 있는 정확한 전략사상과 방침·정책을 내세워야 한다는 사실을 알려주었다.

이를 위해 마오쩌둥은 마르크스주의의 단계별 분석 방법을 운용하여 중국사회의 현 단계의 상황을 전면적이고 체계적으로 분석하여, 무산계급 영도 하에서 농민계급과 도시 소자산계급과 민족 자산계급과의 단결을 확대해 나가면서, 제국주의와 봉건주의, 그리고 이와 연계된 매판 자본주의의 전략적 책략과 사상을 반대하는 단계, 혁명 실패 후 그 시기를 놓치지 않고서 "총부리에서 정권이 나온다(槍桿子裏出政權)"는 사상을 제기함과 함께 추수 봉기군을 이끌고서 농촌이 도시를 포위하고 마침내는 전국의 정권을 쟁취하는 독특한 혁명방법을 제시했던 단계, 농촌 혁명근거지 건설과정에서 심도 있고 세밀한 조사와 연구를 통해 농촌의 토지문제, 홍색정권의 건립문제, 인민의 군대 건설과 당 건설 등 일련의 새로운 문제 등을 해결해 나가는 단계로 구분하였다.

이를 기초로 하여 마오쩌둥은 1930년대 당의 사업지도 과정에서 출현하게 된 주관주의 경향을 겨냥하여 "교조주의를 반대 한다", "마르크스주의 '교과서'와 중국의 실제상황을 결합시켜 나가야 한다", "조사를 하지 않으면 발언권도 없다", "중국혁명 투쟁의 승리는 중국인 동지들이 중국의 상황을 이해하는 것에 의지해야 한다", "투쟁 속에서 새로운 국면을 창출해나간다는 사상적 노선을 형성해 나가야 한다"는 등의 일련의 중요한 사상들을 제기하였다. 마오쩌둥은 마르크스주의의 유물주의 사상을 어떻게 처리할 것이냐에 관한 이러한 주장들은 '마르크스

주의의 중국화' 사상 형성의 중요한 연결 고리들이었다.[3]

세 번째는 역사적 경험과 철학사상적 종합 속에서 '마르크스주의의 중국화'라는 과학 명제를 제기했던 단계이다. 대장정(大長征)과 '쭌이(遵義)회의'의 생사고난을 거치면서 마오쩌둥은 홍군(紅軍)이 산시(陝西) 북부 지역에 도착한 후, 한편으로는 북벌전쟁과 토지개혁 전쟁의 두 차례 승리와 두 차례 실패의 경험과 교훈을 총괄하면서 「중국혁명전쟁의 전략문제中國革命戰爭的戰略問題」와 「실천론」, 「모순론」 등의 글을 써서 홍군의 전투 지휘관을 대상으로 당의 역사적 경험과 마르크스주의 철학사상 교육에 착수하였다. 다른 한편으로는 중국 내외정세의 변화, 특히 중국내 민족적 모순이 계급적 모순을 대신하여 사회의 주요한 모순으로 대두된 새로운 특징에 대해 분석하고 항일민족통일전선이라는 정치적 전략전선을 제정하는 한편 제1차 국공합작의 경험과 교훈을 본보기로 하여 공산당이 통일전선에서 독립과 자주의 원칙을 견지해 나갈 것을 주장하였다.

당시 마오쩌둥이 이러한 마르크스주의에 대한 혁신적 작업들을 진행하고 있을 때, 1937년 11월 왕밍(王明)이 코민테른 집행위원회 주석단 위원이라는 지도자의 신분으로 귀국하여 중국공산당 정치국의 12월 회의에서 코민테른이 제기한 "모두가 통일전선에 복종한다", "모두가 통일전선을 거쳐야 한다"는 지시를 전달하면서, 당은 통일전선에서 독립과 자주의 원칙을 유지해 나가야 한다는 마오쩌둥의 주장을 비판하였다.

1938년 중국공산당 중앙위원회에서는 임필시(任弼時)를 소련으로 파

---

3) 마오쩌둥, 「교조주의를 반대 한다」 (1930년 5월), 『모택동선집』 (인민출판사, 1991) 제1권 109 쪽~118 쪽.

견하여 코민테른에 사업보고를 하였다. 당시 코민테른사업을 주관하고 있던 디미트로프는 중국의 실제상황을 이해하고 난 후 코민테른 주재 중국공산당 대표 왕쟈샹(王稼祥)을 귀국시켜 중국공산당은 "영도기관에서 마오쩌동의 영도 하에 해결"하도록 지시하였다. 이처럼 중요한 지시에 근거하여 중국공산당은 6차 6중 전회 확대회의를 개최하게 되었다.[4] 『모택동선집』 제2권, 534쪽에서는 마오쩌동이 당시 회의에서 「새로운 단계를 논함」이란 중요한 보고를 하면서, 당이 학습을 강화하고 이론과 공부자(孔夫子)에서부터 손중산(孫中山)에 이르는 시기까지의 역사와 중국혁명의 풍부한 경험에 대한 연구도 포함하는 역사와 현실연구를 겸해야 한다고 강조하면서 '마르크스주의의 중국화'라는 이론적 임무를 제기하게 되었던 것이다. '마르크스주의 중국화'의 제기는 중국공산당의 이론적 혁신의 중요한 성과이며, 또한 당 전체가 주관주의, 특히 교조주의를 반대하는데 중요한 사상적 무기로 제공되었다.

1942년 옌안(延安)정풍 및 1945년 승리 후 개최된 중국공산당 제7차 대회는 바로 마르크스주의 중국화의 사상적 지도하에서 일궈낸 성공적인 대회였다. 마오쩌동 사상은 바로 마르크스주의 중국화의 첫 번째 성과물인 것이다. 『마오쩌동과 당대 중국』을 연구함에 있어서, 마오쩌동이 중국공산당의 실천과 이론에 대한 혁신을 추진했던 이유가 이처럼 휘황찬란한 성과를 거두게 되었던 까닭, 중국공산당과 중국인민들을 이끌고서 중국혁명을 승리로 이끌었던 까닭들이 모두 마르크스주의의 중국화에 있었던 것이다.

---

4) 『모택동전기(1893~1949)』, 중앙문헌출판사, 2004, 하권, 504~521쪽.

3) '마르크스주의 중국화'의 재차 제기

그러나 신 중국 건립 이후 우리는 '마르크스주의의 중국화'라는 이 용어를 공개적으로 거의 사용하지 않았다. 일반적으로 마르크스주의와 중국 실제와의 상호 결합이란 표현을 사용할 뿐이었다.

신중국 건립 직전에 국제공산주의 운동에는 매우 중요한 사건이 발생하게 되는데, 연구자들은 이것과 관계가 있음에 주의하게 되었다. 1948년 6월 공산당 정보국에서는 결의를 통해 유고슬라비아 공산당의 이른바 민족주의, 반 소련 친 자본주의 경향이 바로 그것이라고 결정을 내렸다. 당시 중국공산당은 정권 쟁취를 준비하고 있었기 때문에, 공산당 정보국의 결의를 매우 중시하여 특별히 이 결의를 학습하고 관철시키기로 결정하였으며, 또한 논평을 발표하였으며, 이러한 문건들과 평론을 중국공산당 중앙 당교(黨校, 공산당 간부학교)의 학습 문헌으로 편입시켰다. '마르크스주의 중국화'의 제기가 민족주의 경향으로 오해되어질 것을 고려하여 이후에 당 중앙에서는 '마르크스주의의 중국화'를 공개적으로 제창하지 않았다. 이후 『모택동선집』이 출판 될 때 「민족전쟁에서 중국공산당의 지위」라는 글에서 '마르크스주의의 중국화'를 '중국에서 마르크스주의의 구체화'라는 표현으로 바꾸었다.[5]

그렇다고 하더라도 이후에 중·소 논쟁 때 소련공산당은 여전히 중국공산당이 역사적으로 '마르크스주의의 중국화'라는 표현을 사용했었던 것에 대해 질책하였다. 1960년 11월 초 류사오치는 중국공산당 대표단을 인솔하여 모스크바에서 열린 전 세계 81개국의 공산당과 노동당 대

---

5) 『모택동선집』, 인민출판사, 1991, 제2권, 534쪽에서 마오쩌동은 중국음악협회의 관계자와의 대담에서 예술적으로 서양의 좋은 것들을 배워야 하지만, 그러나 "마땅히 하면 할수록 중국화 되어야지 서구화 되어서는 안 된다."고 말했다. 마오쩌동, 「음악 관계자와의 담화」 (1956년 8월 24일) 참고. 『모택동문집』 제7권, 인민출판사, 1999, 82쪽.

표 회의에 참석하였다. 소련공산당 중앙은 중국공산당 대표단에게 중국공산당 중앙에 보내는 장편의 「답변서」를 전달하여 중국공산당에 대해 일련의 비판을 가했다.

그 중의 하나가 바로 "마르크스주의는 국제주의 (internationalism, 인터내셔널리즘) 학설로, 그것은 모든 국가에 똑같이 적용되고 수용되는 것이다. 그러나 중국공산당 동지들과 중국의 신문 잡지들은 '중국화된 마르크스주의'라는 개념을 광범위하게 사용하고 있다. 예를 들어, 류사오치 동지는 중국공산당 제7차 대회의 보고서에서 마르크스주의의 중국화에 대해 언급하면서, 마오쩌둥 동지가 '마르크스주의의 중국화라는 거대한 작업을 성공적으로 진행시켰다'라고 했다"고 지적했다. 그래서 마오쩌둥은 1961년 1월에 열린 중국공산당 제 8대 9중 전회에서 이에 대해 응답하였다. 그는 유머러스하게 "'마르크스주의의 중국화'는 아마도 당신(류사오치)의 전유권은 아닐 것이다. 나도 이야기 한 적이 있지 않는가? 문자로도 있지 않는가? 내 기억에는 그런 이야기를 한 것 같다. 6중 전회에서 '마르크스주의의 중국화'라고 썼던 것 같다. 내가 제기한 적이 있는 것으로 기억한다. 그러므로 당신과 나 사이에 이런 저작권 문제가 발생하게 된 것이다. 이른바 마르크스주의의 중국화는 바로 마르크스주의의 보편적 진리를 중국혁명의 구체적인 실천과 통일시키는 것으로서 하나는 보편적인 것이고, 하나는 구체적인 것이다. 이 둘의 통일을 중국화라고 부르는 것이다"라고 말하였다.

실천은 마오쩌둥이 제기했던 '마르크스주의 중국화'의 임무가 정확한 것이었음을 증명해 준다. 『마오쩌둥과 당대 중국』을 연구함에 있어서 우리는 사회주의 혁명과 건설에서 여러 어려움들을 극복하고서 사회주의 기초제도들을 확립하고 독립적인 공업체계와 완전한 국민경제체계를 확립시킬 수 있었던 것이 바로 여전히 마르크스주의의 중국화에 의지하고 있기 때문이다. 우리는 '대약진'과 '인민공사 운동' 과정에서의 실수, 심지어는 10년이라는 기나긴 '문화 대혁명'과 같은 심각한 실수가 발생하게 된 것도 바로 '마르크스주의의 중국화'를 벗어났기 때문이었다.

그러므로 개혁개방 이후 즉『포스트 마오쩌둥의 당대 중국』에서 덩샤오핑은 진지하게 중국과 세계 사회주의운동의 역사적 경험에 대한 종합을 기초로 하여 마오쩌둥이 제기했던 '마르크스주의의 중국화' 사상을 계승 발전시켜 나가면서, "자신의 길을 걸어가면서 중국적 특색의 사회주의를 건설하자"라는 이 과학 명제를 제기한 것이었고, 또한 사회주의의 참신한 실천을 통해 마르크스주의의 중국화가 정확한 것이었음을 검증하였다. 덩샤오핑이 창립하고 장쩌민이 21세기로 접어들 때까지 추진했으며, 후진타오가 새로운 21세기라는 새로운 역사적 기점에서 출발하여 지속적으로 견지하고 발전시켜 온 중국적 특색의 사회주의는 바로 마오쩌둥 사상 이후의 '마르크스주의 중국화'의 또 하나의 성과라고 할 수 있다. 혹자는 '마르크스주의 중국화'의 최신 성과라고까지 말하기도 한다.

짚고 넘어가야 할 것은 21세기로 접어들면서 중국공산당은 실천을 진리를 검증하는 기준으로 삼아 다시금 '마르크스주의의 중국화'와 '중국화 된 마르크스주의'라는 표현법을 사용하게 되었다는 점이다.

2001년 7월 1일 장쩌민은 중국공산당 창당 80주년을 축하하는 중요한 연설에서 처음으로 '중국화된 마르크스주의'라는 표현을 사용하여 마오쩌둥 사상과 덩샤오핑이론이 마르크스주의 발전사에서 차지하는 위치를 설명하였다. 같은 해 9월 26일 중국공산당 중앙은 「당의 기풍

확립 강화와 개선에 관한 결정」에서 "마르크스주의의 중국화를 계속적으로 추진해 나가야 할 필요성"을 명확하게 제기하였다. 중국공산당 16대 당 대회 이후 '마르크스주의의 중국화'는 중국공산당이 자주 사용하는 표현이 되었다. 2003년 6월 22일 중국공산당 중앙은 '삼개대표(三個代表)'의 중요사상 학습에 관한 통지에서 이 중요사상이 "마르크스주의 중국화의 최신 성과"라고 강조하였다.

후진타오는 2003년 7월 중국공산당 중앙 정치국 집체학습 때의 중요 연설에서, 그리고 같은 해 12월 마오쩌동 탄생 110주년 기념식에서의 중요 연설에서, 또 2005년 1월 신 시기 공산당원의 선진성 유지를 위한 특별 보고회에서의 중요 연설, 2006년 8월『강택민문선』학습 보고회에서의 중요 연설과 같은 해 10월의 중국공산당 16대 6중 전회에서의 연설과 기타 일련의 중요 활동에서 했던 중요 연설에서 수차례 '마르크스주의의 중국화'라는 이 표현을 사용하였다. 2006년 5월 31일 후진타오는 전국 간부 학습 연수교재 편찬을 위한 서문에서 "간부 교육 연수사업은 반드시 마르크스·레진주의, 마오쩌동 사상, 덩샤오핑 이론, 그리고 '삼개대표'의 주요사상을 지도사상으로 견지해 나가면서 과학적 발전관을 전면적으로 관철시키고 실현시켜 나가야 하며, '마르크스주의 중국화'의 최신 성과들을 핵심으로 하는 내용을 학습하고 전파해 나가야 한다. 많은 간부들이 당대 중국의 마르크스주의 이론 발전성과의 과학적 의미와 정신적 실체를 정확하게 파악할 수 있도록 인도해 나가야 하며, 또한 이것으로 두뇌를 무장시키고 실천을 지도해 나가며 사업을 추진해 나가야 한다"고 분명히 제기하였다.

특히 2007년 개최된 중국공산당 제17대 전당대회에서는 1945년 중국공산당 제7대 전당대회 이후 다시 한번 '마르크스주의의 중국화'를 전당대회 보고서에 삽입함으로써 "중국적 특색의 사회주의 이론체계를 깊이 학습하고 관철시켜 나가며, '마르크스주의 중국화'의 최신 성과로써 당을 무장시켜 나가도록 힘써야 한다"고 제기했다.

위에서 언급했듯이, 우리는 중국공산당의 이론 혁신과정에는 분명한 주선율이 관통하고 있으며, 그것이 바로 '마르크스주의의 중국화'라는 것을 분명하게 느낄 수 있는 것이다.

2. '마르크스주의 중국화'의 과학적 의미

역사에 대한 회고는 '마르크스주의의 중국화'가 완전히 새로운 명제임을 우리에게 말해준다. 이 명제의 제기는 중국에 있어서는 하나의 이론적 혁신일 뿐만 아니라 마르크스주의 발전사에 있어서도 하나의 이론적 혁신이다. 그러므로 우리는 마땅히 마르크스주의의 중국화 과정에 대한 연구를 통해 이 명제의 과학적 의미를 더욱 깊이 있게 연구해나가야 할 것이다.

1) '마르크스주의 중국화'의 기본원칙과 이론적 요구

무엇이 마오쩌동과 중국공산당이 말한 '마르크스주의의 중국화'인가?

이 문제는 당시 옌안에서도 사람들의 많은 관심을 불러일으켰다. 사실 당시 마오쩌동이 제기한 '마르크스주의의 중국화'라는 이 명제 이전에 이미 유명한 마르크스주의 철학가 아이스치(艾思奇)가 1938년 4월에

"지금은 철학 연구의 중국화, 현대화 운동이 필요하다."[6]고 제기한 바가 있다. 1940년 2월 그는 예칭(葉靑)이 '마르크스주의의 중국화'라는 이름으로 '중국적 특수성'을 고취하면서 복고주의로 마르크스주의를 부정하는 잘못된 견해에 대해 깊이 있는 분석과 비판을 가했다.[7]

마오쩌동의 『실천론(實踐論)』, 『모순론(矛盾論)』에서 설명하고 있는 변증법적 유물주의 인식론, 특히 그가 「교조주의를 반대 한다」를 시작으로 옌안시기에 반복적으로 강조하고 있는 마르크스주의에 대한 학습과 연구의 논술들에 근거해 볼 때, '마르크스주의의 중국화'라는 이 명제는 중국이 "어떻게 마르크스주의를 견지해 나가고 발전시켜 나가야 할 것인가?"라는 근본적 이론문제에 대한 해답이라고 나는 생각한다. 그러므로 그것은 먼저 마르크스주의 이론작업의 원칙이며, 동시에 또한 마르크스주의 당의 이론작업에 대한 요구이기도 한 것이다.

여기서는 '마르크스주의의 중국화'와 '중국화 된 마르크스주의' 이 두 개념을 반드시 구분해야 한다. 전자는 중국의 마르크스주의 이론 작업자가 이론 작업 중에 반드시 견지해야할 원칙이자 요구이고, 후자는 마르크스주의 중국화 과정에서 얻어진 이론적 성과를 말하는 것이다.

중국의 마르크스주의 이론 작업자들은 이론 작업과정에서 반드시 견치해야 할 원칙이자 요구 사항에는 하나의 기본원칙과 세 가지 이론적 요구사항이 포함되어 있다.

하나의 기본원칙이란 바로 "마르크스주의와 중국적 현실과의 결합"

---

6) 아이스치(艾思奇), 「철학의 현황과 임무哲學的現狀與任務」, 『아이스치 전서艾思奇全書』, 인민출판사, 2006, 제2권, 491쪽.
7) 아이스치, 「중국의 특수성을 논함論中國的特殊性」, 『아이스치 전서』, 인민출판사, 2006, 제2권, 772~779 쪽.

을 말한다. 이는 즉 "마르크스주의의 보편적 진리와 중국혁명의 구체적 실천의 상호 결합"을 말하는 것이다. 다시 말해서 마르크스주의를 추상적이고 교조주의적으로 다루어서는 안 된다는 것이다. 마오쩌둥은 「새로운 단계를 논함」(1938년)의 7번째 부분인 「민족전쟁 중의 중국공산당의 지위」에서 이 문제를 명확하게 제기한 후, 「『공산당인』 발간사 『共産黨人』 發刊詞」(1939년)에서는 더 나아가 이 문제에 대한 중국공산당의 인식과정과 당의 성숙 정도에 대한 영향을 체계적으로 논하였다. 짚고 넘어가야 할 것은 「민족전쟁 중의 중국공산당의 지위」에서 당은 응당 학습에 심혈을 기울여 이론연구, 역사연구, 현실연구라는 이 세 가지 방면의 학습을 통해 '마르크스주의의 중국화'를 실현시켜 나가야 한다고 강조하고 있다는 점이다. 「우리의 학습을 개조하자改造我們的學習」(1941년)라는 유명한 정풍(整風)운동 문헌에서 마오쩌둥은 "이론을 실제와 연계시키는" '실사구시'의 원칙을 설명하면서 이론과 실천을 상호 결합시키기 위해서는 반드시 이론과 역사, 이론과 현실을 결합시켜야 한다고 지적하였다. 즉 이론과 결합되는 '실제'는 '역사적 경험'과 '현실 상황'이라는 두 가지 측면이 포함된다는 것이다.

여기서 '현실상황'에 대한 연구가 가장 중요함은 의심의 여지가 없다. 현실 문제를 연구하지 않고, 현실 문제를 해결하지 않고서는 이론과 실제의 연계를 거론할 수도 없으며, 실사구시를 추구해 나갈 수 없는 것이니, 이른바 마르크스주의의 중국화는 말할 필요도 없는 것이다. 이와 동시에 '역사적 경험' 또한 매우 중요한 한 측면이다. 마오쩌둥은 마르크스주의를 운용하여 현실문제를 연구하는 동시에 각별히 더 광범위하고 더 심도 있는 역사적 경험과의 연계를 통해 현실의 운동법칙을 연구하고자 했던 것이다. 여기서 말하고 있는 '역사적 경험'

에는 중국의 역사뿐만 아니라 외국의 역사도 포함되며, 중국의 현대사뿐만 아니라 중국의 고대사도 포함된다. 사실상 마르크스주의를 활용하여 고금과 동서의 역사적 경험에 대한 연구를 기초로 현실을 인식하고 현실문제를 해결하고자 했던 것이다.

마르크스주의의 중국화 과정은 험난한 이론연구의 과정이자 이론과 역사적 경험과 현실상황이라는 객관적이 실제가 상호 결합하는 매우 복잡한 과정인 것이다.

세 가지 이론적 요구사항은 바로 다음과 같다. 첫째, 마르크스주의를 운용하여 중국문제를 연구하고 해결해야 한다는 것이다. 여기에는 마르크스주의를 운용하여 중국의 역사적 경험을 연구하고 종합하며, 중국현실의 사회적 모순운동의 규칙에 대해 연구하고 종합하는 것이 포함된다. 둘째, 중국의 혁명과 건설을 실천하는 중에서 얻은 풍부한 경험을 종합하고, 또한 외국 경험과의 심도 있는 비교를 통해 그것을 이론으로 승화시켜 마르크스주의의 이론체계를 더욱 충실하게 해야 한다는 것이다. 이는 곧 마오쩌동이 말했던 "중국의 혁명을 풍부한 실제적 마르크스주의화해 나가야 한다"는 것이 그것이다. 셋째, 중국 국민들이 좋아하는 민족적 언어로 표현된 마르크스주의를 포함한 민족적 형식을 통하여 내용적으로 마르크스주의를 중국화해 나가야 할 뿐만 아니라, 형식적으로도 마르크스주의의 중국화를 실현시켜 나가야 한다는 것이다.

이 세 가지 이론적 요구사항을 기본 원칙과 통일시켜 나감에 있어서 우리는 다음의 두 가지 점에 주의해야 한다.

첫째, '마르크스주의의 중국화' 과정은 마르크스주의와 중국의 실천

사이의 쌍방향적 상호 작용 과정이라는 점이다. 이 과정은 이론으로 실천을 지도하는 과정이기도 하면서 또한 실천적 경험을 이론으로 승화시키는 과정이기도 하다. 실질적으로는 보면, 마르크스주의는 중국의 실제 상황과 직면하여 중국의 실천과정에서 제기된 문제에 대해 대답하고 해결해 나가는 과정이며, 또한 실천과정에서 마르크스주의의 이론을 견지해나가고 발전시켜나가는 과정이기도 하다. 여기에서 이론은 중국의 현실과 직면하여 중국의 실천을 지도해 나가야 한다. 동시에 철저한 실천으로 실천을 벗어나지 못하게 함으로써 실천과정에서 제기된 문제들에 대답하고 문제들을 해결해 나가야 한다는 것이다. 또한 실천과정에 대담하게 이론을 개괄해나가고 혁신시켜 나가야 한다는 것이다.

둘째, '마르크스주의의 중국화' 과정은 마르크스주의의 지도하에서의 역사적 경험에 대한 종합과 현실적 모순에 대한 연구 간의 쌍방향적 상호작용 과정이라는 것이다. 현실적 모순을 연구하지 않으면서 실사구시를 추구할 수 없으며, 역사적 경험을 연구하지 않고서는 실사구시를 추구해 나갈 수 없는 것이다. 현실의 모순에 대한 연구와 고금동서의 역사적 경험에 대한 연구를 결합시켜야만 비로소 사물의 내재된 모순운동의 규칙을 인식하고 밝혀낼 수 있으며, 이로써 마르크스주의의 이론적 혁신을 추진해 나갈 수 있으며, '마르크스주의의 중국화'를 실현할 수 있는 것이다.

2) '마르크스주의 중국화'와 '이단' 문제
'마르크스주의의 중국화'의 과학적 의미에 대한 사고 과정에는 매우 중요한 관점이 하나 있는데, 그것이 바로 마르크스주의의 중국화 과정에서의 이른바 '이단(異端)' 문제를 정확하게 다루어야 한다는 것이다.

이 문제를 제기한 것은 '마르크스주의의 중국화' 과정에서 많은 혁신적 이론 관점들이 모두 '이단'으로 취급되었기 때문이다. 이러한 상황은 사상사적으로는 모종의 보편성을 가지고 있다. '마르크스주의의 중국화' 과정은 사상해방, 실사구시의 과정에서 실천적 탐색과 실천적 혁신, 이론적 탐색과 이론적 혁신을 진행해나가는 과정이며, 실천과정에서 얻어진 새로운 경험과 새로운 관점들 역시 실천을 바탕으로 재인식하고 실천을 잣대로 하여 객관적으로 검증해나가는 과정인 것이다.

이러한 탐색과 혁신과정에서는 일련의 신구 관점 간에 차이나 대립, 충돌이 있기 마련이어서 새로운 경험이나 새로운 관점은 정통의 이론에 대한 '이단'으로 받아들여지기도 하는 것을 피할 수는 없다. 예를 들어, 마오쩌동의 농촌으로 도시를 포위하여 마침내 전국의 승리를 쟁취한다는 주장이나 중국혁명의 주력군이 농민이라는 사상, 또 덩샤오핑의 경제건설을 중심으로 사회주의를 건설하자는 주장이나 사회주의에서도 시장경제를 시행할 수 있다는 사상, 장쩌민의 공산당은 '삼개 대표'를 견지해 나가야 한다는 주장과 새로운 사회계층의 우수한 인재도 입당할 수 있다는 사상 등은 모두 정통이론에 의해 마르크스주의의 '이단'으로 치부되었던 적이 있었다.

덩샤오핑은 중국공산당 제12대 3중 전회에서 통과시켰던 「경제체제개혁에 관한 결정關於經濟體制改革的決定」에 대해 이야기 할 때 "이번 경제 개혁 문건이 좋은 점은 바로 무엇이 사회주의인가에 대해 해석하고 있다는 점이다. 일부는 우리 선조들이 말한 적이 없는 새로운 말이다. 내가 보기엔 분명해 해야 한다. 과거 우리는 이러한 문건을 작성할 수 없었다. 몇 년 동안의 실천이 없었다면 이러한 문건을 써낼 수가 없었다. 써냈다 하더라도 '이단'으로 여겨져서 통과되기 어려웠을 것이다"[8]라고 했다. 이것은 마르크스주의 발전사에서 출현했었고 인류의 문명 발전사에서도 발생했었던 일이었다. 그러므로 그것은 당신이 원하고 원하지 않는 문제가 아니며, 실천과 이론의 탐색과 혁신과정 속에서 완전히 피할 수는 없는 문제인 것이다. 그러므로 이론의 혁신과정에서, '마르크스주의의 중국화' 과정에서는 반드시 사상을 해방시키고 이른바 '이단' 문제를 정확하게 다루어야만 하는 것이다.

'이단'을 정확하게 다룬다는 말은 바로 새로운 관점을 정확하게 다룬다는 말이다. 문제는 새로운 관점이라고 모두가 정확한 것이 아니라는 점이다. 중국공산당은 '문화대혁명' 시기에 "무산계급 독재 하에서의 혁명 지속 이론"을 제기하면서, 이 이론이 마르크스주의를 새로운 단계로 발전시켰다고 했었다. 그러나 실천을 통해서 이 이론은 완전히 잘못된 것임이 증명되었다. 바로 이 때문에 '이단'을 정확하게 인식하고 새로운 관점을 정확하게 인식해야만 하는 것이다.

우리는 실천을 진리를 검증하는 유일한 기준으로 삼아서 사람들이 제기하는 여러 새로운 관점들을 보고, 도대체 어느 것이 객관적 규칙에 부합하고 실천과정에서 효율적이고 정확한 것인지를 분별해야 하는 것이다. 물론 이 또한 하루아침에 검증할 수 있는 일은 아니다. 오랜 시간 동안의 실천과 관찰, 오랜 기간 동안의 검증을 거쳐야만 비로소 그 진위 여부를 인식해 낼 수 있기 때문이다.

---

8) 덩샤오핑, 「중앙 고문 위원회 제3차 전체회의에서의 연설在中央顧問委員會第三次全體會上的講話」 (1984년 10월 22일), 『등소평문선』 제3권, 인민출판사, 1993, 911쪽.

3. '마르크스주의 중국화'와 민족주의·다원화

'마르크스주의의 중국화' 문제가 제기된 이후 많은 잘못된 해석이 존재했었기 때문에, 반드시 그 중에서 비교적 영향력이 컸던 문제에 대해 연구와 토론을 진행해 볼 할 필요가 있다.

1) '마르크스주의의 중국화'와 민족주의

이 문제를 제기한 것은 바로 앞에서 소개했던 것처럼 중국공산당은 상당히 오랜 기간 동안 '마르크스주의의 중국화'라는 표현을 사용하지 않았다. 그 이유는 소련공산당에서 중국공산당이 민족주의 경향을 가지고 있다고 생각하는 오해를 피하기 위해서였다.

먼저 지적하고 넘어가야 할 것은 민족주의는 다의어라는 점이다. 때때로 사람들은 민족주의를 애국주의와 동일시하기도 한다. 또 사람들은 때로는 민족주의를 민족적 이익을 중심으로 하여 협의적으로 자기 민족의 이익만을 보호하려고 하며, 국제적 책임을 지지 않으려고 하는, 심지어는 다른 민족의 이익을 침범하기까지 하는 사조로 여기기도 한다. 후자에 대해 우리는 '협의의 민족주의'라고 부르기도 한다. 이러한 복잡한 상황으로 인해 오해를 피하기 위해 중국공산당은 좋은 의미로서의 '민족주의'라는 용어를 사용하고 있다. 당시 중국공산당 정보국에서는 유고슬라비아의 민족주의를 비판하기도 했다. 또 다른 하나의 상황은 바로 우리가 공산주의 운동에서 종종 소련과 의견을 달리했다는 점이다. 그들은 서로 다른 민족주의를 정확하게 구분하지 못했음은 분명하다.

그러나 중국공산당이 제기한 '마르크스주의의 중국화'가 강조하고 있는 것은 중국공산당이 중국적 현실에서 출발하여 독립적이고 자주적으로 중대한 문제를 해결함으로써 중화민족의 독립과 해방과 발전을 실현시켜나가야 한다는 것이다.

마오쩌둥은 혁명을 이끌던 시절에 항상 우리의 애국주의와 무산계급의 국제주의를 통일시켜야 한다고 강조했던 것도 바로 이러한 의미였다. 우리가 국제주의를 강조할 때 소련공산당은 이견을 내세우지 않았다. 그러나 우리가 애국주의를 부각시키게 되면 그들은 항상 우리를 그러한 협의의 민족주의라고 생각했다.

우리는 사람들이 우리의 이러한 민족주의를 의심한다고 해서 애국주의의 기치를 포기할 수는 없다. 또 우리가 애국주의를 강조하기 때문에 그런 협의의 민족주의를 용인해서도 안 된다. 이것은 우리가 마르크스주의의 중국화를 견지해 나감에 있어서 반드시 주의하고 기억해야 할 내용이다.

동시에 우리는 애국주의 또한 역사적 범주임을 인식해야 한다. 마오쩌둥은 "애국주의의 구체적 내용은 어떤 역사적 조건에서 결정된 것이냐를 보아야 한다. 일본 침략자들과 히틀러의 '애국주의'도 있고, 우리의 애국주의도 있다"[9]고 말한 바 있다. 우리가 제창하는 애국주의도 마찬가지로 민족 존망의 위기에서는 구망이 애국주의의 주제가 된다. 오늘날에는 애국주의의 주제가 중국적 특색의 사회주의 사업을 발전시켜나가는 과정 속에서 중화민족의 위대한 중흥을 실현시키는 것이다. 그러므로 우리가 말하는 '마르크스주의의 중국화'는 우리 민족의 어깨에 걸린 역사적 사명과 긴밀하게 연결되어 있는 것이다.

---

9) 마오쩌둥, 「민족 전쟁에서의 중국공산당의 위치」 (1938년 10월), 『모택동선집』 제2권, 인민출판사, 1991, 520쪽.

2) '마르크스주의 중국화'와 다원화

이 문제는 덩샤오핑이 제기한 중국적 특색의 사회주의라는 이 과학 명제와 한 바탕 논쟁을 불러일으키기도 했다.

오랫동안 우리는 소련식의 사회주의가 표준적 사회주의라고 여겨왔다. 소련식 사회주의의 폐단이 나날이 폭로되는 과정에서 사람들은 사회주의가 단 하나의 소련식 모델만 있는 것인가를 포함하여 "무엇이 사회주의이며, 어떻게 사회주의를 건설해 나가야 하는가?"에 대해 새롭게 사고하게 되었다. 덩샤오핑이 "우리 자신들의 길을 걸어가야 하며, 중국적 특색의 사회주의를 건설해야 한다"고 제기한 것은 이 문제에 대한 사회주의 발전사에 있어서의 중대한 돌파구였다.

1983년 유고슬라비아의 카브타트(Cavtat)에서 열린 세계 사회주의 원탁회의에서 중국 대표단은 〈중국적 특색의 사회주의 건설〉이라는 내용의 발표를 하면서 많은 전문가들의 관심을 불러일으켰다. 그러나 이와 동시에 또한 소련의 비판을 받았는데, 소련은 이것이 사회주의의 다원화라고 질책했다. 그러나 심사숙고를 거친 후 갈수록 많은 사람들이 이 문제의 중요성에 대해 인식하게 되었다. 1985년 열린 세계 사회주의 원탁회의에서는 일부 전문가들이 "모든 국가들은 자신들만의 특정한 방식으로 사회주의를 발전시켜나갈 권리가 있다." "마르크스주의는 결코 어느 한 사람의 사유 재산이 아니기 때문에 높거나 낮은 이율에 따라서 고리대를 놓거나 세를 놓을 수는 없는 것이다. 또한 그것을 봉쇄하거나 기타 다른 관념이나 사상을 배척해서도 안 된다.

만약 이러한 전제 조건들이 실현되지 않는다면 사회주의는 그 자체의 위험에 빠지게 될 것이다." "많은 민족과 다양한 문화들이 존재하기 때문에 다원적인 사회주의가 존재하게 될 것이다. 이러한 의미에서 세계사의 발전과정은 여전히 부단하게 앞을 향해 발전해 나가고 있다. 그러나 그것은 이 단일성과 일원적 모델에서 벗어나고 있는 것이고, 또한 분명하다"라고 지적하였다.

이러한 국가들의 이론가들은 "중국적 특색의 사회주의"를 지지하면서 소련 공산당의 '사회주의 다원화'에 대한 질책을 비판하는 과정에서 중국 대표단의 '중국적 특색'의 문제를 '다원적 사회주의'로 개괄하였지만 중국공산당의 입장과 관점을 정확하게 반영하지는 못했다. 이처럼 사회주의 모델의 다양성을 사회주의의 다원화로 귀결시켜버리는 것은 잘못하면 과학적 사회주의의 기본원칙을 부정하는 것이 되어버릴 수 있다. 지난 세기 80년대 동유럽과 소련이 우여곡절을 겪으며 추진했던 새로운 개혁의 실패가 바로 그 엄중한 교훈이었다.

우리는 덩샤오핑이 제기한 "중국적 특색의 사회주의"가 중국공산당이 마르크스주의를 중국화는 과정에서 거둔 매우 중요한 성과임을 모두 잘 알고 있다. 그렇기 때문에 이 "사회주의가 다원화 될 수 있느냐, 없느냐?"의 논쟁은 사실상 마르크스주의가 '다원화'될 수 있느냐의 문제인 것이다.

'차원'의 문제는 매우 복잡하며 마르크스주의의 본체 문제에까지 관련이 된다. 자칫 잘못할 경우 근본적으로 마르크스주의의 기본원리에 크나큰 흠집을 남기게 될 수도 있다. 우리는 마르크스주의의 중국화를 강조하는 것은 결단코 마르크스주의의 다원화로 나아가려고 하는 것이나, 더 나아가 마르크스주의를 부정하고자 하는 것이 아니다. 이 또한 우리가 마땅히 주의해야 할 것이다.

4. '마르크스주의 중국화'의 두 차례 비약과 양대 성과

'마르크스주의 중국화'의 기본적 요구 조건들이 마르크스주의와 중국의 실천과의 상호결합임을 잘 알고 있다. 그렇다면 무엇이 마르크스주의와 중국의 실천과의 상호결합인가? 이른바 상호결합이란 말은 서재에 앉아서 개념과 개념 간의 연관성, 범주와 범주 간의 변화를 연구하는 것이 아니라, 마르크스주의자들이 실제 상황에서 출발하여 실천과정에서 제기된 문제에 대해 대답하고 문제를 해결해 나가는 것을 말한다. 그러므로 '마르크스주의 중국화'의 성과는 바로 중국의 마르크스주의자들이 중국의 중대 과제들에 대해 대답하고 해결하는 이론적 성과인 것이다.

중국공산당은 건당 이래 근대중국의 양대 역사적 과제에 대해 대답하고 문제를 해결해야 했다. 그 첫째는 민족의 독립과 인민의 해방을 이루는 것이고, 두 번째는 국가의 번영과 부강, 그리고 인민 공동의 부를 실현시키는 것이었다. 간단히 말해서 첫째는 구망(救亡)이고 둘째는 발전이다. 이 양대 역사적 과제에서 첫 번째 과제를 해결해야만 두 번째 과제의 해결을 위한 조건이 만들어진다. 마오쩌동이 '마르크스주의의 중국화'라는 임무를 제기한 것은 바로 우리들이 중국적 특수성에 근거하여 우리의 실천으로 근대중국의 이 양대 역사적 과제에 대해 응답하고 해결할 것을 요구한 것이다. 그러므로 혁명과 사회주의 건설과 개혁을 이끄는 과정에서 중국공산당은 두 차례의 '결합'을 통해 두 차례의 역사적인 이론의 비약을 실현시켰다.

중화민족 앞에 놓인 첫 번째 역사적 과제 해결을 위하여 중국공산당은 마르크스주의와 중국적 실천의 첫 번째 '결합'을 진행하여 첫 번째 이론의 비약을 실현함으로써 신민주주의 이론을 만들어 냈다. 신민주주의 이론의 주요 창시자는 바로 마오쩌둥이다. 그는 반식민지·반봉건사회라는 기본적인 상황에서 출발하여, 중국적 특색의 혁명의 길을 찾아내고 신민주주의에서 사회주의로 전환해야 하는 역사적 필연성을 제시하였다. 중화민족이 직면한 두 번째 역사적 과제 해결을 위하여 중국공산당은 다시 마르크스주의와 중국적 실천의 두 번째 '결합'을 시도하여 두 번째 이론의 비약을 시작함으로써 중국적 특색의 사회주의 이론을 만들어 냈다.

중국적 특색의 사회주의 이론에 대한 탐색은 1956년 마오쩌둥이 소련을 본보기로 해서 중국의 실제상황에서 출발하여 사회주의의 길에 대한 탐색이 그 시작이었다. 그러나 이후에 지도사상의 착오로 인해 성공을 거두지는 못하였지만, 우리에게 많은 고귀한 사상적 유산을 남겨주었다. 이 이론의 주요 창시자는 덩샤오핑이다.

그는 마오쩌둥이 이루지 못한 사업과 그 사상적 재산들을 이어 받아 중국과 세계 사회주의운동의 역사적 경험, 그리고 중국의 개혁개방이라는 새로운 경험을 종합하여 전체 당원과 인민들을 이끌고서 중국적 특색의 사회주의라는 새로운 길을 개척함으로써 중국적 특색의 사회주의 이론을 만들어 냈던 것이다. 이 두 차례의 이론 비약이 실천과정을 통해 더욱 심화되어 감에 따라 장쩌민을 대표로하는 중국공산당은 새로운 세기의 세계와 중국의 변화와 발전에 직면하여 중국공산당과 국가사업에 대해 새로운 요구조건을 제시하면서 '삼개 대표'라는 중요한 사상을 제기함으로써 중국적 특색의 사회주의 이론을 견지해 나가고 풍족하게 하고 발전시켜나감에 새로운 공헌을 하였던 것이다.

중공 제16대 전당대회 이후 후진타오를 총서기로 하는 중국공산당 중앙은 새로운 세기, 새로운 단계, 새로운 실제상황에서 출발하여 과학적 발전관 등의 중대 전략사상을 제기함으로써 중국적 특색의 사회주의를 더욱더 견지하고 풍부하게 하고 발전시켜 나가게 하였다.

이 이론의 비약이 비록 아직 완결되지는 않았지만, 덩샤오핑 이론의 설립에서부터 '삼개대표'라는 중요 사상의 형성, 그리고 중국공산당 16대 전당대회 이후의 과학적 발전관 등 일련의 중대 전략사상의 제기는 처음부터 끝까지 중국적 특색의 사회주의라는 공통의 주제로써 관철되어 있다. 이것은 당대 중국공산당원 전체의 이론과 전체의 실천 주제이기도 하다. 또한 이 주제를 둘러싸고서 만들어진 이론적 관점은 이미 과학적 체계를 형성하고 있다. 그렇기 때문에 후진타오는 중국공산당 제17대·18대 전당대회 보고에서 "중국적 특색의 사회주의 이론체계는 바로 덩샤오핑 이론과 '삼개대표' 중요 사상, 그리고 과학적 발전관 등의 중대 전략 사상을 포함하는 과학적 이론체계이다"라고 분명하게 말하였던 것이다. 또한 이 이론체계는 바로 "마르크스주의 중국화의 최신 성과"라고 밝혔다.

앞에서 마르크스주의 중국화의 최신 성과를 연구하는 과정에는 보충 설명해야 할 문제가 하나 더 있다. 그것은 바로 "마오쩌동 사상과 중국적 특색의 사회주의 이론체계의 관계를 어떻게 인식할 것이냐?" 하는 문제이다. 이것은 중국공산당 제17대 전당대회 이후 중국공산당사 연구자들과 이론가들 사이에 가장 많이 논쟁이 되고 있는 문제이기도 하다. 이 문제에는 통일된 인식이 없으면 중국적 특색의 사회주의라는 이 근본 방향을 견지해 나가는데 영향을 미치게 될 것이다.

중국공산당 제17대 전당대회 이후 이 문제에는 두 가지의 서로 다른 견해가 나타났다. 하나는 마오쩌동 사상과 중국적 특색의 사회주의 이론체계는 '마르크스주의 중국화'의 양대 이론 성과라고 보는 견해이다. 그 이유는 두 가지이다. 첫째는 중국적 특색의 사회주의 이론 체계가 덩샤오핑 이론과 '삼개 대표'의 주요사상, '과학적 발전관'으로 구성되어 있을 뿐, 마오쩌둥의 사상은 포함되어 있지 않다는 것이다. 둘째는 제17대 전당대회 보고서에서는 중국적 특색의 사회주의 이론체계는 마르크스주의와 마오쩌둥 사상을 견지하고 발전시켜나가는 것이라고 분명하게 지적하고 있다는 것이다.

다른 견해는 중국적 특색의 사회주의 이론체계에 마오쩌둥의 사회주의 건설에 관한 중요 사상이 포함되어 있다고 보는 것이다. 그래서 마오쩌둥 사상은 마르크스주의와 중국의 혁명 실천과의 상호결합 과정에서 형성된 이론적 성과를 포함할 뿐만 아니라, 마르크스주의와 중국 사회주의 건설 실천이 상호 결합되는 과정에서 형성된 이론적 성과를 포함하기 때문에, 마오쩌둥의 사회주의 건설에 관한 중요 사상 역시도 중국적 특색의 사회주의 이론체계를 구성하는 중요한 부분이라는 것이다. 이러한 두 가지 견해는 분명 각각 나름대로 일리가 있는 것이어서 이에 대한 연구가 진행되어야 할 것이다.

중국공산당 제18대 전당대회 보고서에서는 이 문제를 적절하게 해결하였다. 18대 전당대회 보고서에서는 '네 가지 성공'을 두 단계의 역사시기로 구분하여 이 문제에 대해 전면적으로 논하고 있다. '네 가지 성공'은 바로 마오쩌둥이 "중국 역사상 가장 인상 깊고, 가장 위대한 사회변혁을 성공적으로 실현시켰다"는 점과 동시에 마오쩌둥이 "새로운 역사시기를 위해 중국적 특색의 사회주의 창조를 위해 소중한 경험과 이론적 준비, 물질적 기초를 제공해주었다"는 것, 덩샤오핑이 "성공적으로 중국적 특색의 사회주의를 시작했다"는 것, 장쩌민이 "중국적 특색의 사회주의를 성공적으로 21세기를 향해 밀고 나아갔다"는 것, 후진타오가 "새로운 역사 기점에서 중국적 특색의 사회주의를 성공적으로 견지해 나가고 발전시켰다"는 것, 이 네 가지를 말한다. 여기서는 마오쩌동의 중국적 특색의 사회주의에 대한 공헌을 언급하고 있을 뿐만 아니라, 또한 중국적 특색의 사회주의의 창시자가 덩샤오핑이라고 언급하고 있다. 다시 말해서 중국적 특색의 사회주의의 창시 시한을 두 역사 단계로 나누고 있는 것이다. 이 문제에 있어서 우리는 마오쩌동이 오늘날의 중국적 특색의 사회주의를 위해 노력한 공헌을 긍정하는 한편, 중국적 특색의 사회주의가 중국공산당 제11대 3중 전회를 지표로 덩샤오핑의 영도 하에서 창시되었다는 점을 분명하게 해야 한다. 우리는 사상적 인식을 제18대 전당대회의 보고서에서 보여주고 있는 과학적 판단으로 통일시켜야 할 것이다.

그렇다면 마오쩌동이 중국적 특색의 사회주의 창시에 소중한 경험과 이론적 준비, 물질적 기초를 제공했다고 한다면, 왜 중국적 특색의 사회주의의 창시자가 마오쩌동이 될 수 없는 것일까? 그 주요한 이유로는 마오쩌동은 탐색과정에서 "엄중한 우여곡절들을 거쳤기" 때문이다. 특히 그의 말년에 그 자신의 탐색 초기의 지도사상과 완전히 위배되는 "무산계급 독재 속에서의 혁명 계속 이론"을 제기하여 임종 직전까지도 이 이론을 견지했다는 점에서 우리는 마오쩌동의 고귀한 사상적 유산에 대해 잘못을 바로잡고 나서 계승해야 한다는 것이다. 그러므로 우리는 마오쩌동이 말년에 범한 엄중한 착오로 인해 그가 오늘날의 중국적 특색의 사회주의 창조를 위해 쏟았던 공헌을 부정해서는 안 될 것이다. 동시에 또한 반드시 마오쩌동이 그의 일생의 가장 마지막 단계까지 견지했던 것이 중국적 특색의 사회주의가 아니었다는 점을 알아야 할 것이다. 중국적 특색의 사회주의는 중국공산당 제11대 3중 전회 이후에 잘못을 바로잡고 나서 개혁개방을 기초로 하여 창조된 완전히 새로운 업적이기 때문에, 우리가 이 문제를 토론함에 있어서 이 실제적 역사과정을 벗어나서는 안 되는 것이다. 이 또한 우리가 반드시 주의해야 할 점이다. 다시 말해서 마르크스주의와 마오쩌동 사상, 그리고 중국적 특색의 사회주의 이론체계, 이것들 간의 관계라는 중대하고도 민감한 문제에 있어서, 우리는 반드시 다음의 두 구절을 명심해야 할 것이다. 첫째는 마르크스 레닌주의, 마오쩌동 사상은 버려서는 안 되는 것으로, 이것을 버리게 되면 당의 근본적인 존립을 잃어버리는 것이 될 것이라는 말이다. 두 번째는 당대 중국에서 중국적 특색의 사회주의 이론체계를 견지해 나가는 것은 바로 마르크스 레닌주의와 마오쩌동 사상을 진정으로 견지해나가는 것이라는 말이다.

그러므로『마오쩌동과 근대중국』,『마오쩌동과 당대중국』,『마오쩌동과 포스트 마오쩌동의 당대중국』의 삼부작을 관철하고 있는 사상 이론적 주선율은 '마르크스주의의 중국화'이다. 우리가 마오쩌동과 중국의 혁명과 사회주의 건설과 개혁의 역사를 연구는 것은 '마르크스주의의 중국화'라는 이 중국공산당의 사상 이론건설의 주선율을 더욱 잘 이해하고 견지해 나가기 위해서인 것이다.

2013년 10월 17일

이끄는 말
1949년 '마오쩌둥(毛澤東)의 승리'

제1절
태평양 대안: '잃어버린 중국'이 몰고 온 파장

1949년 10월 1일 중화인민공화국의 건립은 중국공산당이 이끈 신민주주의 혁명은 전국 범위에서의 승리를 상징했다. 외국학자들은 이 승리를 '마오쩌둥의 승리'라고 부른다.

승리의 회오리바람이 잔적들을 쓸어내고 전 중국에서 휘몰아치는 동안 태평양 저편에서도 거센 바람이 휘몰아쳤다. 중국혁명의 승리는 의심할 바 없는 세계적인 거사였다. 미국학자 아이칸(Icahn)은 『마오쩌둥의 승리와 미국 외교관의 비극』이라는 저서에서 중국혁명 승리의 배경 하에서 일어난 '매카시사건(麥卡錫事件)'에 대해 상세하게 서술했다. 이 황당하고 억울한 정치적 사건은 중국혁명의 승리가 세계 각지에 미친 영향을 더욱 돋보이게 했다.

제2차 세계대전 기간 동안 미국의 '중국통(中國通)' 외교관 20여 명이 중국에 파견되어 근무했다. "그러나 일본에 승리한 후 15년 동안, 특히 마오쩌둥이 장제스(蔣介石)를 대체한 11년 동안에는 외교관 중 '중국통'들은 거의 쫓겨나거나 다른 곳으로 전근되어 그들은 중국 관련 중대한 사무에 참여할 수 없게 되었다. 그 이유는 중국을 '잃게 된 것'

에 대해 그들이 일정한 책임을 져야 했기 때문이다."[10] 그 뒤로 '잃어
버린 중국'은 미국 외교계에서 오래도록 잊혀 지지 않았고, 공산당의
성과에 대해 말할 때마다 새롭게 언급되곤 하였다. 신민주주의 혁명
의 승리를 미국이 중국을 "잃어버린 것"으로 간주하고, 그로 인해 미
국 통치계급이 불안에 떨며 흔들리게 된 것은 너무 우스운 일이었다.
중국인민이 자신의 운명을 지배하는 권력과 권리가 없어 미국에 순종
하는 수밖에 없는 것처럼 여기고 있었다. 이런 생각 자체가 미국 통치
계급의 식민주의·패권주의의 특징을 폭로하였다. 하지만 이것은 그
당시 미국의 주도적인 사조와 추세였다. 이런 역사적 배경에서 하원
의원 매카시 등은 난폭하게 중국을 '잃어버리게 한' 책임자를 추궁하
고자 하였다. 그래서 주중 외교관 특히 '중국통' 전문가들에게 '충성'심
사를 진행하였으며, 미국 전역에서 히스테리적으로 공산당과 중국을
비난하는 풍조를 일으켰다. 이것이 바로 역사학자들이 말하는 50년대
미국의 '매카시사건'이다.

중국의 항일전쟁이 승리하기 전에 미국 정부 내에서는 이미 새로운
대 중국정책을 계획하고 있었다. 젊은 '중국통' 데이비스(Davis)는 스
틸웰(Stilwell) 장군에게 보내는 편지(1944년1월15일)에서 다음과 같이
말했다.

　　"우리가 아직 환영을 받고 있을 때 즉시 군정관찰대표단을
　　공산당이 이끄는 중국으로 파견하여 적의 정보를 수집하고

10) [미] 이·칸(伊·卡恩) 저, 쉬수이린(徐隋林), 류뤈성(劉潤生) 역,『마오쩌둥의 승리와 미국 외교관의
　　비극』. 군중출판사, 1990년, 12-13쪽.

그 지역에서 행동을 개시할 수 있도록 돕는 한편 준비해야 합니다. 만약 러시아가 일본을 공격하면 화북지역과 만주지역에 대한 러시아군의 움직임에 대해 보고할 수 있고, 화북과 만주가 따로 중국이라는 국가를 세우게 될 수 있을지 혹은 러시아의 위성 국가가 될 수 있을지 등에 대해서도 추측할 수 있다. 장제스가 공산당을 봉쇄하여 공산당을 고립무원의 경지에 빠뜨리게 되면 그들이 점차 러시아에 의지하도록 압박감을 느끼게 할 수 있습니다. 만약 미국이 관찰 대표단을 옌안(延安)에 파견하면 그런 고립된 상황을 깰 수 있고, 러시아에 의지하게 되는 추세도 막을 수 있으며, 장제스가 내전을 통해 공산당을 제거하려는 시도도 억제할 수 있습니다. 그래서 장제스는 미국이 공산당 중국으로 관찰인원을 파견하는 것에 당연히 반대할 것입니다. 일반적인 외교 경로와 군사 경로로는 장제스의 허락을 받을 수 없기에 대통령이 직접 그에게 요구를 해야 합니다. 만약 장제스가 처음부터 거절한다면 대통령은 우리의 대담 능력을 충분히 발휘하여 그를 굴복시킬 수 있습니다.'"[11]

이 글에서 데이비스의 기본적인 입장을 알 수 있다. 즉 미국의 이익을 지키고 중국에 있는 러시아의 영향력을 억제시키자는 것이었다. 이런 대책은 객관적으로 우리가 항일전쟁 이후 장제스의 국민당 독재

---

11) [미] 이·칸(伊·卡恩) 저, 쉬수이린(徐隋林), 류룬성(劉潤生) 역, 『마오쩌둥의 승리와 미국 외교관의 비극』, 군중출판사, 1990년, 90쪽.

전제주의와의 투쟁에 이로운 일이었다. 여러 차례의 협상을 거쳐 미국에서는 배럿(Barrett)과 중국통(中國通)인 서비스(John S. Service)를 포함한 관찰 팀을 연안으로 파견했다. 거기서 미국 국적 학자 존킹 페어뱅크(Fairbank. John King)가 말한 "미국과 중국공산당의 정식 접촉"을 시작하였다. 존킹 페어뱅크는 관찰 팀이 목격한 실제정황을 미국 정부에 이와 같이 보고했다.

> "공산당이 국민당에 대한 정책은 중국에서 민주를 실현하
> 려 하는 것이다. 이런 민주제도 하에서 경제를 발전시킬 수
> 있다. 민간 기업 단계를 지나야 결코 사회주의를 실현할 수
> 있다.⋯ 이런 견해가 맞는다면 중국공산당의 정책은 장차
> 미국의 이익과 맞서지 않을 것이다. 그럼 이 당파는 우리가
> 충분히 동정하고 우호적인 태도로 대할 수 있을 것이다."[12]

항일전쟁 기간 장제스는 스틸웰(Joseph Stilwell) 장군과 그 부하들의 작업에 아주 큰 불만을 가졌고, 장군을 철수시킬 것을 미국정부에 요구하였다. 1944년 9월 6일 헐리(Patrick Jay Hurley)가 미국 대통령 루스벨트(Roosevelt)의 특사로 총칭(重慶)에 파견 되었다. 얼마 지나지 않아 헐리가 루스벨트에게 보고하기를 "제가 알기로는 중국에 장제스보다 더 우수한 영도력을 갖춘 자가 없는 것 같습니다. 장제스와 스틸웰은 공존할 수 없으니 대통령께선 장제스와 스틸웰, 둘 중 하나를 선택하는 문제에 부딪쳤습니다. 장제스는 대통령이 제기한 모

---

12) 위의 책, 101쪽·115쪽.

든 요구와 건의를 받아들였지만, 이는 스틸웰이 없을 경우에만 가능한 일입니다." 헐리의 관점이 미국 정부 내부에서 중국과의 관계에 대한 또 다른 관점을 대표하고 있다. 즉 항일전쟁 직후 장제스의 집정을 지지하여 중국을 통일시킨다는 관점이었다. 1944년 11월 17일 헐리는 미국 주 중국 대사로 파견되어 이 대표파의 실력을 강화시켰다. 하지만 미국 주 중국 외교관들 중 많은 '중국통'들이 반대의견을 가지고 있었다. 1945년 초 서비스(John S. Service) 등은 직접 미국 국무원에 "장제스만 지지하지 말고 공산당과도 합작을 해야 하며 중국공산당 측의 정책도 이를 바란다"라고 보고하였다.

이에 대해 헐리는 아주 불쾌해 했다. 미국정부는 당시 중국 관계에 대한 정책에서 어려운 문제에 부딪쳤다는 것을 알 수 있었다. 중국 정치무대에 선 두 당파인 국민당과 공산당을 어찌 대하면 좋을까? 이 문제를 처리할 때에 두 가지 대립적인 주장이 나타났다. 이 두 가지 주장 모두 중국에 있는 미국의 이익을 수호하고, 러시아가 중국에 미친 영향을 억제하려는 것이지만, 중국공산당의 문제에 대해서는 명확히 다른 의견을 갖고 있었던 것이다.

사실 나중에 상승세를 탄 것은 헐리를 대표로 한 장제스의 국민당을 나중에는 마셜(Marshall)이 헐리를 대신하였다. 지지하는 관점이었다. 이 파벌의 관점 때문에 장제스의 국민당이 항일전쟁 이후 거침없이 전국 인민의 강렬한 반대를 무릅쓰고 내전을 발동하며 독재통치를 실시하였던 것이다. 그러나 전국 인민이 이에 반대하며 들고 있어나 그들과의 싸움에서 승승장구하고 국민당의 반동통치를 물리치고 중화인민공화국을 건립할 때에 미국을 위주로 한 서방 제국주의국가들 모두가 크게 놀랐다. 먼저 거액의 달러와 선진적인 장비를 갖춘 국민당정부와 군대가 중국공산당에게 패배할 것이라고 생각지도 못 했던 것이었다. 다음은 아편전쟁 이후 특히 '오구통상'(五口通商) 이래 그들이 중국에서 얻은 지위와 이익이 장제스 국민당의 실패로 인해 물거품이 되었다는 것을 알게 되었던 것이다. 마지막으로 관념의 형태에서 보면 중국공산당의 승리는 공산주의운동의 발전을 의미하고 진일보적으로 러시아의 세력이 전 세계적으로 확장되고 있다고 믿었던 것이다. 이런 정황은 존 킹 베어뱅크가 서술한 바와 같이 "10년 동안 미국공민들은 자유중국을 이상화시켰다. 그러나 간첩활동과 냉전이 결합되어 공산주의에 대한 공포감을 갖게 했다. 자유중국을 공산주의 국가로 발전하게 하는 것은 전국적인 재난이라고 생각한다"는 것이었다.[13] 이런 공포감이 한국전쟁과 미국 대선 등 복잡한 요인들과 얽혀져서 "중국을 잃게 된 책임을 추궁한다"는 이유로 매카시 시대가 시작되었던 것이다.(존 킹 베어뱅크) 1950년 새해부터 미국은 공산당을 의심하고 반대하는 분위기로 가득 찼다. 히스(Alger Hiss)의 위증사건, 부크스(Fuchs)의 간첩사건 등은 '미국 국민들로 하여금 반공(反共) 분위기에 빠져들게 하였다. 그들은 미국공산당을 압박하였고, 미국정부에서 '친공(親共)파' 인사들을 찾기 시작했다. 2월 9일 참의원 매카시는 웨스트버지니아공화당 부녀단체에서 이와 같은 연설을 하였다. "나는 205인의 명부를 갖고 있다. 국무장관은 이 사람들이 모두 공산당원임을 알고 있지만, 그들은 아직도 국무원에서 일하고 있고 심지어 정책과 관련된 사무를 맡고 있다." 그리고 이름을 거들며 중국통(中國通)인

---

13) [미] 존킹베어뱅크(費正淸) 저, 장리징(張理京) 역, 『미국과 중국』(제4판), 1999, 세계지식출판사, 333쪽.

서비스가 "공산주의는 중국의 유일한 희망이다"라고 발표한 적이 있
다고 했다.

2월 12일 매카시는 네바다에서 진행된 링컨 탄생을 경축하는 모임
에서 다시 한 번 연설하였다. 서비스의 중국에서의 외교활동을 "공산
당과 관계가 있는 구체적인 예"라고 밝혔다. 매카시의 끝없는 질책 때
문에 미국 국무원은 2월 22일 "미국국무원에 불충한 직원이 있는지를
조사하라는 결의"를 하게 되었다. 이번 '충성조사'는 '안전조사'가 되어
많은 '중국통'들이 공산당이 파견한 간첩이라는 의심받게 되었고, 그
피해가 본인뿐만 아니라 가족까지 연루되어 한 건 한 건 조작되는 사
건이 발생했다.

20년 후 닉슨이 중국을 방문한 뒤 서비스는 미국국무원 프랭클린이
거행한 집회에 나타났고, 그 집회에서 전원의 기립박수를 받았다. 그
의 회고에 따르면 "1951년 말 중국문제를 연구하는 외교관들은 모두
충성과 안전문제에 휘말려 국회위원회의 공격을 받았다. 여기에는 데
이비스(Davis), 에머슨(Emerson), 러튼(Ludden),메르비(Melby), 피셔
(Fisher), 스프라오스(Sprouse), 프리맨(Freeman), 빈센트(Vincent)와
내가 있었다. 그중 어떤 이는 정식 공소를 받았고 어떤 이는 심문을
받고 있는 중이다. 이런 '심문단계'는 더 엄중한 공소를 받는 첫 순서
에 불과하였다."[14] 사실 이런 외교관들을 제외하고 '매카시 사건'에서
연루당하고 피해를 본 사람들 중 중국문제를 연구하는 학자와 전문가
도 있었다. 존 킹 베어뱅크의 회상록에는 그가 어떻게 '매카시 사건'에

---

14) [미] 이·카언(伊·卡恩) 저, 수쩨이린(徐隨林), 류뢴성(劉潤生) 역, 『마오쩌동의 승리와 외교관의 비
극』, 1990, 군중출판사, 276쪽.

연루되고 어떻게 피해를 당했는가에 대해 썼다.

> "'중국을 잃다'라는 말은 참 우스운 일이다. 하지만 미국국
> 민들은 이는 역사적 진실성이 있다고 생각하고 있다." "매
> 카시사건 이후 중국과 관계가 있는 문제는 메스꺼운 음식
> 마냥 묻는 이가 없었고 개들조차도 거들떠보지 않았다. 그
> 어떤 결론으로 보나 매카시시대가 우리에게 남겨준 것은
> 그 어떤 가치도 없는 것들이다. 배신과 불공평으로 가득 차
> 있었다. 이와 동시에 무식한 '금지령' 때문에 '중국통'들도
> 중국의 문제에 대하여 거론해서는 안 되었다."[15]

　민주와 자유를 자랑하는 미국에서 1950년대부터 60년대까지 이런 정치적 박해가 일어난 것은 중미관계를 연구하는 중요한 사례가 되었고, 아직도 여러 학파의 관점이 확연히 다르고 있다. 어떤 이들은 중미관계가 파열된 책임이 미국에 있다고 했고, 어떤 이들은 그 책임이 중국공산당과 마오쩌둥의 폐쇄정책과 "한쪽으로 기울어진 정책"에 있다고 했다.

　하지만 근년 『미국외교문헌집(美國外交文獻集)』에 대한 연구에서 알다시피 중국공산당은 항일전쟁 승리 이전부터 미국과 우호적 관계를 맺길 원했지만, 미국정부의 잘못된 결단 때문에 중국과 미국이 오랜 시간동안 거래를 단절시켰던 것이다. 그리고 '매카시사건'은 이 문제를

---

15) [미] 존킹베어뱅크(費正淸) 저, 루훼이친(陸惠勤) 등 역, 『존킹베어뱅크 대화 회억록』, 1991,
　　지식출판사(상해), 406,429쪽.

더욱 심화시켰다. 존 킹 베어뱅크는 이렇게 말한 적이 있다.

"미국인들은 냉전과 중국공산당의 승리에 대한 반응은 창의
적인 견해보다 공포감이 더 많았다. 그들은 그가 말한 목표
에 찬성하지만 그의 수단을 찬성하지는 않았다. 하지만 공
포감 때문에 그의 수단을 지지하는 수밖에 없었다. 공포감
과 무식함이 섞여 있었던 것이다. 1949년 이후 중국에 있던
20여 명의 기자들이 배척을 당했다. 중국에서 일어난 천지
개벽과 중국사회의 질적인 변화를 미국에서는 결코 아는 사
람이 없었다."[16]

이로부터 1949년 중국 신민주주의 혁명의 전국적 승리와 중화인민공
화국의 탄생은 중국을 거쳐 태평양의 대안을 지나 전 세계에서 큰 파
장을 일으켰다. 매카시사건은 미국식 민주와 자유의 허위성을 폭로하
였고 중국혁명의 영향과 중국사회변혁의 역사적 의의를 증명해 주고
있다. 그런 점에서 1949년 중국의 승리는 20세기 인류문명사에서의 획
기적인 사건이었다.

---

16) [미] 존킹베어뱅크 저, 장리징(張理京) 역: 『미국과 중국』(제4판), 1999, 세계지식출판사, 336쪽

제2절
동아 대국: '흥기'의 희열

　중화인민공화국의 성립은 중국인민의 승리이고 노역당하고 착취를 당하던 중국인민의 흥기를 의미한다. 이는 태평양 대안에서 일으킨 파장과 선명하게 대조를 이루고 있었다. 1949년 가을, 중국 인민들은 해방과 승리의 희열에 가득 잠겨있었다.

　1945년 항일전쟁의 승리에도 중국 인민들은 해방과 승리의 희열을 만끽했었다. 8년의 항일전쟁에서 중국 인민들은 큰 손실을 보았다. 불완전한 통계에 따르면 중국군민의 사망자 수가 2,100만을 넘고 재산 손실이 600억불을 넘었다. 1945년 9월 2일 일본 대표가 항복서에 사인하면서 중국은 항일전쟁에서 승리를 거두었다. 소식을 듣고 후방기지, 적후 근거지, 피 점령지에 있는 모든 인민들이 기뻐하며 승전을 경축했다. 마오쩌둥이 말하기를 "형세로 보면 항일전쟁의 단계는 지나갔고 새로운 임무는 국내 투쟁이다. 장제스가 국가를 건립하려고 하므로 현재는 건국 투쟁시기가 된다. 무산계급이 영도하는 인민대중의 신민주주의 국가가 될 것인가? 아니면 대지주와 자산계급이 독재하는 반식민지반봉건 국가가 될 것인가? 이 투쟁은 복잡한 투쟁이 될 것이다."[17] 중국 인민들은 항일전쟁 이후 독립, 자유, 민주, 통일, 부강한 새 중국의 탄생을 원했다.

1945년 8월 28일 마오쩌둥과 저우언라이(周恩來), 왕뤄페이(王若飛)는 국민당 대표 장쯔종(張治中)과 미국 주 중국 대사 헐리(Hurley)의 동반으로 옌안에서 출발하여 총칭으로 국민당과 건국 등 문제에 대해 담판하기 위해 갔다. 43일이 지나 쌍방은 10월 10일에『정부와 중국공산당 대표 회담기요』에 정식 서명하였다. 이것이 바로 '쌍십협정(雙十協定)'이다. 쌍방은 각 당대표와 사회 인사들이 참석하여 평화적인 건국 방안을 토론하는 정치 협상회의를 개최하였다. 그리고 1946년 1월 개최된 정치협상회의에서 정부조직, 국민대회, 평화건국강령, 군사문제와 헌법초안 등 5가지 문제에 대한 협의 즉 '정협협의(政協協定)'를 달성하였다.

그달 초·국공(國共) 쌍방은 국내 군사충돌을 멈추는 협정, 즉 '정전협정(停戰協定)'을 하였다. '쌍방협정'등 문건의 서명은 중화민족에게 신생의 희망을 가져다주었고, 중국 인민에게 밝은 앞날을 펼쳐보여 주었다. 하지만 장제스는 결코 형세 때문에 어쩔 수 없이 서명한 협정과 협의를 찢어 버리고 말았다. 1946년 말 국민당 군대는 중원 해방구를 공격하여 전면내전을 발동하고 인민의 기대와 희망이 다시 한 번 좌절에 부딪치게 했다.

이런 배경에서 중국인민은 1949년의 승리에 대해 더욱더 감동하였다. 베이핑(北平, 북경) 해방의 입성식으로 도시 전체가 들끓었다. 사처에 구호와 북소리, 그리고 노랫소리로 떠들썩했고, 북경대학, 청화

---

17) 마오쩌둥, 「항일전쟁 승리 후의 시국과 우리의 방침」(1945년 8월 13일),『모택동선집』제4권, 1991년, 인민출판사, 1130쪽

대학, 연경대학, 사범대학의 학생들은 탱크와 장갑차에 올라타 해방군과 함께 전진하였다. 신중국 정권의 건립을 기획하는 중국인민 정치협상회의와 그 전에 열린 신정협 기획회의에서 중국공산당은 각 민주당파 대표와 무당파 민주인사들과 화목하게 지냈고 그들에게 예의를 갖췄고 발언권을 주었으며 민주참정을 하게 하였다. 성대한 건국의식에서 열병대오는 위용을 당당히 드러내고 28차례의 예포로 승리를 경축했으며, 오성홍기(五星紅旗)는 하늘에서 휘날렸고 행진하는 30여 만 명의 군중대열은 웅장하기 그지없었다. 외국 기자들은 이것을 '마오쩌둥의 승리'라고 했을 때 마오쩌둥은 이것은 '인민의 승리'라고 했고, 인민 군중이 '모 주석 만세(毛主席萬歲)'를 외칠 때 마오쩌둥은 '인민 만세'를 외쳤다. 신중국은 바로 위대한 영수와 위대한 인민의 협력 하에서 동방의 지평선 위에 우뚝 서게 된 것이었다. 이것은 신민주주의혁명의 결속과 사회주의혁명의 시작을 의미하는 것이었고, 근대 중국의 결속과 당대중국의 시작을 의미하는 것이었다. 이러한 것을 두고 바로 획기적인 승리라고 하는 것이다.

'근대'에 관해서 중국학술계에는 두 가지 관점이 있다. 그중 1840년 아편전쟁(鴉片戰爭)부터 1919년 5·4운동(五四運動)의 폭발까지 근대중국의 역사발전시기라고 보고, 1919년 5·4운동으로부터 1949년 중화인민공화국의 건립까지를 현대중국의 역사발전시기로 보는 것이다. 마오쩌둥이『중국혁명과 중국공산당(中國革命與中國共産黨)』,『신민주주의론(新民主主義論)』등 저서에서 1919년 5·4운동을 경계선으로 하여 그 이전의 반제반봉건투쟁은 구민주주의 혁명단계이고, 그 후의 반제반봉건 투쟁은 신민주주의 혁명단계라고 했다. 게다가 마오쩌둥은 구민주주의 혁명을 '근대혁명'이라 하고 신민주주의 혁명을 '현대혁명'이라고 하였다. 때문에 오랫동안 학술계에서는 중국 근대사를 1840년부터 1919년까지 두고 연구하였다. 이 두 가지 관점에서 두 번째 관점이 맞는다고 본다. 1840년 아편전쟁으로부터 1949년 중화인민공화국의 건립까지는 근대 중국의 역사적 발전 시기이고 중화인민공화국의 건립부터 1956년 사회주의제도의 건립까지는 근대 중국에서 당대 중국으로 전화하는 시기이며, 1956년 후의 사회주의 중국은 당대 중국의 역사적 발전시기인 것이다.

 이 책에서 근대 이래의 중국사회를 이런 단계로 구분한 것은 마오쩌둥의 사회 주요 모순으로 사회를 구분하는 방법을 사용하였기 때문이다. 마오쩌둥은 『중국혁명과 중국공산당(中國革命與中國共産黨)』(1939년 12월)에서 유물변증법으로 과정과 단계의 모순분석법에 대하여 이와 같이 말한 적이 있다.

> "제국주의와 중화민족의 모순은 봉건주의와 인민대중의 모순이고 이는 근대 중국사회의 주요 모순이다. 이를 제외한 다른 모순도 있다. 예를 들면 자산계급과 무산계급의 모순은 반동통치계급의 내부 모순이다. 그러나 제국주의와 중화민족의 모순은 여러 모순 중 가장 주요한 모순인 것이다. 이런 모순의 투쟁이 격렬해 지면 혁명운동을 할 수 없다. 위대한 근대와 현대의 중국혁명은 이런 기본적 모순의 기초에서 발생하고 발전된 것이다."[18]

---

18) 『모택동선집』 제2권, 1991, 인민출판사, 631쪽.

여기서 마오쩌동은 제국주의와 중화민족의 모순, 봉건주의와 인민대중의 모순을 관통하는 사회역사발전시기를 '근대 중국사회'라고 하였다. 이 모순이 해결되지 않는 한 이 사회의 발전과정이 끝나지 않는 것이다. 때문에 '근대중국'은 이런 모순을 관통한 1840년부터 1949년까지의 역사시기인 것이다. 그러나 이 단계의 사회 발전시기 중 이 모순을 해결하는 사회모순의 혁명인 반제 반봉건의 민주주의 혁명은 자산계급과 무산계급 두 시기의 영도를 거쳐 '근대중국'도 구민주주의혁명과 신민주주의 혁명 두 단계로 나눌 수 있다.

1949년 중화인민공화국의 건립은 근대중국의 결속과 당대중국의 시작을 의미한다고 말하지만, 근본적으로 신중국의 탄생은 반제 반봉건의 민주주의 혁명이 전국범위에서의 결정적 승리를 의미한다. 즉 중화민족과 제국주의의 모순, 인민대중과 봉건주의의 모순이 기본적으로 해결되었다는 것이다. 바꾸어 말하면 중화인민공화국의 건립은 3년 동안의 해방전쟁 승리의 성과이고, 30년 이래 신민주주의 혁명승리의 성과뿐만이 아니라, 아편전쟁 이래 109년의 반제반봉건 혁명투쟁의 성과이기도 한 것이다. 이에 대해 마오쩌동은 천안문광장의 인민영웅기념비에다 다음과 같이 명확히 새겨 두었다.

3년 동안의 인민해방전쟁과 인민혁명에서 희생한 인민영웅은 천추에 길이 빛나리! 30년 동안의 인민해방전쟁에서 희생한 인민영웅은 천추에 길이 빛나리! 1800년 전부터 외적에 대응하고 민족의 독립과 인민의 행복을 위하여 투쟁에서 희생한 인민영웅은 천추에 길이 빛나리![19]

인민들은 중화민족의 건립을 경축했고 장제스 국민당과의 '건국투쟁'의 승리를 경축했고 중국공산당이 영도하는 신민주주의혁명의 위대한 승리를 경축했으며, 중국의 역사가 새로운 한 쪽을 펼치게 된 것을 경축하였다. 중화민족은 열강들에게 노역을 당하는 근대사를 끝냈다. 마오쩌둥이 호탕하게 "인류의 4분의1을 차지하는 중국 인민들이 드디어 일어섰다"

라고 선포하였던 것이다.[20]

엄격히 말하면 신민주주의혁명의 임무(즉 반제반봉건)는 전국 토지혁명이 완성된 후에야말로 결속되었다고 할 수 있다. 하지만 사회변혁의 표지로 우리는 인민의 정권획득과 신민주주의 혁명의 결속과 제국주의·봉건주의와 관료자본주의의 반동통치, 즉 중화인민공화국의 탄생을 신민주주의 혁명의 결속과 사회주의 혁명이 시작된 표지로 할 수 있다. 그리하여 우리는 1949년을 근대 중국이 당대중국으로 전환된 상징이라고 하는 것이다.

1949년부터 1956년 사이의 역사시기와 1956년 이후의 역사시기를 구분하는 것은 이 두 시기가 해결해야 하는 사회의 주요 모순이 다르기 때문이다.

여기서 말하는 '근대중국'은 1840년 아편전쟁으로부터 1949년 중화

---

19) 마오쩌둥, 「인민영웅은 천추에 길이 빛나리」 (1949년 9월 30일) , 『마오쩌둥문집』 제5권, 1996, 인민출판사, 350쪽.
20) 위의 책, 343쪽.

인민공화국이 건립까지의 109년 동안을 말한다.

이 책의 제목을 『마오쩌동과 근대중국』이라고 쓴 것은 마오쩌동이 이 역사시기에 있어서 전 활동에 참가했고 주재했던 인물이기 때문만은 아니다. 사실 마오쩌동은 1893년 12월 26일에 태어났고 구민주주의혁명의 활동에 잠깐 참여했으나 주요 정치인생은 신민주주의혁명과 사회주의 혁명, 사회주의 건설 단계에 있었다. 그러나 이 책은 이런 점에 구애받지 않고 역사적으로 마오쩌동 민주혁명시기의 활동과 사상을 고찰하였다. 우리의 취지는 마오쩌동이 어떻게 중국공산당과 중국 인민을 영도하여, 어떻게 이 시기의 역사적 주요 모순을 해결하였는가를 연구하는데 있다. 그는 중국의 역사가 근대에서 당대로 전환하는 과정에서 어떤 역할을 하였는가? 그는 자손들에게 어떤 귀중한 사상적 재부를 남겼고, 우리에게 어떤 중요한 계시를 해 주었는가를 고찰하는데 있는 것이다.

제3절
이론 지침: 신민주주의 이론

　근대중국은 복잡한 수학문제와 같아서 해결하려면 수준 높은 이론 지식과 기교가 있어야 한다. 마오쩌둥이 영도한 혁명은 중국의 근대사를 마무리져 주었다. 어떤 사람들은 이것은 마오쩌둥이 범인을 초월한 개인적인 매력에 있다고 했고, 어떤 사람들은 중국공산당과 마오쩌둥의 주장이 모두 모스크바의 "극권주의혁명의 학설과 전략"의 산물이라고 했다.

　그러나 중국혁명사와 중국공산주의 운동사를 정시하는 학자들, 그리고 마오쩌둥과 직접 왕래했던 외국기자와 전문가들은 모두 중국인민과 공통적인 인식을 가지고 있다. 바로 마르크스주의 기본원리와 중국의 구체적 현실과 결합되어 있는 마오쩌둥 사상은, 마오쩌둥의 뛰어난 영도 예술이고, 이런 예술이 중국혁명으로 하여금 역사적 승리를 거두게 했다는 것이다. 유명한 미국기자이자 사회활동가인 아그네스 스메들리(Agnes Smedley)는 자신의 회상록인『중국의 전가(中國的戰歌)』에서 처음으로 마오쩌둥을 만났을 때의 장면과 인상에 대해 이렇게 썼다.

　"공산당의 수령은 모두 다른 민족이나 다른 시대의 그 누구와 비교할 수 있지만, 마오쩌둥은 비교할 수 없을 정도로 탁월하다. 어떤 사람들은 마오쩌둥이 순수한 중국사람이고 외국으로 여행하거나 유학한 적이 없기 때문이라고 했다. 그러나 펑더화이(彭德懷), 허롱(賀龍), 린뱌오(林彪) 혹은 다른 홍군 장령들 모두 출국한 적이 없지만, 그들 모두 다른 국가에서 필적할만한 인물을 찾을 수 있었다. 마오쩌둥은 이론가로 유명하다. 하지만 그의 이론은 중국의 역사와 전장경험에서 나온 것이다. 많은 중국공산당인은 모두 마르크스, 엥겔스, 레닌과 스탈린의 언어로 문제를 사고하고, 어떤 이들은 그들의 저작중의 장절이나 구절을 인용하여 서너 시간 장편의 긴 이론을 늘여놓는 것에 자부심을 느꼈다. 물론 마오쩌둥도 그렇게 할 수 있었지만 그렇게 하려고 하지 않았다. 그는 강의에서 또는 민중대회에서도 중국의 현실생활과 예전의 역사를 근거로 연설을 하였다.

그의 많은 저작과 책자는 그로 하여금 역대 위대한 혁명정론가의 행렬에 끼게 하였다. 그의 『논지구전(論持久戰)』,『논신계단(論新階段)』과 『신민주주의론(新民主主義論)』은 중국혁명사상이 발전하는 이정표가 되었다. 오랜 세월이 흘러 듣지도 못했던 곳에서 그의 저작이 발견되었다. 격렬하게 공산당을 반대하던 인사를 포함한 어떤 정치가들은 그이 군사 논문을 표절해 자신의 작품이라고 사칭하기도 했다."[21]

마오쩌동이 중국혁명 중에서 한 역할은 이론가, 사상가였다. 마오쩌동이 특별한 곳은 중국사회를 관찰하고 중국문제를 해결하고 근대중국의 모순을 해결하는데 자신의 이론체계가 있다는 점이다. 이 이론은 1940년대에 '마오쩌동 사상' 이라고 불렸고, 당의 지도사상으로 당의 장정에 적혀 있다.

역사학자의 고증에 따르면 처음으로 '마오쩌동 사상'의 개념을 제기한 것은 중국공산당 건립 22주년을 기념하기 위하여 쓴 왕자샹(王稼祥)의 「중국공산당과 중국민족해방의 길(中國共産黨與中國民族解放的道路)」(1943년7월5일)이었다. 이 문장에서 왕자샹은 "마오쩌동 사상은 중국의 마르크스 레닌주의이고, 중국의 볼셰비즘이고, 중국의 공산주의이다"라고 하였다. 이 당의 이론가 장루신(張如心)은 1941년3 월에 "마오쩌동 동지의 사상"이라는 말을 쓴 적이 있었다. 1942년 2월 18일, 19일 그는 연안의 『해방일보(解放日報)』에 발표된 「마오쩌동의 이론과 책략을 배우다(學習和掌握毛澤東的理論和策略)」라는 문장에서 '마오쩌동 주의'라는 말을 쓴 적이 있다. 진의(陳毅)는 1942년 7월에 발표된 『위대한 21년(偉大的二十一年)』에서 그리고 류샤오치(劉少奇)는 1943년 7월4일에 쓴 「당 내의 멘셰비즘사상을 청산하다(清算黨內的孟什維主義)」에서 '마오쩌동 동지의 사상체계'라는 개념을 썼다.

---

21) [미] 아그네스 스메들리(Agnes Smedley)저, 장펑이(江楓譯) 역, 『중국의 전가(中國的戰歌)』, 1986, 작가출판사, 180쪽.

왕자상(王稼祥)이 제기한 '마오쩌동 사상'이란 개념을 당에서는 아주 빨리 받아들였다. 덩샤오핑은 1943년 11월 10일에 정풍동원회의(整風動員會議)에서 이 개념을 사용했을 뿐만 아니라, 이 개념을 당의 지도사상이라고 했다.

> "준의회의 이후 마오쩌동과 당의 영도에 당내의 '좌우경'기회주의를 극복하고, 주관주의, 종파주의와 당팔고(黨八股)의 기분을 없애고, 당의 사업을 마르크스 레닌주의의 중국화에 두고, 마오쩌동 사상의 지도하에 9년이 넘는 지금에서도 그 어떤 착오도 범하지 않고 줄곧 승리를 거두고 있다. 이런 사실들은 우리 모두가 아는 사실들이다. 확실히 마오쩌동 사상을 지침으로 한 당 중앙의 영도에 우리는 과거의 기회주의 영도에 비참한 교훈을 회상하면 이 9년 동안이 얼마나 행복했었는가를 알 수 있고, 동시에 삼풍부정(三風不正)이 우리에게 얼마나 큰 독해를 줄 수 있었는지도 알 수 있다."[22]

동시에 덩샤오핑은 "마르크스주의 중국화'는 당을 사상적으로 행동적으로 중국화한 볼셰비즘인 마오쩌동 사상과 통일시키고, 정치적으로 조직적으로 당을 하나같이 단결시켜 당의 전투력을 강화시키는 것이다. 당원들은 마르크스·레닌주의와 마오쩌동 사상을 배워야 한

---

22) 덩샤오핑, 「북방국 당교 정풍 동원회의에서의 강화(在北方局黨校整風動員會上的講話)」(1943년 11월 10일) 『등소평문선(鄧小平文選)』 제1권, 1994, 인민출판사, 88쪽.

다"라고 했다. 류사오치(劉少奇)는 1945년 3월말에 중공 7대의 당장초안(黨章草案)을 제기할 때, 전당의 의견을 집중하여 "마오쩌동 사상으로 당장을 관통시키는 것은 전대미문의 특징이다"라고 하였다. 오랜 시간 동안의 토론을 거쳐 1945년 6월 중국공산당 제7차 전국대표대회에서 통과한 당장에서는

> "중국공산당은 마르크스 레닌주의 이론과 중국혁명의 실천을 통일한 사상인 마오쩌동 사상을 모든 작업의 지침으로 한다"

고 규정하였다.

류사오치는 중공 7대에서 '당장 수정 보고'를 할 때에 처음으로 마오쩌동 사상의 형성, 내용, 특점과 공헌에 대해 체계적으로 깊이 있는 논술을 하였다. 그리고 "마오쩌동 사상은 완전히 마르크스주의의 것이고 완전히 중국의 것이다. 이는 중국민족 지혜의 최상의 표현과 이론상의 최고 개괄이다"라고 했다. 그는 아래와 같이 분석하였다.

> "중국사회와 역사의 발전은 아주 큰 특수성을 갖고 있고, 중국의 과학이 아직 발전하지 못한 조건에서 마르크스를 중국화 하려면, 마르크스를 유럽식에서 중국식으로 바꿔야 한다. 즉 마르크스주의의 입장과 방법으로 현대 중국 혁명 중의 각종 문제를 해결해야 한다. 그 중 많은 문제는 세계마르크스주의자들 앞에서 제기하거나 해결한 적이 없었던 문제이다. 여기서 농민을 주요 군중(공인을 주요 군중

으로 한 것이 아님)으로 한 외국제국주의의 압박과 중세기 잔여(본국 자본주의를 반대하는 것이 아님)를 반대하는 것은 특수하고 어려운 사업이다. 이것은 결코 어떤 사람들이 생각하는 것처럼 마르크스주의 저작을 숙독하거나 외우거나 인용한다고 성공하는 것이 아니다. 이것은 과학적 정신과 혁명정신을 결합시켜야만 하는 것이다. 그러려면 풍부한 역사지식과 사회지식 또는 혁명투쟁을 지도한 경험이 있어야 하고, 마르크스를 응용하는 방법을 터득해야 하며, 사회에 대해 역사의 객관정제와 발전에 대해 정확하고 과학적인 분석을 해야 하고, 무산계급의 사업, 인민의 사업에 대해 불굴의 정신과 무한한 충심이 있어야 하며, 군중의 힘을 믿고 군중의 창조력과 미래를 믿으며, 군중의 경험, 의지, 사상을 집중하여 다시 군중들에게 사용하여야 한다. 그래야만 역사적 과정의 매 특수시기와 중국의 구체적, 경제적, 정치적 환경과 조건에 근거하여 마르크스·레닌주의에 대해 독립적인 보충을 하고 중국인민의 통속적인 언어로 표현할 수 있어, 이를 새로운 역사적 환경과 중국의 특수조건에 적용하여 중국무산계급군중과 전체 노동인민군중이 전투하는 무기가 되게 해야 한다. 다른 사람이 아닌 우리의 마오쩌둥 동지는 이 특수한 마르크스주의 중국화 사업을 훌륭하게 완성하였다."[23]

23) 류사오치, 「논당(論黨)」 (1945년 5월 14일) , 『류사오치선집(劉少奇選集)』 상권, 1981, 인민출판사, 335-336쪽.

마오쩌동 사상은 마르크스주의 기본원리와 중국의 구체적 실제와 결합된 과학적 사상체계이고, 중국공산당이 장기적 투쟁에서 얻은 경험의 종합이며, 또한 지혜의 결정이라고 할 수 있다. 마오쩌동은 여기서 '제1인자'의 작용을 하였다. 그렇기 때문에 이 사상체계는 마오쩌동의 이름으로 명명해도 정확한 것이었다.

마오쩌동은 중공 7대 예비회의에서 명확히 말했다. "나를 대표라고 하는 것은 맞지만 나 홀로는 정당을 이룰 수 없다."[24] 지금에 와서 보면 마오쩌동 사상은 과학적 사상체계로서 마오쩌동이 창립한 신민주주의 이론과 마오쩌동의 중국 실제정황에서 출발하여 사회주의를 건설하는 사상으로 구성되었다. 1981년 6월 중공11기6중전회(中共十一屆六中全會)에서 통과된「건국 이래 당의 약간의 역사적 문제에 대한 중공중앙의 결의(中共中央關於建國以來黨的若幹曆史問題的決議)」에서 마오쩌동 사상은 "마르크스·레닌주의의 보편원리와 중국혁명의 구체적 실천이 결합된 산물"로 정의 되었다.

중공 12대에서 통과한 당장(黨章)에서 이 결론을 다시 제기할 때에 마오쩌동 사상은 "실천에서 증명 받은 중국혁명의 정확한 이론 원칙과 경험의 종합이다"라고 했고, '건설'의 사상을 추가했다. 그러나 여기서 말해야 할 것은 "마오쩌동 사상 제출 초기 중공 7대에서 개괄된 것은 주로 신민주주의 이론의 내용"이라는 것이다.

그때는 신민주주의만 있었고 이 실천에서 형성한 신민주주의 이론은 중국혁명을 지도하는 과정에서 바다의 등대마냥 중국혁명의 항해

---

24) 마오쩌동(毛澤東),「중국공산당 제7차 전국대표대회의 공작방침(中國共産黨第七次全國代表大會的工作方針)」(1945년4월21일),『마오쩌동문집(毛澤東文集)』제3권, 1996, 인민출판사, 297쪽.

선을 위해 길을 비췄고, 암초를 돌아 풍랑을 뚫고 순리롭게 전진하는 방향을 가리켰다.

근대중국의 결속과 당대중국으로의 전환이라는 이 역사적 변화는 마오쩌둥 사상의 훌륭한 이론인 신민주주의 이론의 지도 때문이라고 할 수 있다. 신민주주의 이론은 장기적인 혁명실천에서 점차적으로 형성되고 형태를 이룬 것이다. 마오쩌둥은 1925년 겨울부터 1926년에 발표된 『중국사회 각계단의 분석(中國社會各階級的分析)』(1925년 11월), 『국민당우파부리의 원인과 혁명 전도에 대한 영향(國民黨右派分離的原因及其對於革命前途的影響)』(1925년 가을), 『국민혁명과 농민운동(國民革命與農民運動)』(1926년 9월)등 저작들과 중국공산당 제4차 전국대표대회에서 통과된 문건은 신민주주의 이론의 기본요점 또는 기본사상이 이미 제기되었다는 것을 의미한다.

팔칠회의(八七會議)와 마오쩌둥의 농촌에서 도시를 포위(農村包圍城市)하는 정책 과정에서 형성된 『중국 홍색정권은 어떻게 존재할 수 있는가?(中國的紅色政權爲什麼能夠存在?)』(1928년 10월), 『작디 작은 불티가 들판을 태울 수 있다(星星之火, 可以燎原)』(1930년 1월)[25]등 저작들은 신민주주의 이론의 기본사상이 더욱 완성되고 성숙되었다는 것을 의미한다.

연안시기 마오쩌둥이 진행한 이론 종합, 특히 『논지구전(論持久戰)』(1938년 5월), 『논신계단(論新階段)』(1938년10월), 『공산당인발간사(〈共産黨人〉發刊詞)』(1939년 10월), 『중국혁명과 중국공산당(中國革命和中國共

---

25) 星星之火. 可以燎原 : 새로운 사물은 아직 그 세력이 미약하다 하더라도 강한 생명력을 가지고 있어 커다란 발전을 이룰 수 있다.

産黨)』(1939년12월), 『신민주주의론(新民主主義論)』(1940년1월)과 『논정책(論政策)』(1940년12월)등 불멸의 저작들은 신민주주의 이론의 기본사상의 계통화, 이론화를 의미한다. 1942년 정풍운동(整風運動)과 중공 7대의 개회는 신민주주의 이론이 당내의 틀린 여러 이론을 이겨내고 전당이 받아들인 통치적 지위가 있는 지도사상임을 의미한다.

이후 신민주주의 이론은 더욱 전면적인 응용과 발전을 이루었다.

중국공산당이 이런 과학적 지도사상을 가졌기에 제국주의, 봉건주의와 관료자본주의를 기초로 한 장제스의 국민당정권의 반동통치를 이겨내고, 중국의 근대사를 결속할 수 있었던 것이다.

여기서 말하는 '신민주주의 이론'은 마오쩌동의 『신민주주의론(新民主主義論)』뿐만 아니라 신민주주의혁명의 시대와 근거, 혁명의 대상, 혁명의 임무, 혁명의 영도와 동력, 혁명의 본질, 혁명의 길, 혁명의 전도와 전환, 그리고 신민주주의사회의 정치, 경제, 문화 등 풍부한 내용과 완정한 체계이다. 『모택동선집(毛澤東選集)』(1-4권)에서 논술한 것은 이런 마르크스주의 기본원리와 중국의 구체적 실제가 결합된 이론이라고 할 수 있다.

이 이론은 많은 내용을 포함하고 있는데 총괄하면 기본적 내용을 아래와 같이 세 가지가 있다.

첫째는 '근대중국국정론(近代中國國情論)'으로, 이것은 신민주주의 이론이 형성되고 제기된 근거이다. 마오쩌동이 중국혁명이 처한 시대에 대한 분석, 근대중국사회 성격에 대한 논술, 근대 중국의 사회계급구성과 주요모순에 대한 분석, 근대 중국사회의 각 발전단계의 특점에 대한 서술 등 주제는 모두 국정의 문제였다.

즉 중국혁명에서 최대의 '실사(實事)'인 것이다.『외력, 군벌과 혁명(外力, 軍閥與革命)』(1923년 4월),『중국사회 각 단계의 분석(中國社會各階級的分析)』,『중국의 홍색정권은 왜 존재하는가?(中國的紅色政權爲什麼能夠存在?)』,『중국공산당이 항일전쟁시기의 임무(中國共産黨在抗日時期的任務)』(1937년 5월),『중국혁명과 중국공산당(中國革命和中國共産黨)』 등은 모두 '근대 중국 국정론'의 대표작이다.

둘째는 '신민주주의혁명론(新民主主義革命論)'으로 마오쩌동이 중국의 국정에 의하여 제기한 중국혁명대상과 임무에 대한 서술, 중국혁명의 영도력, 동맹국과 중국혁명성격에 대한 논술, 중국혁명의 독특한 여정의 탐색, 중국혁명의 전도와 사회주의와 어떻게 연결하는가의 설상(設想) 등은 모두 '혁명' 범주의 이론이다.

『중국사화각계급의 분석(中國社會各階級的分析)』,『작디작은 불티가 들판을 태울 수 있다(星星之火, 可以燎原)』,『중국혁명전쟁의 전략문제(中國革命戰爭的戰略問題)』(1936年12月),『공산당인』발간사(〈共産黨人〉發刊詞)』,『중국혁명과 중국공산당中國革命和中國共産黨』등이 모두 '신민주주의혁명론'의 대표작들이다.

셋째는 '신민주주의사회론(新民主主義社會論)'으로 전통적인 이론연구에서 사람들은 '신민주주의이론'을 '신민주주의혁명론'과 동등화하고, '신민주주의사회론'의 연구를 무시했는데, 사실은 마오쩌동의 『신민주주의론(新民主主義論)』(1940年1月)과 이후에 발표된 『논연합정부(論聯合政府)』(1945年4月),『중국공산당제7기중앙위원회 제2차전체회의보고

(在中國共産黨第七屆中央委員會第二次全體會議上的報告)』(1949年3月),『논인민
민주전정(論人民民主專政)』(1949年6月)등 작품들은 모두 신민주주의혁
명 과정에서 건립한 근거지(또는 해방구)의 사회본질과 혁명성공 후
의 사회개조와 사회건설문제에 대하여 논하였던 것이기 때문에 '신
민주주의사회론(新民主主義社會論)'은 '신민주주의이론' 중 극히 중요한 기
본 구성 부분이었다.

　신민주주의 사회의 역사적 필연성, 신민주주의 사회의 과도본질,
신민주주의 사회의 근본임무, 신민주주의사회제도의 구성(즉 경제,
정치, 문화), 신민주주의사회의 계급투쟁과 사회주의사회로의 전환
등 문제는, 모두 '신민주주의사회론(新民主主義社會論)'의 주요 내용이
다. 신민주주의이론이 풍부한 내용을 갖고 있다는 것은 모든 관점이
다 완벽하다는 뜻이 아니고, 또 신민주주의혁명과 신민주주의 건설
시기 우리가 착오를 범하지 않았다는 뜻이 아니다.

　마오쩌동은『호남농민운동고찰보고(湖南農民運動考察報告)』(1927년 3
월)에서 "경제문제에서 마르크스주의 관점이 부족하다"라고 했는
데,[26] 그의『신민주주의론(新民主主義論)』에서의 이러한 관점은 반드시
고쳐져야 한다.[27]

마찬가지로 우리는 이런 하자가 존재한다고 하여 백옥의 광채를 무
시하고, 신민주주의이론이 중국역사 전환의 지도적 작용을 무시해서
는 안 된다.

---

26) 위의 책, 298쪽

27) 마오쩌동,「신민주주의론(新民主主義論)」(1940년1월),『모택동선집(毛澤東選集)』제2권, 1991, 인민출
　　판사, 710쪽.

이 책의 취지는 과학적인 태도로 근대중국사회발전의 객관성과 마오쩌동의 신민주주의 이론 사이에서 서로 작용하는 과정과 특점을 알리는데 있다.

1949년 마오쩌동과 중국공산당인의 승리가 바로 이런 과학적 혁명 이론의 승리임을 알려주고자 하는 것이다.

제1장
근대중국의 기본문제와 출로의 선택

제1장
근대중국의 기본문제와 출로의 선택

마오쩌동은 모욕과 유린에 시달린 인민들이 모래처럼 흩어져 있는 중국을 근면하고 단결하며 건전하고 자력갱생하며 세계의 존경을 받는 중국으로 바꾸었다. 이것은 바로 마오쩌동이 비록 마르크스 레닌주의를 혁명과 건국의 이론으로 삼았지만, 일생동안 이론과 실천을 서로 인증해왔고, 국내외 정세에 따라 수시로 정책을 내려 외국의 여러 주의들을 국가의 국정에 알 맞는 혁명과 건국의 이론적 체계로 만들었기 때문이다.

―『미』 허삥뛰(何炳棣)

제1절
기본 문제: 구국과 발전

　사람들은 의식과 격정이 있기에 사회활동을 통하여 사회에 영향을 미치고 사회를 개조하려고 한다. 역사상의 그 어떤 위인도 모두 이런 특점을 갖고 있다. 철학가들은 이를 사람의 자각적 능동성이라고 한다. 그러나 위인을 포함한 모든 사람은 일정한 사회관계를 갖고 있기에 그들의 자각적 능동성은 객관적인 환경의 제약을 받아 사회가 그들에게 제공한 무대에서만 재능과 능력을 발휘할 수 있다. 역사상 능력이 있는 사람들은 모두 사회의 발전을 통하여 사람들에게 기회를 준다.

　마오쩌둥이 살았던 근대중국은 어떤 모습이었을까? 근대중국은 그 시대의 사람들에게 어떤 과제를 주었는가? 마오쩌둥은 근대중국의 기본문제를 어떻게 인식하고 해결했는가? 마오쩌둥과 근대중국의 관계를 해결할 때에 우리는 이런 질문을 할 수 밖에 없고 마오쩌둥을 이렇게 연구할 수밖에 없다. 이래야만 역사의 진실에 부합되고 역사적으로 마오쩌둥과 그의 사상 이론을 인식할 수 있는 것이다.

1. 근대중국의 기본문제−구국

　서방학자들은 중국이 국가의 이름을 '중국'이라고 단 것은 그들의 자부심을 말해주고 있다고 했다. 사실 『시경(詩經)』에서 화하족(華夏族)의 거주지를 '중국'이라 했던 것은 그 당시의 인지수준과 거주한 지리적 위치로부터 우리는 '중앙'에 있다고 했을 뿐이지 자부심은 아니었다. 그러나 넓은 국토와 몇 천 년의 역사와 생존 공간, 발전 시간은 모두 중국이 세계적인 대국이며 문명 고국임을 증명해 주고 있다. 한당(漢唐)시기부터 중외 교류가 잦아지면서 중국은 더욱 많이 알려졌고 인민들의 자부심을 자아냈다.

중세기 서방에서 신학독재주의와 과학문명주의가 격렬하게 싸울 때, 중국은 과학기술이 발달하고 상업이 번영하며 물산이 풍부하고 인민이 안거하여 서방 상인, 여행자와 전도사들이 부러워하는 경지에 이르렀다. 그러나 서방에서 문예부흥운동을 거쳐 신흥자본주의가 발전하여 전 세계에서 시장을 개척할 때에 중국은 점점 쇠락해 가고 있었다. 동서방의 차이는 부패한 중국 봉건 통치자들에게 인식되지 못하여, 쇠락해야 하는 운명은 조용하고도 신속하게 중화민족에게로 다가왔다. 그러나 이번의 쇠락은 중국역사상 많은 왕조가 교차하기 전의 쇠락과는 달랐다. 예전의 폐쇄된 국가에서 일어난 쇠락과 흥기는 모두 국가 내부의 일이었지만, 이번의 쇠락은 내외가 서로 작용한 결과였고, 자본주의 열강들이 포탄으로 국가의 문을 연 결과였다. 이는 민족의 생사존망을 가름하는 재난이었다.

1840년은 근대중국이 시작한 시기이다. 이는 중국의 쇠락을 의미하고 굴욕의 기점이며 망국의 시작이었다.

첫째, 전쟁마다 패하다: 근대 중국의 비극
18세기 후반 영국의 동인도회사가 아편의 전매권을 독점한 후로부터 중국에 대한 더러운 아편무역을 해왔다. 불완전한 통계에 따르면, 매년 중국으로 밀수해 들어온 아편은 1800년부터 1811년까지 4,016상자나 된다고 했다. 1812년부터 1821년까지는 4,494상자, 1822년부터 1831년까지는 11,804상자에 이렀고 1832년부터 1839년까지 또 275,57상자에까지 이르렀다. 전문가의 계산에 따르면 실제 소비량이 이것보다 더 컸다고 한다. 1838년에 도광(道光)황제에게 "관원부터 공상(공방, 상점 주인)인, 부녀, 승려, 도사들 모두가 수시로 아편을 피우고 연구(煙具)를 사고 있다"라고 상서를 올린 자가 있었으니, 그 당시 중국의 부패함이 얼마나 대단했는지를 알 수 있다. 그러나 왕조 내에서는 아편 문제에 대해 여러 가지 주장이 있었다. 어떤 이들은 완전 금지를 주장했고, 어떤 이들은 일부 금지를 주장했으며, 어떤 이들은 현상유지를 주장했다. 1839년 5월, 6월에 금연(禁煙)을 주장하는 임칙서(林則徐)는 위대한 첫 걸음을 내딛었다. 그는 광주 호문(廣州虎門)에서 몰수한 아편 2,376,254만 근을 태워버렸고, 외국 상인들에게 "영원히 아편을 금지한다! 아편 밀수를 발견하면 물건을 몰수하고 관직을 폐하며 사형을 집행하겠다"고 발표했다. 그러나 외국 아편상들은 중국 조정의 이금파(弛禁派)들과 내통하여 중국 경내에서 무력으로 금연정책에 대항했다. 이에 청 정부는 연이어 양보를 하다가 1840년에 영국 정부가 중국을 침략하는 첫 번째 아편전쟁을 발동하자 중국 군민들은 용맹하게 싸웠고, 전투에서도 여러 번 승전했지만 청 정부 정부의 투항정책에 따라 금연을 주장하는 인사들은 징벌을 받고 전쟁은 결국 패하고 말았다. 이는 중국역사가 근대로 급변하는 상징이며 역사 비극의 서막이었다.

그 후 청 정부 정부는 외국 자본주의 열강의 침략에 타협하거나 싸운다 해도 실패하기 일쑤였다. 1857년부터 1861년까지 제2차 아편전쟁, 1884년부터 1885년까지 중국-프랑스 전쟁, 1894년부터 1895년까지 중일 갑오전쟁(甲午戰爭, 청일전쟁), 1900년에는 8국(英美法德日俄意奧)연합군이 북경을 침략했다. 이런 중대한 전쟁들은 중화민족의 역사적 운명을 결정했다. 애국 군민들이 용맹하게 싸웠고 많은 공도 세웠지만, 청 정부 정부와 관료, 지방관원들의 타협과 투항, 그리고 부패한 정치, 산만한 군심과 부실한 실력 때문에 싸우는 족족 실패하고 말았다. 1945년 항일전쟁 승리 전까지 중국정부는 외적침략들과 싸워 한 번도 제대로 이긴 적이 없었다.

둘째, 상권욕국(喪權辱國) : 근대 중국의 치욕

제1차 아편전쟁에서 패배한 청 정부 정부는 영국과 『남경조약(南京條約)』(1842년 8월)을 체결하였다. 이것은 외국 자본주의 열강이 중화민족과 체결한 첫 번째 불평등조약이었다. 그러나 영국정부는 만족하지 않고 다음해 7월과 10월에 다시 청 정부정부를 압박하여 『오구통상장정(五口通商章程)』과 『오구통상부착선후조관(五口通商附粘善後條款) 또는 호문조약(虎門條約)이라 함』)을 체결하였다. 이에 따라 미국도 영국을 모방하여 포탄을 방패 삼아 청 정부정부를 압박하여 『망하조약(望廈條約)』(1844년 7월)을 체결했고, 프랑스도 『황포조약(黃埔條約)』(1844년 10월)을 체결하였다. 자본주의 열강들이 끊임없이 몰려들어 불평등조약의 형식으로 중국에서 많은 주권을 강탈해갔다. 1760년대부터 1840년 아편전쟁까지 청 정부 정부는 광동에 '13행(十三行)' 즉 정부의 대외무역 조직을 설립하여 협상 방식으로 대외무역을 했다. 서방의 확장 세력과 중국 전통질서가 맞선 충돌은 필연적인 것이었다. 충돌의 결과는 중외 불평등조약으로 광주의 무역제도를 대신했다. "1842년부터 1943년까지

한 세기 동안 중국은 불평등조약의 속박을 받았고, 서방의 상업과 종교활동에 대문을 열어주었다."[28] 통계에 따르면 중국정부가 1842년부터 1919년까지 외국 자본주의 열강의 강박에 의해 체결한 불평등조약은 대략 709건이 된다고 했다. 그 중 영국·일본·러시아와 체결한 불평등조약이 가장 많았는데 163건·153건·104건이나 되었다.[29]

이런 조약들은 평등한 주권 국가가 서로 협상과 판단에 의해 체결한 것처럼 보이지만 사실은 불평등한 조약이었다. 이것은 포탄의 위협 하에서 맺은 '성하지맹(城下之盟)'일 뿐이었다. 외국 자본주의 열강들은 중국정부에서 탈취한 '최혜국대우(最惠國待遇)'를 만족해했고, 이를 통해 중국의 완전한 주권을 강탈했다. 이것은 정치적인 면과 경제적인 면에서의 상황으로 알 수 있었다.

정치적으로 외국 열강들은 중국의 '영사재판권'을 얻어냈다. 『오구통상장정(五口通商章程)』의 규정에 따르면 통상 항구에서 영국인이 범죄를 자지르면 중국 정부에서 처리하지 않고 "영국의 법률로 다스려야 한다"라고 했다. 이는 '영사재판권(領事裁判權)' 제도의 시작을 의미했다. 『망하조약(望廈條約)』은 영사재판권을 통상 항구의 기타 지역에까지 확대하고 형사건이던 민사건이던 중국 관원들은 일체 상관하지 않고 미국 영사관에서만 처리할 수 있었다. 제2차 아편전쟁에서 체결한 『천진조약(天津條約)』, 『북경조약(北京條約)』과 『중영통상장정선후조약(中英通商章程善後條約)』 등의 불평등조약에서 중국은 중국에서 법을 위반한 외국인을

---

28) [미] 존 킹 베어뱅크 저, 장리징(張理京) 역, 『미국과 중국美國與中國』(제4판), 1999, 세계지식출판사, 113-118쪽.

29) 마위핑(馬宇平), 황위충(黃裕沖), 『중국의 어제와 오늘(中國昨天與今天) (1840—1987국정수책(國情手冊)』. 1989, 해방군출판사, 104쪽.

심사할 권리가 없을 뿐만 아니라, 중국인과 외국인 사이에서 일어난 민사사건 모두 "중국 지방관과 외국 영사관이 함께 심판한다"라고 적혀 있었다. 영사재판권의 제기와 실행, 그리고 발전은 중국정부가 대외관계에서 점차적으로 자신의 주권을 상실하고 있음을 의미했다.

경제적으로 외국열강들은 중국에서 '협정관세권(協定關稅權)'을 얻어 갔다. 『남경조약(南京條約)』에서 "통상항구는 수출입관세 등을 내야 한다"고 했다. 즉 중국의 관세 세금규칙을 중국 정부는 규정할 권리가 없다는 뜻이었다. 『망하조약(望廈條約)』에서 미국은 "중국이 나중에 납세비율을 고치려면 합종국(合衆國)영사관과 상의하고 동의를 받아야 한다"라고 규정했다. 그리고 또 '이익균점(利益均霑)' 원칙을 제기했다.

즉 금후 어느 한 국가가 중국정부에서 어떤 이익을 얻으면 다른 국가도 함께 나눠야 한다는 것이었다. 제2차 아편전쟁에서 체결한 불평등 조약에서 열강들이 중국 관세의 세율을 확정하였고, 『중영통상선후조약(中英通商善後條約)』에서는, 중국 해관(세관)은 "영국인을 초빙하여 세금을 관리하게 한다"라고 규정했다. 즉 외국인이 중국의 해관을 관리하게 한다는 것이었다.

아편전쟁 이후 자본주의 열강들은 중국을 협박하여 여러 가지 불평등조약을 체결했다. 인류 문명 발전사에서 각국 사이의 정상적인 무역 왕래는 역사적 흐름에 맞는 일이었다. 청 정부 정부는 국가의 관문을 닫으려 했으나 이는 그때의 역사적 흐름에 맞지 않았고, 중국의 발전을 저해하는 일이었는 데다, 또한 열강들의 포탄 위협에 어쩔 수 없이 항구를 개방하였던 것이다. 항구의 개방은 근대 공상업의 기초를 닦았고, 이는 경제발전의 중요한 길임을 말해 주고는 있으나, 그 시기의 개방은 피동적이고 불평등한 개방이었다.

셋째, 영토를 할양하고 배상금을 내다: 근대중국의 재난

아편전쟁 패전 후 중영 "남경조약(南京條約)"을 체결하면서 중국정부는 자신의 주권을 수호하지 못하고 자신의 국토를 보위하지 못했다. 그리고 "남경조약(南京條約)"에서 홍콩을 영국에 할양했다. 1858년 5월에 체결한 "아이훈조약(璦琿條約)"은 대흥안령(大興安嶺) 이남, 흑룡강(黑龍江) 이북의 60만 제곱킬로미터나 되는 지역을 러시아의 영토로 인정하고 우수리강 동안으로부터 해안까지의 40만㎢나 되는 지역을 중국과 러시아의 '공동관리 지역'으로 정했다. 이런 포악한 영토 할양 외에도 자본주의열강들은 조차지[30]와 조계지[31]의 형식으로 중국에서 약지위영(掠地爲營)하여 국가 안에 국가를 세웠다.

특히 중일 갑오전쟁 이후 '조계'식 영토 할양의 바람이 불었다. 그리하여 구룡(九龍)과 위해위(威海衛)는 영국소유가 되고, 교주만(膠州灣)은 독일과 일본에 소유되었고, 여순대련만(旅順大連灣)은 러시아와 일본에 소유되었다. 광주만(廣州灣)은 프랑스에 소유되었고, 마카오(澳門)는 포르투갈에 소유되는 분할의 국면을 이루었다. 상해(上海), 광주(廣州), 하문(廈門), 복주(福州), 천진(天津), 진강(鎮江), 한구(漢口), 구강(九江), 연태(煙台), 무호(蕪湖), 중경(重慶), 항주(杭州), 소주(蘇州), 사시(沙市)와 장사(長沙) 등 지역은 열강들의 조계가 세워졌다. 할양 외에 자본주의 열강들은 청 정부를 협박하여 그들의 '침략전쟁'에서 본 '손실'에 대하여 보상금과 위로금 은원(銀元) 20억 냥을 강요하였다. 이는 중국인민에 대한 명백한 약탈이었다. 그중 1900년 8국 연합군이 북경을 침략하고 체결한 『신축조약(辛醜條約)』에서 청 정부는 백은 4.5억 냥을 배상하였고, 이를 40

---

30) 조차지 : "자국 영토의 일부가 외국의 영토로 넘어가는 것."
31) 조계지 : 중국의 개항지에서 외국인이 행정, 경찰, 사법 등을 관할하는 지역.

년 안에 갚기로 하고 이자를 보태서 모두 백은 9.8억 냥(각성의 지방 배상은 포함하지 않음)을 배상하기로 했다.

위에서 말한 바와 같이 중국 봉건사회는 서서히 반식민지·반봉건사회로 전락해 가고 있었다. 봉건전제주의제도의 부식성과 몰락은 외국 자본주의 열강들의 확장과 침략 앞에 드러나고 말았다. 외국 자본주의 열강들의 탐욕과 폭행은 몰락한 중국을 망국의 경지로 몰아넣었다. 혹은 외국 자본주의, 봉건주의가 중국을 망국의 경지로 내몰았다고도 할 수 있다. 그리하여 구국(救國)은 근대중국의 주제가 되었던 것이다.

2, 근대중국의 기본문제 - 발전

중국근대사를 연구하는 학자들이 반제반봉건이라는 말을 사용하는 것은 정확한 것이다. 하지만 이를 단순하게 이해해서는 안 된다. 중국이 완고하게 봉건주의의 길을 걷고 제국주의가 오래도록 중국에서 유지한 원인은 모두 중국의 낙후했기 때문이다. 중국은 사회제도의 근본적 변혁만이 아니라 생산력도 변혁시켜야 했다. 즉 '발전'은 '구국'과 연결된 또 하나의 기본문제였던 것이다. 1840년 아편전쟁 이후 외국 자본주의 열강들과 청 정부의 겨룸은 종합국력과 경제실력의 겨룸이었다. 청 정부는 강희(康熙)제, 건륭(乾隆)제, 가경(嘉慶)제, 도광(道光)제를 거치면서 국세가 점점 쇠약해져 몰락해 갔다. 하지만 이때 유럽의 주요 국가들은 경제가 신속히 발전하고 국력이 강해지고 있었다. 영국은 1640년 자산계급혁명 이후 18세기말부터 1830년대까지의 산업혁명이 큰 추진력 역할을 했다. 중국은 이와 현저하게 비교되었는데, 즉 당시 농업과 가정 수공업이 주요 생산방식인 국가였다는 것이다. 농민과 수공업자가 부지런히 일을 하였지만 지주들의 압박에 힘든 생활을 하고 있었고, 노동에 적극적이지 않고 창조력도 없었고 생산도구도 낙후했다. 자급자족의 자연경제는 사람들의 사상과 시야를 억제하였다. 때문에 중국이 자본주의 열강들의 침략에 몰락한 것은, 외국 자본주의의 침략성 본질뿐만 아니라 중국의 종합국력 특히 경제실력에서 많은 차이가 있었기 때문이었다. 외국 자본주의 열강들이 1840년 아편전쟁 이후 중국 정부와의 투쟁은 선진적인 공업국가와 낙후한 농업국가와의 투쟁이었다. 유럽에서 산업혁명을 펼치는 동안 중국은 아직도 농업사회였다. 여러 지역에서 상품무역을 하고 있었지만 주로 수공업 제품에만 치중하고 있었다. 이때 중국에서 자본주의가 나타나고 서서히 성장하고 있었지만 자본주의 발전에 절대적 영향을 미치는 공업생산력은 나타나지 않았다. 중국과 외국 자본주의사이의 겨룸은 두 가지 성격과 생산력의 겨룸이었다. 중국인민이 자본주의 열강들에 저항했던 애국정신은 귀한 것이지만 낙후한 생산력과 선진적인 생산력 사이의 싸움은 실패하게 되어 있었다. 많은 애국인사들은 국가를 살리고 민족을 살리는 활동에 참가하였지만, 국가를 구하려면 경제를 발전시키고 국력을 강화해야 된다는 것을 깨달았다. 그러나 낙후한 생산관계와 제국주의 봉건주의가 완고하게 저항하고 선진적 생산력의 발전을 저해하였기에 결국은 실패하고 말았다. 이 때문에 생산력을 발전시키기에 앞서 먼저 반제 반봉건 혁명을 해야만 발전이 가능했던 것이다. 근대 중국의 복잡한 국정이 이런 복잡한 관계를 결정해 주었다. 즉 근대 중국의 두 가지 기본문제는 구국과 발전이었던 것이다. 구국을 해야 발전하고 발전해야 구국을 할 수 있었던 구조였던 것이다.

제2절
위원(魏源)에서 손중산(孫中山)까지:
중국은 어느 곳을 향해 갔나?

근대중국의 두 가지 기본문제를 해결하기 위해 중국인민은 진리를 찾기 시작했다. 중국이 반식민지·반봉건사회로 함몰해가는 과정에서 애국인사들은 문제의 해결점이 정치와 경제에 있지만 이론과 사상관념을 먼저 해방시켜야 한다고 생각하였다. 선진적인 이론 없이 국가를 구하고 국가를 세울 수 없으며 중국이 낙후함과 함몰이라는 악운에서 벗어날 수 없다고 했다. 그러나 진리를 찾는 것은 엄청나게 힘든 역사적 과정이었다. 진리는 객관세계의 내적 규율의 반영으로서 주체의 자각적 능동성을 인식해야 할 뿐만 아니라, 사회의 모순이 폭로되어야 한다. 사실 역사적 조건이 다름에 따라 사람들의 자각적인 능동성도 제한되게 마련이라 역사적 조건에서 발전하게 된다. 그렇기 때문에 마오쩌동이 나타나기 전에도 많은 애국인사들이 역사적 사명감을 안고 구국과 발전의 방법을 찾고 있었던 것이다.

1. 구색(求索)의 기점: 유학(儒學)을 개량하여 세계로 전파하다.

아편전쟁을 전후하여 공자진(龔自珍), 임칙서(林則徐), 위원을 대표로 한 애국인사들은 정부의 쇠락과 중국의 몰락을 예견했다. 임칙서는 당시 세계의 발전에 놀라 서방의 장점을 배우고 유학을 개량할 것을 주장하였다. 그의 주장은 위원의 지지를 받았다.

위원(魏源)은 호남소양(湖南邵陽)인으로 아편전쟁에서 그는 영국 침략에 저항할 것을 주장했고 절강 일대에서 몸소 전투를 지휘했다. 아편전쟁의 실패로 인해 그는 패전의 교훈을 토대로 당시 구할 수 있는 모든 외국자료들을 구하여 『해국도지(海國圖志)』를 펴냈다. 이 책을 통하여 세계 주요 국가들의 역사, 지리와 사회 정황을 소개하였다. 그리고 정치를 비판하면서 유학을 개량하여 세상에 널리 알려야 한다는 견해를 명백히 제시하였다. 그의 구국과 발전에 대한 주장은 두 가지 측면으로 볼 수 있다.

1) "이족의 장점을 스승으로 삼아 이적을 제압한다(師夷之長技以制夷)"

위원의 해국도지(海國圖志)에는 서양인의 강점을 배워 그 장점으로 서양인을 제압해야 한다는 말이 들어 있다. 위원은 중국이 강대해지려면 먼저 서방 열강들이 강대한 원인을 연구하고, 그들한테서 배우면서 스스로 강대해져야 한다는 주장이었다. 당시 중국인들은 우매하여 세계의 진보 발전을 보지 못하고 '스스로 대국'이라는 꿈을 계속 꾸고 있었다. 이러할 때 위원의 관념은 매우 진보적이라 할 수 있었고, 나아가 중국의 구국과 발전을 위한 방향을 가리켜주고 있었던 것이다.

하지만 위원의 관점은 역사적인 한계성을 가지고 있었다. 먼저 지주계급의 일원으로서 강렬한 애국심을 갖고는 있었지만, 봉건주의적 입장을 벗어나 있지는 못했다. 그의 주장의 취지는 청 정부 정부를 도와 성세(盛世)를 회복시키자는 것이었다. 그리하여 이는 그의 두 번째 한계성을 갖게 되었던 것이다. 그가 주장한 "서방을 배우자"라는 것은 외국 열강들의 장비와 기술을 배우자는 것이지, 그들의 제도와 사상을 배우는 자는 것이 아니었다. 위원은 서방 국가의 정치적 장점들을 알고 있었지만, 전선과 화기, 그리고 병법 등만을 배우려고 했던 것이다. 그는 아편전쟁의 실패는 군사적 힘이 균등하지 못하고 기술적인 차이가 있기 때문이라고 했다. 이런 역사적인 인식의 한계성은 있었지만, 그의 "이족의 장점을 스승으로 삼아 이적을 제압한다(師夷之長技以制夷)"는 인식은 중국의 지식인과 애국인사들이 찾던 구국과 발전의 기점이었고, 역사적 혁신의 기점이었다.

2) "통경치용(通經致用, 경전 중에서 治世의 근거를 찾아야 한다)"

국가를 구하기 위하여 위원은 공자진(龔自珍), 임칙서(林則徐)처럼 '경세치용(經世致用)'의 전통을 중시하고 유학을 개량하여 국가를 강화시켜야 한다는 사상적 무기를 제공하였다. 그는 청 정부의 문자옥(文字獄)과 문화독재를 실시하여 문인학사들이 고적에만 파묻혀 현실적 문제를 연구하지 않았다는 것을 잘 알고 있었다. 사상계의 무거운 기운이 정치적 부패와 국세(國勢)의 쇠락을 의미하고 유학의 끝을 말해주고 있었다. 구국과 발전을 위하여 위원(魏源)은 유학을 개혁하여 국세를 회복시키려고 하였다. 그는 완고한 치학지도(治學之道, 학문을 연구하는 방법)를 반대하면서, 학자들이 지혜를 고적(古籍)에만 투여하는 것이 가장 큰 낭비라고 여겼다. 그리하여 위원의 '통경치용(通經致用)'은 그 당시 우울한 사상계에 청신한 기운을 불어넣었고, 그의 애국심을 충분히 나타냈다. 그러나 당시 형세에서 유학을 개량하고 혁신하여 사회를 구원하는 것은 결코 성공하기 어려운 일이었다.

아편전쟁 이후 중국 애국인사들은 사회의 앞장에 서 있는 자들로서 구국과 발전을 위하여 진리를 찾는 데 다른 사람들보다 한 걸음 더 내딛고 있었다. 하지만 당시 그들이 할 수 있는 것은 단지 전통적 사상이론 즉 유학에 개량과 혁신의 의견을 제기하는 것뿐이었다. 그러나 그들의 사상은 모두 세계를 인식한 기초 위에서 제기된 것이었고, 서방을 배우는 것과 동시에 제기한 것이었다. 이는 역사상의 여러 유학에 대한 개량과 개혁과는 근본적으로 다른 것이었다. 이로부터 중국의 지식인들은 이미 탐색적 시야를 세계로, 선진적인 공업생산력의 발원지에다 두고 있었다는 것을 설명해준다.

2. 구색의 진보: 서방을 배워 유신변법(維新變法)을 실시하다.

1894년 7월의 갑오전쟁에서 중국이 패전하고 북양군(北洋軍이) 전멸했다. 1895년 4월 청 정부정부는 일본과 '마관조약(馬關條約, 시모노세키조약)'을 체결하였다. 중국은 이로부터 반식민지·반봉건사회로 전환하게 되었다. 엥겔스는 갑오전쟁이 진행되는 중에 이와 같이 말한 적이 있다. "청일전쟁은 낡은 중국의 결속을 의미하고, 대 공업과 철로의 발전이 농업과 농촌 공업사이의 낡은 연결을 와해시킨다는 것을 의미한다."[32]

마오쩌동도 외국자본주의의 자극과 중국 봉건경제 구성의 파괴는 객관적으로 민족자본주의 발전에 유리한 조건을 가져다주었다고 분석했

---

32) 엥겔스, 『마르크스·엥겔스 전집(馬克思恩格斯全集)』 제39권, 인민출판사, 1974, 288쪽.

다. 그래서 갑오전쟁(청일전쟁) 이후 1896년부터 1898년까지, 1906년부터 1908년까지 두 번의 민족자본주의 공상업의 흥기가 나타났다. 이런 복잡한 경제와 사회발전은 사상계에 큰 영향을 주었다. 중국의 애국인사들과 지식인들은 진리를 찾는 길에서 큰 성과를 거두게 되었다. 그 성과로는 유학을 개량하고 서방을 배워 '유신(維新)'과 '변법(變法)'의 정치적 주장을 제기한 것이었다.

유신파의 주요 대표로는 강유위(康有爲)가 있었다. 1895년 마관조약의 체결로 강유위(康有爲) 등은 북경에서 1300여 명의 거인(舉人)들을 대동하여 광서황제(光緖皇帝)에게 상서를 올려 조약을 반대하고 변법을 주장하였다. 이것이 바로 역사에서 유명한 '공차상서(公車上書)'이고 자산계급 유신운동의 기점이었다.

유신파의 또 다른 대표는 엄복(嚴複)이었다. 갑오전쟁 이후 그는 자신이 창간한 『직보(直報)』와 『국문보(國聞報)』에서 논문을 발표하고 변법을 주장했다. 1898년에 광서황제(光緖皇帝)에게 상서를 올려 변법의 구체적 강령을 제기하였다. 그는 번역에 능숙하여 외국의 정치학, 경제학, 사회학, 논리학과 자연과학을 번역하여 중국인들에게 소개하였다.

애국인사들의 추진 하에 1898년 6월 11일에 광서황제(光緖皇帝)는 변법을 실시하라고 조서를 내렸다. 그러나 자희태후(慈禧太後)를 대표로 한 완고파들이 정변을 일으켜 광서황제(光緖皇帝)를 구속하고 유신파들을 살해하면서 유신변법은 9월 21에 끝이 났다. 이를 역사에서 '백일유신(百日維新)'이라고 하였다. 그러나 완고파들의 협박은 결코 역사의 흐름을 막을 수 없었다. 유신운동은 중국 자산계급이 영도한 구민주주의 혁명의 시작에 불과했다.

유신변법운동은 중국 민족자산계급이 정치무대에 등장했던 첫 도전

이었고, 중국인민이 진리를 찾고자 했던 첫 단계였다. 이 운동의 의의
는 공개적으로 서방을 배우기 시작했다는 점이고, 공개적으로 변법개
혁을 해야 한다는 시대적 의무를 제기한데 있었다.

3. 구색의 전환: 주의(主義)를 창립하고 혁명을 논하다.

유신변법의 실패는 애국인사들로 하여금 개량주의의 유치함을 깨닫
고 유신으로 국가를 구하려하던 그들의 꿈을 일깨워주었다. 손중산(孫
中山)이 바로 그중 한 사람이었다.

손중산은 어린 시절 형님을 따라 하와이에서 공부를 하였고 기독교
를 신봉하였다. 유신운동 초기 그는 강유위를 따라 개량을 주장하였
다. 하지만 유신운동에서 그 어떤 실제적인 효과도 보지 못하자 자산
계급 개량주의라는 입장에서 혁명으로 입장을 바꾸었다. 1894년 11월,
1895년 2월에 흥중회(興中會)를 창립하여 "달로(韃虜)를 쫓아내고 중국을
회복하며 합중정부를 창립하여야 한다"는 구호를 제창했다. 1905년 7
월말에 그는 일본 동경에서 소집된 '당 조직회의'를 개최하고 8월 20일
정식으로 '중국동맹회(中國同盟會)'를 성립하였다. 손중산은 총리로 임명
되어 민주혁명을 영도하는 중책을 맡았다. 그 후에는 국민당을 창립했
고 신해혁명(辛亥革命)을 영도하여 민주혁명에 자신의 모든 재능을 헌신
하였다. 손중산이 근대중국의 혁명에 대한 헌신한 공헌은 두 가지 면
에서 볼 수 있다. 첫째는 서방을 배우는 과정에서, 중국의 실제적 정황
에서 출발하여 '삼민주의(三民主義)'의 발전강령을 제기하였다는 점이다.
둘째는 역사의 경험을 종합하는 과정에서 '공화(共和)'로 '입헌(立憲)'을
대신하여 민주공화국의 건립에 힘을 썼다는 점이다.

중국 민족자산계급의 연약함에 신해혁명의 성과는 얼마 지나지 않아서 원세개(袁世凱)의 손으로 넘어가고 말았다. 정권은 다시 제국주의와 봉건주의가 매수한 북양군벌(北洋軍閥)의 손에 들어가게 되었고, 중화민국(中華民國)은 허울뿐이었다. 그러나 손중산은 자신의 꿈을 위해 분투하였다. 많은 실패를 거듭하면서도 그는 공산국제 및 중국공산당과 합작하여 국민당을 창립하여 민주혁명에 새로운 요소를 보충하였다. 손중산은 근대중국 애국인사들이 진리를 추구하는 과정에서 청 정부 왕조를 전복시켰고, 역사적 흐름에 따라 꾸준히 자신의 사상체계와 조직을 개조하여 후손들에게 본보기를 보여주었다는 점에서 매우 위대한 인물로 평가해야 한다. 특히 손중산은 많은 문제에서 중국사회의 변화 규칙을 인식하고 있었다. 그의 사상은 마오쩌둥 사상의 형성에도 중요한 작용을 하였다. 첫째, 그의 '혁명사상'은 마오쩌둥, 주은래를 포함한 공산주의 지식인들을 교육시켰다. 둘째, 그의 '민주주의사상'은 마오쩌둥에게 사상의 원천을 제공해 주어 이는 후에 신민주주의이론으로 발전하였다. 그리하여 민주주의사상을 실행하면서 마오쩌둥은 손중산을 '선행자'로 존칭하게 되었고, 자신을 '계승자'라고 했다. 셋째, 그의 '자본통제사상'은 자본주의를 초월하는 흐름을 보였다. 중국은 자본주의를 피해야 한다는 그의 가상(假想)도 마오쩌둥에게 승계되었다. 넷째, 그의 "민중을 일깨워서 세계적으로 평등한 대우를 받고 함께 분투해야 한다"는 유언도 마오쩌둥의 결론과 일치하였다. 이 모든 것은 역사가 손중산의 단계에서 이미 새로운 시기의 도래를 의미했던 것이고, 새로운 사상의 싹이 트기 시작했다는 것을 의미하는 것이었다. 다사다난 했던 근대중국이 위원으로부터 손중산까지 걸은 한걸음 한걸음마다에는 우연이 아닌 역사적 변증법의 불가피한 규칙이 있었던 것이다.

제3절
청년마오쩌동의 선택

마오쩌동은 호남성(湖南省) 사람으로 1893년 12월 26일생이다. 8세부터 학당에서 글공부를 시작했다. 1910년 가을 고등 소학당(小學堂)에서 '신학(新學)'을 배우기 시작했다. 그 당시 중국은 혁명의 바람이 휘몰아치고 있었다. 1894년에 손중산은 '진흥중화(振興中華)'라는 구호로 흥중회(興中會)를 창립했고, 1905년에 건립된 중국동맹회에서는 자산계급 민주공화국의 정치적 강령을 제기하였으며, 1911년의 신해혁명은 마오쩌동의 고향 근처인 호북성 무창(武昌)에서 시작되었다. 시대가 영웅을 만든다는 말처럼 총명한 마오쩌동은 이런 역사시기에 편벽한 고향을 떠나 혁명의 바람이 휘몰아치는 도시로 갔다. 1911년부터 1918년까지 그는 호남장사(湖南長沙)에서 공부를 하였고, 호남성제1사범학교에서 신문화운동의 세례를 받았다. 1919년 그는 5·4운동(五四運動)에 참여하였고, 전국에서 영향력이 있던 『상강평론(湘江評論)』을 주필하였다.

이때부터 그는 정치활동에 몸을 던졌고, 1921년 7월에 중국공산당 창설에 참여하면서 중국공산당의 제1기 정치활동가가 되었다. 이때 그는 28세였고, 이로부터 28년 후에는 천안문성루에서 중화인민공화국의 탄생을 선포하였다. 그리고 그의 마지막 28년의 시간은 중국의 사회주의혁명과 건설을 영도한 시간이었다. 마오쩌동의 일생은 이렇게 세 단계의 '28세'로 구성되었다. 여기서 말하는 '청년 마오쩌둥'은 그의 첫 단계의 '28세'를 말하는 것이다.

청년 마오쩌둥의 사상은 시대의 흐름에 따라 자산계급 민주주의로부터 무산계급 사회주의로 급변하였다. 정치적 각도로 보면 이 시기의 청년들은 모두 민주주의, 무정부주의를 믿는 데에서 사회주의와 공산주의를 선전하는 데로 변화하였다. 이런 급변은 근대 중국의 선진적인 청년들의 전형적인 사상변화였다.

그러나 얼마 지나지 않아서 마오쩌둥은 민주주의의 정치적 신념을 확신하게 되었다. 1919년 5·4운동이 시작되면서 마오쩌둥은 장사(長沙)에서 반제 애국운동을 영도하였고, 1920년 호남 자치운동에서는 민주주의 실천에 투신하였다. 이런 한 차례 또 한 차례의 규모는 크지만 효과가 없던 투쟁에서 그는 구민주주의가 중국을 변화시킬 수 없다는 것을 깨달았다. 그리하여 그는 다른 길을 찾아 새로운 선택으로 공산주의 학설을 발견하게 되었던 것이다. 그는 1936년에 에드가 스노우에게 다음과 같이 말했다.

"1920년 처음으로 정치적으로 공인들을 소집하였는데 마르크스주의 이론과 러시아혁명사의 영향이 나에게 지도적 작용을 하였다. 두 번째 북경 방문 시절 나는 러시아에 관한 책을 많이 읽었다. 나는 공산주의 문헌에 관한 중문 책을 미치도록 찾았다. 그중 세 권의 책이 나로 하여금 마르크스주의에 신앙을 갖게 하였다. 나는 마르크스주의를 받아 들였고 이는 역사의 정확한 해석이라고 생각한다.
이 책들이란 바로 『공산당선언(共産黨宣言)』, 『계급투쟁(階級鬪

爭)』과 『사회주의사(社會主義史)』이다. 1920년 여름부터 나는 이미 마르크스주의자가 되었다.[33]

마오쩌동은 사고를 할 때에 '대본대원(大本大源, 목적이 달성되지 않으면, 맹세코 그치지 말아야 대망을 이룬다)'으로 문제를 인식하고 해결하려고 했다. 이 사상은 '우주의 진리'와 '마음의 작용'을 확대하는 유심론적 경향이 있지만, 세계관과 방법론의 개조에는 아주 깊은 견해가 들어있는 말이다. 마오쩌동도 이런 세계관과 방법론의 변화에서 마르크스주의를 찾았던 것이다. 이 과정은 세 번의 역사적 선택으로 실현되었다.

1. '무아론(無我論)'으로부터 '유아론(唯我論)'으로

'무아'라는 말은 불교에서 쓰는 말인데 그 뜻은 "세상에는 물질적인 존재가 없다"라는 뜻이다. 이는 또 두 가지로 이해할 수 있다. 하나는 '인무아(人無我)'이다. 이는 사람은 단지 색(色), 수(受), 상(想), 행(行), 식(識) 등 다섯 가지 물질로 구성되었으나 영원한 주체는 아니다 라는 말이다. 둘째는 '법무아(法無我)'이다. 이는 "우주의 모든 물질이 그 어떤 인연으로 결합되어 있어 끊임없이 변화하며 영원하지 않다"라는 뜻이다. 중국 근현대 학자들이 고대사상을 분석할 때에 "대아(大我)를 중시하고 소아(小我)를 희생한다"는 사상을 '무아론'이라고 했다. 그렇다면 마오쩌동이 말하는 '무아론'은 어떤 유형이었을까?

---

33) 마오쩌동, 『모택동자술(毛澤東自述)』, 1993, 인민출판사, 39쪽.

마오쩌동의 경력과 그의 지식구성을 연구해 봤을 때, 그의 '무아론'은 두 가지 사상의 결합물이라는 것을 알 수 있다. 첫째는 불교의 '무아론' 이다. 마오쩌동은 어린 시절 어머니를 따라 불교를 경건하게 믿은 적이 있었다. 마오쩌동이 당시 불교에 대해 어떻게 이해했는지는 잘 알수 없지만, 그가 주장한 "우주만 존재하고 나는 존재하지 않는다"는 관점이 불교의 '인무아(人無我)'와 비슷하다. 둘째는 정주이학(程朱理學)의 '무아론(無我論)'이다. 마오쩌동은 어린시절 고향의 학당에서 사서오경 (四書五經)을 배웠고 고대문화의 교육을 엄격히 받았다. 그때 성행했던 유가(儒家)학설은 주로 정주이학(程朱理學)이었다. 그 관점은 "사람들은 '유학으로 자율하고 (以醇儒自律)' '천리에 순응하고 욕망을 없애야 한다 (存天理滅人欲)' 라는 사상으로 무아의 지경에 이르고 무욕의 경계에 이르러야 한다"는 것이었다. 그리고 중국 고대철학사 입장에서 보면 정주이학(程朱理學)은 당국가 불교 중 선종(禪宗)파에서 발전되어 온 것이기에, 선종(禪宗)파 불교를 믿는 사람은 정주이학(程朱理學)을 쉽게 받아들일 수 있었다. 이로부터 마오쩌동의 '무아론'은 정주이학(程朱理學)과 일치하다는 것을 알 수 있고, 이는 마오쩌동이 서방 철학 사상을 받아들이기 전의 세계관이 '무아론'의 유심론이라는 것을 알 수 있다.

'신학(新學)'을 받아들인 후 청년 마오쩌동의 세계관은 유심론의 속박을 벗어나지는 못했지만 나날로 변화하기 시작했다. 특히 호남성제4사범과 제1사범에서 공부할 때 서방의 철학적 사상을 받아들였고, '유아론(唯我論)'의 세계관이 형성되기 시작했다. 마오쩌동의 '유아론'은 그의 저서인 『강당록(講堂錄)』, 『체육의 연구(體育之研究)』, 『논리학 원리』에 대한 주석(「倫理學原理」批注)』와 친우들에게 보낸 편지에서 나타났다. 그관점은 아래와 같다.

1) 내가 실재이고 실재가 나이다(我卽實在, 實在卽我)

나와 실제의 관계에 대한 문제는 사람과 세계의 관계 중 가장 기본적인 문제이다. 마오쩌둥은 이 문제에 대하여 아주 시원스럽게 대답했다.

> "내가 실제이고 실제가 나이다. 내가 의식이 있어 실제도
> 의식이 있으며, 나는 생활 속에 있고 실제도 생활 속에 있
> 다."[34]

이 말에서 마오쩌둥은 "'나'는 세상에서 실질적 지위가 있고, 그 누구도 '나'의 존재를 부정할 수 없다"는 것을 설명하고 있다.

이것이 바로 '유아론'의 진보적 의의인 것이다. 하지만 그의 "내가 의식이 있어 실제도 의식이 있다"라는 말은 이해하기 힘든 부분이다. 그의 주석을 자세히 연구하면 그는 대립적인 면에서 이 문제를 논술했다는 것을 알 수 있다.

> "관념이 즉 실제이고, 유한이 즉 무한이며, 상상이 즉 사유
> 이고, 형성이 즉 실질이다. 내가 우주이고 생즉사(生卽死),
> 사즉생(死卽生)이며, 현재가 즉 과거와 미래이고, 과거와 미
> 래가 곧 현재이다."[35]

---

34) 『모택동조기기문고(毛澤東早期文稿)』, 1990, 호남출판사, 267쪽.
35) 위의 책, 269쪽.

이런 해석은 일정한 변증성이 있다. 즉 만사만물이 움직이고 변화하며 변화 속에서 대립된 쌍방이 서로 구별되고 서로 전환되어 의식이 생기고 관념이 실제로 변화할 수 있다. 변증사상의 전통을 갖고 있는 중국인에게 이런 음양이 윤회하고 전환하는 도리는 이해할 수 있으나 이것은 과학적인 의의에서의 변증법은 아니었다. 이런 무조건적인 차별과 전환은 상대주의의 특징을 갖고 있어 필연적으로 이원론(二元論)의 길을 걷게 되었다. 이것이 바로 마오쩌둥의 '유아론'이 갖고 있는 부족한 점이다.

2) 사람은 이성을 가진 동물이다.

'유아론'은 사람을 우주의 근본으로 생각하는 세계관과 인생관이다. 그러나 이는 사람이 '어떤 사람'이냐는 문제에 부딪치게 된다. 이 문제에 대하여 마오쩌둥은 『체육의 연구(體育之硏究)』라는 문장에서 이와 같이 주장했다.

> "사람은 즉 동물이며 움직인다. 사람은 이성적 동물이어서 그 어떤 행동에도 모두 도리가 있다. 하지만 사람은 왜 움직이는가? 왜 도리가 있는 행동을 하는가? 살기 위해서 움직인다. 이 말은 옳지 않다. 국가를 위해 행동한다. 이 말도 옳지 않다. 사람은 몸을 위해 움직이고 마음을 위해 움직일 뿐이다."

여기서 제기한 주제는 사람은 움직여야 하고 규칙에 따라 행동해야 한다고 했다. 이는 살기 위해서가 아니고 국가를 위해서도 아니라 몸과 마음을 다지기 위해서라고 했다. 마오쩌동은 사람을 동물이라고 했고 이성을 가진 동물이라고 강조했다.

그 당시 마오쩌동이 배운 것은 모두 유심론의 학설이었고 유물론의 학설을 제기하면 새롭고 도리가 있어 재미가 났다고 했다. 그리하여 그는 읽었던 책에 대하여 비판적으로 분석을 하게 되었고 그 중에서 새로운 계시와 도움을 받게 되었다.

3) 사람의 행위는 '자연충동(自然沖動)'과 '의무감정(義務感情)'의 통일이다.

중국은 역대로 사람의 행위에 관한 연구를 중시해 왔고 논리학에 편중하여 근대중국의 철학도 이 분야에서 시작되었다. 송명리학(宋明理學)은 '천리(天理)'와 '인욕(人欲)'이 대립하고 사람 행위에 대한 도덕적 평가는 '천리'를 표준으로 해야 한다고 하였다. 마오쩌동이 논리학원리(倫理學原理)를 읽을 때에 필자는 '자연충동'과 '의무감정'을 갈라놓았던 것을 발견했다. 마오쩌동은 먼저 사람의 '자연충동'을 보아야 한다고 하였다.

그리고 '인욕'은 선천적인 것이고, '의무감정'과 '양심'은 후천적이라고 하였다. 그리고 사람의 '자연충동'과, '인욕'은 과도해서는 안 되며 반드시 '의무감정'과 '양심'으로 제재시켜야 한다고 하였다. 여기서 말하는 후천적인 '의무감정', '양심' 등은 선천적인 '자연충동'과 '인욕'에 반작용을 하고 변증법 의의를 갖고 있다. 마지막에 마오쩌동은 '자연충동'과 '의무감정', 그리고 '인욕'과 '양심' 사이는 통일되어야 한다고 하였다.

그는 현실사회에서 사람의 '자연충동'과 '의무감정', 그리고 '인욕'과 '양심'이 일치하지 않는 정황이 있는데, 그것은 사람들이 양자의 관계를 잘 처리하지 못한데 있다고 했다. 이로부터 우리는 마오쩌동의 사상

속에 유물론 사상이 있음을 알 수 있다. 전체적으로는 이원론(二元論)적 유심론이지만, 사람의 행위를 논술할 때에는 유물론사상이 깃들어 있다는 사실을 알 수 있다. '행위'의 문제는 도덕적 문제라서 현실생활에 더욱 가까이 있고, 반봉건 도덕의 속박을 벗어나려는 청년 마오쩌동의 희망과 일치하기 때문이다. 이는 마오쩌동이 '자아'를 발견하던 중요한 시기였다.

4) 인간의 개성을 해방시켜야 한다.

청년 마오쩌동이 사회변혁의 흐름 속에서 듣고 본 것은 선진적 인사들의 저작들과 낙후한 자들의 마비된 상태였다. 사람들의 행위는 이학(理學) 도덕(道德), 이교(理敎)의 속박들을 받고 있었다. 따라서 마오쩌동은 사회가 진보하려면 반드시 개성을 해방시켜야 한다고 했다. 그는 친우에게 쓴 편지에서 낡은 교육제도가 개성을 속박한다고 한탄하면서 이렇게 말했다.

> "나는 학교에서 감히 자신의 주장을 말하지 못하고 힘들게 참고 또 참고 있다. 여기는 공부하기에 적합한 곳이 아닌 것 같다. 의지가 자유롭지 못하고 정도가 저하되어 소중한 나의 청춘을 이곳에서 썩히고 있다고 생각하니 슬프기 그지없구나."[36]

그래서 마오쩌동은 논리학 원리를 읽으면서 이런 글을 남겼던 것이다.

---

36) 『모택동조기문고(毛澤東早期文稿)』, 1990, 호남출판사, 30쪽.

"개성을 발휘해야 한다. 사람마다 자기의 개성이 있어야 진
정한 충족을 얻을 수 있다."[37]

이런 독재제도의 비판과정에서 마오쩌동은 '무아론'의 폐단을 인식하
고 '자아'를 발견하였던 것이다.

5. 인류생활의 이상적 준칙은 '정신적 개인주의'이다.

사회생활에서는 '내'가 중심이다. 사람들의 생활준칙은 "나에게 유리
함"이다. '이타주의'도 '타인'이 '나'와 연관이 있기 때문이다. 이런 생활
준칙이야말로 개인주의와 현실주의의 준칙이라고 마오쩌동이 말했다.
'개인주의'란 "생활 중 모든 것은 자신을 위함이고 도덕을 지키는 것도
자신을 위함이며, 다른 사람을 돕거나 동정하는 것 모두가 자신을 위
함이다"라는 뜻이다. '현실주의'란 우리가 일생동안 단결하는 정신이고
물질이 우주에서의 경력이기에 우리는 현실상황에 힘을 다해야 한다.
행위가 객관적으로 정확한 것이면 그대로 실행해야 하고 사상이 주관
적인 것이라면 실현시키려고 해야 한다. 우리는 객관과 주관적인 현실
에 책임지고 비현실적인 것에는 책임을 지지 못한다."[38]

마오쩌동은 여기서 '이기', '개인주의'라는 말을 회피하지 않았고, 이
를 정확한 것이라고 말했다. 하지만 마오쩌동이 '이기'의 목적과 준칙을
말할 때에 '이기'와 '이타'의 관계에 주의를 두었다. 그는 '이타'를 배척하
지 않고 '이타'는 '이기'를 위함이라고 했다. 그는 이 문제를 해결할 때에

---

37) 위의 책, 127쪽.
38) 위의 책, 205쪽.

이와 같은 예를 들었다. 내가 사랑하는 사람이 위급한 상황에 빠지면 자신의 안위를 고려하지 않고 반드시 도와줄 것이다. 이런 '이타'가 바로 '이기'인 것이다. 그래서 마오쩌동은 이기주의는 두 가지로 나눌 수 있다고 생각했다. 하나는 '이타'를 배척하는 이기주의, 즉 그가 반대하는 이기주의이고, 다른 하나는 그가 찬성하는 '이타'와 '이기'가 통일하는 '이기의 정신'의 이기주의이다. 그리하여 마오쩌동은 봉건전제제도를 비판하면서 '사람'은 '몸'과 '마음'으로 통일된 개체이고, '나'는 '이기'를 본위로 하고, '이타'와 '이기'를 '이기정신'으로 통일시킨 '나'라는 것을 깨달았다. 이처럼 "정신적 개인주의"를 추구하는 것은 마오쩌동의 '유아론'세계관의 진리인 것이다.

6. 자아를 실현하다.

실천을 중시하는 것은 청년 마오쩌동의 특징이다. 그는 사람이 사는 목적이 "자아를 실현하는데 있다"고 말했다. 그리고 '유아론'의 세계관을 "자신을 실현하다"로 총괄하였다. 이로부터 우리는 마오쩌동이 '무아론'에 대한 비판이 아주 철저하다는 것을 알 수 있다. 그의 '유아론'이 아직 유심주의의 사상체계에 속하지만 유물주의 사상이 많이 들어있고 반봉건, 반독재의 사상이 들어 있다. 이것은 마오쩌동의 세계관 전환의 중요한 단계이다. '무아'로부터 '유아'까지의 발전은 역사적 흐름에 부합되는 것이다. 철학적으로부터 보면 송명시기의 정주이학(程朱理學)은 객관유심주의의 사상체계였다. 사람의 운명은 '천리(天理)'가 결정하는 것이라고 했다. 이런 사상체계의 형성은 역사적 배경과 역사적 원인이 있고, 중국 논리체계의 형성에 일정한 작용을 하였지만, 이런 사상은 인성에 대한 반동이고 사람의 능동성을 억제하였다. 때문에 누군가가 이런 상황에서 '내'가 우주라고 하였으니 이는 사상의 혁명과 역사의 진보가 아닐 수 없다. 중국의 사회발전사로부터 보면 봉건전제주의의 특점 중 하나가 바로 인성을 말살시키는 것이다. 동서방의 구별은, 서방은 신학으로 인성을 말살하고, 중국은 도덕과 이학으로 인성을 말살하였다는데 있다. 서방이 중세기로부터 근대로 전환할 때 유명한 인문주의 즉 인도주의 사상이 나타났고, 이는 교회 통치계급과 봉건전제와 투쟁하는 사상적 무기가 되어 '나'라는 자각성이 생기게 되었다. 중국이 고대로부터 근대로 전화할 때에는 생산력 기초가 부족하여 이런 '나'라는 자각성이 서방보다 못하였다. 게다가 중국의 이학이 사람을 교훈하는 면에서는 서방의 신학보다 뛰어나 이의 속박을 벗어나기가 쉽지 않았다. 그러나 사회진보의 흐름 속에서 특히 서방과의 문화적 교류과정에서 근대중국의 선진 인사들은 봉건전제제도의 비판 속에서 '나'라는 각성을 하게 되었다. 청년 마오쩌동의 세계관 전화도 이때에 시작되었던 것이다.

2. '유아론'으로부터 '평민주의'까지

마오쩌동의 '유아론'은 '정신적 개인주의'를 핵심으로 한 세계관과 인생관이다. 이 문제를 논술할 때에 마오쩌동은 '이타(利他)'와 '이기(利己)'의 관계를 잘 처리하려고 했다. 그리하여 양자를 고상한 정신으로 통일시켰다. 그러나 두 가지 모순에 부딪치게 되는데, 하나는 사람마다 고상한 정신이 있는 것이 아니라는 것이고, 다른 하나는 현실사회에서 '나'는 동류가 아닐 수도 있어 그들의 '정신적 개인주의'가 대립되고 충돌할 수도 있다는 것이다. 마오쩌동은 모순을 이상적 인격의 양성과 군자(君子), 성현(聖賢), 호걸(豪傑)의 출현으로 해결하려 하였지만 사실은 불가능한 것이었다. 때문에 '유아론'은 마오쩌동의 세계관 전환 속에서 큰 진보이기는 했지만 역사적 제한성도 현저했기에 중국을 개조하고 근대중국의 기본문제를 해결하는 좋은 선택은 아니었다고 할 수 있다. 1918년 6월 마오쩌동은 사범학교를 졸업하였다. 졸업 전 4월에 그는 동창들과 함께 신민학회를 성립하여 중국의 기본문제를 해결하는 방법을 연구하였다. 졸업 후 그는 서책에서 새로운 사상을 배우는 데로부터 실천 속에서 새로운 사상을 배우는 것으로 전환하였다. 특히 1918년 8월에 처음으로 북경에 가서 보고 들은 것과 1919년의 파란만장한 5·4운동은 그의 세계관의 전환과 새로운 사상의 선택에 직접적인 추동작용을 하였다.

처음으로 북경에 가게 된 것은 스승인 양창제(楊昌濟)의 편지를 받고 북경에서 진행하는 호남 청년유학운동에 참가하기 위해서였다. 마오쩌동이 북경에 도착하자마자 양창제는 그를 북경대학 도서관의 관리원 직책을 소개해 주었다. 북경대학은 신문화운동의 뛰어난 인물들이 모인 곳이었다. 여기서 마오쩌동은 이대소(李大釗)의 많은 작품들을 읽었고, 러시아 10월혁명의 정황과 세계의 새로운 사상을 알게 되었다. 그는 북경대학의 철학연구회와 신문학연구회에 참가하였고, 신민학회 회원들을 소집하여 채원배(蔡元培), 도맹화(陶孟和), 호적(胡適) 등 명사들의 연설을 들었으며, 자신도 북경대학의 수업을 들으면서 많은 새로운 지식을 배웠다.

1919년 북경에서 장사(長沙)로 돌아 온지 얼마 지나지 않아서 5·4운동이 시작되었다. 당시 그의 머릿속에는 온통 새로운 사상으로 가득

차 있었는데, 그는 이 사상을 전 성의 학생들에게 전파시켜 그들을 조직케 한 다음 반제 애국운동을 발동하였다. 6월 3일 그는 장사의 20여 소학교의 동맹휴교를 조직하였다. 7월 14일에는 마오쩌둥이 창간한 『상강평론(湘江評論)』이 세상에 나타났다. 이 출판물은 당시 차압을 당했지만 중국에 큰 영향을 주었다. 특히 마오쩌둥이 쓴 수필 「민중의 대연합(民衆的大聯合)」은 성도(成都)의 주간 『일요일(星期日)』과 북경의 『우신일보(又新日報)』에 연재되었고, 상해의 『시사신보(時事新報)』에도 일부 게재되었다.

「민중의 대연합」은 마오쩌둥의 이 시기의 사상을 대표하는 중요한 대표작이었다. 이 작품에서 그는 추상적인 '인(人)'에서 구체적인 '민(民)'으로 안목을 바꾸었고 '나'로부터 '우리'에게로 관심을 두게 되었다. 이것은 그야말로 질적인 변화였다. 이 작품에서 그는 이렇게 말했다.

"그 어떤 개혁일지라도 그것은 모두 권력으로부터 자유를 얻는 것이다. 강권에 대항하는 근본주의를 '평민주의'라고 한다. 종교의 강권, 문학의 강권, 정치의 강권, 사회의 강권, 교육의 강권, 경제의 강권, 사상의 강권, 국제의 강권 모두는 존재의 여지가 없다. 우리는 평민주의를 높이 외쳐 이를 물리쳐야 한다.[39]

여기서 말한 '평민주의'는 정치적 학설뿐만 아니라, 종교, 문학, 정치, 사회, 교육, 경제와 사상의 철학적 세계관이었다.

---

39) 위의 책, 293쪽

마오쩌둥의 '유민론(唯民論)' 또는 평민주의 세계관은 이런 관점이 있었다.

1) 천하는 우리의 천하이고, 국가는 우리의 국가이며, 사회는 우리의 사회이다.

『상강평론(湘江評論)』의 창간 선언에서 마오쩌둥은 이렇게 말했다. "누구의 힘이 가장 센가? 민중의 힘이 가장 세다. 하늘을 무서워하지 말고 귀신을 무서워하지 말고 죽은 이를 무서워하지 말라. 관료를 두려워하지 말고, 군벌을 두려워하지 말고, 자본가를 두려워하지 말라."[40]

여기서 그는 사람을 두 가지 유형으로 나누었다. 하나는 민중이고, 다른 하나는 귀신, 즉 죽은 자와 같은 관료, 군벌, 자본가였다. 그리고 그는 민중의 힘은 일단 연합하면 최강에 이를 수 있다고 했다. 뿐만 아니라 마오쩌둥은 러시아의 10월 혁명과 5·4운동에서 새로운 인식을 하게 되었다. 바로 국가와 사회의 주체는 관료나 군벌, 자본가가 아니라 민중이라는 것이다.

2) 민중의 해방

논리적으로 보면 민중은 주체이다. 그러나 현실생활에서 보면 민중은 주체가 아니라 노예이다. 그렇기 때문에 마오쩌둥이 "천하는 우리들의 천하다"라고 외칠 때에 민중을 노예 신분에서 해방시키려는 사상을 포함하고 있음을 알 수 있다. 그러기 위해서는 먼저 사상을 해방시

---

40) 위의 책, 390쪽

켜야 한다. 마오쩌둥은『상강평론(湘江評論)』에서 이렇게 말했다.

> "현재의 중국은 지금 아주 위험하다. 군사나 재력이 부족하
> 여 위험한 것이 아니고 내전으로 사분오열이 되어서 위험한
> 것이 아니다. 진정한 위험은 중국 인민의 사상이 부패하고
> 허무하다는데 있다. 4억의 중국인구 중 3억9천만 명이 미신
> 가들이다. 그들은 귀신을 믿고 물상(物像)을 믿으며 운명을
> 믿고 권세를 믿는다. 사람들은 자신을 그리고 진리를 믿는
> 자가 거의 없다. 이것은 과학적 사상이 발달하지 않은 결과
> 이다."[41]

그렇기 때문에 마오쩌둥은 사상을 해방시켜야 한다고 거듭 강조하였
던 것이다. 특히 학술사상을 공자 유학의 속박에서 해방시켜야 한다고
지적했다. 마오쩌둥은 학술계, 사상계의 사상이 해방되어야만 민중들
에게 계몽을 해야만 전체 인민 모두의 사상을 해방할 수 있다고 했다.
이 때야 말로 중화민족의 구국과 발전에 없어서는 안 될 조건과 시기
라고 했다.

3) 민중의 연합

마오쩌둥은 어두웠던 중국사회 환경에서 민중을 해방시키려면 민중
들이 연합해야만 한다고 했다.『상강평론(湘江評論)』에서 그는 '민중대연
합'이라는 구호를 외쳤다. 민중을 연합시켜야 하는 원인은 아래와 같았

---

41) 위의 책, 305쪽.

다. 먼저 역사상의 그 어떤 운동은 모두 민중들의 연합하여 일어난 것이다. 그리고 근대 세계는 강권자, 귀족과 자본가들이 연합하여 국가를 시궁창에 빠뜨렸고 민중들은 고통을 겪고 있어 인민들은 연합을 해야 했다. 그리고 프랑스혁명, 러시아혁명은 모두 민중들의 연합으로 승리를 거두었다. 마오쩌둥은 혁명은 위에서 아래로 하는 것이 아니라 아래에서 위로 하는 사회변혁이라고 했다. 때문에 그는 소연합을 기초로 한 민중의 대연합의 방안을 제기 했던 것이다. "소연합을 기초로 한다"는 말은 농민은 농민의 연합이 있고, 공인은 공인의 연합이 있으며, 여자는 여자의 연합이 있고, 경찰은 경찰의 연합이 있는 것과 같이 사람들의 구체적인 이익으로 그 어떤 연합을 한다는 뜻이었다.

연합의 기초는 공통 이익이다. 공통 이익이 소부분의 사람들에게 제한되기 때문에 소연합을 하여 소연합 사이에서 공통이익을 찾아 대연합을 이루어야한다는 것이었다.[42] 민중의 연합은 이런 의미에서 사람들의 자각과 자원의 연합이고 사람의 주동적 행동이었다.

마오쩌둥의 평민주의 또는 '유민론(唯民論)'은 '유아론(唯我論)'보다 진보적이었다. 이것은 '무아론(無我論)'으로부터 '유아론'까지의 진보와 다른 것이었다. '유아론'은 근본적으로 '무아론'을 부정하고 대신하였으나 '유아론'으로부터 '유민론'까지는 '나'의 지위와 개성을 인정한 기초 위에서 평민주의를 제기했던 것이기 때문이었다. 여기서 말하는 민중은 독재통치에 복종하는 민중이 아니라 개성이 있는 주체적인 민중을 말한다. 따라서 마오쩌둥의 "천하는 우리의 천하이다"라는 말은 민중의 주체적 지위를 강조하는 뜻이다. 마오쩌둥은 민중의 해방 즉 민중의 주

---

42) 위의 책, 377쪽

체적 의식과 독립적 인격을 강조하고 민중의 연합 즉 민중의 주체성 있는 행동을 강조하였다. 이런 의미에서 우리는 평민주의를 민중을 먼저로 하는 세계관과 방법론 즉 '유민론'이라고 하는 것이다.

3. 평민주의로부터 유물사관까지

마오쩌둥은 평민주의를 선택한 뒤 이를 적극적으로 선전하고 실시하기를 원했다. 『상강평론(湘江評論)』이 차압된 후 그는 세 가지 일을 하였다.
1. 조(趙) 여사 자살을 이유로 사상계몽 운동을 개시하였다.
2. 사회 각계 인사들을 영도하여 장(張敬堯) 씨를 추방하는 운동을 하였다.
3. 호남 자치운동을 개시하였다.

그러나 이 세 차례의 운동은 효과를 얻지 못하고 진정한 문제를 해결하지 못했다. 이런 사실 앞에서 마오쩌둥은 진지하게 반성을 하였다. 1920년 11월 25일과 26일 이틀 사이에 그는 친우에게 7편의 사상과 감정이 담긴 편지를 써 자신의 고충과 새로운 사상을 말했다.

경여(警予)에게 쓴 편지에서 마오쩌둥은 호남에서 진행한 세 차례의 운동에 대하여 결론을 이와 같이 내렸다.

"일 년 동안 친우들과 여러 가지 운동을 하였으나 효과가 크게 없었다. 교육이 되지 않고 인민의 지혜가 트이지 않아 많은 호남 사람들은 아직도 꿈속에서 잠자고 있다. 지식이 있는 자는 계획이 없었다. 나는 호남이 중국에서 자립하기를 원한다. 그리하여 아직도 진화되지 않은 북방과 갈라서 무조직적인 중국을 뚫고 직접 세계 속에서 각성되어 있는 민족과 손을 잡았으면 좋겠다. 이런 말들이 나오자 다수의 사람들은 이를 우습게 여기거나 많이 놀라워했다. 호남 사람들은 우둔하고 꿈이 없고 계획이 없다는 것을 나는 이제야 알았다. 정치계는 어둠이 찾아들고 부패하여 희망이 보이지 않아서 반드시 다른 길을 찾아야 한다."[43]

이사한(李思安)에게 쓴 편지에서도 "다른 생각을 갖고 다른 환경을 만들어 장기적인 준비를 해야 한다."고 하였다. 여기서 알 수 있듯이 마오쩌동은 이미 그의 민중을 연합하여 사회를 천천히 개조하려 했던 계획에 실망했음을 알 수 있었다. 라오계(羅璈階)에게 쓰는 편지에서 마오쩌동은 새로운 '주의'를 찾는 문제에 대하여 이렇게 말했다. "중국에는 이미 어둠이 끼어 있다. 우리는 새로운 공기를 만들어야 한다. 이런 공기를 만들려면 "사람"이 있어야 하고, 사람들이 믿는 '주의'가 있어야 한다. '주의'가 있어야 사람들이 모이고 결합을 하여 분투할 수 있다."[44] 이때 프랑스에서 공부를 하던 채화삼(蔡和森)등 도 '주의'를 연구하고 있었다. 1920년 8월 13일 마오쩌동에게 쓴 편지에서 그는 여러 가지 주의중 사회주의가 세계를 개조하는 비책이며 중국도 예외가 아니라고 했다. 그리고 사회주의의 방법은 계급투쟁-무산계급독재라고 했다. 9월 16일 그는 한발 더 나아가 "마르크스의 유물사관은 무산계급의 사상이니 유물사관에서 출발하면 된다"고 마오쩌동에게 말했다. 그리고 레닌주의 이론을 이와 같이 종합했다.

---

43) 위의 책, 548쪽.
44) 위의 책, 554쪽.

사회혁명의 출발점=유물사관.

방법=계급투쟁+계급독재.

목적=공산주의 사회를 건설하고 무계급, 무반동 사회조직을 완성하
고 국가를 없앤다.[45]

신민학회 회원 중 채화삼(蔡和森)은 제일 일찍 마르크스주의로 중국
을 개조하려던 사람이었다. 알다시피 『상강평론(湘江評論)』에서 마오쩌
둥은 무정부주의가 마르크스주의보다 더 깊이가 있다고 했다. 1920년
12월 1일 그는 신민학회 회원들에게 쓴 편지에서 "중국과 세계를 개조
하자"는 학회의 방침에 동의하였고, 이런 목적에 달성하려면 러시아처
럼 공산당을 조직하고 무산계급 사회주의혁명을 진행하고, 무산계급
독재를 건립해야 한다고 말했다. 이 말은 즉 채화삼의 주장을 찬성한
다는 뜻이었다. 동시에 그는 중국에서 무정부주의를 실행해서는 안 되
는 원인을 말했다. 첫째, 자산계급이 정권을 쥐고 있어 공산당이 정권
을 박탈해야만 중국을 개조할 수 있는 것이다. 둘째, 심리적으로나 역
사적으로 보면 독재주의나 제국주의나 군국주의나 모두 다른 사람이
와서 물리쳐야만 끝을 보았다. 설교나 교육으로는 전대 자산계급의 통
치 욕망을 변화시킬 수 없다는 말이었다. 셋째, 무산계급은 장기적으
로 자산계급의 노역을 당할 수가 없다. 넷째, 무정부주의가 나타난다
해도 그 결과는 원만하지 않을 것이다.

1921년 초 마오쩌둥은 장사(長沙)에서 조직한 신민학회 회원들과 열
렬한 토론을 하였다. 그는 먼저 파리에 있는 회원들의 관점을 말하고

---

45) 『채화삼문집(蔡和森文集)』, 1980년, 인민출판사, 64쪽.

회원들과 함께 신민학회의 목적과 채용방법 등 문제에 관하여 토론하였다. '목적'에 관한 문제를 토론 할 때, 마오쩌동은 지금 중국의 사회 문제를 해결함에 있어서 두 가지 주장이 있다고 말했다. 하나는 개조파이고, 다른 하나는 개량파라고 했다. 토론 결과 다들 개조를 주장하였다. 개조의 대상문제에서 어떤 이는 동아의 개조를 주장했고, 마오쩌동은 중국과 세계의 개조를 주장하였다. 목적을 이루는 '방법'에 관한 문제를 토론 할 때 마오쩌동은 격렬한 공산주의 즉 계급독재의 방법을 사용하면 효과가 좋고 채용되기 쉽다고 말했다. 토론 결과 모두들 열렬히 공산주의의 방법에 찬성하였다. 그리고 "방법문제에 대하여 어떻게 시작해야 하는가?"라는 문제에 대하여 사회주의 청년단을 조직하자는 의견을 내놓았다. 이번 토론은 아주 의의가 있는 토론이었다.

토론에서 마오쩌동은 무정부주의를 버리고 마르크스주의로 중국과 세계를 개조하려고 하였던 것이다. 마오쩌동의 세계관의 변화는 어느 학설이나 연구로 이루어 진 것이 아니라 실천 속에서 깊은 사고를 거쳐 이루어 진 것이었다. 그리고 이 변화는 외력이 아닌 마오쩌동이 자신의 과거와 신앙과의 투쟁에서 얻은 것이다. 그렇기 때문에 이 세계관은 견고한 기초가 있고 이성적인 자각성이 있어서 마오쩌동이 마르크스주의로 근대중국의 구국과 발전의 문제를 해결하려 할 때에 조금도 흔들리지 않았던 것이다. 이것은 마오쩌동의 세계관 변화과정의 중요한 특징이다. 다른 또 하나의 특징은 마오쩌동의 세계관은 유물사관을 선택하였는데, 그 중점이 계급투쟁과 무산계급 독재학설이라는 것이었다. 이것은 근대 중국이 해결해야 하는 두 가지 기본문제인 구국과 발전이 결정한 것이며 이는 역사의 선택이었다.

'무아론'으로부터 '유아론'까지, '유아론'으로부터 '평민주의'까지, '평민주의'로부터 "유물사관"까지의 세계관의 변화는 바로 마오쩌둥이 중국을 개조하는 역사과정이었던 것이다. 1920년부터 1921년 초까지는 마오쩌둥이 유물사관을 선택하는 결정적인 시기였다. 그 당시 마오쩌둥은 마르크스주의와 유물사관에 대하여 구체적인 이해가 없었지만, 이때부터 인류사회가 발전하는 객관적 규칙의 진리를 찾았던 것이다.

이와 같이 구국과 발전의 문제를 해결한 중국은 세계의 가운데 서게 되었고, 과학의 사상적 무기와 강대한 정신적 지주가 있게 되었다. 마르크스주의를 중국의 구체적 환경 속에 응용하면서 마르크스와 중국혁명의 실제가 결합하여 마오쩌둥 사상이 싹을 트기 시작했던 것이다.

1921년에는 중국공산당이 탄생하면서 새로운 시대의 서막을 열기 시작했다!

제2장
국정분석론(國情分析論)

제2장
국정분석론(國情分析論)

유물주의의 기본 특징은 출발점이 과학의 객관성이고 과학이 반영하는 객관적 실제이다. 그러나 유심주의는 오솔길을 걸어 정신적으로 의식적으로 객관성을 끌어내야 한다.

−레닌

제1절
논리의 기점: 국정분석

마르크스주의의 탐색은 근대중국의 기본문제를 해결하는 과학적 이론지침의 탐색이라고 할 수 있지만, 이것은 모든 문제가 해결된다는 뜻이 아니다. 마르크스주의 원리와 중국의 구체적 실정을 결합하지 않으면 모든 것이 실패하게 된다. 마오쩌동은 이론과 실제의 관계를 화살과 과녁으로 비유한 적이 있다. "과녁이 없이 화살을 쏘는 것"은 혁명을 망하게 하고 '훌륭한 화살'이라고 칭찬만 하고 쏘지 않으면 '골동품 감상'에 불과하다고 말했다.[46]

논리란 객관적 규칙을 말하고 객관적 규칙을 반영하는 생각을 말한다. 혁명의 전략과 당의 노선은 모두 양자의 결합과 통일이라고 말할 수 있다. 마오쩌동은 중국의 혁명 논리공식을 제기했다. 즉 객관적인 실제에서 출발하여 그중의 규칙을 우리의 행동지침으로 삼는다는 것이었다. 1938년 10월 중공확대6기6중전회에서 마오쩌동은 이렇게 말했다. "보편적으로 보면 연구능력을 갖춘 공산당원은 모두 마르크스, 엥겔스, 레닌, 스탈린의 이론을 연구하고 우리 민족의 역사와 현재 운동

---

46) 『모택동선집(毛澤東選集)』 제3권, 1991, 인민출판사, 798쪽.

의 정황과 추세를 연구하여 문화수준이 낮은 당원을 교육한다."[47] 마오쩌동이 이런 연구 임무를 제기한 목적은 '마르크스주의 중국화'이다. 그리고 이 세 가지 임무를 매우 중시하고 『우리의 학습을 개조하다(改造我們的學習)』라는 '마르크스주의 중국화'의문헌에서 마르크스주의의 기본원리와 중국혁명의 구체적 실정을 결합하는 위대한 사업을 진일보 강조하였다. 마오쩌동이 이 문제를 반복적으로 강조한 것은 당 간부들을 인도하여 마르크스주의 입장·관점과 방법으로 중국의 현상과 역사를 연구하게 하는데 있다. 역대로 국정의 문제는 중국의 선진적인 지식인들의 중시를 받아 왔다. 구국과 발전을 위하여 강유위는 유신 입헌을 주장했고 손중산은 혁명 공화를 주장하였는데 모두 자신의 방법이 옳다고 생각했다.

그러나 과학적인 사상이 부족하고 역사와 계급의 국한성이 있어 그들은 국정을 올바르게 인식하지 못하여 구국과 발전의 정확한 출로를 찾지 못하게 되었다. 재미있는 점은 늘 '국정'을 입에 담고 많이 외치던 것은 선진적인 지식인들이 아닌 반동통치자와 반동적 문인들이라는 것이다. 그들은 20년대부터 40년대까지 꾸준히 "공산주의는 중국 국정에 맞지 않다"고 외치면서 마르크스주의를 방해하고 중국혁명의 추진을 저해하였다.

마오쩌동은 국정을 중시하고 연구하였는데 이러한 자산계급 개량파와의 다른 점이 무엇인가를 알아보자.

---

47) 『모택동선집(毛澤東選集)』제2권, 1991, 인민출판사, 532쪽

1. 마오쩌둥의 국정론: 역사유물주의의 국정론

마오쩌둥은 국정은 중국사회발전의 객관적인 역사와 현상이가에, 유물주의를 무기로 하고 조사를 경로로 하여 깊이 파고 들어가 분석해야 한다고 말했다.

마오쩌둥은 늘 "조사한 바가 없이는 발언권이 없다"고 했다. 여기에서의 '권'은 '권리'로 해석할 수 있는데 어떤 이들은 조사를 하지 않고 권리를 행사하려 하지만 사람들은 그들의 이런 권리를 취소시키지는 못한다. 그리하여 여기의 '권'을 '근거'로 해석하는 것이 더욱 합리적하다. 즉 조사한 바가 없으면 발언의 근거가 없다는 것이다. 근거 없는 발언은 교조주의식 발언, 더한다면 거짓말이 되기에 사람들은 이런 발언에 의심을 갖게 된다. '근거'에 대하여 진일보적으로 사고해 보면 다름 아닌 조사 후의 실정 즉 국정인 것이다. 마오쩌둥은 혁명을 인도하는 과정에서 문제를 조사하고 연구하는 것을 강조한 것은 바로 국정을 인식하기 위함에서였다. 공산주의 사업에 투신하면서 그는 1921년 봄과 여름에 농촌조사를 하고 1925년 2월에는 호남고찰농민운동을 하였다.

1930년에는 흥국조사, 목구촌(木口村)조사, 동당(東唐)등 지역을 조사했고, 1933년에는 장강향(長岡鄉)조사, 재계향(才溪鄉)조사를 하였는데 이는 모두 중국의 특수한 국정을 파악하기 위함에서였다. 『농촌조사(農村調査)』(1941년 3월)에서 마오쩌둥은 "상황을 파악하는 유일한 방법은 사회 조사를 하고 사회의 각 계급의 정황을 조사하는 것이다. 지도적 지위에 있는 자들은 계획적으로 계급분석의 방법으로 치밀한 조사를 여러 차례 해야 한다. 이렇게 해야 만이 중국 사회문제의 가장 기초적 지식을 알게 있는 것이다."[48]

마오쩌둥은 중국공산주의 운동에 투신하면서 독서보다도 조사를 더 중시했다. 마르크스주의 원리를 숙지하는 것과 중국의 국정을 장악하는 것 가운데 그는 후자를 더 중시하였다. 마오쩌둥은 독서와 마르크스주의 원리를 중시하지 않은 것이 아니라, 마르크스주의 원리를 중국 국정의 조사에 응용하려 하였던 것이다.

이 문제에 대하여 마오쩌둥은 이와 같이 말한 적이 있었다. "1920년에 처음으로 카우츠키의 『계급투쟁』, 진망도(陳望道)가 번역한 『공산당선언』과 영국인이 저술한 『사회주의사』를 읽었는데 인간은 역사가 있으면서부터 계급투쟁이 있다는 것을 알게 되었고, 계급투쟁은 사회발전의 원동력이라는 것을 알게 되었으며, 문제를 인식하는 방법론을 초보적으로 알게 되었다. 그러나 이런 저작에는 중국의 호남과 호북이 없고 중국의 장개석과 진독수도 없다.

나는 이중의 네 글자인 '계급투쟁'만 취하여 실제적인 계급투쟁을 연구하기 시작했다. 나는 넉 달 동안 농민운동을 하면서 각 계급의 정황을 알게 되었으나 이것은 아주 표면적이고 심각하지 않았다. 그 후 중앙에서는 나에게 농민운동을 관리하라고 하였다. 나는 결심을 하고 한 달 동안 장사(長沙), 상담(湘潭), 상향(湘鄉), 형산(衡山), 추령(醴陵) 등 5개 현을 조사하였다. 이곳들은 농민운동이 흥행하던 지역이어서 많은 농민들이 농민협회에 참가하고 있었다. 국민당은 우리에게 과분한 행동을 한다고 말하지만 사실은 그다지 과분한 것은 아니었고, 필연적인 것이었으며 필수적인 것이었다. 그러나 당시 나는 농촌계급의 결합에

---

48) 『모택동선집(毛澤東選集)』제3권, 1991, 인민출판사, 789쪽.

대하여 잘 알지 못하였다. 정강산에 이르러서야 부농과 지주의 문제를 알게 되었고, 부농문제를 해결하는 방법을 제기하게 되었다. 빈농과 고농의 문제는 흥국조사가 끝난 후에야 알게 되었고, 그때서야 빈농들이 토지를 분배하는 과정의 중요성을 알게 되었다."[49]

30~40년대 국정에 대한 조사와 국정을 근거로 중국혁명의 모든 문제를 해결하는 사상은 마오쩌둥이 중국혁명의 문제를 연구하는 기본경험, 기본사상과 기본방법에 대한 개괄과 종합임을 알 수 있다. 그 특징은 실제상황에서 출발하는 것과 역사유물주의를 조사와 연구의 무기로 하는 것이었다. 이 때문에 마오쩌둥의 국정론은 역사유물주의의 국정론이라고 말할 수 있는 것이다.

2. 마오쩌둥의 국정론: 유물변증법의 국정론

역사유물주의는 역사변증법이다. 역사유물주의는 국정에 대해 전면적으로 분석하고 변증적으로 연구할 것을 요구한다. 마오쩌둥의 국정론에는 이러한 특징을 갖고 있는 것이다.

중국공산당이 성립 초기 국정에 대한 인식은 심각하게 부족했다. 당의 첫 강령은 사회주의 강령이었다. 마오쩌둥은 반제 반봉건의 민주혁명이 없이 사회주의 혁명만 논하는 것은 공상이라고 한 적이 있다. 새로 탄생한 당파에서 이런 문제가 생기는 것은 큰 문제가 아니다. 사실 1922년에 당은 이미 두 가지 강령을 제기 했다. 민주혁명의 최저 강령과 사회주의혁명의 최고 강령이었다. 그리고 민주혁명의 최저 강령을

---

49) 『모택동선집(毛澤東選集)』 제2권, 1993, 인민출판사, 378쪽.

제기 할 때에 중국국정에 대해 정확히 분석하여 "중국의 이름을 공화라고 하지만 사실 아직도 봉건 군벌의 통치에 있고 대외적으로는 자본제국주의 세력에 지배된 반 독립국가이다"라고 하였다.

중공(중국공산당의 약칭) 2차대회에서 이런 결론을 내린 것은 레닌의 민족과 식민에 대한 이론 덕분이라고 할 수 있다. 레닌은 "중국은 낙후한 반봉건 농업국가이다"라고 말했으며, 또 중국을 '반식민지 국가', '반독립 국가'라고 했다. 이런 '반쪽'은 레닌의 설명에 따르면 전형적인 '중간' 형식이고 또 '과도의 국가'라고 말할 수 있다. 하지만 레닌은 중국에서 실정을 고찰할 수 없었다. 중국의 국정이 어떠한가는 중국공산당이 알고 해결해야 하였다. 그렇기 때문에 마오쩌둥은 1923년부터 1939년까지 중국의 국정문제에 대하여 조사를 하고 연구를 하여 세 가지 중요한 결론을 얻었던 것이다.

1) 중국 정치경제문화의 낙후성.

아편전쟁 이후 중국의 낙후함에 인민들은 온갖 고통을 다 겪었다. 신해혁명 후 표면적으로는 군주제를 공화제가 대신하고 진보한 것처럼 보였지만 이런 환상도 점차 파괴되고 말았다. 1차 세계대전에서 중국은 민족공업의 발전 기회를 얻었다. 그리하여 어떤 사람들은 다시 국가의 상황에 대한 인식이 흐려지기 시작했다. 1922년 6월에 소집된 당회에서는 중국을 '반독립 봉건국가'라고 제기하고 중국은 국제 제국주의와 국내 봉건군벌의 압력에 극히 낙후해 있다고 했다.

이것은 중국공산당이 중국 국정에 대해 비교적 정확하게 분석한 것이고, 비교적 과학적인 개괄이었다. 그리하여 혁명의 승리를 위하여 특히 당의 민주혁명에 과학적 근거를 주기 위하여 국정에 대한 고찰과

분석을 반드시 해야 했다.

2) 근대 중국 정치경제의 불균형적인 발전

1923년의 국정 분석에서 마오쩌둥은 중국의 연해지역, 철도지역과 내륙사이의 차이점에 주의를 기울였다. 당시 중국에는 미약한 자본주의경제와 반봉건경제가 공존하고, 근대식 공업 및 상업 도시와 농촌이 공존하였고, 몇 백만 명의 산업 공인과 몇 천만 명의 구제도 통치하의 농민과 수공업자가 공존하고, 중앙 정부를 관리하는 대 군벌과 지방을 관리하는 소 군벌이 공존하였고, 장제스의 중앙군과 지방의 잡군이 공존하였고, 철로·항로와 흙길이 공존하고 있었다. 중국은 반식민지 국가였다. 여러 식민국가 사이의 불통일은 중국의 발전에 큰 영향을 주었다. 하지만 중국은 대국이었다. 동방에 암흑이 찾아 와도 서방이 밝았고, 남방에 암흑이 찾아 와도 북방은 밝아 있었다. 이런 국정에 대한 분석은 변증법 정신이 있고, 중국 정치경제발전의 불균형적인 특징을 보여주었다. 이런 불균형이 중국이라는 대국으로 하여금 농촌에서 도시를 포위하는 혁명의 길을 걷게 하였고, 자신의 특징이 있는 중국혁명 전쟁의 전략·전술을 형성하게 되었던 것이다.

3) 근대 중국사회의 반식민지·반봉건의 형세

국정에 대한 연구는 집중적으로 사회성격에 대한 인식 하에서 체현되었다. 오랫동안 중국의 사회성격에 대한 규범화된 표현은 없었다. 보편적으로 중국을 '반 독립한 봉건국가'라고 하거나 '반 식민지국가'라고 했다. 1926년 채화삼(蔡和森)이 모스크바에서 중국공산당사에 대한 보고에서 중국을 '반식민지·반봉건'의 국가라고 했으나 사람들의 관심을 받지 못했다. 이것은 국정에 대한 인식이 깊지 못해서였다. 국민혁명 즉 제1차 국내혁명이 실패한 후 중국사회 성격에 대한 문제는 일정에 오르기 시작했다.

1928년 7월 모스크바에서 개최한 중국공산당 제6차 대표대회에서 당시 중국의 사회 정치 상황을 다음과 같이 분석하였다. 첫째, 국가가 진정한 통일을 이루지 못했다. 둘째, 지주계급의 사유 토지제도를 개혁하지 않아서 반봉건의 문제를 해결하지 못했다. 셋째, 지금의 정권은 지주, 군벌, 민족자산계급의 정권이고, 이들은 국제 제국주의 정치와 경제의 위력에 의존하고 있다.[50] 이번 회의에서는 장제스의 국민당 정권을 지주, 군벌, 매판세력의 정권으로 보았고, 이를 민족자산계급을 대표하는 정권으로 보았는데 이는 큰 착오였다. 하지만 "중국은 반식민지이고 중국의 정치경제제도는 반봉건제도이다"라는 판단은 옳은 것이었다.

국제적으로는 러시아 당내에서는 중국 민족해방의 임무는 민족자산계급이 관세자치를 요구하는 것이지 봉건주의를 반대하는 것이 아니라고 했다. 중국은 진한(秦漢)시기 이래 상업자본이 발달했고 아편전쟁 이후에는 더욱 상업자본주의화로 발전했다. 장제스가 반혁명 정변에서도 중국 민족자산계급의 이익을 대표하였다. 이로부터 중국은 자본주의 발전기에 들어서 혁명의 국면이 이루어지지 않았다. 이런 관점에서 중국이 반봉건주의 토지혁명을 하는 것은 아무런 의미가 없는 것이며 공산국제와 중국공산당의 거절을 받을 수밖에 없었다.

국내적으로는 중국사회의 성격, 중국사회사와 중국 농촌사회 성격에

---

50) 『구추백선집(瞿秋白選集)』, 1985, 인민출판사, 417~418쪽.

대한 논쟁을 펼쳤다. 논쟁은 1928년 가을부터 항일전쟁 폭발까지 진행 되었다. 논쟁은 두 가지 관점을 두고 펼쳐졌다. 하나는 중국이 이미 봉건사회가 아니어서 반봉건은 중국의 임무가 아니라는 관점이다. 이와 반대의 관점은 중국은 반식민지 국가이고 제국주의가 최고 통치자로 되어 중국경제정치의 특권을 잡고 중국의 경제와 정치를 지배하고 있다는 것이었다. 그리고 제국주의는 정치적으로나 경제적으로 모두 중국의 봉건세력에 의지하고 봉건세력 또한 제국주의에 의지하여 양자는 갈라놓을 수 없는 관계가 되었다는 것이다.

국내외에서의 중국사회의 성격, 사회사, 농촌사회 성격에 대한 논쟁은 마오쩌동의 관심을 끌었다. 그러나 그는 이런 학설의 논쟁에 참여하지 않고 실제로부터 출발하여 일련의 중요한 개괄과 논증을 하였다.

『중국의 홍색정권이 어떻게 존재할 수 있는가?(中國的紅色政權爲什麽能夠存在?)』에서 마오쩌동은 중공 6차대회에서 제기한 국정에 대한 분석을 견지하였고, 또 자산계급을 장제스 정권이라고 하는 틀린 관점을 수정했다. 『작디 작은 불티가 들판을 태울 수 있다(星星之火, 可以燎原)』에서는 복잡한 사물의 내부모순과 모순사이의 연결을 제시하여 변증법을 충분히 사용하였다. 마오쩌동은 논술과정에서 학술계 연구의 과학적인 성과를 많이 받아들였다. 이달(李達)은 중국을 "반식민지·반봉건사회"라고 제기(1929년)한 후, 구추백(瞿秋白)은 『유물변증법의 합법주의화(唯物辯證法的合法主義化)』(1932년 5월)라는 문장에서 중국의 출로는 "경제 성격을 바꾸고 반식민지·반봉건의 중국을 제국주의 속박에서 벗어나게 하여 자본주의 발전의 길을 걷는 중국으로 만들어야 한다고 했다. 애사기(艾思奇)는 『22년 이래 중국의 철학사상(二十二年來之中國哲學思潮)』(1933년 12월)이라는 문장에서 "중국은 자본주의 경제냐 아니면 봉건제도의 경제냐"라는 문제 자체가 변증법을 위반하고 있다고 했다. 유명 학자인 심지원(沈志遠)은『신중화(新中華)』제3권 제13기에 발표한 『현 단계의 중국경제의 기본성격(現階段中國經濟之基本性質)』(1935년 7월) 이라는 문장에서 몇 년 동안의 논쟁을 거쳐 현 단계의 중국경제의 성격에 대하여 이미 결론을 얻었다고 했다. 그 결론은 바로 중국경제는 반식민지성의 반봉건 경제라는 것이었다. 마오쩌둥은 연안에 도착한 후 이런 논쟁과 성과를 받아들였다.『논지구전(論持久戰)』(1938년 5월)에서 중일 전쟁에 대하여 분석하면서 "중일전쟁은 다름 아닌 반식민지·반봉건의 중국과 제국주의 일본 사이에 벌어진 싸움이다"라고 했다.[51]

마오쩌둥은『5·4운동(五四運動)』(1939년 5월 1일)이라는 문장에서 중국사회발전의 순서와 중국혁명발전의 특징을 개괄하였다. 그는 중국사회발전의 "반드시 걸어야 할 길"은 민주주의 사회제도라고 했다.[52]

마오쩌둥이 조직하여 쓴『중국혁명의 중국공산당(中國革命和中國共産黨)』(1939년 12월), 마오쩌둥의 저서『신민주주의론(新民主主義論)』(1940년 1월)에는 중국의 반식민지·반봉건의 성격, 신민주주의 혁명이 건립해야 할 신민주주의사회, 그리고 사회주의로 전환해야 하는 중국사회발전규칙의 문제에 대하여 체계적으로 논하였다. 이로부터 근대중국사회성격에 대하여 규범화적인 개념이 있게 되었을 뿐만이 아니라 "근대중국 국정론"이라는 완전한 이론체계가 형성되었던 것이다.

---

51) 『모택동선집(毛澤東選集)』제2권, 1991년, 인민출판사, 447쪽
52) 위의 책, 559쪽

제2절
계급구성

혁명의 승리는 혁명의 이론과 책략의 정확함에 있다. 이론의 근거는 국정을 인식하는데 있다고 마오쩌동이 말했다. 때문에 국정에 대한 분석은 정치, 경제 상황에 대한 과학적인 분석뿐만 아니라 사회 각 계층의 상황과 상호관계도 잘 분석해야한다. 계급 상황과 계급구성의 분석은 마오쩌동 국정론의 뚜렷한 특징이다.

1. 계급구조의 분석방법

마오쩌동은 계급분석 과정에서 중국사회에는 어떤 계급이 있고 어떤 특징을 갖고 있는가를 분석하는 외에 이런 계급 사이의 상호관계와 지위도 분석하였다.

마오쩌동의 계급분석법 중애는 세 가지가 서로 연결되는 분석방법이 있다.

1) 계급분석방법.
이것은 구성분석법 중의 요소분석법이다. 마르크스의 역사유물론에 근거하면 계급은 경제적 범주이고 여러 사회집단이 생산관계 중의 지위로 결정된다. 중국역사상 이런 방법으로 사회집단을 분석하는 것은 혁명이라고 할 수 있다. 마오쩌둥은 마르크스를 접촉하면서 가장 인상에 남는 것이 '계급투쟁'이라는 말이라고 했다. 그는 이 네 자를 "문제를 인식하는 방법론"이라고 했고 중국의 계급을 분석하는데 사용했다. 때문에 계급분석의 방법은 중국사회의 구성 요소인 계급을 분석하는데 과학적 근거를 제공하였다.

중국 사회변화의 복잡화는 일련의 '반', 즉 '반봉건', '반식민지', '반독립' 등 반쪽 현상을 초래하였다. 마르크스가 중국에 전해 온 후 중국공산당이 부딪친 문제가 바로 마르크스의 봉건사회와 자본주의사회에 대한 논술이 중국의 구체적 상황과 맞지 않다는 점이었다. 『공산당선언(共産黨宣言)』에서는 자본주의사회에는 두 개의 대립된 계급인 무산계급과 자산계급이 남았다고 했다. 그러나 중국의 '반' 현상은 중국이 동태적인 과도시기 또는 중간형식의 사회발전 단계에 있다는 것을 말해준다. 자본주의도 일정하게 발전하고 있지만 계급관계가 간단하지 않고 더욱 복잡해 있었기 때문에, 이런 사회에서 먼저 요소분석을 하고 계급분석을 하는 것이 아주 중요한 일이었다.

『중국사회계급에 대한 분석(中國社會各階級的分析)』이라는 글에서 마오쩌둥은 계급의 구분은 어떤 생산관계를 대표하고 생산관계 속의 지위에 따라 결정된다고 했다.

지주계급과 매판계급 — 중국의 가장 낙후하고 반동적인 생산관계를 대표하고 중국의 생산력의 발전을 저해하고 있다.

중산계급 — 중국의 자본주의 생산관계를 대표한다.

소자산계급 — 소생산(小生産)의 경제를 대표한다.

반 무산계급 — 제일 작은 규모의 소생산을 대표한다.

무산계급-외국 자본주의 산업의 노역 하에 있는 중국의 새로운 생산력을 대표한다.

여기서 마오쩌동은 근대중국에는 다섯 등급과 여섯 계급이 있다고 했다. 분석방법과 술어는 대부분 마르크스주의를 채용한 것이었다.

2) 계층분석방법.

중국사회의 특수성과 복잡성, 그리고 혁명의 수요 때문에 마오쩌동은『중국사회 계급의 분석(中國社會各階級的分析)』에서 마르크스주의의 계급분석법과 사회학의 계층분석법을 결합하여 계급 속에서 계층을 분석하여 입체적으로 동태적으로 계급내부의 구성을 알게 하였다. 이것은 계급 요소 분석의 기초상의 내부 구성 분석법이다.

계층은 아주 복잡한 문제이다. 세계적으로 사회계층에 대한 이론은 통일된 분석이 없었다. 러시아와 동유럽의 어떤 학자들은 사회분층 이론으로 마르크스주의의 계급 분석법을 대신하려 했다. 마오쩌동의 계층분석법은 전체적으로 마르크스주의의 범위 내에 있다. 그는 계층으로 계급을 대신하지 않고 계급 내에서 계층을 구분하였다. 그리고 분층 문제에서 경제상황과 정치태도를 고려했다. 마오쩌동의 계층분석법은 영활성이 있고 필요한 규범이 적어서 다른 계급에서 다른 분층의 표준이 있어 이론적으로 이를 규범화하지 못하여 부족한 점이 있다고 할 수 있다.

3) 적아(敵我)분석법.

마오쩌동은 실천 속의 이론가이다. 그의 모든 연구는 실천을 위해서이다. 혁명의 실천을 지도하기 위해 그는 국정을 분석할 때에 계급상황에 대한 분석을 중시했고 계급상황을 분석할 때에 적아에 대해 중시하였다. 중국혁명 30년 동안 성과가 적었던 것은 목적이 틀린 것이 아니라 책략이 틀렸다고 보았던 것이다. 바로 진정한 아군을 단결시키지 못하고 적군을 공격하지 못했던 것이다. 즉 적아를 분명히 하지 못했다는 것이다. 『중국사회 각 계급의 분석(中國社會各階級的分析)』에서 계급을 '적군', '우리', '친구'로 나누었다. '적아우(敵我友)'를 분석하는 목적은은 진정한 친구와 단결하고 적을 공격하는 책략에 대한 과학적 근거를 제공하는데 있는데, 이를 '적아분석법(敵我分析法)'이라고 한다.

마오쩌동이 제기한 적아분석법은 전체적으로 마르크스주의 계급분석의 범주에 있지만 적아분석과 계급분석은 큰 차이가 있다. 첫째, 적아분석법은 계급분석의 기초상의 가치분석이다. 계급은 경제범주이고, 적아는 정치범주이다. 분석 순서로는 사실을 근거로 경제 지위를 표준으로 계급분석을 하고, 그들의 혁명에 대한 태도로 정치가치관을 파학한 뒤 적아를 구분하는 것이다. 둘째, 적아분석은 계급분석을 전제로 한 전체구성의 분석이다. 계급의 분석은 주로 각 계급의 특징과 계급 사이의 관계를 분석하는 것이나, 적아분석은 각 계급을 분류하여 각 분류사이의 관계를 계시하는 것이다. 셋째, 적아분석은 계급분석을 기초로 한 역사적 동태분석이다. 적아관계를 일종의 정치관계를 만들어 역사범주의 상호관계에 속한다. 따라서 역사적 발전에 따라 부단히 변화하는 것이다. 예를 들면 토지개혁시기 국공 양당은 네가 죽으면 나는 산다는 식의 관계였다. 그러나 항일전쟁을 하면서 친구가 되었던 것이다.

종합하면 마오쩌동이 계급 분석을 한 목적은 적아를 구분하기 위해서였다. 그리고 시기마다 바뀌는 정치적 요구에 따라 중국사회 계급구성의 특징을 명확히 하고, 당을 위하여 혁명 승리의 책략과 노선을 정하려는 것이었다.

2. 영도계급

계급구성의 분석 과정에서 당과 마오쩌둥이 부딪친 난제는 "민주혁명의 영도계급은 누구할 것인가?"였다.

중국공산당 제3차 대표대회 전 공산국제는 『중국공산당 제3차 채표대회에 대한 지시(給中國共産黨第三次代表大會的指示)』(1923년 5월 24일)에서 "국민혁명에서 공인계급의 정당이 영도권을 가져야 한다"고 하였다. 그러나 이 문건은 제3차 대표대회가 끝난 1개월 후에야 당도했기 때문에 제3차 대표대회에서는 "중국 국민당이 국민혁명의 중심세력이고, 국민혁명의 영도적 지위에 있어야 한다"고 했다.

제3차 대표대회 이후 당은 국공합작의 통일전선사업에서 큰 진보를 했다. 이와 동시에 무산계급과 그 정당은 국민혁명의 영도권 문제도 제기했다. 진독수(陳獨秀)는 『중국국민혁명과 사회계급(中國國民革命與社會各階級)』(1923년 12월 1일)에서 "반식민지의 사회계급이 한 몸이 된다는 것은 유치한 말이지만 자산계급의 힘이 농민보다 집중되고 공인보다 세다." "국민혁명의 승리는 자산계급의 승리이다." "자연적으로 자산계급이 정권을 장악해야 한다"고 말했다. 등중하(鄧中夏)는 『중국청년(中國靑年)』에서 발표한 『논공인운동(論工人運動)』(1923년 12월 15일)이라는 문장에서, 중국이 혁명에서 성공하려면 여러 계급과 연합하여 국민혁명을 해야 한다. 그중 주력군은 지금이나 미래에나 공인계급이 틀림없다"라고 했다. 1925년 1월 상해에서 개최된 중국공산당 제4차 대표대회에서는 이 문제에 대하여 상세히 연구하였고 처음으로 "중국 민족혁명 운동은 무산계급이 무조건 참가하고 영도 지위를 얻어야만 승리할 수 있다."고 제기하였다. 중국공산당이 국민혁명에서의 영도권문제에 대한 인식은 당의 유년기와 성숙기의 성장특징을 반영하고 있다.

마오쩌동도 이 문제에 대한 인식이 똑같은 과정을 거쳤다.

국내 학자들은 마오쩌동의 인식이 정확했다고 여겼다. 그러나 외국의 어떤 학자들은 마오쩌동이 1923년에 진독수(陳獨秀)의 우경의 관점을 지지했다고 여겼다. 3차 대표대회 기간 마오쩌동이 국민혁명 영도권에 대한 인식은 성숙되지 않았지만 우경의 관점을 지지하지는 않았고 단지 당의 결의에 따랐을 뿐이었다.

1923년 6월 12일부터 20일까지 3차 대표대회 기간 북경에서 정변이 일어났다. 상해 상업계 연합회는 6월 14일에 국민회의를 소집하여 국사를 논의하려고 하였다. 상해 총상회(總商會)는 민중의 뜻을 대표하지 않는 국회를 부인하고 민치위원회를 조직하여 국사를 해결하려 하였다. 마오쩌동은 이 소식을 듣고 몹시 격동하여 7월 11일에『향도주보(向導周報)』제32기에 발표 한『북경정변과 상인(北京政變與商人)』이라는 문장에서 "이번 정변은 정치에 관심이 없는 상인들로 하여금 정치에 관심을 주기 시작했다. 이 얼마나 기쁜 소식인가!" "상해 상업연합회와 상해 총상회의 거행은 상인이 정치에 참여하는 첫 사건이다. 이야말로 삼년의 침묵을 깬 외침이 아닌가!" 라고 말했다. 이 문장에서 마오쩌동은 세 가지 사상을 제기했다. 첫째, 국민혁명의 연합전선을 조직하는 사상. 둘째, 상인들이 전국 국민을 영도하는 사상. 셋째, 상인들이 타협을 극복하는 사상 등이었다.

당시 마오쩌동은 중앙 집행위원회 비서로서 그가 제기한 세 가지 사상은 모두 3차 대표대회에서 결의한 사상이었다. 그중 두 번째 사상인 자산계급이 국민을 영도하는 것은 성숙되지 못한 사상이나 진독수(陳獨秀)의 우경 관점과는 다른 관점이었다.

중국공산당 4차 대표대회에서 무산계급이 국민혁명을 영도해야한다는 관점이 제기되고 얼마 지나지 않은 1925년 3월 12일에 손중산이 세상을 떠난 후 국공 양당의 관계가 복잡해지기 시작했고 영도권 문제도 심각해져 갔다. 이때 마오쩌둥은 국정분석 과정에서 중국사회 각 계급의 특징과 혁명에서의 상호관계를 연구하여 무산계급이 영도계급이라고 강조하였다. 무산계급의 인수가 많지 않지만 민족혁명 운동의 주력이었다고 말했다. 여기서 말하는 주력이 바로 주력군 즉 영수라는 뜻이었다. 이와 같이 마오쩌둥의 사상은 실천 속에서 점차적으로 성숙되어 갔다. 그리고 성숙된 사상이 확정되면 쉽게 바꾸지 않았다. 때문에 무산계급이 민주혁명의 영도계급이라는 것은 마오쩌둥이 국정에 대한 분석 중에 얻은 가장 중요한 성과라고 할 수 있다.

3. 동맹군

마오쩌둥이 국정에 대해 조사하고 계급구성에 대해 분석한 목적은 바로 혁명의 동맹군을 찾기 위해서였다.

1) 농민은 중국 무산계급의 든든한 동맹군이다.

국공합작문제를 토론할 때에 진독수는 국민혁명의 완성을 국민당에 의지하거자 하였다. 1923년 공인운동이 진압당하고 공인운동은 고조에서 저조로 서서히 내려가고 있었다. 공산당은 공인계급의 힘만으로 제국주의와 군벌을 물리칠 수 없기에 공인계급의 동맹군을 찾아야 한다고 생각했다. 진독수는 중국 민주혁명의 주체가 무산계급이 아닌 자산계급이기에 무산계급은 먼저 자산계급을 지지해야만 혁명에서 성공할 수 있다고 했다. 그렇기 때문에 당은 이전의 정책을 변화시켜 국민당과 합작하여 모든 것을 국민당에 넘기려고 했다. 이에 대립적인 의견을 가진 장국도(張國燾) 등은 공인운동의 독립성을 강조하고 공인계급이 국민당에 참가하여 민족혁명을 하는 것을 반대하였다. 이 두 가지 대립된 의견 모두 농민의 힘과 그들이 혁명에서 일으키는 작용을 무시한 것이었다.

이 말은 당이 농민을 완전히 무시했다는 뜻이 아니다. 공산당 1차대회, 2차대회, 3차대회 모두 농민의 문제에 대하여 논의하였다. 실천적으로 보면 팽배(澎湃)가 광동해풍(廣東海豐) 및 부근에서 농민운동을 발동했을 뿐, 당은 사업의 중심을 공인운동에 두었다가 자산계급과의 합작으로 바꾸었으나 농민의 작용을 인식하지 못했다. 국민당과 합작을 시도한 후에야 농민문제에 주의를 두기 시작했다. 한편으로는 뒤늦게 도착한 공산국제의 『중국공산당 제3차 채표대회에 대한 지시(給中國共産黨第三次代表大會的指示)』에서 "중국에서 민족혁명과 반제운동을 하기 전에 반드시 농민토지혁명을 해야 한다"라고 했다. 그리고 "중국인민의 기본 군중인 농민들을 운동에 참여시켜야만 중국혁명이 승리를 거둘 수 있다"고 했다. 공산국제의 중요한 지시는 비록 3차 대표대회에 영향을 미치지 못했지만, 국공합작 후 공농(工農) 운동에는 적극적인 작용을 하였다.

다른 한편으로 1924년 1월 국공합작의 국민당 제1차 대표대회에서 농민의 토지문제를 해결하는 정책과 강령을 제기하였다. 이런 배경에서 1924년 5월 중국공산당 중앙집행위원회에서는 중앙은 전국의 농민문제를 주의해야 하고 지방에서는 지방범위의 농민문제를 주의해야 한다고 했다. 7월 중국공산당의 제안에 국민당 농민부(農民部)는 농민운동 강의실을 창립하여 팽배(澎湃)가 사회를 맡았다. 일련의 조치는 공산당이 농민문제를 일정에 올렸음을 설명하고 그 뒤로 광동, 호남 등 지역에서 농민운동의 고조를 일으켰다.

마오쩌둥은 초기 혁명에서 농민의 중심적 지위와 작용을 인식하지 못하였다. 당의 건립초기에는 정력을 공인운동에 쏟아 부었다. 3차 대표대회 후에는 국공합작에 몰두하였고, 4차 대표대회에서는 무산계급 영도권 문제를 확정하였다. 1925년 마오쩌둥이 고향에 돌아간 기간에 얻은 경험과 교훈을 종합하면서 무산계급의 확실한 동맹군에 대하여 생각하기 시작했다. 그는 이렇게 말했다.

"전에는 농민운동에 대하여 충분히 인식하지 못했다. 1925년의 '5.4운동(五四運動)' 이후 호남농민들은 정치운동의 파고 속에서 전투성을 드러내기 시작했다. 나는 집을 떠나 농촌을 조직하는 운동에 나섰다. 몇 달 사이에 우리는 농민협회를 20개나 조직하여 지주들의 분노를 일으켰다. 그들은 나를 잡으려고 했다. 그리하여 나는 광주로 도망을 갔다." [53]

이로부터 마오쩌둥의 사상변화의 동기 중의 하나가 '5.4운동'의 실패라는 것을 알 수 있다. '5.4운동'은 중국혁명에서 무산계급이 가장 선진

53) 『마오쩌둥자술(毛澤東自述)』, 1993, 인민출판사, 44쪽.

적인 계급이고 혁명의 영도역량이지만 힘이 제한되어 반드시 동맹군이 필요했다. 사상변화의 두 번째 동기는 국공합작 이후 발전된 농민운동이 나타낸 강대한 전투력은 농민은 무시해서는 안 되는 중요한 역량이라는 것을 말해주었다. 때문에 광주에 도착한 마오쩌동은 1925년 11월 21일 소년중국학회조직위원회에서 제기한 문제에 대답할 때에 "지금 중점적으로 중국의 농민문제에 대하여 연구해야 한다"라고 말했던 것이다.

그 후 마오쩌동은 제6기 광주농민운동강의소와 무창농민운동강의소를 주최하였고, 호남농민운동을 고찰하였다. 이론적으로는 『중국사회 각 계급의 분석(中國社會各階級的分析)』『국민혁명과 농민운동─농민문제총서(國民革命與農民運動─〈農民問題叢刊〉序)』『호남농민운동고찰보고(湖南農民運動考察報告)』등의 저작을 발표했다. 그리고 농민운동에서 중국농민의 문제에 대하여 강의를 했고, 중국혁명 동맹군의 이론문제에 대하여 자세히 연구하고 해결하였다.

첫째, 농민문제는 국민혁명의 중심문제이다.

공산국제에서 '정책의 중심이 농민문제이다'라고 지시를 내렸으나 중국공산당은 이 문제에 대한 인식이 부족하였다. 마오쩌동은 국정을 초보적으로 분석하고 친히 경험하여 농민문제의 중요성을 깨닫게 되었다. 마오쩌동은 역사유물주의의 기본원리로 제국주의, 군벌통치의 현상을 보고 중국정치의 본질은 제국주의, 군벌통치의 상층에 있고, 그기초가 농촌 봉건계급이기 때문에 반식민지·반봉건의 중국에서 민주혁명의 가장 중요한 대상은 농촌 봉건계급이라고 했고, 이런 깊고 견실한 기초를 흔들려면 농민을 동원하여 국민혁명에 참가토록 해야 한다고 말했다.

광주농민운동강습소에서 농민문제를 논의할 때에 가장 먼저 논의한 것이 바로 농민문제가 국민혁명에서의 지위였다. 논의의 결과는 아래와 같다. 국민혁명의 목표는 각 계급의 문제를 해결하는 것이다. 만약에 농민문제를 해결하지 못하면 다른 계급의 문제도 해결하지 못한다. 때문에 국민혁명의 중점이 농민문제이다. 다른 그 어떤 문제도 이보다 중요하지 않다. 즉 중국국민혁명이 바로 농민혁명인 것이다.

둘째, 농촌에서 늘 고군분투하는 주요 역량은 빈농이다.

농민문제는 구체적이고 또 복잡한 문제이다. 『중국사회 각 계급의 분석(中國社會各階級的分析)』에서 마오쩌동은 '자경농(自耕農)'을 소자산계급으로 '반자경농(半自耕農)'과 '빈농(貧農)'을 반 무산계급으로 '고농(雇農)'을 무산계급으로 나누었다. 여기서 말하는 농민의 명칭은 당시의 상용어이며 정확한 과학적 개념이 없다. 『호남농민운동고찰보고(湖南農民運動考察報告)』에서는 농민에 대한 분류가 정확해졌다. 농민을 부농, 중농, 빈농으로 분류하였다. 같은 농민이지만 각자의 상황에 따라 혁명에 대한 감정도 달랐다.[54]

호남농민운동을 고찰하는 과정에서 마오쩌동은 아주 중요한 관점을 제기했다. "농촌에서 늘 고군분투하는 주요 역량은 빈농이다. 그들은 가장 적극적으로 분투하고 공산당의 영도에 순종하였다."[55] "빈농은 농촌인구의 70%를 차지하고 농민협회의 중간 역량이고 봉건세력을 물리

---

54) 『모택동선집(毛澤東選集)』 제1권, 1991, 인민출판사, 20쪽.
55) 위의 책, 20쪽.

치는 선봉대이며 혁명대업을 완성하는 원동력이다. 빈농이 없으면 민주혁명을 완성할 수 없다"고 했다.[56]

셋째, 빈농문제의 핵심은 토지문제이다.

마오쩌둥이 대혁명시기 빈농문제의 핵심은 토지문제라고 했다. 그후 정강산(井崗山) 투쟁에서 마오쩌둥은 변경의 토지소유 상황을 조사하였다. 그 결과 대부분의 토지는 지주소유였고 빈농은 거의 소유한 토지가 없는 정황이었다. 때문에 공산당은 토지혁명을 하여 봉건지주로부터 토지를 빼앗아 빈농에게 돌려주고 한 발 더 나아가 중농을 혁명으로 끌어들여 무산계급의 동맹군이 되게 하고자 했다.

넷째, 농민의 역량은 중국혁명의 주요역량이다.

마오쩌둥은 농민이라는 동맹군을 찾았고 그들을 중국혁명의 주력군, 주요역량이라고 했다. 농민은 그 인수가 많고 혁명의 동력이 되었으며 중국공산당의 영도에 복종하였다.

농민동맹군을 찾은 것은 마오쩌둥이 중국혁명에 바친 공헌이고 마르크스주의가 중국이라는 조건에서 응용되고 발전하게 된 것이다. 국내의 어떤 자들은 마오쩌둥을 농민주의자라고 비난하고 국제의 어떤 학자들은 마오쩌둥을 마르크스주의 이단이라고 했다. 그들은 중국의 국정을 모르고 또 마르크스주의를 모르며 마오쩌둥의 전략과 책략을 모르는 자들이었다.

---

56) 위의 책, 21쪽.

2) 민족자산계급은 중국 무산계급의 동맹 역량아 될 수 있다.

혁명의 동맹군을 찾는 과정에서 마오쩌동은 과학적으로 중국의 자산계급의 상황과 특징을 분석해냈다.

먼저 자산계급을 매판자산계급과 민족자산계급으로 나누었다.

자산계급은 공업생산을 기초로 한 고용 노동생산관계와 연결이 있는 계급이고, 봉건 생산관계를 대표하는 지주계급보다 선진적인 계급이다. 마오쩌동은 계급구성을 분석하면서 중국 자산계급에는 아주 특수한 정황이 있다는 것을 발견했다. 바로 중국이 반식민지·반봉건사회로 몰락할 때에 제국주의는 침략의 수요로 중국의 매판제도를 초래했고 중국의 관료자본을 초래하여 관료매판 자산계급을 이룬 것이다. 이와 동시에 제국주의 침략은 중국사회경제를 자극하여 민족공업을 조성하였고 중국의 민족자본을 조성하여 민족자산계급을 이루었다. 중국 자산계급은 두 가지 특징이 있는데 이는 마르크스, 엥겔스가 연구한 유럽 자본주의국가의 자산계급과 차이가 있고 레닌이 연구했던 차르제도 하의 러시아 자산계급과도 달랐다.

중국공산당은 다른 국정문제에 대한 인식과 같이 중국 자본주의와 자산계급에 대한 인식도 탐색과 발전의 과정을 거쳤다.

공산당 제1차 대표대회에서는 중국의 자산계급을 서방 자산계급과 같다고 생각하고 무산계급을 "자본 사유제도를 폐지하고 모든 생산 자료를 몰수하여 사회소유로 해야 한다"라고 했고 중국혁명의 대상이라고 여겼다.

공산국제의 지시에 따라 2차대회, 3차대회에서는 민주혁명의 최저 강령과 사회주의혁명의 최고 강령을 제기하고 자산계급과 통일전선을 세우는 중대한 전략적 결책을 하였다. 이 과정에서 공산당은 중국의 자산계급과 서방의 자본주의국가의 자산계급과 다르다는 것을 알게 되었다. 마오쩌둥은 1923년 7월에 쓴『북경정변과 상인(北京政變與商人)』에서 "반식민지의 중국 정치는 군벌과 외력이 서로 결탁하여 전 국민을 억제하는 이중 압박정치라는 것을 잘 알고 있다. 국민은 이런 압박에 많이 괴로워하고 있다. 하지만 가장 괴로워하는 자는 바로 상인이었다."[57] 여기서는 먼저 봉건군벌과 외국자본주의 세력이 중국혁명의 대상이라고 여겼다. 그리고 자산계급 전체를 제국주의, 봉건주의의 압박 대상으로 여기고 상해 상회와 상해 상업연합회가 대표하는 자산계급에 대하여 분석하지 않았다. 즉 당시 중국공산당은 중국에 제국주의를 위해 복무하는 자산계급이 있다는 것을 인식하지 못했다.

결국 4차대회에서 중국자산계급이 두 가지로 나뉜다는 것을 제기하였다. 하나는 제국주의와 결탁한 매판자산계급이고, 다른 하나는 민족 공업자산계급이다. 하지만 4차대회에서는 민족자산계급이 아직 매판관료 자산계급으로부터 민족공업 자산계급까지의 과도기에 있다고 했다.

마오쩌둥의『중국사회 각 계급에 대한 분석(中國社會各階級的分析)』에서는 자산계급을 명확히 매판자산계급과 민족자산계급으로 나누었다. 특히 1927년 '4.12혁명정변'과 남경정부가 건립된 후 민족자산계급의 일부는 장제스의 국민당에 의지하여 많은 사람들이 매판자산계급과 민족자산계급이 구별되지 않는다고 여길 때 마오쩌둥은 양자에는 구별이 있다고 생각하고 "전국의 평민부터 자산계급까지 아직 반혁명 통치

---

57) 마오쩌둥,「북경정변과 상인(北京政變與商人)」, 1923년 7월 11일,『향도주보(向導周報)』, 1924년 제2기-제3기

에 있으니 정치와 경제적으로 해방을 하지 못하였다.[58] 그는 경제적으로 즉 생산관계로 계급을 구분하고 정치상황에 좌우되지 않았기 때문이다. 1935년 12월 27일 당의 활동분자회의에서 마오쩌둥은 많은 사람들의 애매한 사상에 대해 "민족자산계급은 지주계급·매판계급과 다르고, 그들 사이에는 구분이 있는 것이 확실하다. 민족자산계급은 지주계급처럼 봉건성을 가지고 있지 않고, 또 매판계급처럼 매판성을 가지고 있지도 않다."[59] 이런 기본적인 계급분석은 과학적인 적아분석법의 기초이다. 이런 판단으로 정치 형세의 발전변화에 따라 민족자산계급을 무산계급의 동맹군으로 만들 수 있었던 것이다.

다음으로 민족자산계급에서 이중성의 특징을 분석하였다.

『중국사회 각 계급에 대한 분석(中國社會各階級的分析)』에서 마오쩌둥은 "중산계급은 민족자산계급을 가리킨다. 그들이 혁명에 대한 태도는 모순적이다. 그들은 외국자본주의의 타격을 받고 군벌의 압박을 받아 고통스러워 제국주의와 군벌을 반대하는 혁명에 찬성한다. 하지만 국내에서 무산계급이 혁명에 참여하고, 외국에서 국제 무산계급이 적극적으로 지원하여 대 자산계급의 지위에 위협을 받아 혁명을 의심하기도 한다. 그들은 신속히 분화될 것이다. 혁명에 참가하거나 반혁명을 하거나 그들은 독립의 여지가 없다."[60] 이런 예측은 나중에 실천에서 인증을 받아 정확한 분석이고 판단이었다. 하지만 마오쩌둥이 자산계급 이중성에 대한 분석은 정치적으로 한 분석이나 정확한 근거가 없었다. 『일본제국주의를 반대하는 책략론(論反對日本帝國主義的策略)』에서 마오쩌

---

58) 『모택동선집(毛澤東選集)』 제1권, 1991, 인민출판사, 47쪽.
59) 위의 책, 145쪽.
60) 『모택동선집(毛澤東選集)』 제1권, 1991, 인민출판사, 4쪽.

동은 민족자산계급의 이중성에 대해 한 층 더 깊이 분석하였다. 그는 이와 같이 말했다. "먼저 계급적으로 민족자산계급은 제국주의를 싫어 하면서 또 혁명의 철저함에 두려워했다."[61] "반식민지의 정치와 경제의 주요특징 중 하나가 바로 민족자산계급의 연약함이다."[62] 그리고 경제 의 근원에서 "공인계급의 이익은 민족자산계급의 이익과 충돌한다." 동 시에 민족자산계급의 상공업은 또 제국주의와 봉건주의의 배척과 압박 을 받는다. "민족자산계급이 제국주의를 반대하는 통일전선에 참가하 면 공인계급과 민족자산계급은 공통적인 이해관계가 있게 된다." 그리 고 무산계급은 민주혁명시기 "민족자산계급의 상공업을 몰수하지 않고 그 발전을 지지할 것이다."[63] 이런 특징 즉 민족자산계급의 경제적 지위 는 그들의 계급특징을 결정한다. 그리고 혁명 태도로 보면 민족자산계 급은 일정한 조건에서 혁명의 동력이 될 수 있다.[64]

종합해 보면 마오쩌동이 『중국혁명과 공산당(中國革命和中國共産黨)』에 서 개괄한 바와 같다. "민족자산계급은 이중성을 가진 계급이다."[65] 이 런 이중성은 그들이 일정한 시기, 일정한 정도에서 제국주의와 관료 군벌정부를 반대하는 혁명에 참가하여 혁명의 힘이 될 수 있다는 것을 말해준다. 하지만 또 다른 시기에 그들은 매판자산계급의 뒤에 숨어 혁명을 반대하는 위험이 있을 수도 있다.

마오쩌동은 혁명의 동맹군을 찾을 때에 중국의 자산계급에 대하여 두 가지의 '양면성'을 제기하였고 무산계급을 위하여 단결할 수 있는 동

---

61) 위의 책, 145쪽.
62) 위의 책, 147쪽.
63) 위의 책, 159쪽.
64) 위의 책, 160쪽.
65) 위의 책, 639쪽.

력을 찾아 주었다. 농민 동맹군을 찾은 목적은 혁명의 역량을 크게 하기 위해서이지만 수량이 적은 민족자산계급을 왜 동맹군으로 하려 했을까? 그것은 먼저 민주혁명의 성격은 혁명에 참가하려 하는 모든 자의 연합을 결정하기 때문이었다. 그런 다음 인수가 얼마가 되던 혁명의 발전에 이로운 것이라면 모두 단결시켜야 한다는 것이었다. 민족자산계급은 자본주의 상공업을 경영하는 근대 중국에서 가장 선진적인 생산력을 가졌다. 민족자산계급을 단결시키면 이런 선진적인 생산력을 이용할 수 있다. 그리고 민족자산계급의 정치적 영향력이 꽤나 컸다. 이것이 바로 마오쩌둥이 통일을 중시한 원인이었다.

동맹군의 문제는 국정에 대한 분석이다. 특히 계급구성분석 중 가장 복잡하고 중요한 문제였다. 마오쩌둥이 역사 유물주의를 능숙하게 운용해서 중국의 경제와 정치의 특징을 객관적으로 인식하였기에 농민문제와 민족 자산계급문제에서 정확한 전략과 노선의 확정을 위해 과학적인 근거를 제공하였던 것이다.

제3절
주요모순

마오쩌둥의 국정에 대한 분석은 사회성격과 계급구성에 대한 분석 외에도 사회 주요 모순에 대한 분석도 강조하였다.

1. 연구방법

국정을 기초로 한 실사구시(實事求是)의 철학적 사상은 혁명의 전략과 노선, 방침, 정책을 정하는 근거이다. 실제에서 출발하라는 말은 국정에서 출발하라는 뜻이다. 하지만 국정은 한 국가의 역사와 현실의 통일된 범주이고 또 현실사회모순의 특징이 집중적으로 체현된 것이다. 그리고 모순은 객관적 사물의 내부에 있는 존재이다.

그리하여 마오쩌둥은 실제에서 출발하려면 반드시 사물 내부의 모순을 분석하고 국정에서 출발하려면, 반드시 현실 사회내부의 구체적 모순을 분석해야 한다고 하였다.

마오쩌둥의 『모순론(矛盾論)』은 국정을 연구하는 기본적인 방법론을 제공하였다. 마오쩌둥은 이 철학 저작에서 체계적으로 모순의 보편성과 특수성의 관계에 대해 논하였다. 그는 모순은 언제 어디서나 존재하고 범위와 과정의 보편성을 가지고 있다고 했다. 그리고 모순은 사물발전의 내부 동력이라고 설명했을 뿐만 아니라, 사물의 표면현상으로부터 내부의 모순을 인식하는 방법을 말했다. 『모순론』은 사람들에게 감성적인 외부만 보지 말고 내부 연결을 파고들어야 한다고 했다. 마오쩌둥은 사물의 내부모순을 인식하려면 반드시 모순의 특수성을 인식해야 한다고 했다. 사물 내부 모순의 특수성을 인식해야만 사물의 특징을 인식할 수 있다. 모순의 보편성과 특수성을 통일시키는 방법은 마오쩌둥이 국정을 연구하고 실제 정황을 연구하는 기본적인 방법이었다. 그는 수많은 자료에서 내부 모순과 모순의 특징을 찾아내고 모순의 특수성으로부터 모순의 발전 규칙을 발견하였다.

특히 '모순의 특수성'을 논술할 때 그는 "주요 모순과 주요 모순 방면"에 대해 강조하였다. 그것은 현실생활에서 구체적인 사물은 늘 많은 모순으로 구성되어 복잡하기에 그중의 주요 모순과 비주요 모순을 구분해야만 이런 복잡한 사물의 성격을 정확히 인식할 수 있기 때문이다. 때문에 마오쩌둥이 이론적으로 이런 중대한 문제를 제기한 것은 방법론의 뜻을 가지고 있었다. 그 어떤 과정에 모순이 많이 있으면 그중에는 반드시 주요모순이 있고 영도적 역할과 결정적 역할을 하게 된다. 때문에 그 어떤 연구과정에 두 가지 이상의 모순이 있으면 그 주요모순을 찾는데 힘을 써야 한다. 주요모순을 찾으면 문제를 쉽게 해결할 수 있다. 이것이 바로 마르크스가 자본주의사회를 연구하면서 얻은 방법이었다.[66] 이 방법은 사람들에게 널리 알려졌고 사용되었으나 간단함과 의미의 착오를 범했다. 그리하여 어떤 이들은 극단적인 방법으로 이 방법을 부정했다. 사실 마오쩌둥은 주요모순을 찾는 방법에 많

---

66) 위의 책, 322쪽.

은 규정과 제한을 했다. 첫째, 이것은 사회를 연구하는 방법이다. 마오쩌동은 이것을 모든 영역에 간단히 적용하지 않았다. 둘째, 사회발전의 각 단계의 주요 모순을 인식하는 것은 당이 각 단계의 주요 임무와 근본 임무를 명확하기 위해서이고 정확한 정치 노선과 책략 노선을 정하기 위해서이다. 셋째, 많은 모순이 존재하면 반드시 영도적인 결정적인 주요모순이 있다는 말은 주요 모순이 하나만 있다는 말이 아니다. 주요 모순과 비주요 모순의 차이는 모순의 수량에 있는 것이 아니라 모순의 지위와 작용에 있다. 넷째, 주요 모순은 모순이 갖는 특수성의 하나여서 순간적이고 조건적이고 상대적이지만 영원하지 않고 무조건적이지 않고 절대적인 것이 아니다. 주요 모순이 바뀌면 사회발전단계의 주요 임무도 바뀌어야 한다. 정지의 관점, 응고된 관점은 모두 형이상학의 관점이다.

마오쩌동 사상의 과학적 체계에서 사회발전의 각 단계의 주요 모순을 인식하는 것은 국정분석의 범주에 있다. 그리고 주요 모순을 인식하는 것은 혁명의 대상, 임무, 동력, 성격과 전도의 직접적인 근거이다. 때문에 마오쩌동의 실사구시의 분석법은 국정분석법에서 가장 중요한 방법이다.

2. 근대 중국사회의 주요 모순

근대중국은 복잡한 모순이 존재하는 사회였다.

마르크스는 "우리의 시대, 자산계급의 시대는 계급대립을 간단하게 하였다. 사회는 나날로 두 가지 적대적인 대립된 진영인 자산계급과 무산계급으로 분열되었다.[67] 하지만 중국에는 이런 정황이 아니었다. 계급구성의 분석에서 마오쩌둥은 중국에는 무산계급과 자산계급의 모순뿐만 아니라 민족자산계급과 관료매판자산계급의 모순이 있고, 또 농민계급과 지주계급의 모순이 있으며, 공인·농민과 지식인의 모순 등이 있다고 말했다. 이런 모순들은 서로 엉켜있었다.

마오쩌둥은 사회 주요 모순을 분석하는 방법으로 역사와 현실이 통일되는 고찰과정에서 근대중국의 역사발전에 영향을 미치는 주도적 지위에 있는 모순을 찾으려고 했다.

역사의 발전과정으로부터 보면, 근대중국은 1840년 아편전쟁으로부터 시작된다. 제국주의의 침략은 역사의 변화에 직접적인 작용을 하였다. 마오쩌둥은 "제국주의 열강들이 중국을 침략한 것은 중국의 봉건사회의 해체를 촉진하였고 중국에 자본주의 요소를 넣어 봉건사회를 반봉건사회로 만들었다. 하지만 다른 한편으로는 중국을 잔혹하게 통치하여 독립된 중국을 반식민지의 중국으로 만들었다.[68] 하지만 근대중국사회의 변화과정을 간단하게 외력의 결과라고 할 수는 없다.

제국주의의 침략이 중국에서 큰 영향을 미친 것은 중국사회 자체의 봉건제도의 부패와 몰락에 있다. 수천 년의 역사를 갖고 있는 중국 봉건사회는 청 정부 말기에 죽음의 변두리에 서 있었다. 하지만 제국주의가 중국을 침략하고부터 이상한 현상이 일어났다. 유럽에서 봉건주의와 투쟁을 하던 자본주의가 중국 봉건주의와 결탁하여 봉건주의의 경제적 기초 등에 광범위한 영향력을 가지게 하였다. 때문에 근대 중

---

67) 『마르크스·엥겔스 선집(馬克思恩格斯選集)』 제1권, 1995, 인민출판사, 273쪽.
68) 『모택동선집(毛澤東選集)』 제2권, 1991, 인민출판사, 630쪽.

국의 수많은 복잡한 모순 중에 두 가지 모순이 전 국면과 발전의 과정에서 주도적, 결정적인 작용을 하게 되었다. 이것이 바로 마오쩌동이 제기한 "제국주의와 중화민족의 모순, 봉건주의와 인민대중의 모순이다. 이것이 바로 근대중국의 주요 모순이다."[69]

물론 이 모순은 발전과정에서 그 중점과 특징이 변화하였다. 예를 들면 항일전쟁시기에는 민족모순인 중일모순이 주요 모순이었고, 토지혁명 시기에는 계급모순이 주요 모순이었다. 혁명의 영도자로서 이런 변화를 발견하고 장악하는 것이 극히 중요한 일이었다. 마오쩌동이 바로 실제에서 출발하여 모순을 분석하고 해결하여 중국공산당을 위하여 시기에 맞는 정확한 책략과 노선을 정했던 것이다.

이처럼 마오쩌동은 근대 중국사회의 주요 모순을 제시하면서 근대중국의 국정을 제시하였고 중국공산당을 위하여 정확한 혁명 전략을 제정하였고, 과학적인 혁명이론을 형성하여 믿음직한 근거를 제공하였던 것이다.

---

69) 위의 책, 631쪽.

제3장
혁명전략론

제3장
혁명전략론

중국신민주주의 승리와 중국사회 개조의 승리는 우리나라 역사상에서 큰 의미와 영향력을 갖고 있는 두 가지 사건이다. 이런 역사적 공헌에서 마오쩌동은 당의 위대한 영수로서 아주 큰 역사적 공적을 세운 것이다.

―보이버(薄一波)

중국 신민주주의의 승리와 중국사회주의 개조의 승리는 우리나라 역사에서 영향력이 있는 두 가지 사건이다. 이런 역사적 공헌에서 마오쩌동은 당의 위대한 지도자로써 불멸의 공헌을 남겼다. 중국에는 어려운 과제가 있었다. 하나는 마르크스 사상만으로 중국의 구국과 발전이라는 이 두 가지 기본문제를 해결할 수 있는가 하는 문제였다. 다른 하나는 중국은 반식민지·반봉건사회의 발전단계에 있었기에 마르크스주의 사회혁명론을 실시할 수 있는 물질적 기초와 경제 및 정치적 조건이 부족했다는 점이었다. 이들 난제는 많은 영웅호걸들의 의지를 꺾이게 했다. 마르크스주의를 창조적으로 응용할 수 있었던 마오쩌동은 이론에서 신민주주의 단계를 거쳐 사회주의로 상승해야 한다는 전략을 제기하였다. 이것이 유명한 중국혁명의 '두 단계 길'이었다.

제1절
1대강령으로부터 2대강령까지

　중국의 국정과 마르크스주의 사회혁명론 사이의 모순은 중국공산당의 창립 초에 공산국제와 당 영도자들의 중시를 받았다.

　중국 조기 공산주의 지식인들은 파란곡절한 역사와 침통한 교훈을 거쳐 마르크스주의를 국가를 구하고 강대하게 하는 이론으로 인용하고, 중국공산당을 건립하여 역사적 신성한 사명을 담당하였다. 그리고 1921년 7월에 열린 제1차 전국대표대회에서 사회주의 성격을 가진 강령을 제기하였다. "무산계급 혁명군대로 자산계급을 물리친다." "무산계급 독재정치로 계급을 소멸시키는 계급투쟁의 목적에 달성한다." "사유제도를 폐지한다." 그리고 "제3국제와 연합한다"는 것 등이었다.

　중국공산당은 자신을 제2국제의 사회민주당이 아닌 레닌주의 당으로 건설하려는 것이었다. 의회가 아닌 10월 혁명의 무산계급혁명과 무산계급독재의 길로 결정하였다. 당의 깃발에 사회민주주의가 아닌 사회주의와 공산주의를 새기려고 했다. 이것은 분명히 마르크스·레닌주의 사회주의 당의 강령이었던 것이다.

　이 강령에 대해 마오쩌동은 50년대에 1차대회의 문건을 다시 읽을 때 이런 평론을 하였다. "반제 반봉건이 없이 사회주의만 말하는 민주혁명은 공상에 불과하다." 사회주의 혁명의 강령으로써 이는 기본적으로는 정확한 것이다.[70] 무엇 때문에 두 가지로 나눠서 평론했었는가? 중국이 그때 당시 자산계급이 권리를 가진 자본주의 사유제도가 통치적 지위를 가진 자본주의 국가가 아니라, 밖으로는 제국주의 열강들의 침략을 받고 안으로는 봉건주의 압박을 받는 반식민지·반봉건의 국가였기 때문이었다. 이런 상황에서 "자산계급을 물리치다" "사유제도를 폐지하다"를 제기한 것은 주관적인 공상에 불과하였다. 그러나 계급을 소멸시키는 사회주의 목표를 세운 것은 중국사회의 변혁과 발전에 정확한 방향을 가리켰기 때문에 기본적으로 정확한 것이었다.

그럼 중국혁명의 강령을 어떻게 확정해야 할 것인가?

레닌과 그의 영도하의 제3국제는 반식민지·식민지 국가의 무산계급 혁명의 이론을 연구할 때에, 여기에는 근본적인 문제가 있다는 것을 발견하였다. 1920년 7월 19일부터 8월 7일까지 열린 공산국제 제2차 대표대회에서 레닌은 『민족과 식민지의 문제와 제강의 초고(民族和殖民地問題提綱初稿)』를 제기하였고 이에 대해 보고를 하였다. 레닌과 공산국제는 제국주의와 무산계급의 혁명시대에 전 세계는 이미 두 쪽으로 즉 제국주의와 식민지·반식민지로 갈라졌다고 했다. 제국주의와 식민지·반식민지 사이에는 경제적으로 정치적으로 밀접한 연계가 있어 제국주의국가의 무산계급과 식민지·반식민지국가의 무산계급은 서로 지지해야 한다. 식민지·반식민지국가는 제국주의 국가와 달라서 압박을 받는 식민지·반식민지국가의 혁명의 첫 임무는 바로 외국 자본주의를 물리치는 것이다. 그렇기 때문에 무산계급과 공산당은 민족혁명과 민족해방운동에 적극적으로 참가하여 자산계급 민주파와 정치적 연맹을 하

---

70) 『건국이래 마오쩌동의 문고(建國以來毛澤東文稿)』 제7권, 1992, 중앙문헌출판사, 296쪽.

고, 무산계급 운동의 독립성을 유지하여 사회주의의 길을 쟁취해야 한다. 레닌이 제기한 이 민족과 식민지의 이론은 식민지·반식민지 국가의 혁명투쟁을 위하여 정확한 방향을 가리켰다. 아쉬운 것은 당시 이런 사상이 중국에 들어오지 못했다는 것이다.

1922년 1월 중국공산당 대표가 공산국제 원동 각국의 공산당과 민족혁명단체의 제1차 대표대회에 참가하여 레닌의 접견을 받았다. 회의에서 중국공산당 대표는 레닌의 민족과 식민지혁명의 이론을 듣고 받아들였다. 대회에서는 중국문제에 대하여 전문적으로 토론하면서 "지금 중국의 군중과 군중의 진보적 인사인 공산당의 임무는 중국을 외국의 속박에서 해방시키고 군벌을 무너뜨리고 토지를 국가의 소유로 만들고 간단한 연방민주주의공화국을 창립하는 것이다"[71] 라고 말했다. 그리고 공산국제는 다시 한 번 중국공산당에게 중국은 국민혁명을 해야 한다는 전보를 보냈다. 그 후 중국공산당은 문건으로 공산국제의 지도하에 당은 민족과 식민지의 혁명이론을 지침으로 하고, 중국이 직접 사회주의혁명을 하는 것이 아니라 먼저 민주혁명을 해야 한다는 것을 인식하게 되었다고 발표하였다.

1922년 7월 상해에서 개최된 중국공산당 제2차 대표대회에서는 레닌의 이론과 공산국제의 지시에 따라 중국의 국정을 연구하고 중국혁명의 두 강령을 제기하였다.

첫째, 당의 최고 강령은 "무산계급을 조직하여 계급투쟁의 수단으로 농민이 독재하는 정치를 건립하고 재산 사유제도를 없애고 차츰 공산

---

71) 『향도(向導)』 제10기.

주의 사회에 이른다"였다.

둘째, 당의 최저 강령은 "내란을 없애고 군벌을 물리쳐 국내의 평화를 건설한다" "국제 제국주의의 압박을 물리치고 중화민족의 완전 독립을 꾀한다" "중국을 진정한 민주공화국으로 통일한다"는 것 등이었다.[72]

이 두 강령의 실질은 중국은 민족민주혁명을 거쳐야만 사회주의 혁명을 진행할 수 있다는 것을 강조한 것이다. 즉 중국혁명은 사회주의 성격의 강령뿐만 아니라 민주주의 성격의 강령도 있어야 한다는 것이었다. 2차대회가 1차대회보다 진보한 것은 당을 위하여 민주주의 성격의 혁명강령을 제정하여 반식민지·반봉건의 국가에서 사회주의 혁명강령을 실현해야 한다는 전제조건을 마련했다는 점이다.

---

72) 『중공중앙문건선집(中共中央文件選集)』 제1권, 1989, 중공중앙당교출판사, 115쪽.

제2절
두 강령의 첫 번째 인식오류

2차대회에서 민주주의 혁명과 사회주의 명이라는 두 강령을 제기함과 동시에 두 강령의 관계문제에 대한 곤혹에 빠지게 되었다.

곤혹스러운 점 하나는 민주혁명의 승리는 어느 계급의 승리인가? 서방 자본주의 국가의 사회발전사에서 봉건주의 민주혁명을 반대하는 것은 자산계급성격의 혁명이다. 혁명의 성과는 자산계급이 국가의 통치권을 얻고 자산계급 독재의 국가를 건립하는 것이다. 초기 중국공산당은 중국이 아직 사회주의 혁명의 조건을 갖추지 못하고 민주혁명을 진행하여 중국 민주혁명의 승리가 자산계급의 승리라고 여겼다. 공산당 2차대회에서는 "민주혁명이 성공하면 무산계급이 일정한 자유와 권리를 얻게 된다." 하지만 "유치한 자산계급이 신속히 발전하여 무산계급과 대립하게 된다"고 하였다.[73]

두 번째는 민주혁명은 누가 영도해야 하는가 하는 문제였다. 서방 자산계급 민주혁명은 모두 자산계급이 영도한 혁명이고 무산계급은 참가자일 뿐이었다. 이에 대해 마르크스와 엥겔스도 논한 적이 있다. 하지만 중국의 자산계급은 아직도 연약하고 유치하여 민주혁명을 영도할

---

73) 『중공중앙문건선집(中共中央文件選集)』 제1권, 1989, 중공중앙당교출판사, 114~115쪽.

수 있을까 하는 문제였다. 2차대회에서는 명확한 답을 하지 못하였다. 그럼 무산계급이 민주혁명을 영도할 수 있을까? 이 문제에 대해 2차대회에서는 무산계급이 민주혁명에서의 임무는 "민주주의 혁명운동을 원조하는 것"이라고 했다. 이런 '원조'는 무산계급의 역량을 키우는 필요한 절차라고 했다.[74] 그러나 사실은 민주혁명의 영도계급이 무산계급이 아니라는 뜻을 말한 것이었다.

세 번째는 무산계급 사회주의 혁명의 최고 강령은 언제 실시하는가 하는 문제였다. 2차대회에서 사회주의 혁명과 민주혁명을 나눠 최고 강령과 최저 강령인 두 가지 혁명 강령을 제정한 것은 정확한 것이었다. 하지만 언제 최고 강령을 실시하느냐 하는 문제에 대해 깊이 연구하지를 않았다. 민주혁명 후는 자산계급의 승리라고 강조하였기에 무산계급과 자산계급이 대립하게 되었다. 때문에 이는 중국이 자산계급 독재의 국가를 건립한 후에야 사회주의 혁명의 강령을 실시하게 된다는 것이었다. 이런 곤혹은 당시 이론적으로나 국정에 대한 인식과 각 계급의 특징에 대한 인식에서의 공산당의 유치함을 반영하고 있었다. 그러나 이런 곤혹은 진독수의 관념에서 "2차 혁명론"이라는 틀린 이론으로 발전하였다. 진독수는 『중국국민혁명과 사회 각 단계(中國國民革命與社會各階級)』(1923년), 『우리는 왜 투쟁하는가? (我們現在爲什麼爭鬥?)』(1926년) 등 문장에서 반복적으로 아래와 같은 두 가지를 강조하였다. 첫째, 국민혁명의 승리는 자산계급의 승리이다. 때문에 자산계급이 정권을 장악해야 한다. 둘째, 공산당이 정권을 장악하는 것은 무산계급 혁명 시대의 일이므로 지금은 이런 일이 없을 것이다. 즉 중국 민주혁

---

74) 위의 책, 114쪽.

명과 사회주의혁명 사이에 자산계급독재의 역사시기가 끼여 있다는 것이다. 진독수는 『우리는 왜 투쟁하는가?(我們現在爲什麼鬪爭?)』에서 상세히 설명하였다. "우리는 이상적인 사회주의자가 아니기에 자본주의를 거치지 않고 반봉건사회에서 사회주의로 넘어가는 사회를 환상한 적이 없다." 그리하여 2차대회에서 제기한 두 가지 강령은 민주혁명과 사회주의 혁명이 서로 연결되지 않은 '2차 혁명론'으로 해석할 수 있는 것이다. 이런 2차 혁명론은 진독수가 제1차 국공합작에서 영도권을 포기하고 북벌전쟁에서 패배한 관건이 되었으며, 제1차 국내혁명전쟁에서 참패를 당한 이론적 기초가 되었던 것이다.

제3절
두 강령의 두 번째 인식오류
– 한꺼번에 일을 다 해치우다

진독수의 '2차 혁명론' 때문에 공산당은 국민당 반동파들의 공격에 대해 한걸음 뗄 때마다 양보하여 곤경에 빠지게 되었다. 그러나 당에서 제출한 최고 강령과 최저 강령은 정확한 혁명 강령이었다. 이런 모순은 공산국제와 중국공산당이 민주혁명과 사회주의혁명 이 두 혁명 발전 단계 사이가 어떤 관계인지를 고려하게 하였다.

공산국제 집행위원회 제7차 확대회의에서 1926년 12월에 통과한 『중국형세문제에 대한 결의(關於中國形勢問題的決議)』의 내용을 이렇게 지적했다. "역사적으로 보면 현 단계의 중국혁명은 자산계급 민주주의 성격을 갖고 있지만, 이는 더욱 광범한 사회운동의 성격을 가져야 한다.

중국혁명은 국가가 자본주의로 발전하는 사회정치적 조건이 아니다. 이 국가는 순수한 자산계급 민주주의국가가 아니다. 이 국가는 무산계급, 농민과 기타 압박을 당하는 계급의 민주주의 독재의 국가이다. 이는 비자본주의 발전의 과도기인 반제국주의 혁명정부일 것이다. 중국공산당은 있는 힘껏 비자본주의로 발전하는 '혁명의 길'을 실현하여야 한다."[75] 공산국제의 지시는 혁명 전도에 대한 중국공산당의 인식을 갖게 하였던 것이다.

1926년 말부터 1927년 초까지 중공중앙정부는 중국혁명의 두 단계의 연결문제에 대하여 토론을 거쳐 당내 문건을 형성하였다.[76] 중공중앙 정치국은 공산국제 집행위원회의 지시를 받아들이고 '2차 혁명론'에 대하여 검토하였다. 그리고 '2차 혁명론'이 민주혁명과 사회주의혁명의 연결을 제압하는 틀린 정책임을 정식으로 부정하였다.

진독수의 '2차 혁명론'이 당에 큰 손실을 안겨주었고, 당시 당내 마르크스 레닌주의의 이론수준과 변증분석능력이 저하하여 대혁명 실패 후 "한꺼번에 일을 다 해치우다(畢其功於一役)"의 사상이 주도적 지위를 차지했다. 이런 사상은 틀린 사상이었다. 그 이유는 다음과 같았다.

첫째, 이것은 대혁명 실패 후의 혁명 형세에 대한 틀린 판단이었다. 1927년 11월에 열린 중공중앙 임시정치국 확대회의 결의안에서는 "지금 중국의 상황은 직접적 혁명의 형세이다."라고 단언하고 "지금의 혁명투쟁은 민권주의의 범위를 넘어 급속히 발전하고 있다"고 여겼다. 중국국정을 파악하지 못한 공산국제의 대표는 심지어 민주혁명과 사회주의혁명의 한계를 혼란시킨 "중단하지 않는 혁명"이라는 틀린 주장을 하였다. 당시 장제스의 배신과 진독수의 우경기회주의로 인해 대혁명이 실패하였을 뿐만 아니라, 중국공산당 독립 영도의 무장투쟁인 남창봉기(南昌起義)와 추수봉기(秋收起義)도 여러 가지 불리한 요소로 인해

---

75) 『공산국제와 관련된 중국혁명의 문헌자료(共産國際有關中國革命的文獻資料)』 제1권, 1981, 중국사회과학출판사, 278쪽.
76) 『중공중앙문건선집(中共中央文件選集)』 제3권, 1989, 중공중앙당교출판사, 19~23쪽.

실패하고 말았다. 그리하여 혁명은 고조에서 저조로 내려갔다. 그러나 당 중앙은 아무런 근거도 없이 "직접혁명의 형세"라고 판단하였고 "민권주의 범위를 초월한 혁명"을 하려 하였다. 이 얼마나 주관적이고 황당했던 일인가 말이다!

둘째, 국민당 정권의 성격에 대하여 틀린 판단을 하였다. "한꺼번에 일을 다 해치우다(畢其功於一役)"와 '2차 혁명론'의 주장을 관찰해 보면, 이 두 가지 극단적인 사상은 공통점이 있다는 것을 알 수 있다. 바로 대혁명 실패 후 남경에서 건립한 장제스 국민당 정권이 자산계급 정권이라고 여겼던 것이다. 다른 것은 '2차 혁명론'은 중국이 자산계급 독재의 시대에 들어섰고, 무산계급의 임무는 힘을 모아 미래에 무산계급 사회주의 혁명을 하는 것이라고 생각하고, "한꺼번에 일을 다 해치우다(畢其功於一役)"의 사상은 진행되고 있는 민주혁명은 부족하기 때문에 반드시 사회주의 혁명을 진행해야 한다는 것이었다.

셋째, 중국의 자산계급은 매판자산계급과 민족자산계급으로 이루어졌다는 것을 인식하지 못하였다. 반식민지·반봉건의 중국에서 제국주의와 봉건주의에 의지한 매판자산계급은 제국주의와 봉건주의 쌍방의 압박을 받는 민족자산계급이었다. 모두 자산계급에 속하여 있지만 서로 다른 경제와 정치의 힘을 갖고 있었던 것이다.

넷째, 중국 민족자산계급의 양면성을 인식하지 못하였다. 중국공산당 6차대회 전 공산 국제 집행위원회 제9차 확대회의에서는 이미 중국문제에 관한 결의를 하였다. 6차대회에서도 중국혁명의 성격은 아직도

자산계급 민주주의 혁명이라고 확인하였다. 그러나 그 뒤로 "한꺼번에 일을 다 해치우다(畢其功於一役)" 사상이 나타났다. 6차대회의 기본 노선은 정확한 것이었지만 대회에서 통과한 결의는 일정한 결점이 있었다. 그중 하나가 바로 민족자산계급을 혁명의 적이라고 여긴 것이었다. 이런 결점은 중국혁명을 주관주의로 끌어들이고 자산계급이 혁명의 동력이 될 수 있다는 점을 무시하게 하였다.

제4절
'두 걸음'의 혁명발전론

　민주혁명과 사회주의혁명의 관계 문제에서 '2차 혁명론'은 틀린 것이었다. "한꺼번에 일을 다 해치우다(畢其功於一役)"의 '1차 혁명론'도 틀린 것이었다. 그럼 이 두 혁명단계에서 어떤 태도를 갖춰야 했는가? 마오쩌동의 주장은 두 혁명 단계에서 '2차 혁명론'은 "한꺼번에 일을 다 해치우다(畢其功於一役)"의 준비 조건이고 이 두 단계는 연결되어야 하며 자산계급독재의 단계는 없어야 한다고 말했다. 이것은 마르크스주의의 혁명 발전론이다.[77] 이것이 바로 마오쩌동의 '두 걸음'의 이론이다. 이 이론은 중국의 혁명 전략의 구상과 이론이고 중요한 지위와 가치가 있었다.

1. '두 걸음' 전략사상의 확립

　마오쩌동은 준의회의(遵義會議)전에 이미 '두 걸음' 사상을 확립하였다. 『중국사회 각 계급에 대한 분석(中國社會各階級的分析)』에서 민족자산계급의 양면성을 인식하여 "민족자산계급이 통치하는 국가를 실현하지

---

77) 『모택동선집(毛澤東選集)』 제2권, 1991, 인민출판사, 685쪽.

못한다"[78]라고 했다. 그리고 국민혁명의 목적은 자산계급이 통치가 아닌 무산계급, 소자산계급과 중산계급 좌익의 연합통치 즉 혁명민중의 통치를 실현하는데 있다고 강조하였다. 그는 여기에 자산계급 통치의 단계를 넣으면 안 된다고 하면서 '2차 혁명론'과 경계를 분명히 하였다. 그가 건립하려는 나라는 무산계급, 소자산계급과 민족자산계급이 연합하여 통치하는 것이라고 했다.

토지혁명 전쟁시기 그는 당내에 존재하는 '무 중단 혁명론'에 대하여 다시 한 번 중국혁명은 '두 걸음'으로 가야 한다는 사상을 명백히 하였다. 『정강산의 투쟁(井岡山的鬪爭)』(1928년 11월)에서 마오쩌둥은 "중국은 아직 자산계급 민권혁명의 단계에 있다.

중국의 철저한 민권주의 혁명의 강령은 외적으로는 제국주의를 물리쳐 철저히 해방시키고, 내적으로는 매판자산계급의 도시세력을 숙청하여 토지혁명을 완성하고 농촌의 봉건관계를 소멸시켜 군벌정부를 무너뜨리는 것이다. 이런 민권주의 혁명을 거쳐야만 사회주의로 과도할 수 있는 기초를 닦을 수 있는 것이다."[79]라고 말했다. 이것은 마오쩌둥이 당의 최저 강령과 최고 강령의 관계에 대한 문제에서 자신의 독특한 사상을 갖고 있었다는 의미이다. 당시는 이에 대해 체계적 토지혁명 전쟁시기 그는 당내에 존재하는 '무 중단 혁명론'에 대하여 다시 한 번 중국혁명은 '두 걸음'으로 가야 한다는 사상을 명백히 하였다.

마오쩌둥은 당의 최저 강령과 최고 강령의 관계에 대한 문제에서 자신의 독특한 사상이 있었다. 이로부터 그의 '두 걸음' 전략사상이 초보

78) 『모택동선집(毛澤東選集)』 제1권, 1991, 인민출판사, 4쪽.

79) 『모택동선집(毛澤東選集)』 제1권, 1991, 인민출판사, 77쪽.

적으로 형성되었다고 할 수 있다.

　준의회의 이후 특히 연안에 있을 때에 국정에 대한 분석과 연구를 거쳐 '두 걸음' 전략사상은 더욱 체계적이고 이론적으로 발전하였다. 항일전쟁시기 국민당 완고파의 "공산주의를 그만두라!"는 외침과 자신계급이 자본주의 길을 걸으려는 환상, 그리고 "한꺼번에 일을 다 해치우다(畢其功於一役)"의 좌경 공담에 마오쩌동은 『공산당인』 발간사(『共産黨人』 發刊詞)』『중국혁명과 중국공산당(中國革命和中國共産黨)』『신민주주의론(新民主主義論)』 등의 글을 발표하여 여러 가지 문제에 체계적으로 대답하였고, 중국혁명의 '두 걸음' 전략사상과 이론구상을 완성하였다.

2. '두 걸음' 전략사상의 기본 내용

　마오쩌동이 '두 걸음' 전략사상을 설명할 때에 중국의 국정과 내적 모순을 출발점으로 네 가지 기본관점을 제기하였다.

1) 민주혁명은 사회주의 혁명의 필요한 준비이다.

　마오쩌동은 공산당의 임무는 사회주의사회를 건립하여 공산주의를 실현하는 것이지만, 중국의 무산계급과 공산당은 반식민지·반봉건사회에서 존재하고 있었다. 무산계급과 자산계급의 모순이 있지만 사회의 주요모순이 아니어서 직접 사회주의혁명을 할 수 없었다. 근대중국사회의 주요모순은 제국주의와 중화민족의 모순, 봉건주의와 인민대중의 모순이었다. 그렇기 때문에 중국공산당이 직면한 임무는 어떻게 정확한 노선으로 전국 각 계층의 인민을 이끌어 반제 반봉건의 민주혁명을 하는 가였다. 이런 혁명의 임무는 중국공산당이 영도하는 민주혁명은 아직 자산계급 성격의 혁명이라는 것을 결정해주었다.

이런 자산계급 민주혁명은 앞날에 사회주의혁명을 추진하는데 결정적 의의를 갖고 있었다. 반제·반봉건혁명의 승리는 무산계급과 자산계급의 모순이 주요 지위에 오르고 사회주의혁명의 임무를 일정에 올릴 수 있었다. 더 중요한 것은 이런 식민지·반식민지혁명의 첫 단계는 자산계급 민주주의지만 사실은 자본주의 발전을 위하여 길을 마련하는 것이다. 이런 혁명의 목표는 낡은 자산계급이 영도하는 것이 아닌 새로운 무산계급이 영도하는 것이고 신민주주의 사회와 여러 혁명 계급이 연합 독재하는 국가를 건립하는데 있었다.[80]

따라서 마오쩌동은 공산당은 반드시 민주혁명을 하여야 한다고 말했다. 그리고 "공산당이 이것을 목표로 분투하지 않고 이런 자산계급 민주혁명에 대하여 목숨을 걸 각오를 하지 않으면 이는 제대로 된 공산주의자가 아니다"[81]라고 했던 것이다.

2) 민주혁명의 직접적 목적은 신민주주의 사회를 건립하는 것이다.

마오쩌동은 『청년운동의 방향(青年運動的方向)』이라는 강연에서 민주혁명의 목표는 '인민민주주의공화국'을 건립하는데 있다고 했다. 그는 "자산계급은 이미 혁명을 완성할 수 없으니 무산계급과 인민의 노력으로 완상해야 한다. 이 혁명의 목적이 바로 제국주의와 봉건주의를 물리치고 인민민주공화국을 건립하는 것이다"[82]라고 했다. 그리고 『신민주주의론(新民主主義論)』에서 마오쩌동은 국정과 시대 특징에 대한 분석

---

80) 『모택동선집(毛澤東選集)』 제2권, 1991, 인민출판사, 668쪽.
81) 위의 책, 1059쪽.
82) 위의 책, 563쪽.

을 통하여 중국혁명의 '두 걸음' 전략사상을 논술할 때에 두 단계의 혁명목표에 대하여 설명하였다. "중국의 사회성격은 식민지, 반식민지, 반봉건이기에 혁명은 반드시 두 단계를 거쳐야 한다. 처음은 식민지, 반식민지, 반봉건인 사회형태를 독립된 민주주의 사회로 변화시키는 것이다. 두 번째는 혁명을 하여 사회주의사회를 건설하는 것이다."[83] 여기서 말하는 독립된 민주주의사회는 민주혁명의 목표였다. 이것은 신민주주의 정치, 경제와 문화로 구성된 신민주주의사회였던 것이다.

여기서 마오쩌동은 중국사회 발전의 규칙을 제시하였다. 즉 봉건사회-반식민지반봉건사회-신민주주의사회-사회주의사회가 그것이었다. 이 규칙은 마르크스의 규칙과 유사한데가 있고 또 독특한데가 있었다. 유사한 것은 봉건사회에서 사회주의로 발전하지 못하는 것이고 독특한 것은 중국은 자본주의가 충분히 발전하지 못했다는 것이다. 따라서 마오쩌동은 신민주주의의 직접적인 목표는 신민주주의 사회를 건립하여 역사의 흐름에 따르는 것이라고 했다.[84]

3) 사회주의 혁명은 민주혁명의 필연적 추세이다.

자산계급 민주주의 성격의 혁명은 자본주의를 일정하게 발전시킬 수 있었다. 이것 또한 경제가 낙후한 중국이 민주혁명에 승리한 뒤 불가피한 결과였다. 그러나 중국 민주주의 혁명의 필연적 추세는 사회주의 혁명이었다. 이에 대하여 마오쩌동은 1939년에 자세히 분석한 적이 있다. "중국의 민주주의혁명은 자본주의를 일정하게 발전시킬 수 있다. 그러나 이것은 혁명 결과의 하나이지 전부는 아니다. 중국혁명의 결과

---

83) 위의 책, 666쪽.
84) 위의 책, 559쪽.

는 자본주의의 발전과 동시에 사회주의도 발전하는 것이다. 이런 사회
주의 요소는 바로 무산계급과 공산당이 정치적으로 발전하고, 농민,
지식인과 도시 소자산계급은 공산당의 영도권을 인정하여 경제적으로
합작을 하는 것이다. 이것은 모두 사회주의의 요소이다."[85] 사실 신민주
주의 혁명의 승리와 함께 사회주의 요소도 정치, 경제, 문화 등 면에서
신속히 발전하고 있었다. 1949년 중화인민공화국이 성립할 때에 사회
주의를 실현하는 것은 공산당뿐만 아니라 인민 군중들도 확실하게 믿
고 있었다.

4) '전환'에 대한 문제

중국혁명의 '두 걸음' 전략은 '전환' 문제를 복잡하게 하였다. 혁명의
성격으로부터 보면 신민주주의혁명에서 사회주의혁명으로 전환하는
문제가 있고, 사회의 발전으로부터 보면 신민주주의사회에서 사회주의
사회로 전환하는 문제가 있다. 마오쩌동은 이런 '전환'의 임무를 제기하
였고 이 두 전환문제의 조건을 자세히 분석하였다.

첫째, 민주주의 혁명이 사회주의 혁명으로 전환하는 조건.
준의회의 이후 마오쩌동은 민주혁명이 중국에서 승리를 거두어야만
사회주의 혁명으로 전환할 수 있다는 관점을 제기하였다. 1935년 12월
마오쩌동은 와요보회의(瓦窰堡會議)에서 "전국 대다수 인민에게 유리하
지 않고 정치적으로 경제적으로 모든 준비를 하지 않으면 전환문제를
꺼내지 말아야 한다. 이점을 의심하고 또 짧은 시간 내에 전환을 하려

---

85) 위의 책, 650쪽.

하는 것은 잘못된 관점이다. 중국은 다른 국가와 많이 달라서 많은 시간과 노력이 필요하다"[86]고 하였다. 그리고 『중국혁명과 중국공산당(中國革命和中國共産黨)』(1939년 12월)이라는 문장에서는 "중국의 자산계급 민주주의혁명을 완성하고 필요한 조건이 구비되면 사회주의혁명으로 발전하는 것은 중국공산당의 위대한 혁명 임무이다. 모든 당원들은 이를 분투목표로 삶고 포기하지 말아야 한다"[87]라고 했다. 위에서 말한 것처럼 마오쩌동은 민주혁명의 완성을 혁명전환의 조건으로 하였던 것이다. 1949년 3월 민주혁명이 승리하기 전 마오쩌동은 중국공산당 제7기 2중전회(二中全會)를 소집하여 혁명전환의 문제를 제기하였다. 그 후 마오쩌동은 과도시기 총 노선에 대한 회의에서 "1949년 중화인민공화국의 성립은 혁명성격의 전환과 신민주주의 혁명단계의 결속, 그리고 사회주의 혁명단계의 시작을 의미한다"고 하였다. 마오쩌동은 민주혁명은 중국이 승리한 후에 사회주의 혁명으로 전환한다는 관점을 견지하였고, 정권의 전환이라는 새로운 관점을 제기하였다. 이와 같이 중화인민공화국의 건립을 혁명 전환의 상징으로 하고 중국 민주혁명의 결속과 사회주의 혁명의 시작을 연결시켜 자산계급 독재의 여지를 남기지 않아서 사회주의 발전을 보증할 수 있었던 것이다.

둘째, 신민주주의 사회가 사회주의 사회로 전환하는 조건.

신민주주의 사회가 사회주의 사회로 전환하는 것은 신민주주의 혁명이 사회주의 혁명으로 전환하는 것과는 다른 것이다. 중화인민공화국의 건립은 사회주의 제도를 채택할 수 있다는 뜻이 아니었다. 그렇다

---

86) 위의 책, 제1권, 1991, 인민출판사, 160쪽.
87) 위의 책, 제2권, 1991, 인민출판사, 651쪽.

면 중화인민공화국의 건립을 무엇을 의미하는 것이었을까? 이것은 단지 신민주주의 사회가 사회주의 사회로 전환하기 시작했다는 뜻이었다. 신민주주의 사회가 사회주의 사회로 전환하는 것은 중국 과도기의 특징이었다. 자본주의 국가는 자본주의에서 사회주의로 과도하였다. 양자의 공통점은 모두 혁명과 사회의 개조를 통하여 사회주의로 과도했던 것이다. 이것은 인류 역사발전의 객관적인 규칙이었다. 양자가 다른 점은 중국은 1949년 신 중국건립 전 반식민지·반봉건사회였고, 자본주의 정치제도와 경제제도가 중국에서 독립적인 발전을 하지 못하였고, '민주주의'의 기초가 약하였다는 점이다. 그리하여 중국의 신민주주의 사회의 임무는 바로 이런 조건을 창조하고 이런 조건이 구비되면 사회주의로 전환하는 것이었다.

그럼 신민주주의 사회는 어떤 힘을 모아 어떤 조건을 구비해야 중국을 인도하여 사회주의로 발전하고 사회주의라는 시기에 들어설 수 있었을까?

그 하나는 정치적 조건이었다. 무산계급이 통치계급으로 발전하고 민주를 쟁취해야 한다는 것으로, 즉 정치적으로 말하면 공인계급을 영도로 하고 공·농연맹을 기초로 하는 인민민주 독재의 국가정권을 확립하는 것이 사회주의로 전환하는 전제 조건이었다.

둘은 경제적 조건이었다. 무산계급의 영도권은 신민주주의 혁명이 승리하여 얻은 것이다. 경제적으로 말하면 국민의 경제를 장악하는 국영경제를 건립하는 것이다. 이는 중국사회가 신민주주의에서 사회주의로 전환하는 디딤돌이라는 것이었다.

셋은 공업화였다. 마오쩌동은 일찍 신민주주의사회의 기초는 공장과 합작사이지 분산된 개체경제가 아니라고 했다. 중공 7대 전회에서는

"신민주주의 정치조건을 구비한 중국 인민과 정부는 근년에 중공업과 경공업을 천천히 발전시켜 중국을 농업국에서 공업국으로 변화시켜야 한다"라고 했다. 그리고 1949년 3월 7차대회에서 마오쩌둥은 "농업국에서 공업국으로 신민주주의국가에서 사회주의국가로 전환"하는 역사적 임무를 제기하였던 것이다.

3. '두 걸음' 전략사상의 지도적 의의

중국 국정과 과학적 분석에 의한 '두 걸음'의 전략사상은 마오쩌둥 사상의 과학적 체계에서 아주 중요한 가치와 의의를 지니고 있다.

첫째, 반식민지·반봉건인 중국에서 무산계급이 영도하는 혁명은 반제 반봉건, 즉 신민주주의 혁명이라는 것을 결정하고 있다.

둘째, 신민주주의 혁명의 결과는 신민주주의 사회를 건립하는 것이다.

셋째, 신민주주의 사회는 사회주의 혁명의 시작이라는 것을 의미한다. 즉 신민주주의 건설과 사회주의 개조를 동시에 진행하는 독특한 단계이다. 그래야만 신민주주의 혁명의 임무를 완성할 수 있고, 사회주의 혁명에서 신민주주의 사회를 사회주의 사회로 전환할 수 있다. 중국혁명의 전체 전략과 특징과 복잡성이 모두 여기에 있었던 것이다.

제4장
'혁명의 길' 이론

제4장
'혁명의 길' 이론

1927년 혁명 실패 후 마오쩌동 동지의 탁월한 영도가 아니었다면 중국의 혁명은 아직 승리의 맛을 보지 못했을 것이다. 그러면 중국의 여러 민족 인민은 아직도 제국주의, 봉건주의, 관료자본주의의 반동통치에 맞서 힘겹게 싸우고 있었을 것이다.

— 덩샤오핑(鄧小平)

제1절
탐색의 길: 민중운동에서 무장투쟁으로

중국혁명의 '두 걸음' 전략에서 '신민주주의혁명론'은 마오쩌동이 중국 실제상황과 마르크스·레닌주의를 결합하여 얻은 중요한 성과이다. 근대 중국에서 '혁명' 관념은 손중산을 대표로 한 자산계급 혁명파가 제기한 것이다. 그러나 중국의 자산계급 민주혁명은 무산계급이 영도하였다. 때문에 신민주주의 혁명의 도정(道程) 문제에 대하여 더 깊이 토론하고 무산계급이 어떻게 혁명의 승리를 거두었는가를 토론해야 할 것이다.

마오쩌동은 중국공산당이 혁명의 규칙을 인식하고 혁명의 길을 찾을 때에 이런 말을 했었다. "그 누군가가 처음부터 중국혁명의 규칙을 인식하고 있었다고 하면 그건 거짓말이다. 예전에 우리는 혁명을 하려고 하였지만 어떻게 혁명을 하고 어떤 혁명을 하며 어디서부터 시작을 해야 하는지 몰랐다."[88] 이 말에는 혁명의 규칙과 도정을 말해주고 있다. 즉 어떻게 혁명을 하고 어떤 혁명을 하고 어디서 혁명을 하는가 하는 문제이다. 이것이 마오쩌동이 끊임없이 말하던 혁명의 대상, 혁명의 임무, 혁명의 동력, 혁명의 책략, 혁명의 전도 등에 관한 문제이다.

---

88) 『모택동선집(毛澤東選集)』 제8권, 1999, 인민출판사, 300쪽.

이런 문제는 혁명의 기본문제이다. 그중 혁명의 족적과 혁명의 방법은 혁명의 도정 중에 두 가지 기본요소이다. 간단하게 말하면 혁명의 길 문제는 중국공산당이 정확한 방법을 통하여 혁명의 목적을 이루는 행동규칙인 것이다.

중국혁명의 '두 걸음' 전략사상에서 혁명의 목적과 순서를 해결하였다면 여기서 연구하는 도정의 문제는 혁명의 방법에 대한 문제를 중점으로 할 것이다.

마오쩌동이 말했던 것처럼 혁명의 시작에는 규칙과 도정의 문제에 대하여 제대로 인식하지 못했다. 하나는 경험이 부족해서이고 다른 하나는 교조주의 영향을 받아 러시아혁명의 경험을 받아들이지 못하였던 것이다. 혁명의 방법에서는 두 가지 문제에 부딪쳤다. 하나는 당이 민중운동만 중시하고 무장투쟁을 중시하지 않았고, 다른 하나는 오랜 시간동안 도시 투쟁을 중시하고 농민투쟁을 중시하지 않았다는 점이다.

때문에 중국공산당이 반제반봉건의 혁명임무를 제기하였지만 오랜 시간동안 혁명의 길을 찾지 못했던 것이다.

어디에서 문제가 생기면 어디에선가 길을 찾아야 한다. 중국공산당은 중국혁명의 길을 찾을 때에 마오쩌동 등 영도자들의 탐색에 혁명의 방법문제에서 두 가지 전환을 거쳤다.

첫 번째 사업의 중점은 민중운동에서 무장투쟁으로 전환하는 것이었다. 중국공산당이 성립 후 적극적으로 실제 혁명운동을 하였다. 당은 동맹회의 소수 혁명분자만 의지하고 군중운동을 하지 않은 경험을 받아 하층 군중과 결합하고 군중 운동을 발동하였다. 중공 2차대회에서는 "공산당은 지식인들로 이루어진 마르크스 학회가 아니고 군중을 떠난 공상의 혁명단체가 아니라 군중을 위한 군중의 당이 되어야 한다."[89]
고 하였다. 중공 3대에서는 공산당원이 개인의 신분으로 국민당에 가입하게 하였고 국공합작을 할 때에도 "공인과 농민의 선전과 조직은 우리의 특수한 책임이고 이들을 인솔하여 국민혁명에 참여하게 하는 것은 우리의 중심적 임무이다."[90]라고 명확히 하였다. 때문에 국공합작 시절에도 기층의 사업은 공산당이 도맡아 했다. 광동 혁명정부 관할지역 내에서의 공농운동의 골간과 조직자는 거의 공산당이었고 상해의 파업운동과 전국을 들썩하게 한 오사운동도 공산당이 조직하고 참여하였다. 당시 전국적으로 영향을 미친 호남, 호북, 강서 등 지역의 농민운동도 공산당 측에서 발동한 것이다. 즉 1927년 대혁명이 실패하기 전 중국공산당의 사업 중심은 민중운동이었던 것이다. 당시 공산당인인 주은래(周恩來)와 엽검영(葉劍英)등도 다른 군사적 사업에도 참여하였고, 또 많은 공산당원이 파견한 청년들이 황포군교(黃埔軍校)에 입학하기도 하였다. 그러나 당의 사업 중점은 명확히 공농군중을 선전하고 조직하여 민중운동을 하는 것이었다.

중국공산당이 성립 초에 적극적으로 공인, 농민운동을 조직한 것은 정확한 것이었다. 그 결과 당의 사업의 튼튼한 기초를 닦고 당의 영향력을 확대하여 신속한 발전을 이루었다. 그리고 민중들에게 마르크스주의와 국민혁명의 사상을 전파하였고 그들의 각오를 제고시켰고 분산된 인민 군중을 조직하여 강대한 혁명의 역량으로 만들었다.

그러나 반식민지·반봉건의 중국에서 민중운동만으로는 부족하였다.

---

89) 『중공중앙문건선집(中共中央文件選集)』 제1권, 1989, 중공중앙당교출판사, 90쪽.
90) 위의 책, 166쪽.

특히 북벌전쟁이 시작하여 무장투쟁을 해야 하는 시점에 민중운동을 당의 공작 중심으로 하면 혁명의 영도권을 잃게 될 것이다.

1927년 대혁명이 실패하기 전 중국공산당의 총서기는 진독수(陳獨秀)였다. 진독수는 세계사 지식이 풍부했지만 중국의 실제문제를 연구하는 데는 능숙하지 못하였다. 그의 '2차 혁명론'의 지식 배경이 바로 서유럽의 자산계급 혁명사였다. 여기서 무산계급은 조연에 불과하였다. 만약 '혁명의 길'에서 진독수의 사로(思路)를 연구하면, 그 목적이 자산계급을 도와 정권을 획득하는 것이고, 그 방법이 바로 군중운동인 것이다. 종합해보면 민중운동을 통하여 자산계급을 도와 정권을 획득하는 혁명의 도로인 것이다. 다시 말해 이것은 우경주의 '혁명의 길'인 것이다.

장제스가 혁명을 배신하여 험준한 형세에 빠진 공산당은 자신의 영수와 혁명의 노선에 대하여 반성하게 되었다. 바로 이때 마오쩌동이 혁명의 승리를 쟁취하는 새로운 사상인 "총자루에서 낳은 정권"을 제기하였다. 1927년 7월 4일 중공중앙정치국 상무위원 확대회의에서 마오쩌동은 처음으로 "농민무장은 산으로 오르거나 당과 연결이 있는 군대로 투입할 수 있다. 무력을 보존하지 않으면 투쟁에서 우리는 그 어떤 방법도 없게 된다"라고 말했다.

7월 중순 공산당은 강서 남창(江西南昌)에서 무장투쟁을 진행하여 무력으로 국민당 반동파의 박해에 저항하고 혁명을 추진하려 하였다. 남창봉기 이후에 열린 8.7회의에서 마오쩌동은 대혁명이 실패한 교훈을 종합하였다. 그중 군사를 중시하지 않은 것에 대해 강조하였고 총으로 정권을 얻어야 한다고 하였다. 8.7회의 후 창사(長沙)회의에서 마오쩌동은 "폭동을 발동하려면 농민의 힘만으로는 부족하여 군사의 도움이 필요하다”고 다시 한 번 강조하였다. 마오쩌동의 두 차례의 ‘총자루 정권’에 대한 담화는 임시적인 대책이나 계책이 아니라 중국 국정에 맞는 정확한 도로를 탐색하는데 있었다.

마오쩌동의 ‘총자루 정권’ 논술은 중국혁명의 정확한 길을 탐색하는 과정에서 아주 중요한 가치를 갖고 있었다. 8.7회의 이후 당 중앙은 엄중한 형세 앞에서 무장투쟁을 주장하였고, 8.1남창회의를 기본으로 무장투쟁의 첫 발을 쏘았다. 그러나 그 후 오랜 시간동안 당 중앙의 ‘좌경’ 대표들은 희망을 도시의 민중운동에 두었다. 결과는 무장투쟁이야말로 당의 중심적 임무이고 혁명의 승리를 거둘 수 있다는 것을 증명하였다.

이것을 “중국의 국정에 알맞은 올바른 길”이라고 한 것은 “중국의 특징은 독립된 나라가 아닌 반식민지 반봉건의 나라이고 내부적으로는 민주제도가 없기에 봉건제도의 압박을 받고 외적으로는 민족독립을 하지 않았기에 제국주의의 압박을 받는 것이다. 때문에 의회가 없기에 공인을 조직하여 파업을 하는 합법적 권리가 없는 것이다.’[91] 때문에 중국혁명의 특징과 장점은 스탈린이 종합하고 실천이 증명한 무장혁명이 무장의 반혁명을 반대하는 것이다.

때문에 마오쩌동의 ‘총자루 정권’에 대한 논술은 중국혁명의 정확한 길을 찾는 과정에서 중요한 가치를 갖고 있는 것이다. 이는 실질적으로 당이 정확한 혁명의 길을 찾으려면 사업의 중심을 민중투쟁에서 무장투쟁으로 이전해야 한다는 것을 말해주고 있다. 8.7회의(八七會議) 전후 당 중앙은 엄혹한 형세 앞에서 무장투쟁의 주장을 받아들이고 8.1

---

91) 『모택동선집(毛澤東選集)』 제2권, 1991, 인민출판사, 542쪽.

171

남창봉기(八一南昌起義)를 표지로 무장투쟁의 첫발을 쏘았다. 그러나 이후 오랜 시간동안 당 중앙은 '좌경'착오로 희망을 도시 민중운동에 기대었다. "지금의 도시 공인투쟁과 다른 군중투쟁이 적들의 압박을 뚫고 흥성하게 될 것을 기대한다."[92] 그러나 실천은 무장투쟁을 당의 중심적 임무와 중점으로 두어야만 혁명의 승리를 거둘 수 있다고 증명하게 되었다.

92) 『모택동선집(毛澤東選集)』 제3권, 1991, 인민출판사, 976쪽.

제2절
탐색의 길: '도시중심론'에서
"농촌에서 도시를 포위하다"로

중국공산당이 혁명의 길을 탐색할 때에 '도시중심론'에서 "농촌에서 도시를 포위"하는 변화는 마오쩌동의 영도 하에 실현한 것이다. 당의 사업 중심은 민중운동에서 무장투쟁으로 변화한 것은 정확한 것이지만, 무장투쟁의 중심을 어디에 두어야 하는가는 문제를 해결하지 않으면 중국혁명의 정확한 길을 찾았다고 말할 수 없었다.

당이 무장투쟁을 시작할 때는 이에 대해 심각한 인식이 없었다. 남창봉기(南昌起義) 후 부대는 공산당의 계획대로 광동지역에 들어가 그곳에 있는 농민봉기군과 합류하여 광동을 점령하려하였다. 광동을 점령하고 혁명근거지를 회복하여 다시 북벌을 할 목적이었다. 그리고 항구를 탈취하여 공산국제와 러시아의 원조를 받기 위해서였다. 그러나 적군의 공격에 그 목적을 이루지 못하였다. 당이 이런 결정을 한 것은 국정에 대한 인식과 경험이 부족함에 있고 러시아의 영향을 받았기 때문이었다. 주은래는 당시 역사 경험을 총괄할 때에 외국의 원조에 의지하여 도시를 공격하고 농촌에서 농민들을 무장하여 토지혁명을 실행하고 농촌근거지를 건립하지 않은 것은 틀린 결정이었다고 했다. 마오쩌동도 농촌문제와 농민운동을 중시하였지만 그가 영도한 추수봉기(秋

收起義)도 호남의 중심 도시인 장사에서 진행하였다. 장사에서 돌파구를 찾지 못하자 마오쩌둥은 부대를 이끌고 적군이 통제하기 어려운 산맥지역에 들어가서 발을 붙였다. 실천 속에서 진리를 찾을 수 있다. 중국공산당이 무장투쟁을 하는 과정에서 도시를 목표로 한 군사운동은 모두 실패하였다. 이와 반대로 마오쩌둥이 추수봉기 부대를 이끌고 농촌으로 들어간 후로부터 농촌에서 발동한 토지혁명을 중심으로 한 무장투쟁은 모두 성공을 거두었고, 무장부대를 확대할 수 있었으며 붉은 정권을 건립하여 혁명근거지를 형성할 수 있었다. 여기서 현실적인 문제에 부딪치게 된다. 중국의 무장투쟁은 도시를 중심으로 해야 하느냐 농촌을 중심으로 해야 하느냐 하는 문제였다.

당내에서는 이론적으로 실천적으로 모두 도시를 중심으로 하는 '좌'적 착오를 여러 번 범했었다. 1927년 11월 중공중앙 임시정부 확대회의에서 통과한 『중국의 현상과 공산당의 임무 결의안(中國現狀與共産黨的任務決議案)』에서는 "도시 공인의 폭동은 아주 중요한 것이다", "당의 책임은 공인의 일상투쟁을 영도하는 것이고 군중의 혁명정신을 발양하여 폭동을 조직하고 그들의 무장투쟁을 영도하여 폭동이 일어난 도시가 혁명의 중심이 되기를 원하는 것이다. 도시의 공인폭동은 혁명승리의 선결적 조건이다"라고 했다. 1928년 중공 6대에서는 "소비에트 근거지를 발전시키고 새로운 구역을 탈취하여야 하는데 이 지역은 더욱 큰 발전을 가져와야 한다"라고 제기하였다. 그리고 "도시 지도의 중요성과 무산계급 군중의 고조는 승부를 결정하는 힘이다", "당의 주요 임무는 공인계급의 대다수를 쟁취하는 것이다", "대 생산에서의 건설과 발전을 중시해야 한다"라고 제기하였다. 이로부터 당내의 주요 관점이 역시 '도시중심론'이라는 것을 알 수 있었다. 그러나 당시 당의 영도자들의 책략적 착오는 사람들에 의해 발견하고 수정할 수 있지만 '도시중심론'과 같은 전면적이고 영향력이 있는 관점은 사람들에게 쉽게 받아들여지게 되었다. 그 원인은 당시 공산국제와 중국공산당 내에서는 교조주의 사조가 흥행하고 중심도시에서 거행한 무장투쟁에 의해 전국정권을 탈취한 러시아 10월 혁명을 마르크스주의 '진수'라고 믿었다. 여러 차례의 '좌'적 착오를 여러 번 수정하였지만 모두 같은 길을 걷고 있었다. 제국주의와 봉건주의를 반대하고 자본주의를 반대하는 방법인 민중운동과 공인투쟁, 그리고 중심도시의 무장투쟁이었다. 종합해 보면 중심도시의 무장봉기로 민주혁명과 사회주의 혁명을 동시에 완성하는 것이다. 이런 길은 당을 궁지에 몰아넣었다.

마오쩌둥은 실천 속에서 당의 사업 중심을 도시에서 농촌으로 이전시켜야 한다는 것을 깨닫고 "농촌으로부터 출발하여 도시를 포위하여 정권을 탈취하는 길"을 선택하였다.

추수봉기 부대가 도시에서 농촌으로 들어간 것은 중요한 의미를 갖고 있었다. 그 당시 마오쩌둥이 아직 "농촌으로부터 출발하여 도시를 포위하여 정권을 탈취"하는 사상이 형성되지 않았지만, 추수봉기 전부터 농촌에 들어갈 준비를 하고 있었다. 이런 사상은 이후의 새로운 사상의 형성에 중요한 작용을 하였다.

1929년 4월 마오쩌둥은 농촌 홍색정권의 발전은 전국 혁명형세 발전의 주요한 조건이라는 관점을 제기하여 "농촌으로부터 출발하여 도시를 포위하여 정권을 탈취"하는 사상을 초보적으로 형성하였다. 그해 2월 7일 당 중앙은 신사군에게 전보를 보내 당시 형세에 대하여 비관적인 평가를 하여 홍군대오를 나눠 농촌으로 파견하여 주덕과 마오쩌둥을 부대에서 떠나게 하려 하였다. 이에 마오쩌둥은 중앙에서 제기한 의견은 부적절하다고 생각하고 4월 5일에 답신을 보내 다른 의견을 제기하였다. 이 편지는 전선에 있는 홍군이 실천과 경험을 결합하여 두 가지 중요한 관점을 말했다.

1. 도시투쟁을 포기하는 것은 틀린 것이다. 농민의 세력을 두려워하여 혁명에 불리하다고 생각하는 것은 틀렸다고 생각한다. 반식민지 중국의 혁명은 농민이 제대로 된 영도를 받지 못하여 실패한 것이지 농민의 세력이 공인의 세력을 초과하여 생긴 것이 아니다.[93] 이 말은 즉 중국의 국정에 의해 농민투쟁은 반드시 공인 투쟁을 초과하고 당의 사업 중점을 도시에서 농촌으로 전환시켜야 한다는 뜻이었다.

2. "무산계급 기초의 건립과 중심구역 산업지부의 창조"는 당의 중요한 임무이다. 이와 동시에 농촌투쟁의 발전, 작은 구역 홍색정권의 건립, 홍군의 창조와 확대, 특히 도시투쟁을 돕는 것은 혁명의 고조를 촉진케 하는 주요한 조건이다.[94] 이 말은 즉 농촌투쟁의 발전과 농촌 홍색정권의 건립은 전국정권을 탈취하는 주요 조건이라는 것을 설명해주고 있다.

이 편지에서 말한 관점은 반식민지·반봉건의 중국에서 공인계급과 정당은 농민투쟁을 영도하고 농촌 무장투쟁 속에서 홍색정권을 건립하여 농촌 혁명근거지를 확대하고 혁명의 고조를 이룰 수 있다고 했다.

---

93) 마오쩌둥, 「작디작은 불티가 들판을 태울 수 있다(星星之火. 可以燎原)」(1930년 1월 5일), 『모택동선집(毛澤東選集)』 제1권, 1991, 인민출판사, 102쪽.
94) 위의 책.

여기서 "농촌으로부터 출발하여 도시를 포위하여 정권을 탈취"하는 사상이 초보적으로 형성되었다고 할 수 있다.

1930년 1월 마오쩌둥의 『작디작은 불티가 들판을 태울 수 있다』는 글에서 '공농무장할거(工農武裝割據)'사상을 진일보적으로 발전시키고 반드시 '도시중심론'의 속박을 벗어나 "농촌으로부터 출발하여 도시를 포위하여 정권을 탈취해야 하는 사상"을 형성케 하였다. 1929년 마오쩌둥과 주더(朱德)이 인솔한 홍사군의 주력은 정강산(井崗山)에서 출발하여 강서성(江西省) 남쪽과 복건성(福建省) 서쪽에서 새로운 근거지를 세웠다. 1930년 농촌혁명근거지에서 이룬 발전은 마오쩌둥 사상의 정확성을 말해주고 있다. 그러나 당내 많은 사람들은 농촌 홍색정권은 헛수고에 불과하다고 생각하고 있었다. 이런 반대의 소리에 마오쩌둥은 아래와 같이 개괄하고 종합하였다. "지금의 시국과 우리에 행동에 대하여 당내에는 정확한 인식을 하지 못한 당원들이 있다. 그들은 유격구에서 홍색정권을 건립하는 관념이 없어 이런 홍색정권을 확대하고 공고히 하여 전국혁명의 고조를 이루겠다는 관념도 없다. 그들은 이런 사업은 모두 헛수고라고 생각하여 좀 더 쉬운 유격의 방법으로 정치적 영향을 확대하고 군중들을 안착시켜 나중에 홍군의 힘을 더하여 전국 범위의 대혁명을 이루려고 한다. 이런 이론은 중국혁명의 실정에 적합하지 않는 것이다."[95]

이 논술에서는 '도시중심론'을 직접 비판하였다. 그러나 이것은 새로운 관념이기에 받아들이는데 오랜 시간이 걸렸다. 마오쩌둥의 이런 창조적인 실천과 이론은 중국으로 하여금 정확한 혁명의 길을 걷게 하였

---

95) 위의 책, 98쪽.

다. 이런 혁명의 길의 목적은 제국주의, 봉건주의와 관료자본주의의 반동통치를 물리치고 전국의 정권을 탈취하는데 있었다. 그 방법으로는 농촌에서 무장투쟁을 진행하고 농촌혁명근거지를 세워 농촌 홍색정권을 건립하여 차츰 도시를 포위하는 것이다. 즉 "농촌으로부터 출발하여 도시를 포위하여 정권을 탈취"하는 것이었다.

이런 독특한 혁명의 길을 찾은 것은 마오쩌동이 중국혁명에 대한 가장 큰 공헌이다. 이 길은 세 가지 요소를 갖고 있다. 하나는 당이 영도하는 인민무장이고, 둘째는 당이 영도하는 토지혁명이며, 셋째는 당이 영도하는 인민정권이다.

이 역사과정에서 체현된 마오쩌동의 사상을 개괄하면 혁명 실천 속에서 건립된 통일전선에 근거하여 비 제도화한 통일전선을 제도화한 통일전선으로 전환시킨 것이다. 즉 인민협상회의를 하는 과정에서 형성한 중국공산당이 영도한 다당합작(多黨合作)과 정치협상의 제도를 형성하는 것이다. 그리고 제도화한 통일전선을 인민민주의 정권조직으로 전환시키는 것이다. 즉 마오쩌동의 "농촌으로부터 출발하여 도시를 포위하여 정권을 탈취"는 독특한 혁명노선은 "농촌으로부터 출발하는 것"과 "도시를 포위하여 정권을 탈취"하는 두 가지 사상으로 구성된 것이다. 이 두 가지 사상을 상세히 해야만 이 길이 중국혁명에 거대한 역사적 공헌을 했음을 설명할 수 있는 것이다.

제3절
산골속의 마르크스·레닌주의

마오쩌둥의 탐색에 대하여 찬성하는 자도 있고 의심하고 비판하는 자도 있었다. 마오쩌둥의 탐색에 대하여 찬송하는 자도 있고 의심하고 비판하는 자도 있었다.

1929년부터 1930년 초까지는 마오쩌둥이 농촌에서 도시를 포위하는 길을 찾는 관건적인 시간이었다. 이때 공산국제는 1929년 2월부터 10월까지 중공중앙에 지시를 4차례나 내렸다. 특히 네 번째 지시인『중공중앙이 국민당 개편과 중앙임무 문제에 대한 공산국제집행위원의 편지 (共産國際執委給中共中央關於國民黨改組派和中央任務問題的信)』는 중공중앙 지도층에게 큰 영향을 주었다. 중공 중앙은 1930년 1월 11일에 정치국회의에서 이 편지에 대해 토론하였고『국제 10월 26일의 지시를 받아들이는 결의(接受國際十月二十六日指示信的決議)』를 하였다. 공산국제 10월의 편지는 마오쩌둥이 실천에서 얻은 결론과 거의 반대였다.

첫째, 형세의 예상에서 중국은 심각한 위기에 들어서고 공인운동의 파도가 친다고 하였다. 중국공산당은 군중혁명의 방법으로 지주자산계급연맹의 정권을 물리치고 소비에트식의 공농 독재를 형성해야 한다고 하였다.

둘째, 당의 사업에서는 마오쩌둥이 지도한 유격전쟁은 혁명조류의 한 갈래라고 하였고, 나날로 부풀어 오르는 혁명 고조의 가장 중요한 특징은 공인운동의 부흥이기에 중국공산당은 도시를 중심으로 공인 무장폭동을 조직해야 한다고 하였다.

셋째, 당내 주요한 위험에 대해서는 '우경기회주의 심리와 경향'이지 '좌'가 아니라고 했다. 이립삼(李立三)을 대표로 한 당 중앙지도자들은 이런 관점을 모두 받아들이고 마오쩌둥의 관점을 환상이라고 지적하고 또 중국혁명의 승리를 거둘 수 없는 잘못된 관념이라고 하였다. 그리하여 좌경주의 전국 폭동계획을 세워 도시를 공격하게 하여 혁명에 심각한 손실을 끼쳤다.

그러나 '좌'경 모험주의는 마르크스주의, 공산국제의 배경 하에서 나타나 아래와 같은 논쟁이 일어났다. 누가 마르크스 레닌주의를 장악했는가? 큰 도시의 당 중앙 지도자냐 산골의 마오쩌둥이냐? 당시 사람들은 '산골에는 마르크스주의가 없다'고 하였다. 그러나 사람들은 실천 속에서 진정한 마르크스주의가 마오쩌둥에게 있다는 것을 인식하게 되었다. 마오쩌둥은 마르크스주의를 견지하고 발전하여 혁명으로 전국의 정권을 탈취하는 기본원리를 견지했다. 마오쩌둥의 농촌에서 도시를 포위하는 노선은 유격주의도 아니고, 봉건 군사 분열의 노선도 아니며, 농촌 혁명근거지를 건립하고 확대하여 전국의 정권을 탈취하는 노선이었다. 때문에 농촌에서 도시를 포위하여 전국의 정권을 탈취하는 과정에서 모두 마르크스주의를 견지했다.

더욱 중요한 것은 마오쩌둥은 마르크스주의 변증유물주의와 역사유물주의의 세계관과 방법론을 견지했다는 점이다. 농촌에서 도시를 포위하여 전국의 정권을 탈취하는 이론의 과정에서 마오쩌둥은 선명한 특징을 갖고 있었다. 바로 실천을 기초로 국정을 분석하고 구체적인 모순을 분석하며 현실의 환경과 조건을 분석했다는 점이다. 마오쩌둥은 마르크스·레닌주의의 기본이론과 경험을 중시했던 것이기 때문에, 마오쩌둥이 실천 속에서 찾은 혁명 이론은 마르크스·레닌주의 기본원리와 중국의 구체적 실제가 결합한 위대한 성과이고, 중국혁명이 승리의 길을 걸을 수 있게 하고, 중국공산당이 무산계급혁명과 무산계급독재 학설에 대한 위대한 공헌이라고 할 수 있다.

이것이 바로 산골 속의 마르크스·레닌주의인 중국특색의 혁명노선인 것이다!

제5장
통일전선론

제5장
통일전선론

마오쩌둥이 간부들에게 이렇게 말했다. "매일 일기장에 90%단결하라고 적으면 된다." 이것은 대다수를 쟁취하여 공동사업을 위해 분투하며, 반동통치를 소멸시키는 이 정책의 운용은 우리들의 가장 큰 성과이다.

-주은래

제1절
국정과 통일전선

통일전선, 무장투쟁, 당의 건설은 중국공산당이 중국혁명에서 적군을 이기는 삼대비법이었다. 이것은 중국공산당의 위대한 업적이고 중국혁명의 위대한 업적이다.

그럼 무엇 때문에 통일전선, 무장투쟁, 당의 건설을 중국혁명의 삼대비법이라고 하는가? 마오쩌동은 반식민지인 중국의 특징에서 개괄하였다고 한다. 반식민지·반봉건 중국의 혁명역사로부터 보면 반식민지·반봉건의 중국의 정치, 경제, 문화특징과 혁명성격, 대상, 동력과 투쟁의 형식으로부터 보면, 중국자산계급 민주혁명의 과정에는 '두 가지 기본'이 있었다. 하나는 무산계급과 자산계급이 건립하여 분열된 혁명의 민족통일전선이고, 다른 하나는 주요한 혁명형식이 무장투쟁이라는 점이다. 그러나 이 두 가지 기본은 당의 실패와 승리, 후퇴와 전진, 축소와 확대, 발전과 공고, 그리고 연결이 있다. 때문에 통일전선의 문제, 무장투쟁의 문제, 당의 건설문제는 우리 당이 중국혁명에서 맞선 세 가지 기본문제인 것이다. 이 세 가지 문제를 이해하는 것은 중국의 혁명을 정확하게 영도할 수 있는 기본이었던 것이다.

그럼 반식민지·반봉건의 중국에서는 무엇 때문에 두 가지 기본특징을 갖고 있고 공산당은 혁명 과정에서, 또 무엇 때문에 이 세 가지 기본문제를 해결해야 했는가? 우리는 마오쩌둥이 국정을 분석할 때에 사회성격 뿐만 아니라 사회의 계급상황과 계급구성도 잘 알아야 하고 우리의 적은 누구인지 우리의 친구는 누구인지를 알아야 한다고 강조한 것을 기억할 것이다. 중국에서 매판자산계급과 봉건지주계급은 혁명의 대상이고, 공업무산계급은 혁명의 영도력이며, 농민과 도시 소자산계급은 믿음직한 친우이고, 민족자산계급은 양면성을 갖고 있기에 우리의 친우가 될 수 있다. 그렇기 때문에 무산계급과 그 정당은 아군이고 무산계급과 관료매판자산계급, 봉건지주계급의 관계는 적아관계이다. 무산계급과 농민, 도시 소자산계급, 민족자산계급의 관계는 친우의 관계이고, 또 인민 내부관계라고도 말할 수 있다. 이로부터 우리는 반식민지·반봉건의 중국에서 계급모순을 두 가지 유형으로 나눌 수 있다는 것을 알 수 있다. 하나는 적아의 모순이고 다른 하나는 인민내부의 모순이다. 이 두 가지 모두 마오쩌둥이 중국이 사회주의로 매진할 때에 제기한 것이다. 때문에 그의 논점으로 아래와 같은 관계를 찾아낼 수 있다.

민주혁명시기의 적아 모순은 무장투쟁이고,
민주혁명시기의 인민내부 모순은 통일전선이며,
적아 모순과 인민내부의 모순을 정확히 구분하고
처리하는 것은 당의 건설이다.

이와 같이 마오쩌둥이 제기한 '3대 법보'는 국정 즉 반식민지·반봉건인 중국의 계급모순에 의해 결정된 것임을 알 수 있다.
우리는 이미 '혁명의 길을 논함'에서 마오쩌둥의 무장투쟁사상에 대하여 서술하였기 때문에 여기서는 주로 마오쩌동의 통일전선사상을 토론하고자 한다.

먼저 앞에서 서술한 바와 같이 마오쩌동은 통일전선을 중국혁명의 '법보'라고 한 것은 반식민지·반봉건인 중국의 계급상황이 상당히 복잡하여 '인민'이라는 내용에는 많은 계급, 계층과 사회집단이 포함되어있기 때문에, 무산계급은 적아모순 뿐만 아니라 인민내부의 모순도 정확히 인식하고 처리해야 한다고 강조하였던 것이다.

다음, 인민내부모순 속에는 노동인민 사이의 모순, 그리고 노동인민과 착취계급 사이의 모순, 이 두 가지 모순이 있기에 우리의 통일전선은 두 가지 연맹으로 구성되었다. 하나는 공농 연맹이고. 다른 하나는 민족자산계급과의 연맹이다. 특수한 상황에서는 대지주, 대자산 계급의 파별들과도 통일전선을 수립해야 한다. 해방전쟁시기의 통일전선은 공농병학상(工農兵學商)등 여러 계급, 여러 인민단체, 여러 민주당파, 여러 소수민족, 여러 화교와 애국분자들이 구성한 혁명통일전선이다. 따라서 마오쩌동이 말한 통일전선은 민족자산계급의 통일전선뿐만 아니라 노동인민과의 연맹, 즉 공농 맹인 것이다.

그 다음으로 근대 중국의 특수하고 복잡한 국정에 통일전선의 건립과 파열, 발전과 축소는 무장투쟁, 당의 건설과도 긴밀한 관계를 갖고 있다. 당의 노선은 정확한 것이었다. 무장투쟁이 발전하면 통일전선이 발전하고 무장투쟁과 당의 건설도 발전할 것이다. 당이 민주혁명시기 통일전선에 대해 지도할 때 무장투쟁과 당의 건설을 떠나 단독으로 고립적으로 연구하고 조치하지는 않았다. 통일전선과 무장투쟁, 그리고 당의 건설은 분리해서 연구하면 안 되는 것이다 이것은 바로 중국의 국정에 의해서 결정되는 것이다.

제2절
정치기초론

통일전선의 문제는 중국의 국정에 의해 결정되고, 근대중국의 계급 모순에서 나타난 것이나 적아모순과 인민내부모순은 적과 인민이라는 역사적 범주와 연결되어 있어 통일전선의 건립과 발전은 정치적 기초가 있어야 한다. 마오쩌동의 고명한 곳은 바로 다른 시기 다른 역사적 조건에서 출발하여 통일전선의 정치 기초를 찾았다는데 있었다.

정치기초란 모든 혁명의 힘을 단결시키는 공통 이익이다. 이익이란 아주 복잡하여 주관적 소망과 요구 그리고 객관적 조건과 수요가 있기 때문에, 각 계급 각 사회집단 모두가 자신의 이익과 요구가 있는데, 이런 요구는 그들의 사회 환경과 역사적 조건의 제약을 받는다. 따라서 공통 이익을 찾아야 하는 것이다. 주은래가 늘 말한 '구동존이(求同存異)' 즉 큰 공통점을 취하고 작은 다른 점을 배제한다는 이 말의 큰 공통점이란 무엇인가? 이것은 결코 절대적인 것이 아니다. 마오쩌동은 형세, 사회모순과 대다수계급의 이해관계를 연구하고 연구해야 한다고 말했다. 민주혁명시기 세 차례 통일전선의 실천 과정에서 마오쩌동은 형세와 임무에 대한 분석에서 여러 계급이 직면한 이해관계를 설명하였고, 이를 기초로 통일전선의 필요성과 구성 대상과 특징을 강조하였다.

중국혁명에서 처음으로 통일전선을 이룬 것은 중공 2차대회와 3차대회에서 결정한 것이었다. 공산당이 개인 신분으로 국민당에 입당하여 '당내 합작' 방식으로 '첫 국공합작'을 이룬 것이다. 공산국제는 첫 국공합작에서 적극적인 역할을 하였다. 마오쩌동은 통일전선의 건립과정에서 정확한 입장과 태도를 취하였다. "중국 현재의 정치문제는 다름이 아닌 간단한 국민혁명의 문제이다.

국민의 힘으로 군벌과 외국 제국주의를 물리치는 것은 중국국민의 역사적 사명이다. 혁명은 전체 국민의 임무이니 전국의 상인, 공인, 농민, 학생, 교사들은 모두 혁명의 사업을 부담해야 한다."[96] 즉 국공합작의 정치적 기초는 제국주의와 북양군벌을 반대하는 국민혁명인 것이다. 이에 찬성하고 지지하여 국민혁명에 참여한 계급, 계층과 사회집단 모두가 이번 통일전선의 단결대상이다.

두 번째 국공합작의 정치적 기초는 바로 항일이다. 따라서 이런 통일전선을 "항일민족통일전선"이라고 불렀다. 모든 항일의 계급, 계층과 사회집단이 모두 통일전선의 일원이었다.

첫 통일전선과 다른 것은 항일민족통일전선은 마오쩌동의 영도 하건립된 것이기에 여기서 마오쩌동의 사로(思路)를 찾을 수 있다는 점이다. 우선 그는 객관적 형세의 변화에 따라 통일전선의 정치적 기초를 확정하였다. 1935년 12월 27일 섬서성 와요보당(瓦窯堡黨)의 회의에서 "현재의 형세는 바로 일본제국주의가 중국을 식민지로 만들려고 하는 것이다." "이런 형세는 중국의 모든 계급과 정치파벌에게 어떻게 하느냐 인 질문을 하게 된다. 반항이냐 투항이냐 아니면 양자 사이에서 오가야 하는 것이냐?" "중국의 공인과 농민은 모두 반항을 원한다." "중국

---

96) 마오쩌동, 「북경정변과 상인(北京政變與商人)」, 『向導周報』 32기, 1923.

의 소자산계급도 반항을 원한다." "대부호, 대군벌, 대관료, 대매판은 예나 지금이나 혁명은 제국주의보다 못하다고 하였다. 그들은 제국주의의 사냥개에 불과하다." "민족자산계급은 변화의 가능성이 있을까? 우리는 충분히 가능성이 있다고 본다." 이런 분석을 통하여 그는 계급관계를 종합하면 일본제국주의의 침략은 중국계급의 상호관계를 변화시키고 민족혁명의 세력을 확대하며 민족반혁명의 세력을 약화시켰다고 하였다.[97] 항일전쟁이 가져다 준 계급관계의 변화에서 중공중앙은 '항일반장(抗日反蔣)', '핍장항일(逼蔣抗日)', '연장항일(聯蔣抗日)'등의 정책을 제기하였다. 1936년 12월 12일 서안사변(西安事變)을 통하여 10년의 내전을 끝내고 항일에 힘을 모아 항일민족통일전선을 건립하게 되었다. 그리고 이는 당과 인민의 이익 즉 혁명사업의 수요로 통일전선의 정치적 기초를 확정한 것이다. 마오쩌둥이 만리장정을 끝내고 항일민족통일전선을 제기할 때에 많은 당원들이 이해를 하지 못하였다.

　당시 공농 홍군은 장개석의 국민당과 혈투를 끝내어 적대적 감정이 많았고 장개석도 병력을 키우면서 공산당을 궤멸시키겠다고 하였다. 그러나 마오쩌둥은 민족의 대의를 중시하고 중일민족모순은 국내계급모순과 정치집단 사이의 모순을 약화시키게 되었다.[98] 그는 전통적인 계급투쟁에 구속받지 않고 민족의 생사문제를 우선 순위에 두었으며, 공산주의의 애국적 정조를 나타냈다. 이것은 마오쩌둥이 민족대의만 중시하고 혁명의 원칙을 중시하지 않는다는 뜻이 아니라, 당과 인민의 이익에 맞는 책략과 노선을 제기한 것이다. 중국공산당이 '항일'과 '애

---

97)　『모택동선집(毛澤東選集)』 제1권, 1991, 인민출판사, 149쪽.
98)　위의 책, 254쪽.

국주의' 깃발을 드는 순간부터 장개석 국민당과의 투쟁의 주도권을 장악한 것이며, 군사적으로 우세를 차지한 장개석 국민당과 평등하게 담판을 하여 항일연맹을 할 수 있는 것이다. 그리고 중국공산당은 '항일'과 '애국주의'의 깃발을 들고 반제반봉건의 민주혁명을 더욱 잘 추진할 것이다. 항일민족 통일전선 건립 초에 제기한 '평화, 민주, 항일'의 구호는 항일민족 통일전선속의 반공 역류투쟁에서 제기한 "항전하고 투항하지 말자, 단결하고 분리하지 말자, 진보하고 후퇴하지 말자."라는 구호는 모두 민족투쟁과 계급투쟁을 융합한 정확한 구호였다.

실천 속에서 항일민족 통일전선의 발전과정에서 당의 힘과 혁명의 대오를 확대시켰다는 것을 증명하였다. 이로부터 마오쩌동이 통일전선을 확정하는 정치적 기초는 두 가지가 있다는 것을 알 수 있다. 하나는 객관적 형세의 변화이고, 다른 하나는 당과 인민의 이익이다. 전자는 과학적 근거이고, 후자는 가치적 근거이다. 양자는 유기적 통일이었던 것이다. 항일전쟁 승리 후 국공 두 당파는 건국의 문제에서 모순이 드러나기 시작했다. 항일전쟁의 단계가 지나 새로운 정황과 임무는 바로 국내투쟁이었다. 장제스는 건국에 집념하고 통일전선의 필요성에 대해 의심하기 시작했다. 마오쩌동은 통일전선은 필요할 뿐만 아니라 확대해야 한다고 말했다. 표면적으로 보면 혁명의 민족통일전선이 축소된 것 같지만, 장제스 반대 통치집단의 죄악이 인민들에게 드러난 후 우리들의 민족통일전선은 비로소 확대되고 있었다. 이런 통일전선을 공고하게 발전시키기 위해 마오쩌동과 당 중앙은 농촌토지개혁 정책, 상공업정책과 민족자산계급을 정확히 대하는 정책들을 제정하였다. 이런 정책들은 모두 한 가지 정신을 체현하고 있다. 바로 신민주주의 인민민주혁명 즉 인민민주독재를 목표로 한 인민혁명이다.

마오쩌동이 바로 인민민주혁명을 정치적 기초로 해방전쟁시기의 통일전선을 건립하고 공고히 하였다. 그렇기 때문에 이때의 통일전선을 '혁명통일전선'이라고 불렀던 것이다. 민주혁명의 세 차례 통일전선의 정치적 기초를 고찰하는 과정에서 우리는 중국공산당이 통일전선을 건립하고 발전하는데 항일전쟁시기의 경험단계를 벗어나 완전한 이론체계를 이루었다는 것을 알 수 있다. 마오쩌동은 '3대 법보' 이론을 제기할 때 우리는 이미 통일전선의 '규칙'을 찾았다고 말했다. 그는 이 3단계의 역사는 아래와 같은 규칙을 증명하고 있다고 말했다.

첫째, 중국의 최대 압박은 민족 압박이기에 일정한 정도에서 중국 민족자산계급은 반제국주의와 반봉건군벌의 투쟁에 참가할 수 있었다. 그렇기 때문에 무산계급은 일정한 시기에서 민족자산계급과 통일전선을 건립하고 가능한한 유지토록 해야 한다.

둘째, 중국 민족자산계급은 경제적으로 정치적으로 모두 연약하기에 다른 역사적 환경에서는 동요하게 된다. 그렇기 때문에 중국 혁명통일전선의 내용은 일관되지 못하고 변화하게 된다.

셋째, 중국의 매판성을 가진 대 자산계급은 제국주의를 위하여 복무하고 그들에게 매수된 계급이다. 따라서 중국의 매판성을 가진 대 자산계급은 줄곧 혁명의 대상이었다. 그러나 중국의 매판성을 가진 대 자산계급의 여러 집단은 다른 제국주의를 배경으로 하기에 제국주의 사이의 갈등이 첨예화할 때에 혁명의 칼날은 어떤 제국주의를 향할 때에 다른 제국주의 계통의 대자산계급 집단도 일정한 정도와 시기에 다른 제국주의를 반대하는 투쟁에 나서게 된다.

넷째, 매판성의 대자산계급이 통일전선에 참가하여 무산계급과 함께 공동의 적과 투쟁할 때에도 반동적인 것이다. 다섯째, 무산계급의 변함없는 동맹자는 농민이다. 여섯째, 도시 소자산계급도 든든한 동맹자이다. 이런 규칙들의 정확성은 제1차 대혁명시기와 토지혁명시기에 증명을 하였고, 항일전쟁에서도 증명을 하였다.[99]

우리가 이런 규칙들을 인식하는 것은 우리가 혁명시기마다 통일전선을 건립하는 정치적 기초와 인식방법을 찾고 능숙하게 모든 역량을 단결할 수 있고, 여러 시기에 주요한 적을 고립시켜 혁명의 승리를 거둘 수 있다는 것을 말해준다. 즉 우리는 통일전선을 건립하고 공고히 하고 발전시키는 문제에서 자유로울 수 있다는 말이다.

---

99) 마오쩌동, 「공산당인 발간사」 (1939년 10월 4일), 『모택동선집(毛澤東選集)』 제2권, 1991, 인민출판사, 102쪽.

제3절
영도권론

중국공산당이 통일전선의 영도권을 장악하려는 것은 실천 속에서 얻은 인식이다. 이런 인식은 중국사회와 중국혁명발전의 객관규칙을 반영하고 있다. '규칙'이란 반식민지·반봉건의 중국에서 가장 선진적인 계급은 공업생산력을 대표하는 무산계급이라는 뜻이다. 중국혁명은 자산계급 민주혁명의 단계에 있지만, 중국의 자산계급 중 매판자산계급은 제국주의와 봉건주의에 의지하는 배경 때문에 혁명동력이 아닐뿐더러 혁명대상으로 되고, 민족자산계급은 양면성 때문에 혁명에 참가할 수는 있지만 영도계급은 될 수 없다는 말이다.

그럼 통일전선의 영도권이란 무엇인가?

몇 년 동안의 항일전쟁사 연구에서 어떤 사람들은 당시 실권자가 장제스이기 때문에 항일전쟁은 장제스의 국민당이 영도하였다고 한다. 이런 관점은 형식적으로 일리가 있어 보이지만 형식은 형식일 뿐 문제의 본질은 되지 못한다. 마오쩌동이 말하는 혁명의 영도권, 통일전선의 영도권은 공산당이 전국인민에 대한 정치적 영도라는 것을 알 수 있다.

통일전선 중의 정치적 영도권은 먼저 중국공산당이 혁명의 발전단계마다 제기한 국면을 이끄는 "행동을 함께하는 구체적 목표"이다. 항일전쟁시기 중국공산당은 '항일민족통일전선'과 '통일된 민주공화국'이라는 구호를 외쳤고, '내전 정지' '민주쟁취' '항전실현'이라는 구호를 제기하였다. 이와 같이 국민당이 생각지 못한 것을 공산당이 생각하고 제기하였고, 각 계층 인민들이 원하던 것을 공산당이 이루었다. 공산당은 인민들의 옹호를 받았고 정치의 영도권을 얻었다.

다음은 중국공산당이 통일전선에서 구체적인 목표를 실현하는 모범이었다. 마오쩌둥은 통일전선에서 공산당원의 선두작용과 모범작용은 아주 중요한 것이라고 했다. 구체적인 행동강령을 제기하고 인도해야만 각 계층의 인민들을 총솔할 수 있다. 많은 국민당 통치구의 정치가와 지식인이 연안(延安)에 시찰을 하고와서 중국공산당이 제기한 항일민족통일전선의 정책은 철저하고 진실하며 반드시 성공할 것이라고 했다. 그 다음은 이런 정치적 영도권은 통일전선에서 어떤 엄중한 문제가 생겼을 때에 중국공산당이 여러 가지 통일전선에 위협을 주는 사상과 투쟁을 해야 한다는 것을 의미한다. 항일 전쟁이 대치단계에 들어선 후 장제스의 국민당은 여러 차례 반공 분위기를 고조시켰다. 중국공산당은 거침없이 "항전, 단결, 진보"의 깃발을 들고 국민당과 정당한 투쟁을 하였다. 항일전쟁 승리 후 건국을 상의하는 과정에서 국민당은 독재통치를 위하여 수단을 가리지 않고 민주세력을 박해하여 중국공산당은 이런 행실을 밝혀 인민의 이익을 수호하였다. 이런 투쟁은 중국공산당의 정치주장을 천하에 알려 인심을 사고, 민주정치발전의 영도권을 든든히 장악하게 되었다.

마지막으로 통일전선의 정치영도의 문제에서 중국공산당이 영도하는 근거지 또는 해방 구역에서 당의 호소력과 모범적인 행동뿐만 아니라, 당이 영도하는 통일전선의 정권과 군중단체에 의해 실현하였다.

여기서 당이 통일전선에서의 작용은 정치 영도의 의의를 초월하여 조직 영도와 공작 영도의 의의도 포함되는데 그 핵심은 역시 정치적 영도였다.

당내의 우경기회주의가 통일전선 문제에서의 치명적인 오류는 바로 통일전선 중의 영도권을 장악하지 못한데 있었다. 대혁명시기의 진독수나 항일전쟁시기의 왕명(王明)이 모두 그러했다. 왕명이 제기한 "모든 것은 통일전선을 경과해야 한다", "모든 것은 통일전선에 복종해야 한다"는 것은 즉 당이 통일전선에 대한 영도권을 포기한다는 뜻이었다. 그렇기 때문에 중국에서의 실권자는 국민당이었다. 국공 제2차 합작에서도 통일전선의 조직형식을 건립하지 못하여 장제스의 정권에 복종해야만 했다. 따라서 마오쩌둥은 항일민족통일전선이 건립된 초기에 당은 통일전선에서 독립자주를 유지해야 한다는 방침을 제기했다.

이런 독립 자주의 원칙은 당이 통일전선에서 정치적 영도 작용을 발휘하는 원칙이었다. 그렇기 때문에 항일전쟁에서 당은 형식적으로 '장(제스) 위원장'을 중앙정부의 영수로 삼고 사상적으로 정치적으로 자신의 독립성을 유지하고, 항일민족통일전선에서 정치적 영도 작용을 발휘할 수 있었다. 따라서 중국공산당은 항일전쟁에서, 그리고 항전승리 후 국민당과의 투쟁에서, 정치적 주도권을 장악할 수 있었고, 통일전선의 공고와 발전을 보증하고 혁명의 승리를 보증할 수 있었던 것이다.

제4절
책략론

중국혁명의 '3대 법보'에서 통일전선의 영도는 그 어떤 무장투쟁의 영도보다 힘들고 복잡하였다. 마오쩌동은 통일전선에 관한 저서에서 책략문제에 대하여 많이 논의한 것도 그 때문이었다. 정확한 책략이 아니면 통일전선도 없었던 것이다.

통일전선의 책략문제에 대하여 항일전쟁시기 마오쩌동은 충분히 논하여 여기서는 항일민족통일전선의 책략론에 대해서만 언급하고자 한다. 항일전쟁승리의 기본조건은 항일통일전선의 확대와 공고이다. 그러나 이런 목적을 이루려면 진보세력을 발전시키고, 중간세력을 쟁취하며, 완고세력을 반대하는 책략을 써야한다. 3자는 분리할 수 없고 투쟁으로 모든 항일세력을 단결하는 수단이다. 여기서 마오쩌동이 직접 항일민족통일전선 중의 책략문제에 대하여 말했고, 그 내용은 아주 중요하며 보편적인 지도적 의의가 있다. 이것은 통일전선의 총 원칙과 총 책략을 설명하는 것이었다.

첫째, 통일전선 책략의 총 원칙은 단결과 투쟁이다. 투쟁은 단결의 수단이고 단결은 투쟁의 목적이다.

둘째, 통일전선의 총 책략은 진보세력을 발전시키고 중간세력을 쟁취하며 완고세력을 반대하는 것이다.

중국공산당 민주혁명의 역사에서는 두 번의 착오가 통일전선에 심각한 손실을 안겼다. 하나는 우경주의이다. 우경주의의 특징은 통일전선에서 단결만 하고 투쟁은 하지 않고 통일성만 중시하고 독립성을 중시하지 않는 것이다. 그 결과 무산계급이 영도권을 포기하고 혁명에 실패하는 것이다. 다른 하나는 좌경주의이다. 토지혁명전쟁시기의 좌경모험주의자들이 이런 책략을 사용하였다. 그들의 특징은 투쟁만하고 단결을 하지 않아 혁명을 못하게 하는 것이다. 우경주의와 좌경주의의 투쟁에서 마오쩌동은 통일전선을 공고하고 발전시키는 중요한 원칙 즉 "단결과 투쟁을 함께"하는 원칙을 종합하였다. 그리고 "진보세력을 발전시키고 중간세력을 쟁취하며 완고세력을 반대하는 총 책략"을 제기하였다.

1. 진보세력을 발전시킨다.

진보세력이란 무산계급, 농민계급과 도시 소자산계급의 역량을 말한다. 통일전선에서 그들은 단결의 기반이고 투쟁의 주력이다. 통일전선 내부의 두 동맹 중 공농 연맹 즉 노동인민들의 연맹은 통일전선을 공고하고 발전시키는 기초이다. 통일전선을 발전시키려면 먼저 공농 연맹을 발전시켜야 한다. 이것이 통일전선을 공고하고 발전시키 책략의 첫 순서이다.

2.중간세력을 쟁취한다

중간세력이란 민주혁명 중 민족자산계급과 이와 같은 지위가 있는 사회역량을 말한다. 중간세력을 쟁취하는 것은 대다수를 단결시키기 위해서이고, 통일전선을 강화하여 적과 투쟁하는 실력을 키우는데 있다. 중간세력을 쟁취한다는 것은 그들이 동요하는 특징 때문이다. 민족자산계급은 이면성이 있기에 중국혁명과정에서 이 세력을 갖느냐 포기하느냐가 반드시 고려 할 문제가 되었다. 통일전선 책략을 얘기 할 때에 중간세력을 쟁취하는 책략은 가장 중요한 책략이다. 한편으로 그들을 단결시키면서, 다른 한 편으로는 적당한 설교와 비평으로 그들의 동요를 막아 통일전선의 힘으로 만들어야 한다.

3. 반공 완고세력을 고립시킨다.

완고세력이란 항일전쟁시기 대지주 대 자산계급에서 분리된 항일파를 말한다. 그들은 한편으로 항일하면서, 또 한편으로는 진보세력들을 박해하는 반동정책을 행한다. 그렇기 때문에 항일민족통일전선에서 이런 특수한 맹우관계를 어떻게 처리해 하는가 하는 문제에 부딪친다. 마오쩌동은 혁명의 양면정책으로 완고파 반혁명의 양면정책에 대응해야 한다고 말했다. 즉 항일하는 면에서는 연합하고, 반공하는 방면에서는 고립하는 정책이다. 이런 혁명의 양면정책은 "단결하면서 투쟁"하는 전형적인 표현형식이다.

투쟁이란 사상적으로 정치적으로 뿐만 아니라 군사적으로도 타격을 주어야 한다는 뜻이다. 그러나 모든 투쟁은 통일전선을 파열시켜서는 안 된다. 통일전선의 건립과 발전 과정에서 우리는 장제스의 국민당과 투쟁하면서 이 원칙과 정책을 관철시켰다. 특히 몇 차례의 반공 고조에서 중국공산당은 군사로 정치를 배합하여 완고파의 반공에 반격을 하여 통일전선을 수호하였다.

이는 극히 복잡한 투쟁이고 훌륭한 책략이 필요하다. 때문에 마오쩌둥은 두 가지 중요한 책략을 제기하였다. 하나는 유한투쟁의 책략이다. "모순을 이용하여 다수를 쟁취하고 소수를 반대한다." 유한한 타격 대상을 타격하고, 유한한 투쟁으로 최대의 단결을 이루어 항일민족 통일전선을 수호한다는 것이다. 다른 한 가지 책략은 자위, 승리와 휴전이 결합하는 책략이다. '유리'하게 이끄는 것은 자위의 원칙이다. "남이 우리를 침범하지 않으면 우리도 남을 침범하지 않으나, 침범을 해오면 우리도 가만히 있지는 않겠다"는 뜻이다. 이것은 우리의 투쟁은 단결을 파괴하기 위해서가 아니라 수호하기 위함이라는 것을 말해주고 있다. '유리'하다는 것은 승리의 원칙이다.

즉 "싸움을 하지 않으면 몰라도 싸움을 시작하면 반드시 이겨야 한다"는 것이기 때문이다. 이것은 분열을 억제하고 단결을 보증하기 위해서이다. 싸움을 시작하고 이기지 않으면 완고파들의 기염이 늘 것이고 통일전선이 파열 될 수 있다. '규칙이 있는 것(有節)'은 휴전의 원칙이다. 승리에 이성을 잃지 않고 완고파들의 공격을 물리치고, 주도적으로 휴전하여 평화협정을 하는 것이다. 이것은 잠시의 투쟁으로 장기적인 단결을 추구하기 위함이다.

마오쩌둥이 제기한 완고파들과 투쟁하는 이 두 가지 책략은 종합연합과 투쟁 두 방면의 책략과 정책이었다. 이런 기본적인 책략 때문에 항일민족통일전선의 발전을 보증하고 민족의 대의를 수호하여 종극에는 항일전쟁의 승리, 즉 중국 근 백년에 제국주의의 침략에 반대하는 첫 승리를 거두게 되었던 것이다.

이처럼 정책과 책략은 당의 생명인 것이다.

제6장
당의 건설론

제6장
당의 건설론

우리 당은 마오쩌둥의 건당 노선을 채용하였다. 공인이 아직 대다수를 차지하지는 않지만 이미 공인계급의 마르크스·레닌주의의 정당을 건립할 수 있다.

—류샤오치(劉少奇)

제1절
국정(國情), 당정(黨情)과 당건(黨建)

통일전선과 무장투쟁 중 여러 가지 복잡한 문제를 정확히 처리하기 위하여 신민주주의 혁명의 임무를 완성하기 위하여 마오쩌둥은 당의 건설을 아주 중시 하였고, 마르크스주의 건당학설과 중국의 구체적 실정을 결합하여 독창적인 당의 건설이론을 형성하였다.

예를 들면 「당내 그릇된 사상의 시정에 대해」(19029년 12월)라는 글에서 마오쩌둥은 글 첫머리에 다음과 같이 지적하였다.
"홍군 제4군 공산당 내부에 여러 가지 비(非)무산계급 사상이 존재하고 있는데 이는 당의 바른 노선을 이행하는 데 매우 큰 걸림돌이 되고 있다. 만약 철저하게 시정하지 않는다면 중국의 위대한 혁명투쟁에서 홍군 제4군이 맡은 바 임무를 짊어질 수 없게 되는 필연적인 결과를 초래할 것이다. 4군 당내에 여러 가지 그릇된 사상이 존재하는 원천적인 원인은 당의 조직적 토대 중 농민과 기타 소자산계급 출신이 제일 큰 부분을 차지하는 데서 비롯되었다. 그런데 당의 지도기관은 이런 그릇된 사상에 대한 일치하고도 단호한 투쟁이 부족하며 당원에 대한 바른 노선 교육이 부족한 것도 이런 그릇된 사상이 존재하고 발전할 수 있는 중요한 요소로 작용하고 있다."[100]

또 예를 들면 「민족전쟁 중 중국공산당의 지위」(1938년 10월)라는 글에서 마오쩌둥은 당의 민주건설문제에 대해 언급하면서 다음과 같이 지적하였다. "우리나라는 소생산의 가부장제가 우위를 차지하는 국가이고 또 전국적 범위 내에서 아직까지 민주생활이 존재하지 않는다.

이런 상황이 우리 당 내에 반영되어 민주생활이 부족한 현상이 나타나게 된 것이다. 이런 현상은 전 당의 적극성을 충분히 발휘하는 것을 저해하고 있다."[101]

옌안 정풍 문헌 중에서 예를 들어 「당팔고(黨八股)에 반대한다」(1942년 2월)라는 글에서 마오쩌둥은 다음과 같이 분명하게 지적하였다. "주관주의 종파주의 그리고 당팔고, 이 세 가지는 모두 마르크스주의에 어긋나는 것이며 모두 무산계급에게 필요한 것이 아니라 착취계급이 필요로 하는 것이다. 이런 사상이 우리 당 내에서는 소자산계급사상의 반영이다. 중국은 소자산계급 요소가 매우 광범위하게 분포된 나라로서 우리 당은 이런 광범위한 계급에게 둘러싸여 있다. 그리고 우리 당원 중에서 이런 계급 출신이 매우 많은 부분을 차지한다. 그들이 모두 길거나 짧은 이런 소자산계급의 꼬리를 달고 우리 당에 가담하는 것 또한 불가피한 일이다."[102]

마오쩌둥은 반식민지·반봉건 중국의 내부모순은 당의 정확한 노선과 정책, 전략과 책략을 제정하는 객관적 근거일 뿐만 아니라, 당의 건

---

100) 『모택동선집(毛澤東選集)』 제1권, 85쪽, 인민출판사, 1991.
101) 『모택동선집(毛澤東選集)』 제2권, 529쪽, 인민출판사, 1991.
102) 『모택동선집(毛澤東選集)』 제3권, 833쪽, 인민출판사, 1991.

설과 발전에서 반드시 고려해야하는 출발점이라고 말했다. 이런 특수한 국정에서 당의 조직적 기초와 사상적 상황 즉 당정은 자신의 특징을 갖고 있다.

먼저 중국공산당은 장점이 많다.

중국의 다른 정당과 비교하면 공산당은 가장 선진적 계급인 무산계급을 자신의 계급기초로 하고 무산계급의 많은 계급 특성을 집중하여 중국의 가장 선진적인 정당이 되었다.

외국의 공인계급 정당과 비교하면 중국에서 탄생한 공산당의 모순은 무산계급과 자산계급의 모순 뿐만 아니라 중화민족과 제국주의모순, 인민대중과 봉건주의 모순이 있고 제국주의 봉건주의와 관료매판자본주의로부터 다중으로 타격과 압박을 받아 유럽의 공인계급정당보다 더욱 철저한 혁명의 장점을 갖고 있었다.

다른 국가의 공산주의 정당과 비교하면 중국공산당은 중국의 조건에서 혁명하려면 공인운동을 영도해야 할 뿐만 아니라 농촌에 내려가서 농민운동을 해야 하고, 농민무장투쟁을 하여 농촌에 혁명근거지를 건립해야 하므로 공농연맹의 중요성을 더 잘 알고, 실천 속에서 인민군중과을 긴밀히 연결하여 군중노선을 걷는 좋은 전통을 유지하게 되었다. 다른 국가의 공산당과 비교하면 중국공산당은 또 다른 특징 또는 장점을 갖고 있었다. 이것은 바로 당이 실천 속에서 교조주의의 위협을 알고 이론으로 실제를 연결하는 실사구시적 사상노선을 형성하여 독립 자주적으로 중국의 실제에서 혁명을 영도하였다는 점이다. 즉 공산당은 철저한 유물주의 과학성을 갖고 있었던 것이다.

물론 이와 함께 특정된 역사조건, 사회 환경과 투쟁형식도 중국공산당의 많은 부족함을 말해주고 여러 가지 문제에 부딪치게 했다.

중국 근대공업이 낙후하고 무산계급의 숫자는 아주 적었다. 사회에서 숫자가 가장 많은 것은 농민과 도시 소자산계급이었다. 그들은 소생산의 경제적 지위에 있었고, 또 압박과 착취를 받는 노동자였기에 혁명의 요구가 있었다. 당이 사업 중심을 도시에서 농촌으로 돌린 후 활동의 사회 환경을 농민으로 돌려야 하고, 당의 발전도 농민과 소자산계급의 우수한 인사들과 골간에 의해서 이루어져야 했다. 이런 골간들의 대다수는 투쟁에서 무산계급의 세계관과 방법론을 배웠고, 무산계급과 인민이익을 위하여 분투하는 전사가 되었다. 그러나 불가피한 복잡한 상황도 있었다. 많은 당원은 조직적으로는 입당하였지만 사상적으로는 입당하지 않고 있었다.[103]

첫 번째, 주관주의와 당팔고(黨八股, 형식주의)의 악습에서 반영된다. 중국공산당이 민주혁명에서 많은 좌절과 곡절을 겪은 것은 모두 주관주의와 당팔고 때문이었다. 이런 문제는 공산국제의 틀린 지도와도 관계가 있지만 교조주의 사조와도 관계가 있었다. 그러나 중국공산당 내부에서는 모든 사람이 다 이런 틀린 지도와 교조주의를 본받은 것도 아니다. 그렇기 때문에 잘못된 교훈과 원인은 모두 당 자신이 종합해야 한다는 뜻이다. 마오쩌둥은 중국공산당 내의 주관주의는 두 가지 표현형식의 교조주의와 경험주의가 있다고 했다. 원인은 중국공산당 내에는 경험이 부족한 소자산 계급분자와 마르크스주의 이론 지식이 없는 공농 간부가 있기 때문이었다. 이것은 아주 중요한 당의 상황이

---

103) 마오쩌둥, 「옌안 문화예술좌담회에서의 연설문」 (1942년 5월), 『모택동선집(毛澤東選集)』 제3권, 875쪽, 인민출판사, 1991.

었다.

두 번째, 관료주의의 업무 태도와 지도 방법에서 반영된다. 반식민지·반봉건의 중국에서 역대로 봉건독재주의와 가장제(家長制)라는 나쁜 전통이 있었다. 이런 전통은 농촌에서 극히 심했다. 우리의 홍색정권은 농촌에서 건립되었다. 근거지에서 건립한 홍색정권은 중국공산당이 전국적으로 집정을 하지는 않았지만, 농촌혁명근거지 또는 해방구에서는 집정을 시작했다. 다른 국가의 공산당과 비교하면 이런 정황은 유럽의 재당, 야당, 소련의 집정당과 모두 다른 중국혁명 만의 특수한 정황이었다. 이런 민주전통이 부족한 농촌에서 신민주주의 정권을 건립하는 것은 관료주의 문제에 부딪치기 마련이었다. 그렇기 때문에 마오쩌동은 "우리당의 모든 지도자는 반드시 마르크스주의의 과학적 지도방법으로 주관주의 관료주의 지도법과 상대해야 한다. 그리고 후자를 극복해야 한다"고 말했다.[104]

세 번째는 종파주의(宗派主義)와 산두주의(山頭主義)에서 반영된다. 중국혁명은 농촌에서 도시를 포위하는 길을 걸었다. 즉 반동통치가 박약한 지역에서 '공농무장할거(工農武裝割據)'를 진행하여 홍색정권과 혁명근거지를 건립하였다는 뜻이다. 그리하여 근거지마다 자신의 조직계통과 간부계통을 갖고 있었다. 이 외에도 당은 백구(白區)에서의 지하(地下)투쟁에서 조직계통과 간부계통을 갖고 있었다. "작디작은 불티가 들판을 태울 수 있다"는 과정에서 근거지마다 부대마다 부문마다 근거지

---

104) 마오쩌동, 「영도법에 대한 약간의 문제」(1943년 6월), 『모택동선집(毛澤東選集)』 제3권, 1991, 인민출판사, 902쪽.

와 백구가 서로 발전하여 혁명의 발전에 유리하게 되었다. 그러나 이와 동시에 산두주의 문제가 일어났다. 당내에는 맹목적인 산두주의 경향이 나타났다. 투쟁역사가 다르고 사업 지역이 다르고 부문이 달라서 생긴 동지간에 서로 존중하지 않고, 단결하지 않는 현상이 나타났던 것이다. 이는 별일 아닌 것 같지만 사실은 당의 통일을 방해하고 전투력의 강화를 방해하는 엄중한 문제였다. 산두주의의 사회 역사의 근원은 중국소자산계급의 많은 수량과 당내 교육의 부족에 있었다.[105]

이것이 바로 마오쩌동이 무엇 때문에 당의 건설을 중시하는 원인이었고, 당의 건설이론이 자신의 특징을 가질 수 있는 근거였는지, 즉 국정, 당정을 모르면 자유자재로 당을 건설할 수 없고, 국정, 당정을 모르면 마오쩌동의 당의 건설이론을 이해할 수 없고 지도할 수 없다는 것이 바로 이 때문이었던 것이다.

---

105) 마오쩌동, 「학습과 시국」(1944년 4월 12일), 『모택동선집(毛澤東選集)』 제3권, 940쪽, 인민출판사, 1991.

제2절
당내투쟁론

　중국 국정의 특수성 때문에 나타난 당의 특징은 중국공산당이 자신의 건설과 발전의 과정에서 복잡한 투쟁을 하게 되었다는 점이다.

　'문화대혁명'시기 노선투쟁이 모든 것을 뒤덮어 중국공산당사가 당내 노선투쟁사로 곡해되었다. 이것은 틀린 것이다. 특히 임표(林彪), 강청(江靑)등 반혁명집단이 노선투쟁을 빌미로 간부를 박해하고 당 조직을 파괴하여 당에 큰 재난을 갖다 주었다. 그러나 당내 사상투쟁을 중시하는 것은 마오쩌동의 당 건설이론의 특징이었다. 우리는 당내 투쟁문제에서의 착오로 인하여 당내 객관적으로 존재하는 모순과 투쟁을 부정할 수 는 없다. 마땅히 당내 투쟁문제 처리에서 마오쩌동의 경험과 교훈에 대해 종합하고 연구해야 한다.

　당내의 모순에 대하여 마오쩌동은 두 가지로 나눠 논하였다.

　먼저, "당내의 모순은 사회의 계급투쟁과 동등화해서는 안 된다. 당 내부에 특무나 간첩들이 있기 마련인데, 이것은 당 내의 모순이나 당 내의 투정이 아니라 숙청의 문제이다." "당 내부의 모순은 사회 계급모순과 신구 사물의 모순이 당내에 반영된 것이다. 그러나 반영은 반영일 뿐 직접적인 계급투쟁은 아니다." 이처럼 진독수(陳獨秀)의 우경투항주의, 왕명(王明)의 좌경모험주의는 모두 민주혁명시기에 나타난 틀린 주장이었다. 이것은 국공 모순, 그리고 그가 대표하는 계급투쟁의 두 가지 극단적인 반응이었지만, 우리는 진독수나 왕명을 장제스 국민당이 당내의 대표, 대리인이라고 말하지는 못한다. 문화대혁명에서 당내 노선투쟁, 당 내의 모순을 계급투쟁으로 하는 것은 틀린 것이었다. 노선투쟁은 사상투쟁인데 계급투쟁보다 잔혹하게 하는 것은 마오쩌동의 당 내 모순이론과는 어긋나는 것이었다.

다음으로 당 내의 모순에는 두 가지가 있었다. 하나는 당내에서 반영된 계급투쟁이었다. 민주혁명시기 당의 정확한 노선과 좌경 또는 우경 등 두 가지 틀린 노선과 경향의 모순을 말했다. 다른 하나는 신구 사물의 모순이었다. 이것은 주로 선진적인 사상과 낙후한 사상의 이익에서 생긴 모순이었다. 당내 투쟁을 계급투쟁으로 하는 것은 틀린 것이었다. 당내의 각종 모순을 노선투쟁이라고 하는 것은 사상 인식을 부정하고, 또 사상 인식의 다른 점을 노선투쟁이라고 한 것도 틀린 것이엇다.

이런 당 내의 모순이론은 마오쩌동이 좌경기회주의의 틀린 점에 대한 결론에 의해서 형성된 것이다. 그렇기 때문에 이런 철학적 이론을 당내투쟁의 구체적 지도로써 운용할 때는 과학적인 당내투쟁이론을 형성시켰는데 그 내용은 다음과 같다.

첫째, 당내의 모순과 투쟁은 무산계급사상과 소자산 계급사상 사의의 모순과 투쟁의 반영이었다. 마오쩌동은 당내에 틀린 노선, 틀린 경향이 나타나면 모두 소자산 계급사상의 모순과 투쟁 때문이라고 말한 것도 이 때문이었다. 여기서 말한 '비 무산계급사상'은 농민과 도시 소자산계급사상을 말한다. 이런 당내 투쟁의 성격과 특징은 그 복잡한 요소로 조성된 것이다. 먼저 반식민지·반봉건의 중국은 소자산계급이 많이 있는 국가이다. 그러나 중국경제의 낙후와 불평등, 정치 환경의 어두움과 험악함, 소자산계급 자신의 분산적 특징은 소자산계급으로 하여금 강대한 정당으로 조직되지 못하게 하고 변혁을 원하는 소자산계급이 무산계급대오로 들어오게 하여 중국공산당은 소자산계급에 포위되게 되었고, 또 소자산계급 출신의 인사들이 당과 혁명의 대오에 참가하게 되었다.

다음은 중국혁명이 선택한 농촌에서 도시를 포위하는 길은 농민과 소수공업자, 소지식인 등 농촌 소자산계급을 해방하였고, 대량의 소자산계급 출신인 인사들을 당과 혁명의 대오에 참가하게 하였다.

그 다음은 근대중국자본주의 발전의 역사가 길지 않고, 공인 군중들도 금방 농민에서 분리하여 신흥계급이 되어 공인 당원들도 사상적으로 소자산계급의 영향을 받았다. 이런 소자산계급출신은 투쟁 중에 자신의 입장을 바꿔 원래의 세계관과 방법론을 바꾸고 용맹한 무산계급 전사가 될 수 있다. 그러나 그중 많은 사람들은 소자산계급 사상이 억제되지 못하고 대지주 대 자산계급의 창궐한 공격의 압력에 열근성(劣根性)을 드러내고 틀린 주장을 제기하여 틀린 행동을 할 수 있었다.

그렇기 때문에 중국공산당은 유럽의 많은 공산당과는 달리 당내에는 공인 귀족 같은 당원이 없었고, 자산계급의 영향을 일정하게 받아 주요 모순과 투쟁은 무산계급사상이 소자산계급사상에 영향을 미친 투쟁이었다.

둘째, 당내투쟁은 반드시 '두 가지 전선작전'의 원칙을 견지해야 했다. 마오쩌둥과 당 중앙은 당내투쟁의 경험교훈을 종합할 때, 소자산 계급의 사상방법, 정치경향, 조직생활 등 방면에 치명적인 약점이 있다는 것을 발견하였다.

사상방면에서 보면, 소자산계급의 총 특징은 주관주의였다. 그러나 그 표현형태에는 두 가지가 있다. 한 가지는 이론지식만 일방적으로 강조하고 실천에서 벗어나고 경험을 무시하는 주관주의, 즉 교조주의이고, 다른 한 가지는 실천경험만 일방적으로 강조하고 이론을 무시하는 주관주의, 즉 경험주의이다.

정치적 경향으로 보면 소자산계급의 독특한 계급지위 때문에 혁명에는 늘 기회주의의 경향이 나타나게 마련이다. 그런데 이런 기회주의에도 두 가지 표현형태가 존재한다. 한 가지는 우경 기회주의이다. 예를 들면 천두슈(陳獨秀)의 우경 기회주의, 항일전쟁 초기 통일전선문제에서 왕밍(王明)의 우경 경향 등등이다. 다른 한 가지는 '좌'경 기회주의이다. 예를 들면 취츄바이(瞿秋白)의 '좌'경 맹목주의, 리리산(李立三)의 '좌'경 모험주의, 왕밍의 '좌'경 모험주의 등이다.

조직생활방면으로 보면, 소자산 계급은 소생산 경제의 사회 역량을 대표하여 민주의식과 조직 규율성이 부족하여 늘 당의 민주집중제 원칙과 맞서게 되는 것이다. 이 특징에도 두 가지 표현형태가 존재한다. 한 가지는 관료주의, 가부장제 기풍, 징벌주의, 명령주의 등 독재적 색채를 띤 방법이고, 다른 한 가지는 무정부주의, 극단민주주의, 자유주의, 독립 주장, 산두주의 등 비조직적, 비기율적 색채를 띤 방법이다.

이런 치명적인 약점은 서로 연결되었다. 정치적 경향과 조직생활방면의 문제는 모두 사상적으로 주관적으로 생긴 것이었다. 이는 주관주의가 정치와 조직에서 나타난 구체적 표현이었다. 그리고 이런 치명적인 약점은 공통한 특징을 갖고 있다. 바로 두 가지 극단에서 흔들린다는 것이다. 때문에 당내투쟁에는 늘 우경을 반대하면 좌경이 나타났고, '좌'경을 우경으로 보고 비판하면 더 '좌'적으로 발전하는 경향이 나타나곤 하였다. 예를 들어 천두슈의 우경 기회주의를 비판하자 취츄바이·리리산의 '좌'경 오류가 나타났고 왕밍의 노선에 따라 리리산의 '좌'경 오류를 우경으로 보고 비판한 결과 '좌'에 '좌'가 더해져 하마터면 중국 혁명을 파멸에 이르게 할 뻔 하였다. 한 시기 당내 투쟁이 복잡한 형국이 나타났던 원인이 바로 여기에 있다.

마오쩌둥은 실천 속에서 이런 문제가 당과 혁명 사업에 미친 위험을 발견하였다. 준의회의(遵義會議) 후 군사문제와 통일전선 책략을 적은 저작에서, 특히 「실천론」(1937년 7월), 「모순론」(1937년 8월) 등 철학저작에서 늘 문제를 연구할 때에 "주관적으로 단편적으로 표면적으로" 하면 안 된다면서 두 가지 그릇된 경향에 반대할 것을 꾸준히 제기하였다. 1935년 12월 중공중앙정치국 와야오바오(瓦窯堡)회의에서는 '두 갈래 전선 투쟁' 개념을 명확히 제기하였다. 1938년 중국공산당 확대회의인 제6기 6중 전회에서 그는 "17년간 우리 당은 이미 마르크스 레닌주의 사상을 사상투쟁의 무기로 사용하는 법을 배워 우경 기회주의와 '좌'경 기회주의라는 당내 그릇된 사상에 반대해야 한다"고 다시 한 번 강조하였다.

이상의 교훈은 당을 단결시키고 사상을 공고히 하며 정치와 조직을 통일시켜 항일전쟁의 승리를 위하여 필요한 조건을 마련하였다. 우리 당은 두 가지 전선에서 많이 성장하였던 것이다.[106]

106) 마오쩌둥, 『모택동선집(毛澤東選集)』 제2권, 1991, 인민출판사, 530~532쪽.

그 후 중국 철학의 일부 범주에 대한 비판적 연구 과정에서 마오쩌동는 마르크스주의 관점으로 '중용(中庸)'에 대해 새롭게 해석하면서 '중용'이 "질적 안정성을 긍정하였다"면서 "그 질적 안정성을 위해 두 갈래 전선의 투쟁을 진행해야 한다"고 강조하였으며 "지나치게 반대하는 것은 안하는 것과 같다"라고 지적하였다.[107]

그는 '과(過. 지나침)'와 '불급(不及, 미치지 못함)'과의 투쟁을 거치게 되면 사물의 질를 확정하는 데 이롭다면서 "과유불급(過猶不及)"은 두 갈래 전선 투쟁의 방법으로서 중요한 사상방법 중의 하나라고 강조하였다. 모든 철학, 모든 사상, 모든 일상생활에서 두 갈래 전선 투쟁을 진행하여 사물과 개념의 상대적으로 안정된 질을 긍정해야 한다. "일정한 질은 일정한 양을 포함하고 있다"(차라리 "일정한 질은 일정한 양 속에 포함되어 있다"고 말하는 것이 더 적절함)라는 표현은 맞는 말이다. 단, 중요한 것은 사물의 양으로 그 일정한 질을 확정하고 경계를 설정해 다른 이질적인 것과 구별시키는 것이다. 두 갈래 전선 투쟁의 목적은 바로 여기에 있다. [108]

셋째, 당내투쟁은 "과거의 실패를 훗날의 교훈으로 삼는 방침"을 실행해야 했다.

당내 투쟁은 아주 중요한 문제였다. 잘못된 노선이 당내에서 통치적 지위를 차지할 때에 당내에는 잔혹하게 타격하는 틀린 방침을 사용하

---

107) 마오쩌동, 「천보다(陳伯達)에게」(1939년 2월 1일), 『모택동서신선집(毛澤東書信選集)』, 128쪽, 중앙문헌출판사, 2003.
108) 마오쩌동, 「장원텐(張聞天)에게」(1939년 2월 20일), 『모택동서신선집(毛澤東書信選集)』, 131쪽, 중앙문헌출판사, 2003.

였다. 많은 혁명근거지의 우수한 당원이 비판을 받고 살해당했다. 마오쩌동도 여러 차례 타격과 배척을 받았다. 그러나 훗날 좌경주의 착오를 범한 동지에 대하여 마오쩌동은 복수하거나 타격하는 정책을 사용하지 않고 마르크스주의의 원칙으로 정확한 정책을 사용하였다.

먼저, 그는 설득과 교육을 위주로 하는 방법을 제기하였다. "착오를 범한 간부에 대해서는 설득하여 그들이 잘못을 바로잡도록 도와야 한다. 오직 엄중한 착오를 범하고 교육을 받지 않는 자에 대해서만 투쟁을 진행해야 한다. 여기서는 인내심이 필요하다. 경솔하게 남에게 '기회주의'라는 누명을 덮어씌우거나 '투쟁을 전개하는'방법을 쓰는 것은 옳지 않다."[109] 이런 방법은 '좌'경 기회주의와 완전 구별되는 방법으로서 인심을 크게 얻었다.

다음, 그는 당내 투쟁의 목적이 "사상을 올바르게 하고 동지를 단결하는 것"이라고 강조했다. 그 이전의 당내 투쟁은 시비를 구분하지 않고 사람을 징벌하는 정책에 따랐는데 경험교훈을 종합하지 못하였을 뿐 아니라 오히려 수많은 우수한 동지들에게 상해를 입혔다.

1941년부터 1944년까지 마오쩌동은 당 중앙 지도기관과 당의 고급간부들을 인솔해 당의 역사문건을 학습하고 경험과 교훈을 종합하였다. 특히 1931년 초에서 1934년 말까지 이 시기의 역사 경험을 종합하였다. 과거의 그릇된 노선에 대해 정리 종합하면서 마오쩌동은 경험과 교훈을 총화함에 있어서 개인의 책임을 추궁하는 데만 지나치게 치중하지 말고 잘못을 저지르게 된 환경, 내용, 원인을 분석하는 데 중점을 둠으

---

109) 마오쩌동, 「민족전쟁사에서 중국공산당의 지위」 (1938년 10월 14일), 『모택동선집(毛澤東選集)』 제2권, 527~528쪽, 인민출판사, 1991.

로써 착오를 범한 동지가 교훈을 받아들일 수 있도록 도와 전 당의 단결을 강화해야 한다고 강조하였다.

1944년 4월 12일 「학습과 시국」이라는 주제의 연설문에서 마오쩌둥은 당 중앙을 대표해 "역사 경험 연구에서 어떤 자세를 취해야 하는지"라는 문제에 대해 다음과 같이 지적하였다.

"중앙은 당 내 역사 문제에서 간부들이 사상적으로 분명하게 인식하는 한편 역사적으로 잘못을 저질렀던 동지에 대해 결론을 내릴 때 관용적인 방침을 취할 수 있어야 한다고 주장하는 바이다. 그래서 한편으로는, 우리 당의 역사 경험에 대해 철저하게 이해하여 또 다시 잘못을 저지르는 것을 예방하고, 다른 한편으로는, 모든 동지들을 단합하여 함께 일할 수 있도록 하는 것이다. 우리 당 역사에서 천두슈의 그릇된 노선과 리리산의 그릇된 노선에 반대하는 대 투쟁을 전개하였는데 그 투쟁은 전적으로 당연히 해야 하는 것이다.

단 그 투쟁 방법에 결함이 존재한다. 하나는, 그때 당시 잘못을 저지르게 된 원인과 환경 그리고 그 잘못의 구체적인 시정 방법에 대해 간부들에게 사상적으로 철저하게 인식시키지 못함으로써 그 후 같은 성질의 잘못을 또 다시 범할 수 있는 가능성을 열어놓은 것이다. 다른 하나는 개인의 책임을 추궁하는 데 지나치게 치중함으로써 더 많은 사람을 단합해 함께 일할 수 있도록 하는 결과를 얻지 못하였다. 이 두 결함을 우리는 마땅히 거울로 삼아야 한다."[110]

이러한 방법과 목적을 종합해 마오쩌둥은 당내 모순을 해결하고 당내 투쟁을 전개하는 "과거의 잘못을 교훈 삼아 뒷날을 경계하고, 병을

---

110) 『모택동선집(毛澤東選集)』 제3권, 937~938쪽, 인민출판사, 1991.

치료하여 사람을 구하자(懲前毖後, 治病救人)"라는 8자방침을 제기하였다. 이와 관련해 마오쩌둥은 「당 기풍을 정돈하자」(1942년 2월 1일)는 글에서 다음과 같이 명확하게 설명하였다. 이전의 과오에 대해 반드시 체면을 봐주지 말고 적발해야 한다. 과학적인 태도로 이전의 과오에 대해 분석하고 비판하여 앞으로 업무를 처리할 때 좀 더 신중할 수 있도록, 좀 더 잘할 수 있도록 해야 한다. 이것이 바로 "과거의 잘못을 교훈 삼아 뒷날을 경계하자(懲前毖後)"는 의미이다. 그러나 우리가 과오를 적발하고 결함을 비판하는 목적은 마치 의사가 환자를 치료하는 것처럼 전적으로 사람을 구하기 위한 것이어야지 사람을 괴롭혀 죽이려는 것이 목적이어서는 안 된다.[111]

마오쩌둥은 이러한 방침을 몸소 실천하였다. 그는 옌안에서 역사적 경험을 종합하는 과정에서 과거 당내에 여러 차례 그릇된 노선이 나타난 환경, 내용과 원인을 자세히 분석하여 과학성이 있는 『역사문제에 대한 결의(關於若干歷史問題的決議)』(1945년 4월)를 써서 착오를 범한 동지를 교육하고 또 전 당의 사상도 통일시켰다.

중국공산당 제7차대표대회에서 그는 몸소 나서서 엄중한 과오를 범한 왕밍을 여전히 중앙위원으로 선거할 것을 희망한다며 당대표들을 설득함으로써 위대하며 드넓은 흉금을 보여주었다. 많은 오랜 세대 동지들이 그 경력에 대해 말할 때면 감동을 금하지 못하곤 한다. 그들은 마오 주석이 옌안 정풍 운동 때 "사상비평은 엄히 하되, 조직적 처리는 너그럽게 할 것"을 요구하였다고 말하였다. 어느 정도로 엄하게 비평하였냐면 이미 범한 과오에 대해서 남김없이 폭로할 것을 요구해 사람들을

---

111) 『모택동선집(毛澤東選集)』 제3권, 827~828쪽, 인민출판사, 1991.

깜짝 놀라게 한 다음 치료하도록 하였다. 어느 정도로 너그러웠냐면 제7차와 제8차 당대표대회에서 엄중한 과오를 범한 왕밍을 중앙위원으로 선거하도록 대표들을 설득할 정도였다. 사실이 증명했다시피 이는 당의 대업에 아무런 손실도 끼치지 않았다. 제7차와 제8차 당대표대회는 중국공산당의 '황금시기'였다.[112]

---

112) 『루딩이문집(陸定一文集)』 713쪽, 인민출판사, 1992.

제3절
사상으로 당을 건설하다.

　당내 투쟁이론이 마오쩌동의 당 건설이론의 중요한 내용임을 밝히면서 마오쩌동이 투쟁만 강조하고 건설을 강조하지 않았다고 오해하는 것을 삼가야 한다. 사실 마오쩌동이 당내 투쟁을 바르게 진행해야 한다고 강조한 것은 바로 당의 볼셰비키 건설을 강화하기 위함이었다.

　공산당은 뚜렷한 계급성을 갖춘 당이다. 구미의 공산당은 공인계급의 선봉대 조직으로 대부분은 공인계급이었다. 이것을 성분으로 하여 당을 건설했다고 말한다. 그러나 중국은 다르다. 중국의 공장노동자 수가 적고, 그들이 생활하는 도시는 국민당이 장악하고 있었으며, 공산당은 장기적으로 농촌에서 활동하였기 때문에 중국공산당은 마오쩌동의 지도하에 농촌에서 도시를 포위하는 독특한 혁명의 길을 개척하는 과정에서 "사상적으로 당을 건설하는 데 중점을 둔" 새로운 길을 걷게 되었던 것이다.

　1927년 대혁명 실패 후 마오쩌동은 추수봉기의 대오를 이끌고 정강산에 오른 뒤 여러 곳에서 농촌근거지를 건립하여 농민과 소자산 계급 출신인 당원이 늘어났다. 그리고 "어떻게 당의 대오를 발전시키고, 어떻게 당의 건설을 해야 하는가?" 라는 문제에 부딪쳐야 했다.

　그때 당시 대도시 당 중앙은 당의 조직업무 중에서 노동자 당원, 특히 중공업산업 노동자 당원을 중점적으로 발전시켜야 한다고 강조하였다. 그러나 대혁명이 실패한 후 당의 영도계급은 지식인과 소자산 계급이 우경기회주의 착오를 범하는 중요한 원인이라고 여겼다.

1927년 11월 14일 중앙상무위원회는 「최근 조직문제 중요 임무 결의안」을 통과시키고 "중국공산당의 가장 중요한 조직 임무는 노동자와 농민의 새 간부들로 비 무산계급 지식인간부를 대체하는 것"이라고 제기하였다.[113]

1928년 7월에 개최된 중공6차 대표회의에서는 적극적으로 산업 노동자를 입당시킬 것을 요구하였다. 1930년 3월 중앙 통보 73호에서는 각지에서 산업노동자 당원을 발전시키라는 지시를 내렸다. 당은 산업노동자 당원을 발전시켜 당의 무산계급 특징을 견지해야 한다고 여겼다. 그러나 당시 상황은 중앙의 조치와는 달리 1928년 산업노동자 당원의 비율은 10%, 1929년에는 7%, 1930년에는 5%까지 하락하였다.

마오쩌둥은 실제상황에서 보면 농촌근거지에서는 공인 당원을 발전시킬 수 없으니 다른 방법을 생각해야 한다고 말했다. 그는 중앙에 대한 보고에서 정강산의 당 조직은 거의 농민성분의 당원이기 때문에 그들에게는 무산계급의 사상적 영도가 필요하다고 주장했다. 즉 사상적으로 당을 건설해야 한다고 말했다.

1929년 마오쩌둥은 농촌혁명근거지에서 입당 기준을 제정하였다.

---

113) 「최근 조직문제의 중요 임무 결의안」, 『건당이래중요문헌선집(建黨以來重要文獻選篇)』제4권, 636~637쪽, 중앙문헌출판사, 2011.

(1) 정치 관념이 정확해야 한다.

(2) 충실해야 한다.

(3) 희생정신이 있고 적극적이어야 한다.

(4) 돈을 벌 생각을 하지 말아야 한다.

(5) 아편을 하지 않고 도박을 하지 말아야 한다.

이상의 5가지 조건을 구비해야만 입당할 수 있다고 했다.[114] 이 문제에서 마오쩌동은 사상을 갖추었을 뿐만 아니라 방법도 장악하였음을 알 수 있다. 즉 실천 속에서 중국 실정에 맞는 마르크스주의 당 건설 사상을 형성하였고, 정강산과 소비에트시기에 든든한 무산계급 선봉대를 만들었던 것이다.

그러나 당내에서는 마오쩌동의 건당사상에 대한 인식이 일치하지 않았다. 그들은 "공산당은 가난한 사람들의 당이다", "진정한 무산계급만이 공산당에 가입할 수 있다"라고 제기하였다.

1933년 1월 10일 중국공산당 소비에트 지구 중앙국은 기관 간부의 사회성분과 정치에 대한 적극성과 견정성을 엄격히 검사해야 한다고 제기하였다. 결국 출신이 좋지 않은 당의 골간들을 제거하는 결과를 초래하게 되었다.

1933년 5월 29일 소비에트 지구 중앙국은 이와 같은 상황에 대응해 「당의 조직을 발전시키고 공고히 하는 과정에 나타난 그릇된 경향을 시정하는 것 관련 결의」라는 문건을 발표하였다. 그 문건은 첫머리에서 "빈곤한 노동자와 농민의 입당을 환영한다", "노동자와 빈농, 중농의

---

114) 『건당이래중요문헌선집(建黨以來重要文獻選篇)』 제6권, 2011, 중앙문헌출판사, 737쪽.

입당을 환영한다"라는 두 마디의 구호를 비판하였다. 앞의 구호는 "공산당은 가난한 사람들의 당이다"라는 구호를 중복하는 착오를 범했고, 뒤의 구호는 중농을 노동자와 빈농과 동일시하는 과오를 범했다고 지적하였다. 그리고 또 다른 한 '좌'경 구호 "오로지 진정한 무산계급만이 공산당에 가입할 수 있다"라는 구호는 소비에트 지구 당조직의 대문을 완전히 닫아 잠근 것이나 다름없다고 지적하였다.

준의회의에서 마오쩌둥의 실질적 지도자 지위가 확보된 후에야 당원들은 비로소 마오쩌둥 사상의 정확성을 인식하게 되었다. 홍군이 장정 중에 산베이(陝北)에 이른 뒤 「와야오바오회의결의(瓦窯堡會議決議)」에서 다음과 같이 지적하였다. "중국공산당은 중국 무산계급의 선봉대이다. 당은 대량의 선진적인 공인과 농민을 입당시켜 골간으로 발탁해야 한다. 동시에 중국공산당은 전 민족의 선봉대이기에 당을 위하여 분투하는 사람은 계급이나 출신을 거론하지 않고 모두 입당할 수 있다. 민족혁명과 토지혁명에서 투쟁한 전사들은 모두 입당시켜 당의 사업에 참여하게 해야 한다." 그리고 "당을 위하여 분투할 수 있느냐 하는 것은 새로운 당원을 뽑는 주요한 기준이다. 사회성분도 주의해야지만 가장 주요한 기준은 아니다."[115]

이런 사상에 대하여 공산국제의 어떤 영도자들은 이해를 못하고 찬성하지 않았다. "공산국제는 공산당이 정치적으로 조직적으로 독립성을 보장하는 동시에 내부의 단결을 해야 한다고 강조하면서 당원의 흡수는 아주 필요한 것이지만 대량적으로 입당하게 하지 말고 일부 공인, 농민과 지식인들만 입당시켜야 한다고 제기하였다. 이 제안은 중

---

115) 위의 책, 제12권, 549쪽.

앙의 결의와 어긋나는 것이었다."[116]

그 정신에 좇아 당 중앙은 그 제안을 조정하였지만 각 계층과 각 파벌의 선진적 인사들이 입당할 수 있다는 사상에는 변함이 없었다. 1937년 1월 3일, 「중공중앙의 통일전선구역 내 당 업무의 기본 원칙 관련 초안」에서 다음과 같이 지적하였다.

"현시점에서 공산당은 더욱 당의 순결성과 일치성을 보장해야 하며 체계적으로 당원을 받아들이는 업무를 서둘러 전개해야 한다. 그러나 한편으로는 대규모로 입당하는 방법을 피해 심사를 거친 노동자와 농민 그리고 학생만 입당시켜야 한다. 그 외 다른 여러 계층과 여러 파벌의 개별적인 선진 인사들이 입당을 요구할 시에는 반드시 중앙과 여러 지구 중앙국과 중앙지국의 비준을 거쳐야 한다."[117]

1938년 3월 11일, 왕밍이 「3월 정치국회의 총화」에서 "중요한 산업의 선진적인 노동자와 선진적인 지식인을 입당시키도록 노력할 것"을 재차 제기하였다.[118]

마오쩌동은 1938년 10월에 열린 중공 확대 제6기 6중 전회에서 "간첩이 두려워 자기 당의 대문을 닫아걸어서는 안 된다. 당을 대담하게 발전시키는 것은 우리가 확정한 방침이다."라고 지적하였다. 그는 공산당 대오의 확대와 간첩의 잠입을 방지하는 두 가지를 통일시켜 "대담하게 발전시키는 한편 나쁜 분자가 한 놈도 침입하지 못하게 하는" 당 발전 총적 방침을 제기하였다.[119]

---

116) 위의 책, 제13권, 287쪽.

117) 위의 책, 제14권, 6쪽.

118) 위의 책, 제15권, 181쪽.

119) 위의 책, 제15권, 641쪽.

그러나 일부 지역에서는 신규 입당 당원의 인수를 늘리기에만 급해 엄격히 심사를 하지 않아 일부 계급 이색분자, 투기분자, 간첩이 기회를 틈타 당내에 잠입하게 되었다. 그래서 1939년 8월 25일 중앙 정치국은 「당을 공고히 하는 것에 대한 결정」을 제정해 당원 성분 심사를 진행키로 하였다. "당내에 잠입한 이색분자(지주, 부농, 상인), 투기분자, 적의 간첩을 색출"하기로 결정지었다. 한편 "이런 심사는 보편적인 숙당운동이 되어서는 안 되며 개별적이고 구체적이며 신중한 심사와 색출이 되어야 한다"고 강조하였다.[120]

한편 중공중앙은 항일전쟁 발전의 수요에 따라 당의 발전 과정에서 '문 닫아걸기'주의 경향이 존재하는 것을 진일보로 반대할 것을 제기하였다. 1941년 4월 23일 중앙군사위원회는 「군대에 전문가정책을 도입하는 것 관련 지시」에서 혁명 형세 발전의 수요에 따라 "비당원 전문인재가 입당을 요구할 경우 그들의 입당을 기꺼이 받아들여야 하며 그들을 엄격하게 제한하는 것은 적절하지 않다"고 제기하였다.[121] 1941년 11월 22일 중앙은 또 「항일 근거지 내 국민당원을 공산당에 가입시키는 것에 대한 결정」을 발표하였다.[122]

상기 내용을 종합해보면 중국공산당은 반식민지·반봉건의 역사조건과 사회 환경 속에서 당 대오를 발전시켰다. 공산당의 입당은 본인의 정치적 태도와 경향을 위주로 했고, 출신이나 계급을 위주로 하지 않았다. 또한 당원을 대대적으로 발전시키기 위해 정치적 경계심과 정치기준을 낮추지도 않았다.

---

120) 위의 책, 제16권, 580쪽.
121) 위의 책, 제18권, 224쪽.
122) 위의 책, 제18권, 705쪽.

1945년에 열린 7차대회에서는 다양한 사회 성분과 계급 출신의 입당 조건에 대해 명확히 규정하였다. 즉 만 18세가 되어야 입당할 수 있고, 무릇 새로 입당하는 당원은 반드시 아래의 규정을 따라야 하며 입당수속을 밟아야만 유효하다고 인정한다는 것이다.

갑: 공인, 빈농, 고농, 도시 빈민, 혁명사병(士兵) 등이 입당하려면, 정식당원 2명의 추천이 있어야 하고, 당 지부 대회의 결정을 받고, 당위원회의 허가를 받아야 하며, 6개월간의 후보기를 거쳐야만 정식 당원이 될 수 있다.

을: 중농, 직원, 지식인, 자유직업자가 입당하려면 정식당원 2명의 추천이 있어야 하고, 그 중 한 사람은 입당 1년 이상이여야 하며, 당 지부 대회의 결정을 받고, 당위원회의 허가를 받아야 하며, 1년의 후보기를 거쳐야만 정식 당원이 될 수 있다.

병: 갑·을을 제외한 기타 사회성분의 사람이 입당하려면 정식당원 2명의 추천이 있어야 하고, 그 중 한 사람은 입당 3년 이상이여야 하며, 당 지부 대회의 결정을 받고 현위원회의 허가를 받아야 하며, 2년간의 후보기를 거쳐야만 정식 당원이 될 수 있다.

정: 다른 당파를 떠나 본당에 입당하는 일반당원은 정식당원 2명의 추천이 있어야 하고, 그 중 한 사람은 입당 3년 이상이여야 하며, 당 지부 대회의 결정을 받고 현위원회의 허가를 받아야 한다. 다른 당파를 떠나 본당에 입당하는 당의 책임자는 정식당원 2명의 추천이 있어야 하고, 그 중 한 사람은 입당 5년 이상이여야 하며, 당 지부 대회의 결정을 받고 현위원의 허가를 받아야 한다. 이 양자는 모두 2년의 후보기를

거쳐야만 정식 당원이 될 수 있다.[123] 그렇기 때문에 마오쩌둥의 사상을 "사상적으로 당을 건설한다"라고 말하게 된 것이다. 이런 중국특색이 있는 마르크스주의 건당 사상은 사상원칙도 갖추었고, 또 구체적인 방법도 갖추었다고 할 수 있다. 주로 다음과 같은 몇 가지 부분으로 종합할 수 있다.

첫째, 당의 성질을 판단함에 있어서 당원의 계급 구성과 지도기관 구성원의 계급 출신을 기준으로 삼을 것이 아니라 당의 주장과 이론 강령이 마르크스주의 원칙을 고수하느냐를 보아야 하며 노동자계급의 최고 이익을 대표하는 것이냐를 보아야 한다.

둘째, 당원을 받아들임에 있어서 사회 성분과 계급 출신을 따져야 하지만 주요하게는 사회성분을 볼 것이 아니라 당의 강령을 지지하느냐를 보아야 하며 그 강령을 위해 분투하느냐를 보아야 한다. 실제 운영 과정에서도 비(非)노동계급과 계층에 속한 혁명분자에 대해서는 입당 시 엄격한 심사를 거쳐 맹목적으로 대대적으로 입당시키는 것을 방지하고 나쁜 분자가 섞여들어오는 것을 예방하도록 하였다.

셋째, 당은 공산주의의 용광로로서 조직적으로 입당해야 할 뿐 아니라 사상적으로도 입당하도록 당원을 교육해야 한다. 당의 강령에 대한 태도에 따라 당원을 발전시키는 것이다. 당의 강령에는 최저 강령과 최고 강령이 포함된다. 최저 강령을 위해 분투하기를 원하면 공산당에 가입할 수 있다. 그러나 무산계급의 계급적 각오를 갖추었다고는 할 수 없다. 때문에 당은 그 두 강령 사이의 관계를 정확하게 인식하고 처리하며 최고 강령을 위해 분투함으로써 최고의 계급적 각오를 갖춘

---

123) 위의 책, 제22권, 536쪽.

선진 분자가 될 수 있도록 그들을 교육해야 한다. 예를 들어 토지혁명 중 지방 호족을 무찌르고 토지를 나눠주는 운동에 적극 참가한 이는 입당할 수 있었다. 그러나 그것은 그가 우리 최고 강령을 지지한다는 것만 설명할 뿐 그가 자격을 갖춘 공산당원임을 설명할 수는 없다. 그에게 최고 강령은 사회주의, 공산주의를 실현하는 것이라는 교육을 진행해야 한다. 오직 이러한 도리를 깨우쳐야만 비로소 진정한 무산계급 선진분자라고 할 수 있다. 당이 공산주의의 용광로이기 때문에 그렇게 많은 계급과 계층에 속한 사람들이 당에 가입하였지만 당의 성질이 바뀌지 않았으며 오히려 당이 그들의 세계관과 계급 입장을 바꿔 그들을 개조한 것이다. 이것이 바로 마오쩌둥이 중국의 독특한 혁명의 길을 개척하는 과정에서 형성한 당 건설의 새로운 길이다.

외국학자들은 마오쩌둥의 건당원칙을 보고 형상적으로 "마오쩌둥은 도시의 물질적인 무산계급을 정신적인 무산계급으로 바꾸었고, 농촌에서는 이런 정신적인 무산계급으로 농민과 다른 계급 출신의 사람을 개조하여 무산계급 선봉대를 만들었다"라고 말했다. 그들이 말하는 정신적인 무산계급은 우리가 말하는 무산계급 세계관과 방법론, 무산계급 정신, 무산계급 각오 등을 말한다. 사상적으로 당을 건설하는 것은 마오쩌둥의 가장 중요한 창조성 정책이었다.

제4절
'위대한 공정'과 4대 건설

마오쩌동이 사상적으로 당을 건설한다는 사상은 중국실정에서 출발한 마르크스주의 건당사상이며 풍부한 내용을 담고 있었다.

『공산당인발간사(共産黨人發刊詞)』에서 마오쩌동은 "중국혁명의 승리를 위하여 당을 건설해야 한다. 당을 건설하는 주관적 객관적인 조건이 거의 구비되고 위대한 공정도 진행 중이다. 이 위대한 공정을 돕는 전문적인 당보(黨報)가 있어야 하는데 이것이 바로 『공산당인(共産黨人)』을 출간한 원인이다.[124] 마오쩌동이 건설을 '위대한 공정'이라고 한 것은 중요한 사상이다.

마오쩌동이 설계한 당을 건설하는 '위대한 공정'에는 4대 건설이 포함되어 있다. 바로 사상건설, 정치건설, 조직건설, 작풍건설이다.

1. 당의 사상건설

마오쩌동은 사상건설뿐만 아니라 사상건설 문제에서 실제에 맞고 효과적인 사로(思路)와 방법을 제기하였다.

---

124) 『모택동선집(毛澤東選集)』 제2권, 1991, 인민출판사, 602쪽.

마르크스와 엥겔스 그리고 레닌은 무산계급정당을 창설할 때 모두 당의 사상건설 문제에 대해 제기한 바 있다. 그러나 중국의 특수한 국정과 중국 특색의 혁명으로 인해 특별한 길을 선택한 것이다. 마오쩌둥의 "사상면에서 당을 건설하는 데 중점을 두어야 한다"는 건당 사상은 당원을 발전시킴에 있어서 계급 성분을 주요 기준으로 삼지 말고 정치 태도를 주요 기준으로 삼아야 한다고 강조하였다.

이에 따라 당의 건설에서 오로지 사상건설을 첫 자리에 놓아야만 비로소 다양한 계급 출신의 당원을 당 확고한 신념을 갖춘 볼셰비키 전사로 단련시킬 수 있음을 알 수 있다. 그렇기 때문에 마오쩌둥은 사상건설을 강조하였을 뿐 아니라 사상건설문제에서 실정에 맞는 효과적인 사고방식과 방법을 많이 제기하였다.

첫째, 마오쩌둥은 사상교육이 당 건설의 중심이라고 지적하였다.

둘째, 마오쩌둥은 정확한 사상노선을 확립하는 것이 당의 사상건설의 중점이라고 강조하였다.

셋째, 마오쩌둥은 정풍 형식으로 당의 사상건설을 추진하였다.

먼저, 마오쩌둥은 "사상교육이 당의 건설의 중심이다. 사상건당의 관건은 무산계급사상의 지도이다. 이것은 사상교육(사상투쟁 포함)을 통해 실현된다"라고 말하였다.

마오쩌둥은 일찍 「징강산(井岡山)의 투쟁」(1928년 11월)이라는 글에서 다음과 같이 말하였다. "무산계급사상을 지도로 하는 문제는 매우 중요한 문제이다. 거의 전부가 농민 출신으로 구성된 변구 여러 현의 당에 대해 무산계급 사상으로 이끌지 않으면 그릇된 방향으로 나갈 수 있다."[125] 마오쩌둥은 또 「당내 그릇된 사상의 시정에 대하여」(1929년 12월)라는 글에서 또 농민과 다른 소자산계급 출신으로 구성된 당조직에서 "당원에 대한 정확한 노선 교육의 결여"가 여러 가지 정확하지 않은 사상이 존재하고 발전할 수 있는 중요한 원인이라고 강조하였다. 이러한 분석을 토대로 마오쩌둥은 징강산 투쟁과 중앙 소비에트 지구 시기에 당내 사상교육을 강화하라는 임무를 제기하였으며 홍군의 장정에서 산베이에 이른 뒤에는 또 경험과 교훈을 종합하여 자유주의에 반대하여 적극적인 사상투쟁을 전개할 것을 제기하였다. 특히 '좌', 우경 기회주의 노선과의 투쟁을 통해 마오쩌둥은 (1938년 10월) 중국공산당 확대 제6기 6중 전회에서 정치보고와 「우리를 개조시키는 학습」(1941년 5월) 두 차례 연설을 거쳐 이론 연구, 역사 연구, 현실 연구를 진행하여 마르크스주의와 중국의 실제에 결부시켜 '중국 실정에 맞는 마르크스주의'로써 당의 사상건설을 강화할 것을 요구하였다. 마오쩌둥은 이런 경험들을 이론적으로 종합하여 "사상 교육을 장악하는 것은 전 당을 단결해 위대한 정치투쟁을 전개하는 중심으로서 이 임무를 해결하지 못한다면 당의 모든 정치 임무를 완성할 수 없다."라고 지적하였다.[126]

다음으로, 마오쩌둥은 정확한 사상노선의 확립은 당의 사상건설의 관건이라고 강조했다. 마오쩌둥은 사상교육이 당 건설의 중심 부분이라고 논술할 때 두루뭉술하게 일반적인 사상정치업무나 시사정책교육을 가리킨 것이 아니라 이론과 실천을 결합시킬 것을 매우 분명하게

---

125) 마오쩌둥, 「징강산의 투쟁」(1928년 11월 25일), 『모택동선집(毛澤東選集)』 제1권, 77쪽, 인민출판사, 1991.

126) 마오쩌둥, 「연합정부를 논함」(1945년 4월 24일), 『모택동선집(毛澤東選集)』 제3권, 1094쪽, 인민출판사, 1991.

강조하였다. 복잡한 중국 혁명 발전 과정에서 여러 가지 과오와 여러 가지 혼란스러운 사상은 모두 중국 혁명의 길에 대한 탐색 과정에 나타났다. 그 문제에서 의견 분기와 투쟁이 발생한 것은 마르크스 레닌주의 이론이 중국의 구체적인 실제 상황과 거리가 크기 때문이며 교조주의가 혁명을 실패와 재난으로 이끌었기 때문이다. 그래서 마오쩌동은 "농촌에서 도시를 포위하는" 새로운 혁명 노선을 제기하는 과정에서 "교과서주의(本本主義)에 반대하자"는 유명한 구호를 대담하게 제기하였으며 "공산주의자는 투쟁 속에서 새로운 국면을 창조하는 사상 노선"을 형성할 것을 제기하였다.[127]

　그러면 공산당이 견지해야 하는 사상노선은 어떤 것인가? 마오쩌동은 마르크스주의 철학에 대해 깊이 연구하는 한편 몸소 당 간부들에게 수업을 진행하였다. 그는 다음과 같이 지적하였다. "실천을 통해 진리를 발견하고 또 실천을 통해 진리를 실증하고 발전시켜야 한다. 감성적 인식에서부터 이성적 인식으로 적극적으로 발전시키고 이성적 인식에서부터 혁명 실천을 적극적으로 이끌면서 주관세계과 객관세계를 개조하여야 한다. 실천·인식·재차 실천·재차 인식, 이런 형태가 끊임없이 순환되고 반복되도록 해야 한다. 그러는 순환 과정에서 실천과 인식 내용을 매번 한 차원 높은 단계로 발전시키는 것이다. 이것이 바로 변증 유물론의 전반 인식론이며 바로 변증 유물론의 지행 합일 관점이다."[128] 그 인식론이 곧 변증 유물주의 사상노선이다. 마오쩌동은 「우리를 개조하는 학습」에서 한 걸음 더 나아가 간단명료한 언어로 변증 유

127) 마오쩌동, 「교과서주의에 반대하자」(1930년 5월), 『모택동선집(毛澤東選集)』 제1권, 116쪽, 인민출판사, 1991.

128) 마오쩌동, 「실천론」(1937년 7월), 『모택동선집(毛澤東選集)』 제1권, 296~297쪽, 인민출판사, 1991.

물주의 사상노선을 '실사구시'라고 개괄하고 가장 근본적인 원칙이 이론과 실제를 결합시켜키는 것이라고 지적하였다. 이후 당의 사상건설은 자각적인 단계로 발전하게 되었다. 많은 무산계급혁명가들은 연안 시기 당의 건설을 회억하면서 가장 인상 깊은 것이 바로 전 당이 그 시절에 실사구시적 사상노선을 확립하게 된 것이라고 했다.

마지막으로, 마오쩌동은 정풍 형식으로 당의 사상건설을 추진하였다. 중국공산당이 사상건설을 당 건설의 첫 자리에 놓았기 때문에 반드시 적절한 형태로 그 임무를 실현하고 이행해야 했다. 실천 과정에서 중국공산당은 당장(黨章)대로 조직생활과 민주생활을 하고, 일상의 사상교육을 진행하는 외에 창조적으로 집중적인 정풍 형식으로 마르크스주의 자아교육을 진행하였다. 1942년에 시작된 옌안정풍운동은 창조적인 시험이었다. 옌안정풍운동을 통해 당은 실사구시적인 사상노선을 고수하고 주관주의와 종파주의·당팔고에 반대하며 당의 단결을 강화하여, 마오쩌동을 핵심으로 한 당 중앙 영도권을 형성하여 전국혁명의 승리를 거둘 수 있는당의 사상 건설의 성공 형태를 모색해낼 수 있었다.

2. 당의 정치건설

마오쩌동이 당의 사상건설을 중시하는 것은 당의 중심 임무와 당의 강령을 완성하기 위해서였다. 이 목적을 이루려면 정치건설도 해야 한다는 것이었다.

당의 정치건설은 사상건설을 전제로 해야 하고, 또 그 자신의 내용과 특징이 있게 된다고 했다. 여기에는 정확한 강령, 노선과 방침, 정책이 있어야 하고, 전 당에서 광범위하게 정치교육을 하여 당의 분투목표를 실현케 한다. 마오쩌둥은 정치를 '영혼'이라고 한 적이 있었다. 당의 활동에서 정치건설이 핵심적 위치에 있다는 것이었다.

마오쩌둥의 정치건설을 보면 노선을 가장 중시하였음을 알 수 있다.

그러기 위해서는 먼저 정확한 정치노선을 정하는 것이었다. 중국공산당이 창설된 후, 뜨거운 혁명실천을 위해서는 사회발전의 일반 법칙에 따라 제정한 일반적인 강령만으로는 부족하므로 각 단계의 실현 강령이 필요하였던 것이다. 즉 당의 강령에서 제정한 목표를 실현하기 위해서는 발전 노선이 필요했던 것이다. 노선문제가 중국에서 특히 불거진 것은 중국의 국정이 특별하고 복잡하기 때문이다. 오로지 마르크스주의 사회주의 강령만 따르고 중국의 구체적인 실제와 결부시키지 않는다면 정확한 발전노선을 찾기가 쉽지 않다. 따라서 마오쩌둥은 실사구시의 사상노선과 이론과 실제를 결부시키는 원칙을 토대로 당의 정치노선을 제정할 것을 강조하였다.

마오쩌둥이 중국의 국정을 연구하고 신민주주의이론을 연구한 것은 바로 정확한 정치노선을 제정하여 전 당의 행동 준칙으로 삼기 위해서였다. 그 노선이 바로 그가 여러 차례 개괄한 바 있는 "무산계급이 이끄는 인민대중적인, 제국주의와 봉건주의·관료자본주의에 반대하는" 신민주주의혁명의 총적 노선이다. 뿐만 아니라 마오쩌둥은 또 각 단계마다 형세의 변화와 주요 모순의 변화에 따라 꾸준히 새로운 임무를 제기했고 새로운 단계의 행동노선을 정하였다. 공산당은 이런 노선으로 각 단계의 업무를 진행하였던 것이다.

다음으로는 노선의 선전교육을 통해 당의 정치노선을 관철시켰다. 마오쩌둥은 중국공산당이 사상건설을 중시하는 장점을 살려 사상정치교육의 형식으로 당의 정치노선을 관철시켰다. 선전과정은 노선의 전파과정이고 의문을 해석하는 과정이었다. 따라서 전 당의 사상 인식을 통일시키는 과정이기도 하였다. 당의 정치건설은 정치노선의 선전을 중시하였다. 당의 정치노선을 강제적으로 관철시킨 것이 아니라 선전을 통하여 자각적으로 당의 정치노선을 관철토록 하였다.

이는 마오쩌둥의 당 건설이론의 한 특징이다. 『모택동선집』과 『마르크스 엥겔스 선집』을 비교해보면 '노선'이라는 개념이 마오쩌둥이 마르크스와 엥겔스보다 더 많이 사용하였음을 발견할 수 있다. 그리고 또 중국공산주의자 나아가서 중국인민의 정치의식을 관찰해보면, '노선'개념이 이미 중국인의 상식적인 개념이 되었음을 더욱 발견할 수 있다. 이것이 바로 선전이 얻은 성과였다.

게다가 마오쩌둥은 "당의 정치노선을 당원이 알게 해야 할 뿐 아니라 대중들도 알게 해야 한다"면서 "그러면 당이 대중을 이끌고 당의 정치노선을 실현하기 위해 분투할 수 있을 뿐 아니라 대중이 각급 당조직을 감독 추진해 당의 노선을 훌륭하게 관철할 수 있도록 할 수 있다"고 항상 강조하였다. 예를 들어 마오쩌둥은 「우공이 산을 옮기다」(1945년 6월)에서 "동지들은 여러 지역으로 나가 대회의 노선을 선전해야 하며 전 당 동지들을 통해 인민들에게 널리 설명해야 한다. 우리가 대회의 노선을 선전하는 것은 전 당과 전국 인민의 신심을 북돋우어 주기 위함이다. 즉 혁명은 반드시 승리할 것이라는 신심을 말이다. 먼저 선봉대를 각성시켜 그들이 결심을 내리고 희생을 두려워하지 않으며 온갖 어려움을 극복하고 승리를 거두게 해야 한다. 그러나 이것만으로는 부족하다. 반드시 전국의 광범위한 인민대중을 각성시켜 기꺼이 우리와

함께 분투해 승리를 거두도록 해야 한다."라고 말하였다.[129]

그 다음은 노선투쟁으로 당의 정치건설을 강화하였다. 중국공산당이 역사상에서 실천한 정치건설은 노선에 따라 투쟁하는 것인데, 노선교육은 투쟁으로 하는 것이 라는 이념이 중국혁명의 특수한 환경에서 형성되었던 것이다. '당내투쟁론'에서 마오쩌둥의 이런 중요한 사상을 연구하였다. 당시의 혁명 환경에서 당내투쟁은 성공적이고 정확하였다. 그러나 이런 관념이 부정적인 면도 있었다. 당내에서는 모든 토론과 다른 의견을 모두 '노선투쟁'으로 보았기에, 그 결과 '노선투쟁'이 확대되는 오류가 나타났던 것이다.

3. 당의 조직건설

당의 정치노선의 관철을 위하여 마오쩌둥은 당의 조직건설을 중시하였다. 마오쩌둥은 구톈(古田)회의 결의를 통해 극단적 민주화와 비조직 관념 등 그릇된 사상을 비평하고 시정하였다. 그는 홍군 제4군의 당조직은 반드시 "이론적으로 극단 민주화를 뿌리 뽑아야 한다", "집중적 지도에 의한 민주생활을 엄히 실행해야 한다", "소수가 다수에 복종하는" 규율을 실행할 것을 제기하였다.[130] 이 모든 조직건설의 실천은 마오쩌둥의 당 조직 건설 사상을 형성케 하고 완성하는 중요한 토대가 되었다.

---

129) 『모택동선집(毛澤東選集)』 제3권, 1101~1102쪽, 인민출판사, 1991.
130) 위의 책, 제1권, 89쪽.

마오쩌동의 당 조직 건설문제에 대한 논술에는 두 가지 기본사상이 있었다.

첫째, 정치노선이 확정된 후는 간부가 결정적인 요소가 된다.

정강산 투쟁시기 마오쩌동은 간부의 중요성에 주의를 두었다. 근거지의 책임자는 신입이어서 당내교육을 잘 할 수가 없었다. 백색공포에서 투기분자들은 반동파를 데리고 동지들을 박해하여 조직이 무너졌다.[131] 간부의 소질은 기초 사업뿐만 아니라 지도자의 지도에도 영향을 미친다. 중국공산당은 대혁명시기와 토지혁명전쟁시기에 연이어 좌경·우경주의가 나타났던 것은 모두 당 지도자의 착오 때문이었다. 그리하여 1937년 5월 마오쩌동은 중국공산당 전국 대표회의에서 간부 대오건설의 임무를 제기하였다. "위대한 혁명을 지도하려면 위대한 당이 있어야 하고 우수한 간부들이 있어야 한다. 4억 5천만 명이 있는 중국에서 대혁명을 하려면 통찰력이 없거나 능력이 없는 수령과 간부가 있어서는 안 된다."[132]

마오쩌동은 간부의 덕망, 지식, 재능, 학술, 능력이 거대한 힘이 되고 호소력이 되어 당의 노선, 방침과 정책이 순조롭게 관철시킬 수 있다는 것을 잘 알고 있다. 그래서 그는 간부대오 건설에서 덕망 지식 재능 학술 능력 등 자질에 대한 요구를 특히 중시하였다. 그는 다음과 같이 지적하였다. "우리 당 조직이 전국으로 발전하려면 무수히 많은 간부를 자발적으로 양성해야 하며 수 백 명에 이르는 가장 훌륭한 대중 지도자가 있어야 한다. 이들 간부와 지도자들은 마르크스 레닌주의 이

---

131) 위의 책, 75쪽.
132) 위의 책, 277쪽.

론을 장악하고 있고 정치적 원견성과 업무능력을 갖추었으며 희생정신이 있고 독립적으로 문제를 해결할 수 있으며 어려움 속에서도 흔들리지 않고 민족과 계급, 당을 위해 충성스럽게 일할 수 있어야 한다. 당은 이들에 의지해 당원과 대중을 연결하고 이들에 의지해 대중에 대한 확고한 지도적 지위를 확보해야 한다."

마오쩌둥은 당 간부에게 명확한 요구를 제기하였을 뿐 아니라, 당의 각급 조직과 영도들에게도 간부대오 건설에 대한 명확한 요구를 제기하였다. 예를 들면 1938년 10월 중공 확대 제6기 6중전회 정치 보고를 통해 마오쩌둥은 당의 간부정책에 대해 다음과 같이 전문 논술하였다.

반드시 간부를 잘 식별해야 한다. 짧은 시간 내 한 가지 일에 대한 간부의 표현도 봐야 할 뿐 아니라 모든 역사와 모든 업무에서 간부의 표현도 보아야 한다. 이는 간부를 식별하는 주요 방법이다.

반드시 간부를 잘 임용해야 한다. 지도자의 책임은 주로 계책을 세우는 것과 간부를 등용하는 두 가지로 종합할 수 있다. 간부를 임용함에 있어서 "능력에는 관계없이 자기와 가까운 사람만 임용하는" 노선을 취할 것이 아니라 "자신과의 관계에 상관없이 인격과 능력을 갖춘 사람만 임용하는" 노선을 취해야 한다. 예를 들어 중앙이 원 홍사방면군(紅四方面軍) 간부에 대해 그렇게 하였다. 장궈타오(張國燾)는 홍사방면군에서 "능력에는 관계없이 자기와 가까운 사람만 임용하는" 간부 임용 노선을 실행하면서 개인 파벌을 엮고 당에서 분열하려고 시도하던 데서 당을 배신하기에 이르렀다. 그랬음에도 불구하고 마오쩌둥은 "사상을 바로 인식하고 동지를 단합해야 한다"는 원칙을 고수하면서 홍사방면군의 간부를 믿고 임용하였다. 1942년 7월 2일에는 「원 사방면군 간부를 대하는 태도 문제에 대한 중공중앙의 지시」라는 특별 문건을 발부였다. 문건에서는 "원 홍사방면군 간부에 대한 신임과 업무 배치는 마땅히 다른 간부들과 동일시해야 한다. 그들이 과거에 궈타오의 노선에 따랐다고 하여 기시해서는 안 된다. 마땅히 그들 간부 매개인의 덕망 (당에 대한 충성심), 재능(업무능력), 자격과 인망에 따라 그들에게 알맞은 업무를 배치해야 한다. 기존 맡은 업무에 적합하지 않은 자에 대해서는 마땅히 바꿔주어야 한다. 특히 중요한 것은 그들이 문화적, 정치적, 군사적 수준을 높일 수 있도록 도와주는 것이다."라고 명확하게 지시하였다.[133]

반드시 간부를 아껴야 한다. 아끼는 방법에는 다음과 같은 몇 가지가 포함된다.

(1) 간부를 잘 이끌어주어야 한다. 그들이 대담하게 일하게 하고 대담하게 책임을 맡도록 해야 한다는 것이다. 그리고 또 제때에 그들에게 지시를 내림으로써 그들이 당의 정치노선에 따라 창조력을 발휘할 수 있게 해야 한다.

(2) 간부의 능력을 제고해야 한다. 그들에게 공부할 수 있는 기회를 주어 교육시킴으로써 이론적으로, 업무능력에서 한 차원 높은 단계에 오를 수 있도록 하는 것이다. 옌안 시기 당의 문헌을 보면 간부 학습 배치 관련 문서가 상당한 비중을 차지하고 있음을 발견할 수 있다.

(3) 간부의 업무에 대해 심사하여 그들을 도와 경험을 총화하고 성적은 발양하고 과오는 시정하도록 해야 한다.

---

133) 『중공중앙문건선집』, 제13권, 406쪽, 중공중앙당학교출판사, 1991.

(4) 과오를 범한 간부에 대해서는 일반적으로 설득하는 방법으로 그들이 과오를 시정할 수 있도록 도와야 한다. 경솔하게 '투쟁을 전개하는' 방법을 쓰거나 경솔하게 '기회주의' 누명을 씌우는 것을 절대 삼가야 한다.

(5) 간부의 어려움을 살펴야 한다.

상기 요구는 당의 조직건설에 적극적인 작용을 하였다.

둘째, 민주 집중제도는 당의 근본적인 조직원칙이다.

중국공산당은 처음부터 민주 집중제도의 원칙에 따라 창설되었다. 그러나 당은 민주 전통이 부족한 가장제인 국가에서 생존하였고, 마르크스주의와 중국의 구체적 실정을 결합하는 이론이 부족하였으므로 여러 차례 심각한 착오를 범했다. 그 후 마오쩌둥은 중국의 실정에서 민주 집중제도를 발전시켰다.

먼저, 민주제도는 "민주기초상의 집중이고 집중지도하의 민주이다"라고 제기하였다.

마오쩌둥은 집중 영도를 강조할 때에 나타난 가장제 또는 개인 독단과 당내 민주를 확대할 때에 나타난 극단 민주화와 종파주의, 자유주의에 대하여 연구하면서 이렇게 지적하였다. "당이 힘을 얻으려면 민주집중제로서 전당의 적극성을 발동해야 한다. 반동과 내전시기에 집중제가 표현되었다. 새로운 시기에 집중제도는 민주제와 긴밀히 연결되어야 한다."[134] 여기서 민주제와 집중제의 통일성, 그리고 실행의 조건성에 대해 말했다.

---

134) 마오쩌둥, 「수많은 대중이 항일민족전선에 참가할 수 있도록 동원하기 위해 투쟁하자」
    (1937년 5월 8일), 『모택동선집(毛澤東選集)』, 제1권, 278쪽, 인민출판사, 1991.

이 말의 뒤에 이어진 마오쩌둥의 말은 "민주제의 실행을 통해 전 당의 적극성을 발휘해야 한다"였다. 다시 말하면 중국적인 여건에서 민주집중제를 실행하려면 민주제에 중점을 두어야 한다는 것이었다. 1938년 10월, 그는 중공 확대 제 6기 6중 전회 보고에서 이 문제에 대해 더 명확하게 논술하였다. "당내에 민주생활이 부족하면 적극성을 발휘하려는 목적을 이룰 수 없다.…… 그래서 반드시 당내에서 민주생활 관련 교육을 실행함으로써 당원들이 민주생활이 무엇인지, 민주제와 집중제의 관계는 무엇인지, 민주집중제를 어떻게 실행하는지에 대해 알게 해야 한다. 그래야만 한편으로는 당내 민주생활을 확실하게 확대할 수 있고, 다른 한편으로는 극단적 민주화의 길을 걷지 않을 수 있고 기율을 파괴하는 자유방임주의 길을 걷지 않을 수 있다."[135] 다시 말하면 조직이 있는 정당에서 집중제도는 필요한 것이다. 그러나 집권 현상이 있는 국가에서는 민주제를 기초로 한 집중만이 전당의 적극성을 자극할 수 있다. 그렇기 때문에 민주제와 집중제를 반드시 유기적으로 통일시켜야 한다. 중공 제7차 대표대회에서 마오쩌둥은 민주집중제 내용에 대해 서술하면서 민주집중제는 "민주를 기반으로 하는 집중이며 집중을 지도로 하는 민주"라고 변증법적 관점으로 지적하였다.

다음으로 '네 가지 복종'의 조직규율을 제기하였다.

민주제와 집중제의 통일은 규율의 보증이 있어야 한다. 마오쩌둥은 당내 모순을 처리할 때 개인과 조직, 소수와 다수, 하급과 상급, 전 당과 중앙이라는 네 가지 기본 조직 관계에 주의를 기울이고, 6기6중 회의

---

135) 마오쩌둥, 「민족전쟁 중 중국공산당의 지위」 (1938년 10월 14일), 『모택동선집(毛澤東選集)』, 제2권, 529쪽, 인민출판사, 1991.

에서 민주 집중제의 요구대로 당의 규율을 이렇게 정하였다. 1) 개인은 조직에 복종한다. 2) 소수는 다수에 복종한다. 3) 하급은 상급에 복종한다. 4) 전 당은 중앙에 복종한다. 그 누군가가 규율을 파괴하면 당의 통일을 파괴하는 것과 같다.[136] 이 네 가지 복종은 「중공확대6중전회정치결의안(中共擴大的六中全會政治決議案)」에 기록되어 훗날 당이 장기적으로 준수하는 조직 규율이 되었다.

그 다음으로, 업무규칙과 조직제도를 제정하였다.

민주집중제의 이행을 확보하기 위해 마오쩌둥은 조직을 제도화, 규범화 하는데 힘썼다. 중공 확대 제6기 6중전회 후부터 마오쩌둥과 당 중앙은 당의 업무를 규범화하고 제도화하는 데 힘쓰기 시작하였다. 중공 제7차대표대회 이후 당 중앙은 조직건설에서 규범화와 제도화를 위한 노력을 더욱 강화하였다. 특히 마오쩌둥이 1948년 1월에 작성한 「보고제도의 수립에 관하여」, 같은 해 9월에 작성한 「당위원회제의 보완에 관하여」 등 중앙 문서들은 민주집중제를 원칙적으로 제도화하는 면에서 크게 기여하여 해방전쟁에서 당 중앙의 통일적인 영도와 당내 민주 건설을 보장하였으며 혁명의 승리를 이루었다.

민주혁명시기 중국공산당의 조직건설 문헌에 대해 연구하면서 당이 한걸음씩 성숙하는 곡절 많은 여정을 보아낼 수 있으며 그 과정에서 마오쩌둥의 공헌에 주의를 기울이게 된다. 비록 민주혁명의 상당히 긴 시기 동안 이 분야의 업무를 그가 주관한 것은 아니지만 당의 조직건설의 지도사상과 큰 원칙은 모두 그가 제기한 것이며 게다가 모두 중국의 실제에 맞춰 제기한 것으로서 정확한 것이었다. 그러나 한편으로

---

136) 위의 책, 제2권, 528쪽.

그때 당시 당의 일부 결정에는 매우 큰 위험이 존재하고 있음을 발견할 수 있다.

1943년 3월 16일과 20일에 중공 중앙은 연안에서 정치국회의를 열었다. 회의에서 마오쩌동은 중앙정치국 주석과 중앙서기 주석으로 임명되어 준의회의 이후 권력 중심이 과도하게 되도록 했다. 회의에서 민주집중제 문제를 완선할 때에는 다음과 같이 규정하였다.

두 차례의 중앙전회 사이에 중앙정치국은 당 전체의 업무를 영도하는 책임을 맡고, 모든 중대 문제를 결정할 권리가 있다. 중대한 사상, 정치, 군사, 정책과 조직문제는 정치국 회의에서 통과해야 한다. 중앙서기처는 정치국이 결정한 방침대로 일상 업무를 처리하는데, 조직적으로는 정치국에 복종하나 정치국의 방침에 따라 일상 문제를 해결하고 결정할 수가 있다.

이런 규정은 민주적이고 집중적이어서 당 중앙의 업무를 규범화, 제도화하게 하였다. 동시에 회의에서는 서기처 회의에서 토론한 문제는 주석이 결정권을 가진다고 규정하였다. 이 규정은 당시 전쟁 조건에서는 필요한 것이었다. 그러나 제도의 형식으로 "주석 개인이 결정권을 갖는다"라는 규정은 민주건설에 유리하지 않았다. 이것은 주석이 현명할 때에는 적극적인 작용을 하나 주석이 착오를 범할 때에는 결과가 좋지 않을 수 있었던 것이다. 이것은 당 조직 건설에서 무시해서는 안되는 문제였다. 당은 11기 3중전회 이후 심사고숙을 거쳐 '총서기제'로써 '주석제'를 대신하게 되었다. 그리고 총서기는 주석처럼 마지막 결정권을 가지지 못하도록 했다.

4. 당의 작풍건설

작풍은 당성의 외면적 표현이다. 외면적이기에 당의 형상에 있어서 당과 군중의 관계에 있어서 특별히 중요하다. 특히 중국처럼 장기간 윤리화 전통이 있는 나라의 경우, 인민대중이 한 정당에 대해 평가할 때 그 정당의 간부와 당원의 인격으로 평가하는 것에 더 중점을 두게 된다. 그렇기 때문에 마오쩌동은 정확한 노선과 정책뿐만 아니라 당내에서 작풍건설을 하여 인격의 힘으로, 형상의 힘으로 군중을 교육하고 단결케 하려고 하였다.

당의 작풍건설 문제에서 마오쩌동은 많은 논술을 하였는데 그 주요한 정신은 다음과 같았다.

첫 번째, 학풍, 당풍과 문풍을 정돈해야 한다. 주관주의가 존재하고 당풍과 문풍이 부정하자 1942년 마오쩌동은 직접 연안 마르크스주의 중국화의운동을 영도하였다. 이번의 마르크스주의 중국화의운동은 당이 사상건설을 하는데 성공적인 탐색이 되었고, 당의 작풍건설을 크게 반전시켰다. 그리고 이번의 마르크스주의 중국화의운동은 당으로 하여금 새로운 면모를 갖게 하였다.

두 번째 3대 우량작풍을 선도해야 한다고 했다. 마오쩌동은 역사적 경함을 종합하면서 이렇게 말했다. "마르크스·레닌주의의 이론사상으로 무장한 중국공산당은 새로운 작풍이 생겼다. 특히 이론과 실천을 결합하는 작풍, 인민군중과 긴밀히 연계하는 작풍과 자아비판의 작풍이 그것이다."[137] 이런 3대 작풍은 중국공산당이 다른 정당과 구별되는 현저한 표시였던 것이다.

세 번째 자아부패를 경계해야 한다는 것이었다. 전국혁명이 승리할 무렵 마오쩌동은 공로가 있다고 해서 교만스러운 태도는 자신을 스스로 탈바꿈시켜야 한다고 제기하였다. 중공 7기 2중 전회에서 마오쩌동은 다시 한 번 경고하였다. "승리 때문에 당내에는 교만한 정서, 공신임을 자처하는 정서, 진보를 하려하지 않는 정서, 간고한 생활을 하지 않고 향락에 빠지려는 정서로 가득 차 있다. 승리하여 인민은 우리에게 감사하고 자산계급도 칭찬을 하고 있다. 적의 무력으로는 우리를 굴복시키지 못한다. 이것은 이미 증명되었다. 그러나 자산계급의 칭찬은 오히려 우리 대오의 의지가 박약한 자들을 굴복시킬 수 있다."[138] 이로부터 마오쩌동은 당의 작풍건설에서 내부의 문제를 예방하고 영도자 자신의 작풍에도 주의를 기울였다는 것을 알 수 있다.

마오쩌동이 작풍건설을 한 경험은 당의 사상건설, 정치건설, 조직건설의 경험과 같이 중국공산당의 중요한 재산이 되었고, 오늘날 당의 건설에서도 직접적인 지도적 작용을 하였던 것이다.

---

137) 위의 책, 제3권, 1093쪽.
138) 위의 책, 제4권, 1438쪽.

제7장
민주정치론

제7장
민주정치론

'신민주(新民主)' 통치의 방식은 한편으로는 당의 영도이고 다른 한편으로는 민중들이 정치생활에 참여하는 것이다.

어떻게 이 두 가지 서로 반대인 경향을 조화시킬 것인가? 공산당은 군중들의 힘을 알기에 군중들의 신뢰를 얻은 후 통제하여 민중들로 하여금 자유롭지 않다는 느낌을 가지지 않게 하고 오히려 자신이 '민주'한다고 믿게 하는 것이다.

－자오차오꺼우(趙超構)

제1절
'신민주'사회

중국혁명의 논리에서 근대중국의 국정은 논리의 기점이다. 논리의 진화는 신민주주의 혁명이 점차 심화되는 과정이다. 논리에 맞는 결과는 바로 신민주주의 사회의 건립이다.

마오쩌동의 사로가 바로 이러했다. 그럼 혁명의 목적은 무엇인가? 마오쩌동은 우리는 새로운 중국을 건립해야 한다고 말했다. 신중국의 첫 걸음이 바로 신민주주의 정치, 경제, 문화로 구성된 신민주주의 사회였다. 이런 사회의 목표는 마오쩌동이 중국의 국정에 근거하여 마르크스주의의 사회발전론을 운용하여 제기한 사회형태를 만드는 것이었다. 이런 사회는 세 가지 현저한 특징을 갖고 있다.

첫째, 이것은 민주사회이다.

민주를 위하여 분투하고 민주를 통하여 근대중국의 구국과 발전의 두 가지 기본문제를 해결하는 것은 중국공산당의 가장 큰 목표였다. 중국의 혁명사를 모르는 사람들은 '독재'를 공산당의 머리에 씌우는데 이는 실로 무식한 행위이다. 연안시기 국민당 통제지역에서 연안 등 공산당이 영도하는 항일 근거지에 들어온 사람들은 기자나 외교관, 중국인이나 외국인 모두 강열한 분위기를 느꼈고, 이런 분위기는 독재

통치의 국민당 통제구역에서는 볼 수 없는 것이었다. 이것이 바로 민주였다.

마오쩌둥은 신민주주의사회는 독립적인 민주주의사회 또는 민주국가라고 하였다. 1938년 7월 2일 그는 세계학회 대표단 대표와 회담할 때에 항전승리 후 중국공산당의 주요 임무는 무엇인가 라는 문제에 이렇게 대답했다. "항전승리 후 공산당의 주요 임무는 한 마디로 자유평등의 민주국가를 건립하는 것이다. 이 국가에는 독립주의 정부가 있고, 인민을 대표하는 국회가 있으며, 인민의 요구에 적응하는 헌법이 있다. 이 국가의 모든 민족은 평등하고 또 평등의 원칙에서 연합의 관계를 건립한다."

이 국가에서 경제는 끊임없이 발전하고 농업, 공업, 상업 모두 발전하고 있으며, 국가와 인민이 합작하여 경영하고 8시간 노동제를 실시하여 농민은 토지가 있고 통일된 세금제도를 실행하고, 대외적으로 평화통상을 하고 상호간 이익에 맞는 협정을 한다. 이 국가에서 인민은 언론, 출판, 집회, 결사, 신앙의 자유가 있고, 인재를 양성하고 과학과 문화수준을 제고시켜 전국에서 문맹을 제거하려 한다. 이 국가에서 군대는 인민과 대립된 입장이 아니다. 이런 국가는 아직 사회주의 국가라고 말할 수 없다. 이런 국가는 또 소비에트정부도 아니며, 철저하게 민주제도를 실행하고 사유재산을 파괴하지 않는 원칙의 국가와 정부이다. 이것이 바로 중국의 현대국가이고, 중국은 이런 국가가 필요하다. 이런 국가가 있으므로 중국은 반식민지와 반봉건의 처지에서 벗어나 자유평등의 국가가 되고 구 중국을 벗어나 신 중국이 되었다.

마오쩌둥의 이런 사회 이상은 공상이 아니었다. 중국사회는 반식민지·반봉건의 사회에서 사회주의로 변화하는 것은 불가능한 일이므로 과도의 역사단계를 지나야 한다. 인류사회의 일반적 발전 규칙대로 사회주의의 전신은 자본주의이다. 자본주의 단계에서 거대한 사회화생산력과 완비된 자산계급의 민주를 창조해야만 사회주의가 건립될 수 있다. 그러나 중국자산계급은 제국주의와 외국자본주의에 대항하는 힘이 없다. 역사는 특이하게 중국자산계급이 완성해야 할 임무를 중국 무산계급과 중국공산당에게 넘겼다. 그렇기 때문에 중국공산당은 두 가지 난제를 잘 처리해야 한다. 하나는 비 지산계급 독재하의 민주사회 모형을 설계하는 것이고, 다른 하나는 이런 민주사회에서 조건을 창조하여 사회주의로 가는 과도기에 유리하게 하는 것이다. 이것은 중국사회 발전의 객관규칙이 중국공산당에 제기한 요구이다.

마오쩌동은 깊은 연구를 거쳐 제기한 '신민주주의 사회론'이 바로 중국국정에 부합되고, 비 자산계급독재는 사회주의 과도에 유리하며, 대량의 자본주의 발전단계의 내용을 보류하여 인민이 주도하는 민주의 사회모형을 만들었다. 이 사회모형은 마르크스주의나 서방 사회 이론에서 제기 한 적이 없는 중국의 특수한 국정을 분석하여 제기한 것이므로 진정한 과학의 사회모형 이론이다.

둘째, 이것은 무산계급이 영도하는 민주사회이다.

손중산은 민주주의 사회를 창립하기 위래 분투해야 한다고 말했다.

중국근대사에서 손중산은 출중한 민주혁명의 선도자이고, 마오쩌동도 그에 대해서 높이 평가하였다. 특히 그의 개량으로써 중국사회를 개조하려는 사상은 구 민주주의와 신민주주의 혁명가들에게 직접적인 영향을 주었다. 그의 삼민주의 특히 신 삼민주의는 마오쩌동의 비판과 계승을 거쳐 신민주주의 이론이 되었다. 그가 설계한 실업계획은 마오쩌동과 중국공산당에게 큰 계시를 주었다.

손중산의 이상은 민주사회를 창립하는 것이다. 이 민주사회는 어떤 유형의 사회인가? 그는 프랑스공화국과 미국공화국은 모두 구식이고 러시아공화국은 신식이라고 말했다. 그리고 지금 중국을 가장 신식의 공화국으로 만들겠다고 말했다. 이런 신식공화국은 두 가지 특징을 갖고 있다. 하나는 유럽의 민권과 다른 것이고, 다른 하나는 중국을 전민정치의 민국으로 만드는 것이라고 말했다. 이것이 바로 1924년 국민당 1차 대표대회 선언에서 선포한 "평민 소유이고 소수자들의 소유가 아닌"민주사회이다. 마르크스주의 입장에서 보면 서방 자산계급의 민주제도를 "평민을 압박하는 도구"라고 여긴 것은 정확한 것이나, 중국을 전민정치의 민주사회로 만드는 것은 주관적인 공상이다. 즉 손중산의 사회이상은 중국에서 구 민주주의를 초월하는 '주관사회주의'인 '공상사회제도'를 건설하는 것이다.

손중산의 합리적인 사상을 마오쩌동이 받아들였지만, 또 공상적인 것에 대해서는 비판적 태도를 가졌다. 마오쩌동은 구민주주의 길은 중국에서 통하지 않고, 또 중국 자산계급은 민주주의 사회를 건립하지 못한다는 것을 알고 있었다. 따라서 구민주주의 제도를 초월하는 계급은 중국의 가장 선진적인 계급인 무산계급의 영도 하에서만 실현할 수 있다고 말했다. 이런 신식 민주사회는 추상적인 전민정치의 민주사회가 아니라 무산계급이 영도하는 민주사회 즉 신민주주의사회이다. 마오쩌동은 민주주의란 '구식 민주주의'가 아니라 '신식 민주주의'라고 말했다. '신민주주의'와 '구민주주의'의 구별은 무산계급의 영도가 있느냐 없느냐에 있다. 마오쩌동의 말대로 신민주주의 혁명은 중국자산계급이 독재하는 자본주의사회가 아니라 중국무산계급이 영도하고 중국 각 혁명계급이 연합하여 독재하는 신민주주의 사회였던 것이다.

마오쩌동은 신민주주의와 손중산의 민주주의의 연결과 구별에 대해 말하면서 그 구별은 바로 공인계급의 영도라고 말했다.

셋째, 이것은 부분적인 질적 변화를 통해서 근본적인 질적 변화에 이르는 것으로, 즉 동태적 민주사회이다.

중국의 국정에 의해 제기한 신민주주의 혁명론과 신민주주의 사회론은 신민주주의 이론의 두 가지 중요한 기본적인 구성부분으로 서로 분열되지 않고 서로 연결되어 있었다. 신민주주의사회는 신민주주의혁명이 논리에 맞는 결과라고 했다. 그러나 신민주주의혁명은 농촌에서 도시를 포위하여 전국의 정권을 탈취하는 길이기에 농촌혁명근거지와 건립된 홍색정권은 논리에 맞는 결과이다.

즉 중국공산당이 영도한 농촌혁명근거지는 신민주주의사회의 초기 형태였던 것이다.

농촌혁명근거지의 사회 성질문제에 대해 토지혁명전쟁시기에는 명확하게 논술한 바가 없다. 이는 한편으로는 그 문제가 새로운 사물이어서 당내에 그에 대해 인식하려면 시일이 필요하였고, 다른 한편으로는 그때 당시 유격전 위주의 전략전술이 근거지 범위의 유동성을 결정지었기 때문이다. 그러나 한편으로 당은 근거지에 수립된 홍색 정권이 공농 소비에트나 공농공화국(즉 노동자와 농민, 도시 소자산계급의 연합정부)임을 이미 확인하였다. 다시 말하면 그때 당시 정권의 성질에 대해서는 분명히 하였지만 그 정권이 이끌고 관할하는 구역의 사회 성질문제에 대해서는 아직 연구를 진행하지 못한 상황이었다.

항일전쟁 초기 상황도 역시 마찬가지였다. 그때 당시 항일근거지의 사회성질 문제에 대한 연구가 이루어지지 않았지만 정권의 성질 문제에 대해서는 대량으로 논술하였다. 예를 들어 마오쩌둥은 민족자산계급 등 다른 계급 역량도 통일전선에 가담하였기 때문에 근거지 정권의 성질은 "공농공화국에서 인민공화국으로 바뀌었다"라고 지적하였다. 항일근거지가 확대되고 공고해지면서, 특히 당이 항일민주정권을 수립할 때 '삼삼제'형태를 점차 모색해 규범화된 시정 강령을 발표한 뒤 마오쩌둥은 여러 차례나 다음과 같은 논술을 폈다. "항일전쟁시기에 우리가 수립한 정권의 성질은 민족통일전선이다. 이런 정권은 항일을 찬성하고 민주를 찬성하는 모든 사람의 정권이며 여러 개의 혁명계급이 연합하여 매국노와 반동파에 대적하는 민주독재정권이다. 그 정권은 지주자산계급의 반혁명독재정권과는 구별되는 것이며 또 토지혁명시기의 공농민주독재정권과도 구별되는 것이다."[139]

그러나 국민당과의 투쟁은 근거지의 사회 성질 문제에 대해 연구할 것을 요구하였다. 항일전쟁의 어려운 대치 단계에서 국민당의 반공 보수파는 거듭되는 반공 물결을 일으켜 항일민족통일전선을 파괴하려고 시도하였다. 그래서 마오쩌둥은 항일근거지정권의 성질을 명확히 할 것을 강조하였다. 근거지에 수립된 항일민주정권은 봉건할거가 아니라 역사의 진보로서 전국의 민주화를 추진하는데 이로운 것이다. 따라서 근거지의 사회성질은 이미 신민주주의임을 한 층 더 명확히 하였다.

한 지역의 사회성질이 신민주주의인지 아닌지를 판단하려면 주요하게 그 지역의 정권이 인민대중 대표가 참가하는 것인지, 그리고 공산

---

139) 마오쩌둥, 「항일근거지의 정권문제」(1940년 3월 6일), 『모택동선집(毛澤東選集)』, 제2권, 741쪽, 인민출판사, 1991.

당의 영도가 있는지를 원칙으로 삼는다. 공산당이 이끄는 통일전선정권이면 신민주주의사회의 주요 상징인 것이다.……현재 여러 근거지의 정치는 항일과 민주를 찬성하는 모든 인민의 통일전선의 정치이고, 그 경제는 반식민지적 요소와 반봉건적 요소의 경제를 거의 배제한 경제이며, 문화는 인민대중이 제국주의와 봉건주의에 반대하는 문화이다. 따라서 정치, 경제, 문화 어느 분야로 보아도 신민주주의사회이다.[140]

이렇게 되어 마오쩌둥의 신민주주의이론에 대한 인식이 더 깊어졌다. 그 이론은 신문주주의혁명과정에서 근거지 하나하나씩 중국사회의 성질을 바꿔나가다가 마지막에 전 중국을 신민주주의사회로 건설한다는 이론이다. 철학적 표현으로 개괄하면 "국부적인 질변을 통해 최종 근본적인 질변에 이르는 것"이다. 마오쩌둥은 "여러 근거지의 모델을 전국으로 널리 보급시켜나다가나면 최종 전국이 신민주주의공화국으로 바뀔 것"이라고 말하였다.

---

140) 『모택동선집(毛澤東選集)』, 제2권, 785쪽, 인민출판사, 1991.

제2절
민주정권론

마오쩌둥은 신민주주의사회에 대해 논술할 때 경제, 정치, 문화 3요소로 구성된 사회구조분석방법을 채용하였다. 게다가 그는 그 방법을 매우 정확하게 서술하였다. 즉 일정한 문화(관념형태로서의 문화)는 일정한 사회의 정치와 경제의 반영으로서 일정한 사회의 정치와 경제에 위대한 영향과 작용을 일으키고, 경제는 토대이며, 정치는 경제의 집중적인 표현이라는 것이다. 이는 우리가 문화와 정치·경제의 관계 및 정치와 경제의 관계에 대한 기본 관점이다.[141]

마오쩌둥의 논술에 따르면 사회구조는 경제·정치·문화 3요소로 구성되어 있으며, 그 3요소는 모두 서로 작용하면서 사회발전의 내적 동력을 구성하며, 그 3요소 및 그들 사이에 서로 작용하는 토대는 경제적 요소라는 것이다. 그 구도 방법으로 표시하면 역삼각형이 된다.

그러나 마오쩌둥이 이런 방법을 사용해 신민주주의사회를 연구할 때 그 분석 절차에서 토대가 되는 경제적 요소로부터 착수한 것이 아니라

---

141) 마오쩌둥, 「신민주주의론」(1940년 1월), 『모택동선집(毛澤東選集)』, 제2권, 663~664쪽, 인민출판사, 1991.

정치적 요소를 첫 연구 요소로 하는 논리를 가지고 연구하기 시작하였던 것이다. 그 원인은 신민주주의사회는 신민주주의혁명의 결과이고, 혁명의 핵심문제는 정권문제이며 정치문제라고 이해했기 때문이었다. 따라서 미래의 사회 분석은 정치요소로부터 분석해야만 했다. 사실 근대중국의 구국과 발전, 이 두 가지 기본문제에서 구국은 발전의 전제조건이었다. 신민주주의경제와 문화는 모두 신민주주의정치를 해결하는 조건에서 발전했다. 즉 역사가 어디서부터 시작하면 논리도 따라서 그 어디에서부터 시작해야 한다는 것이었다.

역사와 논리의 통일은 우리에게 신민주주의사회는 먼저 신식민주사회 즉 무산계급이 영도하는 민주정권을 상징으로 하는 사회라는 것을 말해주고 있다.

민주혁명에서 무산계급이 민주정권을 영도하는 사상은 이론으로 설계한 것이 아니라 실천과 투쟁에서 제기한 것이다. 토지혁명전쟁시기 중국공산당은 이런 생각이 없었다. 광주에서 건립된 국민정부는 공산당과 국민당이 골간이고, 무산계급, 민족자산계급, 도시 소자산계급과 농민계급 등 계급 연맹의 정권이다. 그러나 영도권은 민족자산계급과 상층소자산계급의 손에 쥐어있었고 무산계급의 손에 없었다. 이 정권의 성격은 구민주주의 유형의 신 '삼민주의정권'이었다. 장제스가 4.12 정변을 발동하고 대혁명이 실패의 위기에 닥쳤다. 공산국제위원회는 1927년 5월에 중요한 지시를 내렸다. 하나는 농민협회를 농촌정권으로 만드는 것이었다. 그러나 중공중앙은 진독수 우경기회주의 통치하에서 공산국제의 5월 지시는 실행하기 어렵다고 여겼다. 남창봉기에서 당은 정권형식의 혁명위원회를 건립하고 국민당 좌파정부라고 깃발을 세웠다. 대혁명의 실패는 무산계급이 민주정권의 영도권을 얻지 않으면 자신의 민주정권을 건립하지 못하고 혁명의 성과는 인민에게 돌리지 못한다는 것을 깨달았다. 그리하여 1927년 하반기부터 소비에트의 깃발을 들고 공농 민주정권의 건립을 위하여 분투하였던 것이다.

마오쩌동이 영도한 추수봉기 부대는 정강산에 올라가 홍색정권(紅色政權)을 건립하여 신민주주의정권 이론의 형성에 직접적인 영향을 주었다. 정강산근거지 건립 후 중국각지에서 소비에트정부와 공농병(工農兵) 정부를 건립하기 시작했다. 1931년 11월 7일부터 20일까지 루이진(瑞金)에서 제1회 중화소비에트공화국 공농병(工農兵) 대표대회를 개최하고, 『중화소비에트공화국헌법대강(中華蘇維埃共和國憲法大綱)』『노동법(勞動法)』『토지법(土地法)』과 경제정책 등 중화소비에트공화국 임시중앙정부를 성립하고, 마오쩌동을 중앙집행위원회 주석으로 선출하였다. 정부의 건립과정은 실천 속에서 모색하고 발전하며 완선(完善)하는 과정이다. 그리고 소비에트정부와 공농병 대표대회를 소집하고 법률을 제정하는 것은 역사적인 진보였다.

1927년부터 1949년까지 마오쩌동의 지도하에 중국공산당은 근거지와 해방구에서 공농 민주정권을 건립하고, 항일민주정권과 인민민주정권 이 세 가지 무산계급 민주정권 즉 신민주주의 정권을 건립하였다.

이토록 풍부한 실천 속에서 마오쩌동은 신민주주의 정권 이론을 형성하고 발전하기 시작했다. 이것이 바로 신민주주의정치의 핵심이론이었던 것이다.

1. 국체론(國體論)

아편전쟁 이래 구국과 발전의 문제를 해결하기 위하여 근대중국의 사상가들은 군권, 민권, 입헌, 공화의 문제 즉 국체에 대하여 열렬하게 토론하였다. 중국의 역사적 조건과 사회적 조건에서 국가의 구성은 무산계급뿐만 아니라 농민계급과 도시 소자산계급, 그리고 양면성을 가진 민족자산계급도 있다. 그렇기 때문에 중국혁명 승리 후 신민주주의라는 특수한 국가체제를 채용하였다. 이에 대해서 마오쩌둥은 이론분석을 여러 차례 하였다.

첫 번째, 『신민주주의론』에서 근대세계의 여러 국가체제 중 계급성격으로 구분하면 1) 자산계급독재의 공화국, 2) 무산계급독재의 공화국, 3) 여러 혁명계급이 연합 독재하는 공화국 등 세 가지로 나눈다고 말했다.

그럼 중국은 어떤 국체가 적합한가? 그는 첫 국체는 중국의 국정에 적합하지 않는다고 말했다. 반식민지·반봉건의 중국에서 민족자산계급은 혁명성이 있지만 또 연약한 편도 있다. 그들은 실천의 시험에서 혁명영도계급의 자격을 잃었고 미래사회에서도 영도권을 가질 수 없었다. 게다가 중국무산계급은 5·4운동부터 독립적인 정치역량으로 역사의 무대에 올라 전투력이 강하고 투쟁경험이 풍부하며 중국혁명을 세계무산계급 사회주의혁명의 부분으로 여겼다. 때문에 혁명승리 후의 중국은 자산계급이 독재하는 국가가 될 수 없었다. 마오쩌둥은 두 번째 국체도 중국의 국정에 어울리지 않는다고 말했다. 반식민지·반봉건 중국에서 무산계급은 혁명의 영도 계급이지만 생산력이 낙후하고 공업화가 완성되지 못하여 무산계급의 힘이 부족하다고 말했다.

그리고 중국 민족자본주의는 발전하는 조건과 능력이 있고 혁명성이 있어 대지주 대자산계급과 구별이 되고 민주혁명의 적이 아닌 혁명의 동력이 된다. 때문에 혁명 승리 후의 중국은 무산계급 독재를 해서는 안 된다. 마오쩌둥은 세 번째 국체만이 중국의 국정에 어울린다고 말했다. 즉 미래의 중국은 반드시 여러 혁명계급이 연합 독재하는 공화국이 되어야 한다는 것이었다.

두 번째, 1945년 중공7차 대표대회 보고인『논연합정부(論聯合政府)』에서 국체문제에 대하여 다시 한 번 논하였다.『신민주주의론(新民主主義論)』이 국체를 세계적인 시각에서 삼분법(三分法)으로 분석한 것이라면『논연합정부』는 중국의 시각에서 사분법(四分法)으로 국체를 분석했던 것이다.

하나, 중국의 국가 제도는 대지주 대자산계급이 독재하는 봉건적이고 반인민적인 제도여서는 안 된다. 이런 반인민적 제도는 국민당이 통치하는 시기에 완전히 파산되었기 때문이다.

둘, 중국은 순수한 민족자산계급의 구식 민주독재의 국가를 건립하지 말아야 한다.

셋, 지금 중국인민의 임무는 민족 압박과 봉건 압박을 반대하는 것이다. 중국사회경제의 조건이 구비하지 않은 때에 중국인민은 사회주의 국가제도를 실현할 수 없다.

넷, 중국공산당의 주장은 일본을 철저히 물리친 후 대다수 인민을 기초로 하고 공인계급을 영도로 한 통일전선의 민주연맹 국가인 신민주주의국가제도를 건립하는 것이다.

마오쩌둥은 이번 국체의 선택에 대한 문제에서 『신민주주의론』과 비교하여 중국은 대지주, 대자산계급 독재의 국가제도를 채용하면 안 된다고 말했다. 이는 반인민(反人民), 즉 반민주(反民主)의 국가제도이기에 다른 세 가지 민주제도와 원칙적으로 구별된다고 말했다. 그 문제에 대해 강조한 이유는 두 가지이다. 첫 번째 이유는 1941년 1월에 완난(皖南)사변 후에 장제스(蔣介石) 국민당이 통일전선을 파괴할 준비를 하고 있다는 사실이 이미 드러났기 때문이다. 마오쩌둥 등은 1941년 1월 28일에 "완난사변이 일어나고 1월 17일 장제스가 신사군의 반란을 선포한 뒤 우리는 장제스를 대표로 하는 대지주 대자산계급에 대한 우리 정책을 완전 고립시키는 정책으로 바꿔 당내와 당외에 그의 반동 음모를 까발리되 자아제스가 전면 결렬을 선포하기 전(팔로군과 중공이 배신하였음을 선포하는 것)에는 당분간 장제스를 비난하는 구호를 공개하지 말 것"을 신사군에 지시하였다.[142]

두 번째 이유는 1943년 3월에 장제스가 『중국의 운명』이라는 책자를 출판해 십년 내전의 책임을 공산당에게 전가하고 공산당과 팔로군·신사군을 '신식 군벌' '신식 할거'라고 모함하면서 2년 내에 공산당을 해결할 것이라고 암시하고 앞으로 중국의 국가 형태는 동방의 공산주의도 아니고 서양의 자유주의도 아니라고 지적하였을 뿐 아니라 또 같은 해 9월에 국민당 제5기 11중 전회에서 또 공산당이 "항일전쟁을 파괴하고 국가에 위해를 끼쳤다"고 모함하면서 중국에서 국민당 파시스트 독재 통치를 실행하려는 계략을 갈수록 드러냈기 때문이다. 그래서 중공 제7차대표대회 개막 연설에서 마오쩌둥은 "중국인민 앞에는 밝은 길

---

142) 『중공중앙문건선집(中共中央文件選集)』 제13권, 24쪽, 중공중앙당학교출판사, 1991.

과 어두운 길 두 갈래의 길이 놓여 있다"면서 "밝은 중국의 운명과 어두운 중국의 운명 두 개의 중국의 운명이 있다"고 날카롭게 지적하였다.[143] 항일전쟁의 승리를 앞두고 세 가지 국가제도의 선택에서 첫 번째 선택과 네 번째 선택 간의 대립과 투쟁이 갈수록 격화되기 시작했다. 그렇기 때문에 마오쩌동은 1945년 8월 연안 간부회의에서 이렇게 말했다. "전체 형세로부터 보면 항일전쟁의 단계는 이미 지나갔고 새로운 임무는 국내투쟁이다. 장제스가 '건국'을 하려 하는데 이후의 투쟁은 어떤 국가를 건립하는가 하는 투쟁이다. 무산계급이 영도하는 신민주주의 국가를 건립하는가, 대지주, 대자산계급이 독재하는 반식민지·반봉건의 국가를 건립하는가?" 이것은 참으로 힘든 투쟁이 될 것이다."[144]

그러나 일부 민족자산계급과 상층 소자산계급의 정치대표는 이런 투쟁의 필연성과 엄중성에 대해 인식하지 못하고 국민당과 공산당 두 당이 제기한 서로 대립되는 국가 형태를 제외한 '세 번째 길'을 모색해 '중간노선'--즉 영국과 미국 식 의회제 자산계급민주공화국을 선택하려는 환상을 안고 있었다. 그래서 마오쩌둥은 「혁명을 끝까지 진행해야 한다」(1948년 12월)는 글에서 세 번째로 국가 형태 문제에 대한 집중적인 논술을 진행하면서 여전히 '삼분법'을 적용하여 말하였다. 단 내용은 「신민주주의론」(1940년 1월) 때와 달라졌다. 그는 "현재 중국 인민과 여러 민주당파, 여러 인민단체가 직면한 문제는 혁명을 끝까지 진행하느냐 아니면 혁명을 중도에서 그만두느냐는 것이다.

혁명을 끝까지 진행하려면 혁명적인 방법으로 모든 반동세력을 단호

---

143) 마오쩌동, 「두 개의 중국의 운명」(1945년 4월 23일), 『모택동선집(毛澤東選集)』 제3권,1025쪽, 인민출판사, 1991.

144) 『 모택동선집(毛澤東選集)』 제4권, 1991, 인민출판사, 1130쪽.

히 철저히 깨끗이 전면 소멸해야 한다. 제국주의와 봉건주의·관료주의를 쓸어버리는 입장을 흔들림없이 고수해야 하며 전국적으로 국민당의 반동 통치를 뒤엎고 전국적으로 무산계급이 이끄는, 노동자와 농민의 연합을 주체로 하는 인민민주독재의 공화국을 창립하여야 한다.…… 혁명을 중도에서 그만두려는 것은 인민의 의지를 어기고 외국 침략자와 중국 반동파의 의지를 받아들이는 것으로서 그리 되면 국민당이 원기를 회복할 수 있는 기회를 얻어 하루 아침에 갑자기 덮쳐들어 혁명을 파괴해버리고 전국을 암흑세계로 몰아넣을 것이다. 당면한 문제는 바로 이처럼 분명하고 이처럼 예리하게 앞에 놓여 있는 문제이다.

두 갈래의 길 중에서 대처 어느 것을 택할 것인가?…… 중국의 여러 민주당파와 인민단체가 진심으로 합작할 수 있는지 없는지, 그래서 중도에서 버성기지 않을 수 있는지는 그들이 이 문제에서 의견 일치를 볼 수 있는지, 중국인민을 뒤엎으려는 공동의 적을 향해 일치한 발걸음을 내딛을 수 있는지에 달렸다. 우리는 일치해야 하고 합작해야 한다. '반대파'를 만들거나 '중간노선'을 걸어서는 안 된다."[145]

마오쩌동이 「신민주주의론」「연합정부를 논함」「혁명을 끝까지 진행해야 한다」 3편의 글에서 국가 형태 문제에 대해 분석하면서 서로 다른 시각, 서로 다른 중점이 있었지만 한 가지만은 줄곧 일치하였다. 즉 중국 민주혁명 승리 후 신민주주의 공화국을 건립해야 한다는 것이었다. 이 국체는 먼저 '각 혁명단계의 연합독재', '통일전선의 정권'으로 불리었지만, 나중에는 '공인계급이 영도하는 통일전선의 민주연맹의 국가제도'라고 했고, 마지막에는 '인민민주독재'로 규범화 하였다. 그리하여

---

145) 위의 책, 1375쪽.

근대중국의 민주정치건설은 명확한 목표가 있게 되었다. 마오쩌둥은 무산계급이 정치에서의 영도권 등은 사회주의요소라고 하였다. 때문에 이런 국체는 중국의 사회발전규칙에 맞는 국체였다. 즉 민주혁명이 논리에 맞는 결과이고 신민주주의로부터 사회주의로 전화하는 정치적 전제와 정권보장이었던 것이다. 이것은 마오쩌둥 민주정치이론 중 빛나는 보물이었다고 할 수 있다.

2. 정체론

마오쩌둥의 민주정권이론에서 국체론 외에 그의 정체론도 기본구성부분이다. 정체란 정권구성형식의 문제이고, 일정한 사회계급이 어떤 형식으로 자신의 정권을 보호하는 문제이다. 적당한 형식의 정권기관이 없으면 국가를 대표하지 못한다.[146] 『신민주주의론』에서 마오쩌둥은 신민주주의사회에서 적당한 정체는 민주집중제의 인민대표대회제도라고 말했다. 선거제의 기초에서 생긴 인민대표가 국가권리기구의 기능을 발휘하여 각 계층의 인민정부를 선거하고 국가의 법률을 제정하고 정부의 사무를 감독한다. 그렇기 때문에 이것은 민주적이면서 집중적인 정권구성형식이다.

『논연합정부』와 중공중앙이 정권건립에 대한 중요한 지시에서도 마오쩌둥과 당 중앙은 이런 정체설계를 관철시켰다.

이런 정체는 민주적이고 이상적인 형식이다. 먼저 모든 권력을 인민에게 맡기고 최대한으로 민주를 실행하였다. 그 다음 성별, 민족, 신

---

146) 위의 책, 제2권, 677쪽.

앙, 재산과 교육 등 면에서 차별하지 않고 공민이라면 모두 선거권과 피선거권이 있다고 했고 최대한으로 평등을 실현하였다. 그 다음은 공민과 선거된 인민대표는 모두 자신의 의견, 선거와 정부 감독의 권리가 있다고 했고 최대한으로 자유를 실현하였다.

마지막으로 인민대표가 선거한 정부가 집중적으로 국가의 사무와 정무를 처리하여 모든 민주활동을 보장하여 최대한으로 민주기초의 집중과 집중지도하의 민주를 보증하였다. 이런 정체의 설계는 서방의 의회제보다 훨씬 우월하였다.

이런 이상적인 정체를 실현하려면 중요한 조건을 구비해야만 했다. 첫째, 전국의 평화를 실현하고 선거를 진행해야 한다. 둘째, 인민들은 고도의 주인인식을 갖고 민주 훈련을 하여 민주권리를 실행해야 한다. 셋째, 전국은 법치정신을 형성하여 법을 지키고 법을 위배해서는 안 된다. 넷째, 의정, 참정 능력을 갖춘 인재들이 있어야 한다.

이런 조건을 구비하려면 국가민주정치의 발전뿐만 아니라 경제벌전과 교육의 발전도 해야 한다. 즉 인민대표대회의 정체는 조건이 있는 것이다. 이런 조건을 구비하지 않으면 민주정체를 건립하기 어렵다. 건립한다고 해도 유명무실하거나 왜곡되어 집권체제가 되어 민주집중제가 되지 못한다.

국정연구에 능통한 마오쩌동과 그를 핵심으로 하는 중국공산당 영도집단은 이 점을 잘 알고 있었다. 한편으로, 중국은 민주정치를 추진한다고 하여 전제통치를 뒤엎지 못하는 것이 아니며 구국과 발전 2대 기본 문제를 해결할 수 없는 것이 아니며 민족과 인민을 복되게 할 수 없는 것이 아니다. 다른 한편으로 장기적으로 낙후하고 폐쇄적인 국면이 지속되어온 중국에는 건강한 민주 훈련과 법치 의식이 부족하다. 인민민주를 위해 분투하는 일부 선진분자들도 늘 가부장제·관료주의 및 극단적 민주화·무정부주의 등 소생산과 봉건주의사상의 영향을 받곤 한다. 징강산 투쟁에서 홍색정권을 최초로 수립하였을 때도 마오쩌둥은 "명실에 부합되는 공농병대표회 조직이 없는 것은 아니지만 너무 적다"고 경고한 적이 있다. 그것은 대표회라는 새로운 정치제도에 대한 선전과 교육이 부족하기 때문이었다. 봉건시대에 남아 내려온 독재와 전횡의 악습이 대중은 물론 일반 당원의 머릿속에 깊숙이 뿌리내려 일시에 깨끗이 제거할 수 없다. 따라서 일에 봉착하면 편리부터 도모하며 번거로운 민주제도가 마음에 들지 않는 것이다.[147]

옌안 시기에 그는 우리나라는 소생산을 진행하는 가부장제가 우세를 차지하는 나라로서 전국 범위 내에서 아직까지 민주생활이 존재하지 않는다고 거듭 지적하였을 뿐 아니라 당내에 민주집중제에 위배되는 관료주의·종법주의·징벌주의·명령주의·자유주의·극단적 민주화 등등 경향이 나타났다고 거듭 강조하면서 이는 당의 민주건설과 근거지의 민주건설에 불리한 요소로 작용하고 있다고 말하였다. 그러나 이 때문에 민주정치건설을 실행하려는 마오쩌둥의 의지와 계획이 흔들린 적은 없다.

그는 조건을 적극 창조해 민주 정치체제 건설을 추진할 것을 주장하였다. 「신민주주의 헌정」에서 그는 "앞으로 나가고 있지 않기 때문에 추진해야 하고 더디게 나가고 있기 때문에 추진해야 한다"라고 말하였다. 그는 또 장제스 국민당 전제통치에 맞서는 '헌정촉진회'를 특별히

---

147) 마오쩌둥, 「징강산의 투쟁」 (1928년 11월 25일), 『모택동선집(毛澤東選集)』 제1권, 72쪽, 인민출판사, 1991.

소집하였다.

마오쩌둥은 또 "백성들은 지식이 없기 때문에 민주정치를 실행할 수 없다고 말하는 사람들이 있는데 이는 잘못된 생각이다. 항일전쟁 중에서 백성은 빠른 진보를 보였다. 거기에 지도와 방침을 따라세우면 반드시 민주정치를 실행할 수 있다. 예를 들어 화북에서는 이미 민주정치를 실행하였다."[148]

그러면 이처럼 민주적 요소가 부족한 국정에서 어떻게 민주정체의 건립과 건설을 촉진시키고 현실과 이상의 모순을 해결할 수 있겠는가? 마오쩌둥과 당 중앙이 민주정치건설을 영도하는 실천으로 보면 이를 위해 세 방면에서 노력했다.

첫 번째 방면은 적극적인 실천으로 민주 중국의 모형을 만드는 것이었다.

항일전쟁시기, 당은 토지혁명전쟁시기에 건립한 공농병 대표회의의 경험을 종합하고 발양하여 항일민주근거지에서 통일전선의 정권을 적극적으로 건립하였다. 정체형식은 주로 참의회였다. (훗날 인민대표회의로 고침)

1941년에 산간닝 변구(邊區, 중국의 국공 내전 항일 전쟁 시기에 중국 공산당이 몇 개의 성에 세웠던 혁명 근거지) 보통 선거에 참가한 선거인이 80%이상에 달하였다. 대중들이 민주정치건설에 동참하도록 동원하기 위해 먼저 시정 강령을 공개하여 폭넓게 선전하였다. 호적부가 없는 일부 지역에서는 공민 자격을 붉은 종이에 써서 공개한 뒤 대중들을 동원해 만 18세 주민의 공민자격에 대한 토론을 벌이도록 하였다.

---

148) 『모택동선집(毛澤東選集)』 제2권, 588~589쪽, 인민출판사, 1991.

선거인이 글을 모르는 어려움을 해결하기 위해 콩이나 붉은 수수를 투표하는 등 방법으로 무기명투표를 대체하여 자유로운 직접 선거를 실현하였다. 정부 인원은 "삼삼제" 비례로 정원을 배분해 절대 공산당원이 정권을 독단하지 못하게 하였다. 중국공산당은 높은 책임감을 갖고 여러 근거지의 민주선거와 민주 정치 건설을 지도하고 조직하여 민주집중제 정치체제를 수립하고 점차 보완하였다.

1941년 11월 6일 마오쩌둥은 산간닝 변구 참의회에서 연설을 통해 참의원으로 선거된 공산당원들에게 「산간닝 변구 시정 강령」의 규정에 따라 당외 인사와 민주적으로 합작하면서 남의 의견을 아랑곳 않고 자기 고집대로만 독단하지 말라면서 폐쇄주의와 종파주의를 극복할 것을 특별히 당부하였다. 중공 제7차대표대회에서 마오쩌둥은 "모든 해방구역에서 항일민족통일전선에 필요한 모든 정책을 실행하였으며 민주선거를 거쳐 선출된 공산주의자와 여러 항일 당파 및 무당파 대표들이 합작하는 정부 즉 지방 연합정부가 수립되었거나 수립 중"이라면서 해방구 전체 인민이 동원되었다고 선포하였다.[149] 그리고 또 해방구의 정치건설이 "민주 중국의 모델"이라고 높이 평가하였다.

이로써 중국공산당이 민주 정치체제 건설에서 구호나 외치고 깃발이나 흔드는 데 그친 것이 아니라 실제로 실천하고 있고 모색하고 있음을 보여주었으며 참신한 실천을 통해 전국 인민에게 시범의 본보기를 보여주었다. 중국공산당과 중국공산당이 이끄는 인민도 이런 실천 속에서 민주의 단련을 거쳤다.

---

149) 「연합정부를 논함」 (1945년 4월 24일), 『모택동선집(毛澤東選集)』 제3권, 1044, 1045쪽, 인민출판사, 1991.

두 번째 방면은 모색을 통해 민주정체의 초급형식을 찾는 것이었다.

마오쩌동과 당 중앙은 이런 정체의 초급형식인 인민대표회의제도를 찾았다.

인민대표회의제(人民代表會議制)와 인민대표대회제(人民代表大會制)는 한 글자 차이지만 명확한 구별이 있다. 인민대표회의제에서 대표는 전국에서 선거한 것이 아니고 각 계층 인민과 각 정당단체에서 선거하거나 추천한 것이다. 항일전쟁에서 형성한 이런 형식은 민주정치건설 사업에 중요한 시범적 의의를 갖고 있었다. 새로운 해방구에서 무조건 공민을 조직하여 선거를 하고 인민대표를 뽑아 인민대표대회를 개최하였는데 민주집정의 기관이 없어서 인민대표회의제라는 초급적인 민주정체가 회고의 체제였다. 마오쩌동은 실천에서 초급민주정체의 형식을 종합하였다. 신해방구에서 각계 대표들로 구성한 대표회의제를 실행하여 민주정치를 보증하였던 것이다.

1948년 말부터 이 문제는 세 단계를 거쳤다. 단계마다 마오쩌동이 민주정체에 대하여 중요한 사상을 제기하였다.

첫째 단계: 1948년 11월부터 1949년 6월 『논인민민주독재(論人民民主專政)』를 발표하기 전까지 당 중앙은 전국각지에서 각계 대표회의 개최를 제기하였지만, 중시를 일으키지는 못했다. 중공중앙은 1948년 11월 30일 아래와 같은 지시를 내렸다. "도시해방 후 군관제(軍管制)를 실행한 초기 각계 대표회의를 당이 군중을 연결하는 최고의 조직형식으로 해야 한다. 각계대표회의는 공장, 학교, 기관, 부대와 민주당파, 인민단체의 대표로 구성하며, 이는 각 도시 임시인민정부의 협의기관이다. 대표는 군관회의와 임시정부가 초빙한 건전한 인민단체도 군중대회의 추천으로 신청할 수 있도록 한다. 그 어떤 형식으로 선택되든 모두 대

표성이 있어야 한다. 각계 대표회의 직권은 군관회의와 임시 인민정부가 수여한다. 군관회의와 정부의 정책은 각계 대표회의 의견을 받고 토론과 건의를 거쳐 군관회의와 정부가 결정을 하고 실시한다. 당시 중앙은 각계 대표회의를 인민대표회의의 초기 형태로 보면 된다고 지시를 내렸다. 이는 인민군중이 참정 의정의 초기 형태이고 당이 군중을 연결하는 가장 직접적인 조직형식이었다. 당시 경험이 부족하고 지방 군관들의 정력이 부족하여 1949년 7월까지 소수도시에서만 대표회의를 하였다.

두 번째 단계: 1949년 6월 『논인민민주독재(論人民民主專政)』를 발표한 후부터 9월말까지 중공중앙은 각지에서 대표회의를 촉진케 하였다. 마오쩌동은 친히 민주건정(民主建政)을 관철시키고 추진하였다. 1949년 7월31일 당 중앙은 중앙국, 분국의 지시에서 회의를 소집하지 않은 지역을 비평하고 신속히 각계 대표회의를 개최하라고 강조하였다. 당 중앙과 마오쩌동의 독촉과 지도하에 각지에서는 신속히 각계대표회의 또는 각계인민대표회의를 개최하여 민주참정의 과정을 가속화하였다.

세 번째 단계: 1949년 9월부터 그해말까지 인민대표회의제도를 형성하였다. 중국 인민정치협상회의 제1기 전체회의에서는 『중국인민정치협상회공통강령(中國人民政治協商會共同綱領)』을 통과시키고 지방인민대표대회를 소집하기 전에 지방 각계 인민대표회의가 인민대표대회의 직권을 대체한다고 규정하였다. 이런 문건은 법률적으로 각계 인민대표회의는 인민군중이 참정 의정의 조직형식이라고 확정하였다. 인민대표회의는 각계 인민이 선거나 추천으로 건립한 것이기에 조건이 구비된 후에는 인민대표대회의 직권을 대행하여 지방정권의 기구가 된다. 마오쩌동은 이 시기에 기층 인민대표회의의 추진을 특별히 중시하였다. 그

는 책임자들이 지방인민대표회의에 참석하여 경험을 얻은 후 다시 추진을 하게 하였다. 이런 추진을 거쳐 각지는 정기적으로 회의를 소집하는 제도를 건립하였고 어떤 지역에서는 조건이 구비되면 각계 인민대표회의가 인민대표대회를 대행하는 직권으로 인민정부를 선거하였다. 예를 들면 북경, 천진, 당산 등 지역에서 개회한 제2차 각계 인민대표회의는 인민대표대회의 직권을 대행하여 인민정부를 선거하였다. 1949년 말에 각지 인민대표회의는 계속해서 인민대표대회의 전신으로서 인민이 지방정권을 관리하는 방면에서 중요한 걸음을 내딛음으로써 인민민주독재의 지방정권의 조직형식이 되기 시작했다.

세 번째 방면은 인민정협회의를 소집해 전국인민대표대회 직권을 대행하는 것이었다.

지방의 민주 정치 체제 건설 문제는 각 계 대표대회-각 계 인민대표회의 형태를 통해 해결하였다. 그렇다면 전국의 민주 정치 체제는 어떻게 해결할 것인가? 마오쩌동의 구상은 전국의 "각 계 대표회의"를 여는 것, 즉 전국인민정협으로 소집해 전국인민대표대회 직권을 대행하는 것이었다.

일찍 1947년 10월 10일, 중국인민해방군선언에서 장제스를 뒤엎고 새 중국을 창립할 것을 전국인민에 호소한 뒤 중국공산당은 새로운 정협을 소집해 전국 여러 혁명계급과 혁명정당·인민단체와 함께 건국대계를 의논할 생각을 하였다. 1948년 4월 30일, 중공중앙은 유명한 '5.1 구호'를 발표해 최초로 반동세력을 제외한 새로운 정치협상회의를 소집해 민주연합정부 창립에 대해 의논할 것을 공개적으로 제안하였다. 5월 5일 여러 민주당파와 다른 민주인사들이 서로 통전해 새로운 정협이 열리는 것을 지지하였다. 마오쩌동은 민주당파와 애국 화교 지도자들에게 친서를 보내 그들에게 북상해 새 정협 준비에 동참할 것을 청하였다. 1049년 6월 15일 북평에서 새 정협 준비회가 설립되었으며 제1차 전체회의가 열렸다. 9월 17일 또 준비회 제2차 전체회가 열렸다. 회의에서 새 정치협상회의를 중국인민정치협상회의로 개칭할 것을 일제히 통과시켰다.

중국인민정치협상회의의 설립은 새 정권이 절대다수 중국인민이 누리게 될 민주 형태임을 예시하였다. 이는 국민당 통치 시기 일당 독재의 허위 민주와는 선명한 대비를 이루었다. 1949년 9월 21일부터 30일까지 새 중국의 개국성회 – 중국인민정치협상회의 제1회 전체회의가 북평에서 열렸다. 마오쩌둥 동지가 개막사 연설을 통해 "인류의 4분의 1을 차지하는 중국인이 이로써 일어섰다!"라고 전 세계에 장엄하게 선포하였다.

중국공산당은 실제에서 출발해 이러한 통일전선 조직형태로 전국인민대표대회 직권을 대행하도록 하였으며 중국 역사상 최초로 진정한 인민민주정권을 창립하였다.

제3절
당정관계론

마오쩌동의 신민주주의 정치이론에서 국체문제를 해결했고 또 정체 문제도 해결하였다. 이는 마르크스주의 국가학설의 중요한 공헌이라고 말할 수 있다. 마오쩌동이 제기한 무산계급이 영도하는 각 혁명단계의 연합독재는 중국국정에 부합되는 독창성을 가지고 있었다.

그러나 여기서는 중요한 문제, 즉 무산계급의 영도권과 인민민주정 권의 관계에 대한 문제를 더 깊이 연구해야 한다고 본다.

이론적으로 양자 사이에는 어떤 모순도 존재하지 않는다. 무산계급 은 인민의 가장 선진적인 계급이기 때문에 무산계급정당은 자신의 사 리사욕이 없이 무산계급과 인민군중의 근본이익을 대표할 수 있다. 인 민민주독재는 당이 장기적인 분투를 통해서 건립한 것이므로 무산계 급의 영도권과 인민민주정권의 이익은 일치한 것이다. 형식적으로 당 은 정권의 영도자이고 최고 권력기관은 인민대표대회이므로 양자는 어 떻게 통일해야 하는가? 양자의 통일이 성립되려면 실제 업무에서 두 가지 중요한 조건을 구비해야 했다. 하나는 참정권을 가진 무산계급정 당이 대공무사하고 인민을 위해 복무하고 자신의 사리사욕을 채우거 나 관료주의의 습관을 없애야 한다. 다른 하나는 무산계급 정당과 참 정 대표는 인민의 감독을 받아야 한다. 이 두 가지 조건을 구비하지 않으면 국가와 지방정권을 장악하여 영도를 매판으로 하고 당을 정부의 위에 놓고 권력의 힘에 사리사욕을 채우고 인민정부의 형상을 무너뜨리고 부패의 길로 가게 된다. 따라서 무산계급과 그 부대의 입장에서 말한다면, 정권의 쟁취도 어렵지만 정권의 공고도 더욱 힘들었던 것이다. 변증법사상가인 마오쩌둥은 모순학설을 숭배하는데 인민민주독재의 건립과 건설과정에서 당정(黨政)모순, 당군(黨群)모순을 피하지 않고 해결하는 방법을 찾으려고 애를 썼다. 연안시기 그는 이 문제에 대하여 토론한 적이 있었다.

첫째, 당정기관 당원의 교육을 강화하였다.

사상을 앞세우고 교육을 앞세우는 것은 마오쩌둥이 일관적으로 행해온 방법이다. 당정관계를 정확하게 처리하기 위하여 마오쩌둥은 당내에서 민주집정의 교육을 주장하였다. 1941년 11월 6일 산간닝 변구 참의회의에서 마오쩌둥은 이렇게 말했다. "일부 당원은 외부인사들과 합작하지 못하고 협소한 종파주의 작풍을 갖고 있다. 그들은 당외 인사들을 배척하지 말아야 한다는 도리를 모르고 있다. 당원들은 적극적으로 민주합작을 해야 한다."[150] 이 내용에서는 통일전선의 문제로 보이지만 일반적인 당원과 비당원 간의 합작문제가 아니다. 마오쩌둥의 연설은 산간닝 변구 참의회의에서 적극적인 영향을 미쳤고 당원간부뿐 아니라 비당원 민주 인사들도 교육하였다.

둘째, 당정관계를 정확히 처리하는 규율을 제정하였다.

---

150) 위의 책, 809쪽.

1942년 9월 1일 중공중앙정치국은 중요한 결정을 통과시켰다. 바로
『항일근거지에 대한 당의 영도와 각 조직관계를 조정하는 중공중앙의
결정(中共中央關於統一抗日根據地黨的領導及調整各組織間關系的決定)』이었다.
이 결정에서는 "당위와 정권계통의 관계를 명확히 규정해야 한다. 당
위가 정권계통을 책임지고 당정을 구분하지 않는 현상과 정권계통의
당원간부가 당위결정을 따르지 않고 당의 규율을 위반하는 행위는 바
로잡아야 한다"[151]고 말했다. 이 말은 즉 당정은 분리해야 하고 당위는
정권의 업무를 책임지지 말아야 한다는 뜻이었다. 그리하여 중공중앙
은 당정관계에 대하여 중요한 규정을 하였고 각급당위와 정권기관 중
의 당원간부들에 대하여 명확한 규율을 규정하였다.

당정관계의 문제는 오늘날에 와서도 자세히 연구해야 하는 중요한
과제이다. 우리국가는 양당제나 다당제가 아니어서 다른 국가와 비교
하거나 정책을 이용하지 못하고 중국의 실정에서 출발하여 창조적인
탐색을 해야 했다. 연안시기 당의 일원화된 영도를 실행하였지만 당정
을 분리하는 규정과 규율을 설치한 것은 보기 드문 것이었다.

151) 『중공중앙문헌선집(中共中央文獻選集)』 제13권, 1991, 중공중앙당교출판사, 431쪽.

제8장
경제건설론

제8장
경제건설론

지금 우리는 이런 문제를 생각할 수 있다. 즉 중국공산당은 모스크바의 추종자인가? 아니면 서방에서 말하는 민주주의자인가? 모두 아닌 것 같다. 그들은 중국인이기 때문이다.

—[미]안나 루이스 스트롱

제1절
발전의 선택 : 신민주주의 경제

일본제국주의는 중국을 왜 괴롭혔을까? 그것은 바로 중국은 큰 공업을 이루지 못했고, 뒤떨어졌기 때문이었다. 이제 전 민족의 임무는 낙후한 상황에서 벗어나는 것이다. 백성들은 공산당을 지지한다. 공산당이 공업을 건설하지 않고 생산력을 발전시키지 않으면 백성들은 지지하지 않을 수도 있다.[152] 마오쩌둥은 낙후하면 매를 맞기 마련이라는 것을 알고 있었다. 발전은 근대 중국의 기본문제이고 낙후함을 소멸시키는 것은 전민족의 임무라는 사실을 말이다. 중국공산당은 인민들의 지지를 받으려면 구국과 발전을 해결해야 했던 것이다.

구국의 길은 반제반봉건 혁명을 진행하는 것이다. 발전의 출로는 민주정치의 조건에서 경제건설을 잘하는 것이다. 마오쩌둥은 1933년 8월 중앙 혁명근거지 남부 17현 경제 건설대회에서 "국내전쟁이 끝나야 경제건설을 중심으로 정책을 실시할 수 있다"고 밝혔다.[153] 이곳에서 경제건설의 조건을 제기했지만 혁명시기 경제건설을 하지 말아야 한다는 것은 아니었다. 마오쩌둥은 "일부 사람들은 지난날 이제 혁명전쟁에서

---

152) 마오쩌둥, 「중앙사무실초대회에서의 연설」 (1944년 5월 22일), 『해방일보』 1944년 5월 26일.

153) 『모택동선집(毛澤東選集)』 제1권, 1991, 인민출판사, 123쪽.

힘든 일은 없고 경제건설을 할 시간적 여유도 없으며 누가 경제건설을 한다면 이는 '우경'이다. 그들은 혁명전쟁 환경에서 경제건설을 할 가능성이 없다면서 전쟁에서 승리한 뒤 평화롭고 안정적인 환경에서만 경제건설을 할 수 있다고 했다. 이런 의견은 잘못된 것이다. 이런 의견을 가진 사람들은 혁명전쟁에서 물질조건을 보장하지 못하면 인민들이 장기적인 전쟁에서 피곤을 느낄 수 있다는 도리를 모르기 때문에 이런 말을 한다"고 했다.[154] 그래서 마오쩌둥은 토지혁명 전쟁시기부터 항일전쟁시기, 전국해방전쟁시기까지 매 시기마다 중요한 담화와 문장을 발표했으며 경제건설문제를 중요하게 여겨야 한다고 했다.

아울러 전국에서 혁명을 승리로 이끌 때까지 마오쩌둥은 경제건설 문제의 중요성을 제기했다. "우리는 도시를 접수해서 관리하는 날부터 이 도시 생산사업의 회복과 발전에 대비해야 하고, 계획 없이 맹목적으로 해서는 안 되며, 중심임무를 잊고 몇 달씩 한 개 도시를 점령하고 생산건설 사업을 궤도에 올리지 못한다면, 심지어 많은 공업이 정돈상태에 빠져 실업자 수가 늘어나 공인들의 생활수준이 낮아져 공산당에 불만을 일으키게 될 것이다. 이런 상태는 허용할 수 없다."[155] 혁명에는 혁명의 법칙이 있다면 건설에도 법칙이 있다. 경제건설의 중심은 생산력을 발전시키는 것이지만 생산력의 발전은 이와 맞물린 생산관계를 떠나서는 안 된다.

그래서 생산력과 생산관계의 상호 역할 법칙을 존중하는 것은 마오쩌둥이 경제건설을 할 때 매우 중시하는 한 개의 문제였다. 사실 마오쩌둥은 생산력 분야의 지식을 비교적 짧기 때문에 경제건설을 할 때 생

---

154) 위의 책, 119쪽.
155) 위의 책, 제4권, 1428쪽.

산관계의 문제를 고려했다.

먼저 그는 중국의 낙후한 생산력은 매판 봉건적인 생산관계의 속박이 조성했다고 지적했다. 일찍이 "중국사회 여러 계급의 분석"에서 (1925년 12월) 마오쩌동은 매판 봉건적인 생산관계는 "중국에서 가장 낙후하고 반동적인 생산관계가 중국생산력 발전을 저해했다"고 지적했다.[156] 일련의 농촌 조사와 30년대 중국사회성격에 대한 토론을 거쳐 그는 이 문제에 대한 인식을 심화했다. 『중국혁명과 중국공산당』에서는 중국사회의 주요 생산관계 특성과 역사적 발전 과정에 대한 예리한 분석을 하고 제국주의와 봉건주의는 중국사회의 발전을 억압하고 억제하는 주요한 요소임을 지적했다. 항일전쟁 승리 이후 그는 변화하는 새로운 상황에 따라 장제스 반동정권의 경제기반은 봉건주의 독점자본주의라고 지적했다. 장(將介石), 송(宋子文), 공(孔祥熙), 진(陳立夫) 4대 가족은 20년 동안 정권을 잡으면서 100만-200만 달러의 거대한 재산을 모았고 국가 경제의 생명선을 독점했다. 이러한 자본주의 독점은 국가의 정권과 결합하여 국가 자본주의 독점으로 되었다. 이 독점 자본주의는 외국 제국주의 및 본 국가 지주계급 및 구식 부농들과 밀접히 결합하여 매판 봉건 독점자본주의 국가로 되었다. 이것은 장제스의 반동적 체제의 경제기반이다. 이 자본주의 독점국가는 노동자와 농민들을 억압 할 뿐만 아니라 도시의 소자산계급을 압박했으며 중등 자산계급을 손해 보게 했다. 이 독점 자본주의 국가는 항일전쟁시기와 일본 투항 이후 절정에 이르렀다. 이는 신민주주의 혁명을 위해 충분한 물질적 조건을 준비했다. 이 자본을 중국에서는 관료자본이라고 한다. 이

---

156) 위의 책, 제1권, 4쪽.

자산계급은 관료주의 자산계급이며 중국의 대 자산계급이기도 하다. 신민주주의 혁명의 임무는 제국주의특권을 폐지하고 국내에서 지주계급과 관료자산계급의 착취와 압박을 파괴하여 매판 봉건의 생산관계를 개방하고 속박되어 있는 생산력을 해방시키는 것이다.[157] 그리고 그는 해방과 생산력 발전은 다양한 경제 구성과 공존하는 새로운 민주적 경제를 수립해야한다고 지적했다.

　근대 중국의 생산력과 생산관계의 모순 분석이 신민주주의 혁명이론의 형성을 위해 과학적 기초를 마련한 것이라고 한다면 이 모순을 해결하기 위한 연구는 신민주주의 혁명이 건립하는 신민주주 사회이론의 형성을 위해 방향을 제시한 것이라고 할 수 있다. 위 모순의 분석에서 우리는 매판 봉건 생산관계에 속박된 생산력을 3가지로 나눌 수 있다는 것을 알 수 있다. 첫째, 국가경제의 생명선인 현대 교통과 에너지 등 선진적인 생산력을 결정하는 생산요소이다. 둘째, 민족자산계급이 장악하고 있는 대량의 경공업, 방직업 등 선진적인 생산력 및 생산요소이다. 셋째, 방대한 농업생산력이다. 이중 첫 번째와 세 번째의 생산력은 대자산계급 또는 지주계급이 독점했고, 두 번째 생산력도 대지주자산계급의 압박을 받았다. 신민주주의혁명이 경제영역에서의 임무는 바로 마오쩌동과 중앙위원회가 해방전쟁시기에 반포한 3대 경제정책 또는 3대 경제 강령이었다.

　(1) 봉건계급의 땅을 몰수하여 농민들에게 분배한다.

　(2) 장개석, 송자문, 공상희, 진립부가 독점한 자본을 몰수하여 신민주주의 국가가 소유한다.

---

157) 위의 책, 제4권, 1253쪽.

(3) 민족 상공업을 보호한다.

신민주주의 혁명에서 건립된 신민주주의사회의 경제 형태는 여러 경제성분으로 구성한 종합형태였다.

이에 대하여 마오쩌둥은 장기적인 사고와 연구를 했고 이 문제에 대한 좀 더 집중적인 토론을 네 번 했다.

첫 번째는 『신민주주의론(新民主主義論)』(1940년 1월)이다. 마오쩌둥은 장절을 따로 하여 신민주주의사회에서는 정치적으로 경제적으로 모두 신민주주의 길을 걸어야 한다고 말했다. '신민주주의 경제'는 네 가지 경제성분으로 구성된다고 했다. 첫째는 국가소유의 경제이다. 마오쩌둥은 "대은행·대공업·대상업은 이 공화국의 국가 소유이다. '무릇 본국인 및 외국인 기업이나 혹은 독점적인 성질을 띠었거나 혹은 규모가 너무 커 개인의 힘으로 운영할 수 없는 은행·철도·항로 등에 대해서는 국가가 경영관리함으로써 사유자본제도가 국민의 생계를 좌지우지할 수 없도록 한다. 이것이 바로 자본을 통제 관할하는 요지이다.' 이 또한 국민당과 공산당이 합작한 국민당의 제1차 전국대표대회 선언 중의 장엄한 성명이기도 하며 신민주주의공화국의 경제구성의 정확한 방침이다." 둘째는 개인 자본경제이다.

마오쩌둥은 신민주주의공화국은 "기타 자본주의 개인 소유 재산을 몰수하지 않으며 '국민의 생계를 좌지우지할 수 없는' 자본주의생산의 발전을 금지시키지 않는다. 이는 중국 경제가 여전히 매우 낙후한 수준에 처해 있기 때문이다"라고 지적하였다. 셋째는 농민 개체경제이다. 마오쩌둥은 "이 공화국은 일부 필요한 방법을 취해 지주의 땅을 몰수해 땅이 없거나 적은 농민에게 나눠주어 중산(中山) 선생이 제기한

'농사 짓는 자가 밭을 소유하게 해야 한다'는 구호를 실행할 것이다. 농촌의 봉건관계를 없애고 토지를 농민의 사유재산으로 바꿀 것이다."라고 말하였다. 넷째는 합작경제이다. 개체농업 소생산경제가 낙후한데다 근거지에 다양한 유형의 합작사가 나타난 등 새로운 상황을 감안해 마오쩌둥은 신민주주의경제는 "농사 짓는 자가 밭을 소유하는' 토대 위에서 발전하게 되는 여러 가지 합작경제"를 포함하게 될 것이라고 지적하였다. 이 네 가지 경제성분 중 국가소유경제는 사회주의 성격의 경제이고 전체 국민경제의 영도적 역량이며, 합작경제도 "사회주의적 요소를 갖추었다."[158] 그래서 이는 서로 다른 성질의 경제성분들로 종합적으로 구성된 경제 형태이다.

두 번째는 『논연합정부(論聯合政府)』(1945년4월)이다. 마오쩌둥은 신민주주의 경제구성에 대하여 다시 한 번 논술했다. 이번에 그는 주로 운영방식의 관점에서 경제구성을 분석했으며 "이 단계에서, 중국경제는 국가 운영, 민간 운영과 합작사 운영 3자 관리에 의해 운영되어야 한다. 그리고 이 국가는 무산계급 지도하의 '일반 평민소유'인 새로운 신민주주의 국가여야 한다." 위의 네 가지 소유경제와 세 가지 운영방식을 비교해 보면 농민의 개인경제와 개인자본주의경제를 '개인경영'으로 분류하였다는 것을 알 수 있다. 그렇게 분류한 이유 중 하나는, 두 가지 소유제경제가 모두 개인재산을 보유한 경제이기 때문이고, 다른 한 가지 이유는 그때 당시 중국공산당이 인권을 어기고 개성을 억누른다고 의심하는 국내외 일부 인사들의 의론에 대답해야 했기 때문이다.

---

158) 위의 책, 제2권, 678쪽.

그중 뛰어난 사상이 하나 존재한다. "어떤 사람은 중국공산당이 개성의 발전을 찬성하지 않고 개인 자본주의를 발전시키는 것을 찬성하지 않으며 개인소유재산을 보호하는 것을 찬성하지 않는다고 의심하고 있는데 기실은 그렇지 않다. 민족압박과 봉건압박이 중국인민의 개성 발전을 잔혹하게 속박하고 있으며 개인자본주의 발전을 속박하고 광범위한 인민의 재산을 파괴하고 있다. 우리가 주장하는 신민주주의제도의 임무는 바로 이런 속박을 해소하고 이런 파괴를 멈춤으로써 광범위한 인민들이 공동생활 속에서 자신의 개성이 자유롭게 발전할 수 있도록 보장하며 '국민의 생계를 좌지우지하는 것'이 아닌, 국민의 생계에 이로운 개인 자본주의경제가 자유롭게 발전할 수 있도록 보장하며 모든 정당한 개인소유재산을 보장하는 것이다."[159]

세 번째는 「현재 형세와 우리의 임무(目前形式和我們的任務)」(1949년 12월)이다. 마오쩌둥은 신민주주의 경제의 구성을 다시 한 번 논술했다. "신중국의 경제구성은 1) 국영경제(이것은 주요한 구성 요소이다), 2) 개인이 집단적으로 발전시킨 농업 경제, 3) 독립적인 중소기업 경제와 중소형 민간 자본경제이다. 이것이 바로 신민주주의의 국민경제이다."[160] 이번 논술에서는 국영경제, 농촌개체경제, 농민합작사경제와 개인자본주의경제뿐만 아니라 독립적인 중소기업경제도 논하였다. 즉 도시의 수공업자와 소상인 모두 개체경제라는 뜻이었다.

---

159) 위의 책, 제3권, 1058쪽.
160) 위의 책, 제4권, 1255쪽.

네 번째는 「중국공산당 제7차 중앙위원회 2차 전체회의 보고(在中國共産黨第七屆中央委員會第二次全體會議上的報告)」(1949년3월)이다. 여기서 마오쩌둥의 신민주주의경제에 대한 분석은 전례 없는 심도에 이르렀다. 먼저 그는 중국의 생산성 구조의 특징을 분석하였다. 다음은 신민주주의 사회의 생산관계의 세 가지 기본 형태와 두 가지 발전 추세를 분석하였다. 마지막으로는 분석의 기초상에서 종합하였다.

국영경제는 사회주의 성격이고 합작경제는 반 사회주의성격이다. 여기에 개인자본주의, 개체경제, 국가와 개인합작의 자본주의경제를 더하면 인민공화국의 주요 경제성분이 되고 이런 성분들이 신민주주의 경제형태를 구성한다. 마오쩌둥의 사상은 아래와 같았다. 신민주주의 경제를 발전시켜야만 근대중국의 발전문제를 해결할 수 있고, 신민주주의 경제를 발전시켜야만 신민주주의 사회가 자체적으로 경제기반을 가질 수 있으며, 신민주의 경제를 발전시켜야만 신민주주의에서 사회주의로의 전환에 도움이 된다는 것이었다.

제2절
자본주의 운명에 대한 사고

마오쩌둥의 신민주주의 경제이론에서 자본주의 경제에 대한 논술은 독특했다.

중국은 항상 특이하다. 대지주 대자산계급 대표인 장개석은 「중국의 운명(中國之命運)」에서 "동방의 공산주의도 서방의 자유주의도 필요하지 않다"고 선언했다. 민족자산계급과 상류소자산계급 대표의 건국방안은 "정치적으로는 영국·미국식의 자유주의와 민주주의를 채택하고, 동시에 경제적으로는 소련(蘇聯)식의 계획경제와 사회주의를 채택한다. 부정적 관점에서 볼 때, 자본주의가 아닌 민주주의를 택하고 무산계급혁명의 독재가 아닌 사회주의를 택하는 우리는 방임이 아닌 자유를 원하고 투쟁이 없는 법을 원한다"[161]는 것이었다. 신민주주의 혁명과정에서 특히 항일전행 승리 후 건국의 문제에 대해 분쟁이 심한 가운데 마오쩌둥을 대표로 하는 공산당은 거듭해서 선포하였다. 신민주주의사회에서 자본주의를 두려워하지 말고 발전을 촉진하여 자산계급들로 하여금 자본주의를 발전시키려는 주장을 제기하지 못하게 한다. 중국공산당이 민족상공업을 보호하고 민생에 유리한 자본주의를 발전시키는 것을 자

161) 장동손(張東蓀), 「중간정치노선(一個中間性的政治路線)」, 『재생(再生)』 제118기, 1946년 6월 22일.

신의 경제 강령으로 제기하는 것이 마오쩌둥이 말하는 이상한 중국현상이었다.

우리는 7년이란 짧은 시간으로 신민주주의에서 사회주의로 과도하는 임무를 완성하였고, 민족자본주의를 개조하였으며 60년대 중기 이후 자본주의를 비판하고 '자본주의 꼬리를 자르는' 과정에서 좌경적 착오를 범하였다. 그래서 오늘날 국내외 마오쩌둥 연구 학술계에는 마오쩌둥 만년의 과오를 근거로 삼아 그를 '공상주의자', '민수(民粹)주의자'라고 단언하였다. 그러나 이런 평가는 불공정한 것이다.

마오쩌둥은 중국 혁명을 이끌면서 국정을 중시하였다. 그는 중국 생산력 구조에서 소생산이 절대적 우세를 차지한다는 사실과 생산관계 구조에서 농촌의 광범위한 영역이 봉건생산관계가 주도적 지위를 차지한다는 사실을 잘 알고 있었다. 그렇기 때문에 중국 자산계급이 혁명을 이끌 수 없고 중국이 혁명의 승리를 거둔 뒤 자산계급독재의 자본주의 제도를 세울 수 없음이 실천을 거쳐 이미 실증되었음에도 그는 여전히 중국이 절대 이처럼 낙후한 사회에서 직접 사회주의사회로 들어설 수 없다는 관점을 주장하였다. 그는 "식민지·반식민지·반봉건의 폐허 위에 사회주의사회를 수립하려는 것은 전적으로 터무니없는 공상에 지나지 않는다"라고 매우 분명하게 말하였다.[162]

중국처럼 이렇게 크고 낙후한 국가는 빠른 시간 내에 개조할 수 없다. 앞으로 긴 시간동안 중국은 농업이 우세를 차지할 것이다. 그렇기 때문에 중국농민의 문제는 중국미래의 기본문제이다. 농업을 기초로 해야 중국의 공업화가 성공할 수 있다. 농민이 공업화의 상품에 시장

---

162) 「연합정부를 논함」 (1945년 4월 24일), 『모택동선집(毛澤東選集)』 제3권, 1060쪽. 1991, 인민출판사,

을 제공해야 하기 때문이다.

중국농민의 근본요구는 소작제 봉건조건을 폐지하고 지주와 자본가의 신용대출과 그 제품에 대한 의존상태를 폐지하는 것이다. 그리고 토지개혁과 민주를 실행해야 한다. 농민은 독립과 자신의 이익을 보호하는 권력을 얻어야 한다.

중국의 국민 모두 사회주의의 실현을 위한 준비가 되어있지 않았다. 기나긴 시간동안 준비를 해야 한다.

마오쩌동은 근대중국의 사회 발전규칙이 중국혁명 승리 후 자본주의 길을 걸을 수 없다고 하면서 우경주의 기계론의 관점과 경계선을 그었다. 그리고 근대중국 사회발전의 규칙이 중국혁명 승리 후 바로 사회주의제도를 건립할 수 없다는 것을 결정한다고 하면서 좌경주의 공상론의 관점과도 경계선을 그었다. 때문에 마오쩌동을 공상주의, 민수주의라고 하는 것은 객관적 역사사실을 위반한 틀린 관점인 것이다.

이렇게 좌우로 제한을 받을 때에 마오쩌동은 무산계급이 신민주주의 국가를 영도하는 제도를 제기하여 민족 상공업을 보호하고 민생에 유리한 자본주의를 발전시키려는 구상을 하였다. 중국에서 혁명은 무산계급이 이끌고 있었고 그 성격은 자산계급 민주주의였다. 혁명이 승리한 뒤의 중국은 무산계급이 영도한다고 하여 바로 사회주의제도를 수립할 수도 없었고 혁명의 성질이 자산계급민주주의혁명이라고 하여 자본주의제도를 수립할 수도 없었다. 이런 어려운 선택의 갈림길에서 마오쩌동은 마르크스주의 지혜-유물론과 변증법 및 역사관의 기본 원리를 이용해 중국의 구체적인 실제에서 출발하여 과학적인 분석과 종합을 진행하였다.

그럼 중국공산당은 무엇 때문에 무산계급이 영도하는 국가제도에서 민생에 유리한 자본주의를 보호하고 발전시키려 했는가? 마오쩌동은 "자본주의의 발전으로 외국의 제국주의와 본국의 봉건주의의 압박을 대신하는 것은 진보이고 피할 수 없는 과정이다"[163] 라고 말했다. 이는 사회발전법칙에서 생각한 것이기 때문에 과학적인 것이었다. 그리고 그는 "자본주의를 일정하게 발전시키는 것은 자산계급뿐만 아니라 무산계급에도 유리한 것이다"[164]라고 말했다. 이런 이론은 장기적 발전으로부터 보면 민생에 유리한 자본주의이고, 무산계급과 자산계급의 통일전선을 공고히하고 발전시킬 수 있을 뿐만 아니라, 인민민주독재를 공고히 하고 사회화 대생산을 발전시켜 무산계급을 확장시킴으로써 사회주의로의 과도를 위해 든든한 조건을 마련할 수가 있다. 그렇기 때문에 무산계급 지도하에서 민생에 유리한 자본주의를 발전시키는 것은 근본적으로 무산계급의 관점인 것이었다.

마오쩌동의 신민주주의 사회이론에서 핵심문제는 정권문제이나 가장 복잡한 문제는 경제문제이다. 특히 적당하게 자본주의경제 성분의 문제를 해결하는 것은 자본주의 운명에 대한 문제였던 것이다.

이런 운명의 문제는 신민주주의사회에서 자본주의를 보류하고 발전하느냐의 문제뿐만 아니라 존재와 발전의 시간문제도 있었다.

자본주의의 존재와 발전의 문제는 신민주주의사회로부터 사회주의로 과도하는 시간표와 연결되어 있었다. 신민주주의는 필연적으로 사회주의로 과도해야 한다. 그러나 과도의 시간에 대해서는 단지 '오랜 시간'이 필요하다고만 했다. 그러다가 중공중앙이 과도시기의 총적 노선을 제기할 때에 이르러서야 비로소 과도시기 임무를 완성하려면 "대

---

163) 위의 책, 제3권 1060쪽.
164) 위의 책.

략 3개의 5년 계획(즉 15년)을 거쳐야 한다"고 제기하였다. 거기에 개국 후 국민경제 회복시기 3년을 합치면 총 18년이 되는 것이다. 그때 당시 신민주주의에서 사회주의로 과도하는 데 18년이 걸릴 것이라는 것이 공통된 인식이었다.

　과도시기 총 노선을 제기한 후 광범위한 선전을 거쳐 전국에서는 사회주의 개조의 태세가 나타나기 시작했고 1955년 하반기에는 고조를 이루었다. 그 결과 1956년에는 생산자료 사유제의 사회주의 개조를 기본적으로 완성하게 되었다. 자본주의가 새 중국에서 존재한 것은 고작 7년이었다. 당시 사람들은 이를 좋은 일이라고 하였다. 그러나 얼마 지나지 않아서 문제와 모순이 나타나기 시작했다. 당 중앙은 자본주의적 결제를 제한하고 개조하는 과정에서 너무 성급하여 사회주의 건설에 심각한 결과를 주었다고 했다. 마오쩌둥은 이 문제에는 필연성이 있다고 말했다. 그는 사회주의제도에서 일정한 시간 내에 자본주의경제를 이용하고 발전하여 자본주의가 가져다 준 문제를 해결해야 한다고 했다. 여기서 자본주의경제 운명의 문제는 신민주주의와 연결하는 것이 아니라 사회주의와 연결하게 되었다. 이것은 더욱 복잡한 문제이고 새로운 사고방식이었다. 그러나 이로 인해 나타난 여러 가지 문제에 대해서는 더 깊이 연구하지 않았다. 이런 상식에 어긋나는 사고방식은 불꽃과 같이 사라져 새로운 이론을 형성하지 못하였던 것이다.

제3절
"농사를 짓는 자가 밭을 소유하는 것(耕者有其田)"에서 '합작사(合作社)'로 발전

중국은 낙후한 농업대국이다. 자본주의 문제도 중요하고 필요하지만 농촌경제의 문제가 더욱 중요하고 힘든 문제이다. 신민주주의 경제이론은 중국 농촌경제이론이다.

마오쩌둥이 농촌경제에 대한 대량의 논술에서 토지혁명, 노동형식과 기술개조는 중국농촌이 낙후한 면모를 변화시키는 세 가지 중요한 문제라고 했다. 신민주주의 경제의 기본구성과 건설에 대해 논술할 때에 그 주제를 "농사를 짓는 자가 밭을 소유"하는 것으로부터 '합작사(合作社)'로 발전해야 한다는 것으로 결론지었다.

1. 토지제도

정치경제학의 일반 이론으로 보면 무산계급이 농촌 토지문제를 해결하는 최상의 방법은 토지를 국유화하는 것이다. 러시아혁명 다음 날부터 소비에트정부는 "모든 토지를 전민이 소유하고 노동자에게 사용권을 준다"는 법령을 반포하였다. 1949년 스탈린의 특사가 비밀리에 중공중앙을 방문할 때에 마르크스주의의 관점대로 토지를 집중하여 집체

농장을 했으면 더 좋았을 거라고 했다. 마오쩌둥은 중국의 국정을 해석하면서 중국의 농업경제는 낙후하고 분산된 자연경제이기 때문에 농민들이 토지를 소유해야만 해방을 체험하고 군에 참가하여 활약한다고 했다.

여기서 우리는 마오쩌둥이 실천에서 제기한 중국 토지문제에 대한 신민주주의 방안은 마르크스의 창조라는 것을 알 수 있다.

이런 창조는 토지혁명전쟁시기, 항일전쟁시기와 전국해방전쟁시기 그리고 신 중국건립 후 시기마다 서로 다른 내용이 있었다.

첫째, 토지혁명전쟁시기 『토지법』의 완성.

토지법의 내용은 간단하였다. 모두 9조항이 있었는데 중요한 것은 4조항이었다. 1)모든 토지를 몰수하여 소비에트정부의 소유로 한다. 2) 일체의 토지 매매를 금지한다. 3) 토지를 분배한 후 노약자와 공공근무자 외에는 모두 노동을 해야 한다. 4) 토지 분배 표준: 인구를 표준으로 남녀노소가 평균적으로 분배한다. 그리고 노동력이 강한 자는 1배 더 분배 받는다.

위의 표준에서 처음 표준을 주체로 하고 특수한 정황에서는 두 번째 표준을 적용해야 한다. 토지법을 실행하는 중에 지주의 저항을 받았고 소지주, 부농 등 중간계급의 저애를 받았으며, 중농의 이익과 적극성에 영향을 주었다. 그러나 중국공산당은 토지제도 개혁의 첫걸음을 걸었고 빈곤한 농민의 적극성을 움직이게 하였다.

홍군이 정강산(井剛山)에서 강서성 이남(贛南)으로 진군한 뒤 토지혁명은 새로운 단계로 발전하였다. 1929년 4월 마오쩌둥은 두 번째 토지개혁인 흥국 『토지법』을 제정하였다. 제일 큰 변화는 모든 공공토지와 지주계급의 토지를 공농병 대표회의정부의 소유로 하고, 토지가 없거나 작은 전지를 가진 농민에게 사용토록 하였던 것이다. 그리하여 지주계급에게 타격을 주었고 단결을 확대하였다. 그러나 다른 조항은 달라진 것이 없었다. 특히 농민에 대한 토지의 소유권이 확실하지 않았다. 그해 7월에 중공 복건성 서쪽(閩西)에 개최한 제1차 대표회의에서 "자경농(自耕農)의 토지는 몰수하지 않는다"고 결정하면서 "많은 것은 거두어들이고 적은 것은 보충해준다"는 원칙을 제기하여 토지분배의 모순을 잘 해결하였다.

1930년 2월 마오쩌동은 중앙의 결정대로 지방정부에 아래와 같이 공고하라고 지시하였다. "과거에 분배를 받은 땅은 스스로 관리하고 다른 사람이 침범하지 못한다. 임대와 매매는 자유이고 소득은 세금 외에 모두 농민소유이다." 중앙의 이러한 지시는 토지권리에 대한 규정을 변화시켰다. 그리하여 중국공산당은 중국실정에 적합한 토지제도의 개혁방안을 제기하게 되었다.

물론 이후의 토지문제가 순탄한 것만은 아니었다. 왕명(王明)시기에 "지주는 땅을 분배받지 못하고 부농은 빈약한 땅을 분배받는다"는 좌경정책은 모순을 격화시켜 사회의 혼란을 일으켜 혁명근거지를 망하게 할 뻔하였다.

그렇다면 마오쩌동과 중국 토지개혁의 역사를 뒤돌아보았을 때 성공적인 경험이란 어떤 것인가?

먼저, 농민이 의지하는 것은 토지로, 이 문제를 중시하는 것은 아주 중요한 문제라는 사실이다. 이것은 실정에서 출발한 결과였다.

다음, 토지소유제 정책으로 토지를 농민에게 돌려준 것은 중국농민의 요구에 부합되고 중국전통에 적합한 것이다.

그 다음, 토지 몰수문제는 지주계급을 타파하고 민주혁명의 반봉건 요구에 부합되며 과학성이 있다는 점이다.

마지막으로 군중을 발동하여 분전(分田)투쟁을 하게 하고, 홍색정권을 위하여 군중의 골간들과 영수를 배양하는 일이었다.

둘째, 전 민족 항일전쟁시기의 감조감식(減租減息)

항일전쟁과 토지혁명의 구별은 민족모순이 주요모순이 된다는 것이었다. 그리하여 농민과 지주계급의 모순이 복잡하게 되었다. 일부 간첩 지주와 농민의 모순이 계급모순과 민족모순인 이중성격을 갖게 되었다. 그러나 일부 항일전쟁에 뛰어든 지주와 농민의 모순은 항일민족 통일전선 내부의 모순이 되었다. 따라서 토지혁명시기에 형성된 토지제도 개혁방안은 이런 새로운 정황에 적응하고 적당이 조절해야 했다.

1939년 겨울부터 항일근거지는 "농사를 짓는 자가 밭을 소유"하는 정책이 감조감식(減租減息)의 정책으로 바뀌었다. 이것은 항일통일전선이 지주계급에 대해 양보한 것이고 농촌항일 통일전선을 건립하고 지주와 농민에게 모두 유리한 것이었다. 정책의 실행은 군중들의 옹호를 받아 각 계층민들을 단결시키고 적후에서의 항전을 지지케 하였다.

그러나 이런 정책은 보편적으로 관철시키지는 못하였다. 군중들의 적극성을 발휘시키지 못하고, 항일의 기초를 세우지 못하여, 근거지 또한 공고하지 못하였다. 심지어 어떤 지역에서는 좌경주의가 발생하여 항일민족 통일전선의 건립과 공고에 영향을 주었다.

각지의 경험을 상세히 연구한 뒤 중공중앙정치국은『중공중앙이 항일근거지 토지정책에 대한 결정(中共中央關於抗日根據地土地政策的決定)』(1942년 1월 28일)을 통과시키고 통일된 토지정책을 제정하였다. 정치국은 이 중요한 결정을 통해 집권당의 토지정책 세 가지 기본 원칙을 제기하였다. 그 원칙은 "당의 항일민족통일전선 및 토지정책의 출발점"이다. 그 세 가지 기본 원칙은 (1) 농민(고용 농민 포함)이 항일과 생산의 기본 역량임을 인정하는 것이다. 고로 당의 정책은 농민을 도와 지주의 봉건 착취를 경감하고 조세 감면조치를 실행하며 농민의 인권, 정권, 토지권, 재산권을 보장해 주어 농민의 생활을 개선시킴으로써 농민의 항일과 생산 적극성을 높이는 것이다. (2) 지주의 대다수가 항일을 요구하고 있음을 인정하고 일부 개명한 신사가 민주개혁을 찬성하고 있음을 인정하는 것이다. 고로 당의 정책은 농민을 도와 봉건 착취를 경감시켜주는 것이지 봉건착취를 소멸하는 것이 아니며 민주개혁을 찬성하는 개명한 신사들을 단속하려는 것은 더욱 아니다.

오직 절대 뉘우치려 하지 않는 매국노에 대해서만 그 봉건착취를 소멸하는 정책을 적용하는 것이다. (3) 자본주의 생산방식이 현 시기 중국의 진보적 생산방식임을 인정하고 자산계급, 특히 소자산계급과 민족자산계급이 현 시기 중국의 진보적 사회 구성원과 정치세력임을 인정하는 것이다. 사람들은 이러한 원칙에 따르는 토지정책이 새 사상을 갖춘 농촌 토지정책임을 발견할 수 있다. 그 '새 사상'은 주로 세 가지 부분에서 반영된다. 하나, 그 새 사상은 공산당의 최대 관용심과 넓은 혁명적 흉금을 반영하였다. 모든 항일 세력을 최대한 단합하여 민족 구국의 역사적 중임을 완성하기 위해 중국공산당은 자신의 가장 믿음직한 동맹군인 농민들에게 지주계급에 양보할 것을 요구하였다.

지주의 토지를 몰수하던 조치를 조세 감면으로 바꾸었을 뿐 아니라 농민에게 조세를 납부할 것을 요구하였다. 둘, 그 새 사상은 봉건세력을 일정하게 약화시키고 국민당의 반공 보수파를 최대한 고립시키는 사상을 반영하였다. 1942년 전과 후, 중국공산당은 일본제국주의와 매국노에 정면으로 맞서 싸워야 하였을 뿐 아니라 국민당 반공 보수파가 등뒤에 칼을 꽂는 것(완난사변과 같은 사건)도 방지하여야 했다. 그 시점에 중공중앙정치국이 그 문건을 통과시킨 것은 심각한 의미가 있다. 셋, 그 사상은 마오쩌둥이 창도하는 '혁명적 인도주의'와 인권관을 반영하였다. 신민주주의혁명 중 특히 적과의 가혹한 투쟁 환경 속에서 마오쩌둥은 혁명의 철저성을 강조하고 혁명 과정에서의 온정주의와 추상적인 인성론에 반대하였을 뿐 아니라 혁명의 인도주의와 인권관도 강조하였다.

셋째, 전국해방전쟁시기의 토지개혁

해방전쟁 초기 중국공산당이 농촌에서 실행한 것은 감조감식 정책이었다. 1945년 11월 7일 마오쩌둥은 감조와 생산은 해방구를 보위하는 두 가지 큰일이라고 했다. 국내 계급모순이 격화되면서 중공중앙은 1946년 5월에 '오사지시(五四指示)'를 내려 당의 토지정책을 다시 "농사를 하는 자가 밭을 소유하는 것"으로 바꾸는 토지제도개혁을 하였다. 1947년 하반기까지 해방구의 3분의2 지역은 토지문제를 기본적으로 해결하였다. 그러나 3분의1의 해방구는 토지개혁을 하지 못하였다. 이번 투쟁을 영도하기 위하여 유소기(劉少奇)는 1947년 7월부터 9월까지 개최한 전국토지회의에서 『중국토지법대강(中國土地法大綱)』을 제정하였다. 이것은 중국공산당이 토지제도문제를 해결하는 풍부한 경험이고 철저한 반봉건적인 토지혁명 강령이었다.

전국토지회의와 『중국토지법대강(中國土地法大綱)』은 해방구의 토지개혁을 추진하고 농민을 발동하여 반봉건투쟁을 하게 하고, 농민을 동원하여 인민해방군에 참가하게 하여 장제스를 철저하게 무너뜨리는 민주 혁명의 조류에 적극적인 작용을 하였다. 그러나 해방구에 대한 토지개혁이 철저하지 못하다고 지나치게 예상하여 우경을 반복적으로 강조했으나 좌경에는 주의를 기울이지 못하였다. 토지의 평균분배는 사실 중농의 이익을 침범한 것이고, 민족 상공업을 보호하는 원칙도 제시하지 못했다. 이런 부족함은 훗날 좌경적 착오를 범하게 하였다. 좌경착오는 중국공산당 신민주주의혁명의 총 노선과 총 정책을 위반하고 당의 전통을 위반하여 나쁜 영향을 미치게 하였다

당은 이런 착오를 인식하고 제지하려 하였다. 마오쩌둥은 『당 정책 중의 몇 가지 중요한 문제(關於目前黨的政策中的幾個重要問題)』에서 좌경의 착오를 수정하는 정책과 방법을 제기하였다. 그는 토지개혁의 "빈고농이 강산을 건립하고 차지한다"라는 구호는 틀린 것이라고 했다. 그리고 중농과 중소 상공업자들에 대한 모험정책을 피하고, 개명 신사에 대해 보필해야 하며 신부농(新富農)과 노부농(老富農), 대중소(大中小) 지주 등을 구별해야 한다고 말했다. 그리고 소수의 흉악범에 대해서는 엄중히 처벌하나 사형은 될수록 피해야 한다고 말했다.

이와 동시에 중공중앙은 신해방구 토지문제의 정책과 절차에 대해 규정하였다. 신구농촌은 먼저 감조감식하고 종자와 구량의 사회정책을 하고 조건이 구비되면 토지법대강을 실시하여 토지제도에 대한 개혁을 실시한다. 토지개혁의 첫 단계는 먼저 부농을 중립케 하고 지주를 타격하는 것이다. 두 번째 단계는 토지를 평균으로 나눠 부농에게 임대하고 남은 토지도 나누다.

해방전쟁시기의 토지개혁은 중요한 경험을 많이 쌓았다.

먼저, 철저한 반봉건을 하려면 철저한 토지제도개혁을 해야 한다.

봉건토지소유제는 봉건지주계급과 봉건독재통치가 존재하고 발전하는 기초이기에 토지개혁은 봉건주의의 뿌리를 뽑아야 했다.

그다음에는 철저하게 반봉건하려면 농민의 원시적인, 반동적인, 낙후한 농업사회주의 사상과 사상투쟁을 해야 한다.

그리고 마지막으로 인민군중의 적극성을 동원하려면 물질적 이익을 줘야 한다고 했다.

넷째, 신 중국 건립 이후의 토지개혁

토지혁명전쟁부터 중국공산당은 농민을 영도하여 토지개혁을 하는 것은 신민주주의혁명의 기본 임무뿐만 아니라 신민주주의 경제를 건설하고 신민주주의 사회의 기본요구를 건립하는 기본적인 요구라는 것을 인식하였다. 중국공산당의 정권장악은 신민주주의경제의 건립을 위하여 정치적 조건은 마련해주었다. 따라서 전국 범위 내에서 철저한 토지개혁을 진행하는 것은 신민주주의 혁명과 신민주주의 건설의 이중임무로 일정에 오르게 되었다.

1950년 6월 중앙인민정부위원회는 『중화인민공화국토지개혁법(中華人民共和國土地改革法)』을 발포하였다. 이것은 중국공산당이 제정한 가장 훌륭한 토지개혁법(土地改革法)이었다. 이는 역사의 경험과 교훈을 종합하고 새로운 형세에 맞춰 새로운 요구를 제기하여 토지개혁의 순조로운 진행을 보증하였다. 이 토지개혁에는 세 가지 특징이 있었다.

먼저, 토지개혁의 목적은 신민주주의건설이었다. 예전의 토지개혁은 당이 전국정권을 얻지 못한 조건에서 진행한 것이므로 목적은 농촌혁명근거지를 세워 통일전선을 건립하거나 또는 농민을 동원하여 혁명전쟁을 하는 것이었다. 그러나 이번의 개혁은 중국공산당이 전국의 정권을 얻은 후이고 임무는 신민주주의사회를 건립하여 신민주주의건설을 하자는 것이었다.

다음 좌경 또는 우경을 피하였다. 이번의 전국범위의 토지개혁 운동을 마오쩌동은 근대중국사회의 주요모순을 해결하는 최후의 전역이라고 여기고 계획적으로 질서 있게 진행해야 한다고 강조하였다.

따라서 이번의 토지개혁운동은 역사상 규모가 가장 크고 진행이 가장 순조로운 토지개혁운동이었다. 전국 3억 농민이 무상으로 7억 무(畝)의 토지와 많은 생산수단을 얻었고, 매년의 세금을 면제 받았고, 정치적으로 경제적으로 국가의 주인이 되었다. "농사를 짓는 자가 밭을 소유해야 한다"는 역대 농민의 소원을 중국공산당이 완벽하게 이루어 냈던 것이다. 이것은 중국자산계급에 대한 풍자이고 마오쩌동의 신민주주의이론에 대한 긍정이었다. 정확한 사상이 아름다운 현실로 되었던 것이니 이것이 바로 혁명의 변증법인 것이다.

2. 노동형식

토지제도문제를 해결하려면 노동형식의 문제도 해결해야 했다.

항일전쟁시기는 근거지의 힘든 시기였다. 특히 1941년과 1942년 일본침략군의 진격과 국민당 완고파의 봉쇄로 인해 근거지의 재정이 아주 힘들었다. 이 난관을 넘기 위하여 '정병간정(精兵簡政)'정책을 제기하였고, "경제를 발전시키고 급여를 보장한다(發展經濟, 保障供給)"는 정책을 제기하였으며, 변방 군민의 대생산 운동을 영도하였다. 마오쩌동도 근거지 생산문제에 관심을 두었다. 그리고 당정기관의 틀린 사상을 비판하면서 생산을 중시하는 동시에 연구도 해야 한다고 말했다.

1943년의 대생산운동은 마오쩌둥과 중공중앙이 생산문제를 연구하는데 중요한 조건을 제공하였다. 대외적으로 폐쇄하고 내적으로 대공업이 없는 환경에서 적후 항일 근거지에서는 가옥을 단위로 서로 돕고 노동영웅을 포상하고 생산 경합을 하여 군중복무 합작사의 형식으로 근거지 생산을 발전시키려 했다. 여기서 가장 중요한 것은 "노동력을 조직"하는 것이었다. 그럼 노동력을 조직한다는 것은 무슨 뜻이었는가?

　　먼저 이것은 군중이 자발적으로 사호 협조하는 노동형식이었다. 항일근거지에서 대생산운동을 할 때에 여러 가지 노동의 형식이 있었는데 어떤 것은 임시적인 것이었고 어떤 것은 장기적인 것이었다. 그중 어떤 농민들은 서로 도우면서 농사를 지어 생산율을 높였다. 이런 상호 돕는 방법은 군중이 발명한 것이었다.

　　다음은 개체경제를 기초로 한 집체노동형식이었다. 이런 노동형식의 조직방법은 자원과 등가 교환하는 것이었다. 마오쩌둥은 이것을 합작사라고 불렀다. 그러나 이런 합작사는 생산수단을 집체로 하는 합작사가 아니라 개체경제의 기초에서 서로 돕는 집체 노동조직이었다. 때문에 마오쩌둥은 간부들에게 "생산을 중시해야 한다"고 강조하였다. 그 중점이 바로 개체 농민을 조직하여 농업생산력의 발전을 촉진시키는 것이라고 말했다.

　　변구에서 생산력발전을 속박하는 것은 과거의 봉건착취관계이다. 이런 봉건착취관계가 절반 지역에서는 토지 혁명을 거쳐 완전히 파괴되었고 다른 절반 지역에서도 조세 감면정책이 실행된 후 타격을 입었다. 이것이 바로 토지혁명이며 첫 번째 혁명이다. 그러나 만약 개체노동에서 집단노동으로 전환하는 두 번째 생산관계 및 생산방식의 개혁을 진행하지 않으면 생산력은 한 걸음 더 발전할 수가 없다. 개체경제를 기반으로 하는 노동호조조직 즉 농민의 농업생산합작사를 더 발전시키면 생산이 한 배 혹은 그 이상 대폭 제고될 수 있다. 이러한 개혁은 생산수단에는 아무런 변화도 줄 수 없지만 사람 간의 생산관계를 바꾸어놓았다.

마오쩌둥은 신민주주의경제 창립 과정에서 농촌이 '두 차례 혁명'을 겪어야 한다는 중요한 사상을 제기하였다. 첫 번째 혁명은 토지제도개혁으로서 그 목적은 "농사를 짓는 자가 토지를 소유하도록 하는 것"이고, 두 번째 혁명은 생산제도의 혁명으로서 그 목적은 집단호조노동조직─'합작사'를 설립하여 생산력의 발전을 추진하는 것이다. 마오쩌둥이 개체경제를 기반으로 하는 합작사를 설립하는 것도 역시 '사람 간의 생산관계'의 변혁이라고 말한 것은 주요하게 생산제도 면에서 말한 것이다. 즉 "개체노동에서 집단노동으로 바뀌는 생산방식의 개혁"이다. 그 개혁은 소유제와 관계가 없어서 이런 개혁과 혁명은 토지제도의 개혁과는 다른 것이었다. 토지제도의 개혁은 치열한 계급투쟁이었으나 생산제도의 개혁은 계급투쟁이 아니었다.

마오쩌둥의 "노동력을 조직하는 사상"과 연계해 보면 이것은 '협동'의 사상이었다. 물론 마르크스주의의 협동은 자본주의 조건에서의 협동이고, 마오쩌둥이 말한 것은 개체 경제기초와 신민주주의 조건에서의 협동이었다. 양자는 일정한 구별과 공통점이 있다. 마르크스는 이렇게 말했다. "많은 사람들이 같은 생산과정에서 또는 서로 연결되어 있는 생산과정에서 계획적으로 같이 노동을 하는 형식을 협동이라고 한다."[165] 마오쩌동이 말하는 합작사는 "집중적인 지도하에 공통 노동의 방법으로 각 부문과 단위, 그리고 개인의 물질적 수요를 해결하는 생산 활동"이라고 하였다.[166] 여기서 마오쩌동의 요점을 알 수가 있다. 하나는 적당한 노동형식으로 생산율을 높여 신민주주의경제를 발전시키는 것이고, 다른 하나는 이런 노동형식이 중국 개체경제를 사회화의 생산궤도로 이끌 수 있다는 점이다. 때문에 마오쩌동은 근거지의 '합작사' 조직형식에 대하여 높이 평가하면서 이것은 인민군중의 해방의 길이고 부유의 길이며 항전승리의 길이라고 말했다.[167] "농사를 짓는 자가 밭을 소유해야 한다"는 것으로부터 '합작사'까지의 변화과정은 중국 농촌이 봉건주의에서 신민주주의로, 신민주주의에서 사회주의로의 변화과정이었다. 이러한 변화는 역사의 진보였다. 그러나 아쉬운 점은 우리가 사회주의 집체경제에 대한 인식이 전면적이지 못하여 사회주의 개조 후기에는 소련식의 집체농장형식으로 발전하여 '사회주의 고조' 후기에는 중대한 실수를 하게 되었던 것이다.

그러나 마오쩌동의 '노동형식' 사상은 후손에게 큰 계시를 주었고 중요한 의의를 가지고 있었다.

---

165) 『마르크스·엥겔스전집(馬克思恩格斯全集)』 제21권, 2003, 인민출판사, 406쪽.
166) 『모택동선집(毛澤東選集)』 제3권 1991, 932쪽.
167) 위의 책, 932쪽.

제4절
경제건설 구상

마오쩌동의 신민주주의 경제이론에서 대량의 생산관계 구성의 논술 외에 농업, 공업, 무역과 재정 등 경제 문제에 대한 논술도 있었다. 이런 논술의 사상 중 어떤 것은 일반적인 원리였고 어떤 것은 각 시기의 구체적인 가상이었다. 일반적인 원리는 이런 구체적인 가상에서 빛을 내었다. 그렇기 때문에 근거지 경제에 대한 구상을 연구하고 항일전쟁 후기 중국경제의 구상과 해방 전 신중국 신민주주의 사회의 경제구상, 그리고 이런 경제건설 구상의 연계와 변화의 원인을 연구해야 하는 것이다.

1. 근거지 경제건설의 구상

혁명전쟁을 지지하고 농촌혁명근거지를 공고히 하며, 발전하기 위하여 마오쩌동은 많은 저작들을 통해 근거지와 해방구의 경제건설문제를 논하였다. 사람들은 마오쩌동의 철학사상을 잘 알고 마오쩌동의 군사사상에 대해 감탄하는데 사실 마오쩌동의 경제건설 구상도 연구해야 한다.

근거지 경제건설의 구상은 아래와 같은 다섯 가지 내용이 포함된다.

첫째, 경제를 발전시키고 공급을 보장하는 총 방침.

마오쩌둥은 장시(江西) 중앙 소비에트지구 시기에 이미 근거지에서 자체 경제건설을 진행할 것을 제기하였다. 산간닝 변구에 대한 업무 지도 과정에서 근거지 경제문제에 대해 그는 경제와 재정의 관계를 잘 해결할 것을 예리하게 제기하였다. 그가 말했다. "일부 동지들은 일방적으로 재정만 중시하면서 전반 경제의 중요성에 대해 알지 못하고 있다. 그들은 온종일 단순 재정 수지만 생각하고 있어도 문제를 해결하지 못한다. 이는 낡고 보수적인 관점이 그 동지들 머릿속에서 농간을 부리고 있기 때문이다. 그들은 재정정책이 충분히 경제에 영향을 끼치긴 하나 재정을 결정하는 것이 경제임을 알지 못한다. 경제 기반이 없이 재정적 어려움을 해결할 수 없고 경제 발전이 없이 재정이 넉넉할 수 없다."[168] 마오쩌둥은 근거지 경제의 청사진을 설계하면서 "경제를 발전시키고 공급을 보장하는 것은 우리 경제 업무와 재정 업무의 총적 방침"이라고 명확하게 제기하였다. '공급제'가 오래 전에 이미 폐지된 오늘날의 입장에서 "경제를 발전시키고 공급을 보장한다"는 말을 다시 언급하는 것은 물론 적절하지 않다. 그러나 마오쩌둥이 그 방침을 제기한 사고방식과 원칙에는 여전히 진리성이 존재한다.

재정이 경제에 일정한 반작용을 일으키지만 결국은 경제가 재정을 결정하는 것이다. 우리 경제가 어느 단계까지 발전하건 재정 수입과 지출 및 그 방안은 반드시 경제발전의 실제에서 출발해야 하며 반드시 경제발전을 통해 재정을 확충해야 하는 것이다.

---

168) 「항일전쟁시기의 경제문제와 재정문제」 (1942년 12월), 『모택동선집(毛澤東選集)』 제3권, 891, 893쪽, 인민출판사, 1991.

둘째, 공·농업생산, 대외무역과 합작사를 발전시키는 것은 근거지 경제건설의 중심임무이다.

실사구시적이고 과학적인 입장에 서서 보면 근거지의 주요한 산업은 농업이고 비중이 작으나 공업도 있었다. 그렇기 때문에 경제건설의 중점을 농업과 공업 발전에 두어야 했다. 그밖에 계획적으로 대외무역도 진행해야 했다. 즉 근거지와 외지 간의 상품 유통을 통해 소금과 포목 약품 등 공업품 수요를 해결하는 것도 근거지 경제건설의 중요한 임무였다. 근거지에서는 생산도 발전시켜야 했고 유통도 발전시켜야 했으며 주체가 되는 경제성분은 개체경제였기 때문에 합작사가 가장 좋은 경제조직형태가 되었다. 마오쩌동은 「우리 경제정책」(1934년 1월 23일)이라는 보고에서 전반 근거지 경제건설의 중점에 대해 "우리 경제건설의 중심은 농업생산을 발전시키고 공업생산을 발전시키며 대외무역과 합작사를 발전시키는 것"이라고 명확하게 배치하였다.[169]

셋째, 통일적으로 영도하고 분산적으로 경영하는 방침.

근거지가 이처럼 어렵고도 복잡한 경제건설임무를 맡아야 했기 때문에 반드시 통일적인 지도와 업무체계를 형성해야 했다. 그래서 마오쩌동은 "경제와 재정업무기관에 존재하는 통일되지 않고 독립을 외치며 제각기 자기 생각대로만 일하는 등 악렬한 현상을 극복하고 통일적이고 정책과 제도가 끝까지 관철될 수 있도록 하는 업무체계를 수립해야 한다. 그런 통일 체계가 수립된 후이면 업무 효율이 올라갈 것이다"라

---

169) 위의 책 제1권, 130~131쪽.

고 특별히 강조하였던 것이다.[170] 사실상에서 마오쩌둥이 강조한 '통일적인 영도'는 비록 행정적 영도이긴 하지만 농촌과 기업의 생산경영을 도맡는 것은 아니었다. 그는 근거지는 개체경제를 위주로 하는 것과 적에 의해 분할되었다는 두 가지 기본 특징이 있다고 거듭 강조하였다. 다시 말하면 경제여건을 보든 사회환경을 보든 모두 분산되었다는 것이다. 농촌 근거지가 분산된 실제 상황에 따라 마오쩌둥은 대생산운동에서 경영은 반드시 여러 생산 기관이나 생산자 자체가 조직하도록 해야 하며 하부 기관이 자력갱생하도록 내버려두어야 한다고 강조하였다. 이에 따라 그는 중요한 경제업무방침을 제기하였다. 그 방침은 즉 농촌 인력과 물력이 분산되어 있기 때문에 우리 생산과 공급은 "통일적으로 영도하고 분산적으로 경영하는" 방침이어야 한다고 제기하였다.

넷째, 공과 사, 군과 민을 아울러 돌보는 원칙.
"통일적으로 영도하고 분산적으로 경영하는"방침을 실행하기 위해 마오쩌둥은 "공과 사를 아울러 돌보는" 원칙을 제기하였다. 공과 사를 아울러 돌보는 것은 경제구조에서 국영경제도 발전시키고 민영경제도 발전시키는 것이다. 일본 침략군의 소탕과 국민당의 반공 마찰을 쳐부수고 경제적 어려움과 백성의 부담이 가중되는 난관을 극복하기 위해 중국공산당은 직접 나서서 수많은 자급경제를 발전시켰다. 그런 자급경제는 정부가 운영하는 것도 있고 군대에서 운영하는 것도 있으며 기관학교에서 운영하는 것도 있었다. 마오쩌둥은 "군대와 기관학교가 발전

---

170) 마오쩌둥, 「항일전쟁시기 경제문제와 재정문제」 (1942년 12월), 『모택동선집(毛澤東選集)』 제3권, 895~896쪽, 인민출판사, 1991.

시키는 자급경제는 당면한 특수 조건에서 생겨난 특수 산물로서 다른 역사 조건에서는 비합리적인 것일 수 있다. 그러나 당면한 상황에서는 전적으로 합리적이며 전적으로 필요한 것이다."라고 말하였다.[171]

이러한 특수한 자급경제는 국유경제 유형에 속하는 것으로서 새 중국 창립 후 관료 매판 자산계급으로부터 몰수한 그 부분의 경제와 함께 사회주의 성격의 국영경제로 되었다. 그때 당시 그런 국유경제를 발전시키는 의미는 군대와 정부의 생활비용과 사업 비용의 공급을 보장하였을 뿐 아니라 인민대중의 부담도 경감하여 준 데 있다. 그러나 전반 경제구조를 보면 국유경제가 차지하는 비중은 여전히 작았다. 특히 변구 식량생산이 주로 백성에게 의지하였고 군대의 식량도 주로 백성들에게 의지하였던 것이다. 그래서 마오쩌동은 "공과 사를 아울러 돌보는" 원칙을 제기하였던 것이며 반드시 적절한 절차와 방법을 취해 인민을 도와 개인이 경영하는 경제를 발전시켜야 한다고 강조하였던 것이다. 이처럼 인민 개인이 경영하는 경제를 두고 그때 당시 마오쩌동은 '인민경제' '민영경제'라고 불렀다. 다시 말하면 그것은 자본주의 성격의 개인자본이 아니라 신민주주의사회의 주체인 인민대중이 자체로 경영하는 경제라는 의미이다.

공과 사를 아울러 돌보는 것을 그때 당시는 '군과 민을 아울러 돌본다'고도 하였다. 옌안 대생산운동에서 군대가 주력이었고 자급적인 국유경제는 주로 군대의 경제였기 때문이다. 이처럼 군대가 국유경제를 발전시키는 것이 그때 당시에는 군도 민도 모두 이득이 되는 일이었다.

---

171) 마오쩌동, 「항일전쟁시기 경제문제와 재정문제」(1942년 12월), 『모택동선집(毛澤東選集)』 제3권, 892쪽, 인민출판사, 1991.

즉 군대 공급을 보장하는 한편 인민의 부담도 줄일 수 있었던 것이다. 그러나 그것은 오로지 변구 혹은 이미 공고해진 근거지에서만 가능한 일이었다. 전선에서 전투가 계속되고 있고 유격구는 지구전 태세를 보이고 있는 상황에서 군대에서 자체로 일부 생산을 감당할 수는 있었으나 식량과 솜이불 등은 반드시 정부로부터 공급 받아야 했으며 생활비용과 사업비용도 정부에서 50% 혹은 15% 공급 받아야 했다. 따라서 인민대중의 민영경제를 대대적으로 발전시킬 필요가 있었다. 그렇기 때문에 마오쩌동이 강조한 '공과 사를 아울러 돌봐야 한다는' 말은 '군과 민을 아울러 돌봐야 한다는' 의미가 매우 큰 정도를 차지한다.

　　다섯째, 생산과 절약을 똑같이 중시하는 원칙.
"경제를 발전시키고 공급을 보장하는" 총적 방침을 제기하는 한편 마오쩌동은 절약과 탐오 척결에 대해서도 제기하였다. 새로운 재원을 창출하는 것과 지출을 줄이는 것을 동시에 실행하는 것은 마오쩌동 경제사상의 중요한 특징 중의 하나이다. 일찍 1934년 1월에 마오쩌동은 "재정 지출은 절약 방침에 따라야 한다. 탐오와 낭비는 매우 큰 범죄라는 사실을 모든 정부인원이 알도록 해야 한다." "동전 한잎을 절약하는 것이 전쟁과 혁명사업을 위하고 우리 경제건설을 위하는 일이며 우리 회계제도의 원칙이다. 나라 수입의 사용방법에서 국민당의 방법과 엄격하게 구별해야 한다."라고 강조한 바 있다.[172]
　　마오쩌동이 1934년의 논술에서 주로 정부인원을 대상으로 말했다면 그 이후 근거지의 확대 시기와 국유경제의 발전 시기, 혁명의 전국적

---

172)　마오쩌동, 「우리 경제정책」 (1934년 1월), 『모택동선집(毛澤東選集)』 제1권, 134쪽, 인민출판사, 1991.

승리로의 발전 시기, 항일전쟁 기간에 그가 제기하고 강조한 '절약문제'는 더 큰 목표성과 의미가 있다. 하나, 그는 여전히 정부인원을 상대로 강조하였으며 절약을 산간닝 변구 "군대의 정예화와 행정 기관의 간소화" 5대 목표(정예화와 간소화, 통일성, 효율성, 절약 및 관료주의 반대) 중의 하나라로 제기하면서 "당·정·군 모든 기관에서 절약을 강조하고 낭비를 반대하며 탐오를 금지시킬 것"을 강조하였다.[173] 둘, 그는 국유경제의 관리에 대해 강조한 것이다. 국유경제 자체에 공과 사의 관계가 존재하며 공과 사 관계에 대한 처리문제가 존재한다. 착취계급사상의 영향을 받은 사람의 경우 이런 조건에서 규율과 법을 어기고 탐오부패할 수 있다. 그래서 마오쩌둥은 절약과 낭비·탐오 반대를 한 문제의 두 개 면으로 제기해 국유경제 관리를 강화할 것을 요구하였다. 셋, 더 중요한 것은 혁명을 발전시키고 전국적인 승리를 맞이하기 위해 제기한 것이다.

마오쩌둥은 이런 근거지 경제건설의 구상을 '방침', '원칙'이라 부르면서 중시하였다. 이런 구상은 마르크스주의 경제학에 부합하고 또 중국의 실천을 통해 종합한 것이다. 마오쩌둥은 "생산을 발전시키고, 공급을 보장하며, 집중적으로 영도하고, 분산적으로 경영하며, 군과 민을 겸비하고, 공과 사를 겸비하며, 생산과 절약을 중시하는 원칙은 재정문제를 해결하는 적당한 방침이다"라고 했다.[174] 이로부터 근거지 또는 해방구의 경제모형은 자력갱생을 기초로 농업생산을 위주로 하는 공급형 경제라는 것을 알 수 있다. 일반 민주사회의 경제구성과의 차이점

---

173) 『모택동선집(毛澤東選集)』 제3권, 911쪽, 인민출판사, 1991.
174) 위의 책, 1176쪽.

은 폐쇄된 공급형 경제인 것이고 일반 군사공산주의 경제와의 다른 점은 공사를 겸비하여 활력이 있다는 점이었다.

2. 항일전쟁 후기, 전후 중국경제에 대한 구상

항일전쟁은 중국인민이 구국을 실현하는 운명의 전투였다. 때문에 항일전쟁 승리 이후 건국 방안에 대한 투쟁도 격렬하였다. 경제적으로 마오쩌둥은 중국공산당을 대표하여 미래의 신민주주의 경제에 대하여 논하였다. 그 구상은 기본적으로 세 가지 특징을 가지고 있었다.

첫째, 공업화를 분투목표로 정한 것이다.

근거지 경제건설 과정에서 공업화를 목표로 정하는 것은 실제 상황에 부합하지 않는 것이었다. 그러나 전후(戰後) 건국 임무에서는 공업화 목표를 제기하지 않을 이유가 없다. 여러 세대 중국 선진인사들의 "강국에 대한 꿈"이 제국주의의 침략과 봉건주의의 반동으로 깨지기만 하였다. 항일전쟁의 승리는 중국인민의 마음속에 다시 희망의 불꽃을 지펴놓았을 뿐 아니라 처음으로 중화민족에게 절호의 발전 기회를 마련해주었던 것이다.

그러면 낙후한 농업국가의 발전 방향은 어디일까?

"일본 침략자를 물리치고 새 중국을 건설하려면 반드시 공업을 발전시켜야 한다."라는 것이 마오쩌둥의 대답이었다.[175]

신민주주의 정치조건이 마련된 뒤 중국 인민과 정부는 반드시 실제

---

175) 『모택동선집(毛澤東選集)』 제3권, 1080, 1081쪽, 인민출판사, 1991.

적인 과정을 거쳐 몇 해 안에 중공업과 경공업을 점차적으로 건설함으로써 중국을 농업국가에서 공업국가로 발전시켜야 하였다.

중국 노동자계급의 임무는 신민주주의 국가를 건설하기 위해 투쟁하는 것뿐만이 아니라, 중국의 공업화와 농업의 근대화를 위해 투쟁하는 것도 그 중의 한 가지였다. 마오쩌둥은 「연합정부를 논함」이라는 글에서 그러한 구상을 제기하였다. 실제로 이는 그의 일관된 사상이었다.

그 출발점은 강대한 중공업과 경공업을 건설하는 것은 중화민족이 제국주의 침략에 저항할 수 있는 물질적 조건이라는 것, 대규모 기계 공업생산력을 상징으로 하는 사회화생산력은 무산계급이 이끄는 신민주주의사회의 튼튼한 토대라는 것, 뿐만 아니라 사회화한 대 생산은 또 신민주주의에서 사회주의로 넘어가 사회주의를 건설하고 발전시키는 물질적 토대라는 것, 공업화의 발전에 따라 중국 무산계급 정당 건설도 반드시 발전하여 선진성과 지도적 핵심지위를 보장할 수 있을 것이라는 것 등이다. 여기서 정치적 요소가 뚜렷한 위치를 차지하고 있음이 분명하다. 단 그 입각점은 공업을 발전시킴으로써 중국을 농업국가에서 공업국가로 부상시킨다는 것으로, 이는 마오쩌둥의 전후 새 중국 경제 구상에 대한 첫 번째 요점이다.

둘째, 외국투자와 기술합작으로 중국경제를 발전시키려는 책략적 사상.

마오쩌둥은 중국이 공업화 목표를 실현하려면 그 목표와 중국이 낙후한 농업국가라는 현실 사이의 모순을 반드시 해결해야 한다는 사실을 잘 알고 있었다. 그 모순은 관점상의 모순일 뿐 아니라, 더 중요한 것은 물질적 조건상의 모순으로서 공업화 발전에 필요한 자금과 설비는 어떻게 해결하며, 기술은 어떻게 얻어야 하는지 등 일련의 문제가 포함된다. 젊은 시절부터 이미 세계 형세에 관심을 가졌던 마오쩌동은 평화롭게 발전할 수 있는 국제환경을 조성하여 외국의 투자와 기술합작을 유치하는 것이 최선의 선택이라고 생각하였다.

실제로 항일전쟁이 일어나기 직전에 미국인 기자 스노와의 대화 과정에서, 그리고 941년 5월에 통과된 「산간닝변구 시정 강령」에서 마오쩌동은 "외국자본의 투자를 환영한다"는 등의 의향을 여러 차례 제기한 바 있다. 항일전쟁 후기에 새 중국 경제건설의 설계도를 그릴 때 마오쩌둥은 그 문제에 대해 더욱 많이 논술하였을 뿐 아니라 더욱, 명확하게, 더욱 구체적으로, 더욱 강렬하게 논술하였다. 1944년 8월 18일 당 중앙의 「외교업무 관련 지시」에서는 "쌍방에 모두 유리한 원칙하에 외국투자와 기술합작을 환영한다"라고 특별히 규정하였다. 뿐만 아니라 "우리는 한편으로는 민족 자존심과 자신감을 강화하되 배타적인 심리를 가지는 것은 바람직하지 않으며, 다른 한편으로는 외국의 장점을 본받고 외국과 합작하되 외국을 두려워하거나 외국에 아부하는 것은 절대 삼가야 한다."라고 매우 분명하게 지적하였다.[176]

마오쩌동의 수많은 논술 중에서 중미 관계 개선을 통해 미국과의 경제교류를 발전시켜야 한다는 논점은 그의 대외개방사상의 중요한 사상 중의 하나이다.

1960년대 말 미국 국무원이 공개한 기밀서류 중에 『미국 외교관계, 1944년 중국』·『미국 외교관계, 1945년 중국』 등 중미관계 관련 서류가 국제학술계의 큰 관심을 모았다. 그때 당시 그 서류들은 중국공산당의 최고 지도층의 정책사상을 이해하는 정보로써 미국 정부에 보고되었으

---

176) 『중공중앙문건선집』 제14권, 317쪽, 중공중앙당교출판사, 1992.

며, 70년대에는 미국이 마오쩌둥 사상에 대해 연구하고 중미관계를 어떻게 열 것인지에 대해 연구하는 중요한 자료가 되었었다. 현재 우리는 그 서류들을 『모택동선집』에는 없는, 마오쩌둥의 신민주주의 사회사상을 반영한 중요한 문헌과 참고자료로 삼고 있다. 그 서류의 내용 중에 전후 중국 재건에 대한 마오쩌둥의 구상이 포함되었는데, 그는 중국은 전후 가장 시급한 것이 경제발전이라고 밝혔다. 마오쩌둥은 이렇게 말하였다.

"중국에는 독자적인 경제발전에 필요한 자본주의 토대가 결여되어 있다. 중국은 생활수준이 너무 낮아 더 이상 생활수준을 낮추는 것으로 필요한 자본을 마련할 수는 없다. 미국과 중국은 경제적으로 서로 보충할 수 있다. 양국은 경쟁관계가 아니다. 중국은 대규모 중공업 발전에 필요한 여건을 갖추지 못하였다. 따라서 중국은 전문 제조업 수준이 높은 미국과 경쟁하려는 기대를 갖지 않는다. 미국의 중공업과 전업화한 제조업은 수출시장이 필요하다. 미국도 자본 투자의 출로를 찾아야 한다. 중국은 반드시 경공업 공급시장을 개척해야 하며, 또 자국민의 생활수준을 높여야 한다. 최종적으로 중국은 극동지역의 다른 나라들에 그러한 물자들을 공급할 수 있어야 한다. 중국은 그런 대외무역과 투자를 유치할 수 있는 원료와 농산물을 갖추었다. 미국은 중국의 경제발전을 지원할 수 있는 가장 적합한 나라일 뿐 아니라, 중국의 경제발전에 충분히 참가할 수 있는 유일한 나라이기도 하다. 이 모든 이유 때문에 중국 인민과 미국 사이에는 그 어떤 모순과 소원함, 오해가 존재하여서는 안 되며, 또 존재할 수도 없다."[177] 이 부분의 내용은

---

177) 미국 국무원, 『미국 외교관계, 1945년, 중국』, 273쪽.

항일전쟁 승리 후 중국이 어떻게 경제를 발전시킬 것이냐 하는 문제에 대해 언급하고 있으나, 착안점은 전후의 중미관계임을 쉽게 볼 수가 있다. 마오쩌둥의 대담한 구상은 제2차 세계대전에서 직접적인 손실이 가장 적은 미국의 선진 설비와 투자를 이용해 중국의 시장을 개방하고 중국 경제를 발전시키려는 것이었다. 그렇기 때문에 전후 중미 합작을 강화할 의향을 제기한 것이었다.

어떤 사람들은 마오쩌둥의 이러한 주장에 대해 이해하지 못하고 시종일관 제국주의에 강렬하게 반대해온 마오쩌둥이 어찌 그런 개방사상을 가질 수 있었을지 의문을 나타내면서 그것은 단지 홍보일 뿐이라고 주장하고 있다. 고상한 애국주의 지조와 명확한 구국 책임감을 갖춘 마오쩌둥은 확실히 제국주의와 제국주의 강권정치와 약탈적인 경제정책에 강력하게 반대해왔다. 그러나 마오쩌둥은 또 제국주의국가가 '열강'으로 불릴 수 있는 것은 그들 국가가 사회발전 서열에서 중국의 봉건주의와 근대의 반식민지·반봉건제도보다 선진적이고, 그들의 생산력 발전에서 인류문명의 최신 성과를 갖추었기 때문이라는 것을 잘 알고 있었다. 그래서 제국주의가 중국에 대해 노예화하던 역사가 끝난 뒤, 중국인민은 평등한 자유무역을 통해 외국의 문명 성과를 배워올 수 있을 것이라는 사실을 마오쩌둥은 잘 알고 있었다.

또 어떤 사람들은 마오쩌둥의 이러한 대외개방 주장을 왜 새 중국 창립 후 실천에 옮기지 않았느냐면서 마오쩌둥의 그러한 사상에 대한 믿음성과 진실성에 대해 의심하기도 하였다. 엥겔스는 역사의 발전방향이 여러 가지 합력에 의해 결정되는 것이며, 절대 사람들의 주관적인 염원에 따라 바뀌지 않는다고 말하였다. 전후의 국제 구도, 미-소 관계, 미국의 동아시아정책 등 요소는 모두 '합력'의 일부 중요한 세력으로서 중·미 관계, 특히 중국공산당과 미국정부의 관계에 짐작할 수 없는 영향을 끼쳤다. 항일전쟁의 승리를 앞두고 마오쩌둥이 미국 외교관 기자와 나눈 이야기는 중국공산당이 민족의 이익에서 출발해 제기한 중요한 사상이며 이에 매우 큰 기대를 걸었음을 알 수 있다. 항일전쟁에서 승리한 뒤, 중공중앙은 즉시 「해방구 외교 방침에 대한 지시」를 통해 "미국 및 영국 프랑스 등 여러 나라와 통상 및 경제협력을 실행하는 방침을 취할 것"을 제기하면서, "양자 모두에 이롭도록 하는 원칙에 따라 우리 정부 및 상업기관은 외국 상인 나아가서 외국 정부와 일부 경제계약을 직접 체결하며, 외자를 유치해 산둥의 푸위안(富源)을 개발하고, 공장을 설립하며 교통을 발전시키고 대외무역을 진행하고 농업과 수공업을 발전시킬 것"을 강조하였다.[178]

이는 신민주주의 경제발전에 대한 중공중앙의 중요한 구상이었다. 중국공산당의 규정에 따라 무릇 당 내에서 작성된 서류는 실제 행동에 옮기게 되어 있었다. 그런데 제2차 세계대전이 끝날 무렵에 동서양 사이에, 다시 말하면 반(反)파시스트 국제통일전선 내부에 '냉전' 국면이 나타났다. 미국을 위수로 하는 서양 제국주의국가와 소련을 위수로 하는 인민민주국가 사이에서 일어난 대립과 대항으로 인해, 미국 정부의 대 중국정책에 급격한 변화가 일어났다.

미국 당국은 비록 장제스가 이끄는 국민당의 독재통치에 대해 만족스럽게 생각하지 않았지만, 한편으로는 또 중국공산당이 정치적 주도권을 장악하는 것도 두려웠다. 그래서 한동안의 '조정'을 거친 뒤 결국 장제스의 국민당정권이 내전을 벌이는 것을 지원하기로 하고, 미국식

---

178) 『중공중앙문건선집』 제16권, 151~152쪽, 중공중앙당학교출판사, 1992.

장비를 가지고 무력으로 중국공산당을 궤멸시키기로 결정했던 것이며, 중국을 완전히 서양의 세력범위에 포함시켜 서양과 멀리 떨어져 서로 마주하여 소련을 협공하고 견제하려고 계획하였던 것이다. 그렇게 되자 전후 대외개방을 실행해 경제를 발전시키려는 중국공산당의 구상은 미국 정책의 변화로 실현할 수 없게 되었다. 많은 사람들은 마오쩌동이 「인민민주독재를 논함」(1949년 6월)이라는 글에서, '일변도' 사상을 제기한 것을 두고 자아 봉쇄사상이라면서 비평하였다. 그들은 "미국의 대 중국정책에서 장제스의 국민당정부에 대한 '일변도'가 없었다면, 마오쩌동의 '일변도'가 나타나지 않았을 것이다."라고 비평했다. 그러나 마오쩌동의 '일변도'에 대해서 단순하게 '소련으로 기우는 것'으로 만이 해해서는 안 된다. 그때 당시 마오쩌동은 사회주의로 기울 것을 제기한 것으로서, 다시 말하면 사회주의와 인민민주국가 편에 설 것을 제기하였던 것이다.

그때 당시 미국의 '일변도'가 아니었다면, 마오쩌동의 구상에 따라 사회주의국가와 인민민주국가와 관계를 맺는 것을 제외하고도 서양 자본주의국가와도 외교관계와 경제관계를 발전시킬 수 있도록 전력을 다함으로써 국내에서 신민주주의경제를 대대적으로 발전시켰을 것이다. 그랬더라면 그렇게 빨리 사회주의 개조를 시작하지 않았을 것이다. 그러나 국제관계는 일방적으로 결정할 수 있는 것이 아니며 역사는 주관적으로 설정할 수 있는 것이 아니다. 그 어떤 정치가라도 모두 현실을 마주해야 한다. 마오쩌동 또한 예외일 수 없었던 것이다.

셋째, "무산계급과 자산계급에게 모두 이로운" 정책.

공업을 발전시켜 중국을 농업국가에서 공업국가로 만들기 위해 마오쩌동은 한편으로는 자본주의의 국가경제와 국민생활에 이로운 일면을 발전시킬 것을 강조하면서, 다른 한편으로는 외국의 투자와 기술합작을 이용할 것을 강조하였다. 이에 따라 무산계급이 이끄는 신민주주의 국가에서 무산계급과 자산계급의 모순을 어떻게 처리할 것이냐, 즉 노사관계를 어떻게 처리할 것이냐 하는 문제가 대두되었다.

중국공산당은 무산계급의 선봉대조직으로서 반드시 무산계급과 광범위한 인민대중의 이익을 위해야 한다는 사실은 의심할 나위가 없었다. 그런데 '이익을 도모'하는 방식은 여러 가지가 있었다. 8시간 근무제를 실행해 노동자의 합법적인 권익을 보장하는 것 등과 같은 직접적인 방법을 쓸 수도 있고, 개인자본 혹은 외국자본의 도산을 막는 것으로써 노동자의 실업을 막는 등과 같은 간접적인 방법을 쓸 수도 있었다. 그래서 마오쩌둥은 전후 전국 경제건설을 계획할 때 '무산계급과 자산계급에 모두 이로운 정책'을 제기하여 신민주주의국가 제도 하에서 노사 간 이해관계를 조절하는 정책을 실행하려고 했던 것이다. 그 정책을 실행하면 한편으로는 노동자의 이익을 보호할 수가 있었다. 서로 다른 상황에 따라 8시간 내지 10시간 근무제를 실행하고 적절한 실업 구제와 사회보험을 병행해 노동조합의 권리를 보장할 수도 있었다. 다른 한편으로는 국가기업과 개인기업 합작사기업의 합리적인 경영을 통한 정당한 영리를 보장할 수가 있고, 공기업과 사기업, 노사 쌍방이 공동으로 공업생산을 발전시키기 위해 노력할 수 있도록 하는 것이었다.[179] 이러한 '특점'은 다만 특점에 대해서만 논하였을 뿐이다. 상기 세 가지 특점을 제외하고도 전후 신민주주의 경제에 대한 마오쩌둥의 구

---

179) 마오쩌둥, 「연합정부를 논함」 (1945년 4월 24일), 『모택동선집(毛澤東選集)』 제3권, 1082쪽, 인민출판사, 1991.

상은 매우 많은 내용을 포함하고 있었다. 예를 들면 국영기업의 민주개혁과 생산개혁문제, 농촌의 토지개혁문제와 합작화문제 등의 내용이 포함된다.

항일전쟁 후기 마오쩌둥이 제기한 전후 중국경제구상의 모형은 자력갱생의 기초에서 공업화의 실현을 목표로 무산계급이 영도하는 다원화 개방형 경제라는 것을 알 수 있다. 농업을 위주로 하는 근거지의 경제 구성과의 구별은 공업화의 개방형 경제라는 것이다. 소련식의 사회주의경제 구성과는 달리 다종의 경제성분이 공존하여 다원 발전의 활력을 형성케 하였던 것이다.

3. 건국 직전, 신 중국경제에 대한 구상

해방전쟁에서 미국정부가 지지하던 장제스 정권이 신속히 몰락하고 신 중국이 탄생할 무렵 마오쩌둥은 다시 한 번 신민주주의 사회경제건설의 임무, 방침과 정책 등 문제에 대하여 논하였고, 신 중국의 경제구상을 제기하였다.

이 구상의 기본 특징은 마오쩌둥 신민주주의 사회이론의 일관적인 사상을 체현하였고, 다양한 경제성분이 공존하는 것과 국영경제의 영도적 지위를 강조하였다. 그리고 항일전쟁 이후 경제는 공업화를 목표로 해야 하고 공사를 겸비하며 노자양이(勞資兩利)의 정책을 견지해야 한다고 했다. 새로운 형세와 역사적 배경에서 이런 경제구상을 제기한 것은 신민주주의 경제가 사회주의 경제로 과도하고 있음을 말해준. 즉 신민주주의 경제에서의 사회주의 요소를 발전시키는 경향이 있었던 것이다. 그 표현은 아래와 같다.

첫째, 관료매판자본과 중국에 있는 제국주의의 자본을 몰수함으로써 신민주주의 혁명과 사회주의 혁명을 직접 연결시켰다는 것이다.

항일전쟁 후기에 제기한 전후의 경제구상은 '연합정부'의 과학적인 설정을 전제로 한 것이다. 그러나 해방전쟁이 그러한 전제를 바꾸어 놓았다. 장제스의 국민당정부가 정치협상회의의 협의와 정전협정을 어기고 공공연히 내전을 일으킴으로 인해 중국공산당과 여러 민주당파가 장제스가 이끄는 국민당과 함께 연합정부를 결성할 수 있는 토대와 조건이 사라져버렸던 것이다. 이에 따라 4대 가족의 관료매판자본을 몰수해 국가 소유로 하는 임무가 의사일정에 오르게 된 것이다. 한편 미국정부가 대 중국정책에서 잘못된 선택을 함으로 인해 중국공산당이 미국을 위수로 하는 서양 자본주의국가와 경제교류를 강화할 수 있는 토대와 조건도 파괴되어버렸다. 이에 따라 중국에 있는 제국주의의 자본을 몰수해 국가 소유로 하는 임무가 의사일정에 오르게 되었던 것이다. 그 조치의 의의에 대해서 마오쩌동은 매우 심각하게 논술한 바가 있다. "중국의 신민주주의 혁명의 임무는 장기간 반제국주의와 반봉건주의 운동이다. 해방전쟁시기에 우리는 또 관료자본주의에 저항해야 한다. 관료자본주의와의 투쟁은 이중성을 띤다. 한편으로는 관료자본에 저항하는 것은 바로 매판자본에 저항하는 것으로 민주혁명의 성격을 띠며, 다른 한편으로는 관료자본에 저항하는 것은 대자산계급에 저항하는 것으로 또 사회주의혁명의 성격을 띤다."[180] 그래서 마오쩌동은 중국의 민주혁명과 사회주의혁명은 직접 연결되어 있다고 주장하였다.

---

180) 마오쩌동, 「소련의 『정치경제학교과서』를 읽은 뒤 대화(발췌문)」 (1959년 12월~1960년 2월), 『모택동문집(毛澤東文集)』 제8권, 113쪽, 인민출판사, 1999.

즉 해방전쟁을 거쳐 민주혁명의 승리를 거둔 것이라고 주장하였던 것이다.

1949년 중화인민공화국의 건국은 신민주주의 혁명단계의 결속과 사회주의 혁명단계의 시작을 상징한다. 우리는 전국 공업·운수업 고정자산의 80%를 차지하는 관료자본을 즉각 몰수해 전 국민의 소유가 되게 했다. 동시에 3년의 시간을 들여 전국의 토지개혁을 완성하였다. 만약 이를 이유로 전국이 해방된 후 "혁명의 최초 단계에는 주로 자산계급 민주혁명의 성격을 띠다가 후에야 점차 사회주의혁명으로 발전하였다"라고 말하는 것은 틀린 말이었다.

둘째, 국영공업의 생산을 첫 번째 임무로 했다는 것이다.

근거지경제에 대한 구상에서 마오쩌둥은 공영경제가 주요 부분이 아니라는 사실을 명확하게 제기하였다. 그는 항일전쟁 후기에 전후 경제구조에 대한 논술에서 국영경제가 사회주의 요소로서 지도적 지위를 차지해야 한다고 제기하면서, 그러나 한편으로는 "국민생활을 조종하지 못하도록 보장하는 범위 내에서 개인 자본주의경제의 발전에 편리를 도모해주어야만 사회의 발전에 이롭다"라고 강조하였다.

건국 이전 마오쩌둥은 국영경제의 지도적 지위를 진일보적으로 강조하면서 국영공업의 발전을 첫 번째 임무로 삼아야 한다고 말하였다. "공업발전 방향에서 일부 어리석은 동지들은 국영기업의 발전을 돕는 것을 중요하게 생각하지 않고, 사영기업의 발전을 돕는 것을 중요한 것이라고 생각하고 있다. 혹은 반대로 국영기업의 발전에만 주의를 기울이면 된다고 생각하면서 사영기업은 보잘 것 없는 것이라고 생각하고 있다. 이런 어리석은 사상을 우리는 반드시 비판해야 한다. 우리는 반드시 노동자계급에 전심전력으로 의지해야 한다.…… 생산을 회복하고 발전시키는 것에 대해 첫 번째는 국영공업 생산이고, 두 번째가 사영공업의 생산이며, 세 번째가 수공업 생산이라는 점을 반드시 확정해야 한다."[181]

셋째, 자본 절제를 통해 국가 자본주의를 발전시킨 것이다.

'자본 절제'는 손중산 민생주의의 중요한 내용으로 민생주의는 곧 손중산의 사회주의였다. 그래서 마오쩌둥은 "현 단계에서 경제문제에 있어서 우리는 소중산 선생의 이와 같은 주장에 전적으로 찬성한다."라고 거듭 강조하였던 것이다. 중국공산당이 자본주의를 맹목적으로 발전시킬 것이 아니라 "국민의 생계를 조종하는 것'이 아닌, 국민의 생계에 이로운 개인 자본주의 경제를 발전시켜야 한다"고 강조한 것은 바로 '자본 절제'의 구체적인 반영인 것이다.[182] 건국 직전에 새 중국경제의 총체적인 틀을 구상할 때, 마오쩌둥은 '자본 절제' 문제를 한 층 더 구체화하였는데, 활동범위·세수정책·시장가격·노동조건 등 방면에서 자본주의의 발전을 제한하는 것이었다. 그는 한편으로는 지나치게 제한하거나 너무 융통성이 없어서는 안 된다고 강조하면서, 다른 한편으로는 제한하는 것은 필요한 것이라면서 자본주의 경제가 인민공화국 경제정책과 경제계획의 궤도 위에 존재하면서 발전하도록 해야 한다고 강조하였다.

---

181) 마오쩌둥, 「중국공산당 제7기 중앙위원회 제2차 전체회의 보고」 (1949년 3월 5일), 『모택동선집(毛澤東選集)』 제4권, 1427~1428쪽, 인민출판사, 1991.

182) 마오쩌둥, 「연합정부를 논함」 (1945년 4월 24일), 『모택동선집(毛澤東選集)』 제3권, 1057~1058쪽, 인민출판사, 1991.

이에 따라 그는 "제한과 반(反)제한이 신민주주의국가 내부 계급투쟁의 주요 형태가 될 것"이라고 제기하였다.[183] 따라서 계급투쟁 형태를 통해 개인 자본주의경제를 국가 경제정책과 경제계획의 관리에 점차 포함시키고, 사회주의 계획경제의 궤도에 점차 올려놓게 될 것임이 분명해졌다. 이처럼 특별한 자본주의경제가 바로 레닌이 말한 바 있는 '국가 자본주의'인 것이다. 그렇기 때문에 건국 후 직접 신민주주의 경제구조에 대한 논술이 지난 여러 차례 논술과 구별되는 점은 마오쩌둥이 '국가 자본주의 경제'라는 새로운 경제 요소를 추가하였다는 점에 있는 것이다. 그 구상이 훗날 실천과정에서 실현되었을 뿐 아니라 성공적인 경험도 얻었다. 1953년 7월 9일 마오쩌둥은 어느 한 서류에 대한 지시문에 다음과 같이 썼다. "현재 중국의 자본주의 경제 중 절대 대부분은 인민정부의 관리를 받고 있으며, 다양한 형태와 국영 사회주의 경제에 의해 연결되어 있고, 노동자의 감독을 받는 자본주의 경제이다. 이런 자본주의 경제는 더 이상 일반적인 자본주의 경제가 아니라 일종의 특별한 자본주의 경제, 즉 신식 국가 자본주의 경제인 것이다.

이런 자본주의 경제는 주로 자본가의 이윤을 위해 존재하는 것이 아니라 인민과 국가에 필요한 것을 공급하기 위해 존재하는 것이다. 물론 노동자들은 여전히 자본가를 위해 일부 이윤을 생산해야 하지만, 그 부분의 이윤은 전체 이윤의 아주 작은 일부를 차지할 뿐이다. 약 4분의 1 정도만 차지할 뿐 나머지 4분의 3은 노동자(복지비용)와 국가(소득세) 및 생산설비의 확대(그중 자본가를 위한 이윤 생산이 아주 작은

183) 마오쩌둥, 「중국공산당 제7기 중앙위원회 제2차 전체회의 보고」(1949년 3월 5일), 『모택동선집(毛澤東選集)』 제4권, 1432쪽, 인민출판사, 1991.

일부를 차지함)를 위한 생산에 속한다. 그렇기 때문에 그런 신식 국가 자본주의 경제는 아주 큰 정도에서 사회주의 성격을 띠며 노동자와 국가에 이로운 것이다."[184] '국가자본주의' 형태로써 자본주의 경제발전과 자본주의 경제에 대한 제한을 통일시켜 자본주의 경제에 대한 사회주의 개조를 평화롭게 실현하는 것은 중국 사회주의 개조의 성공적인 경험이다. 한편 건국 직전에 마오쩌동이 '국가 자본주의 경제'를 신민주주의 경제구성의 중요한 요소 중의 하나로 삼아 제기한 것은, 바로 훗날 신민주주의사회에서 사회주의사회로 평화적으로 들어설 수 있는 중요한 전제조건이 되었다.

　넷째, 대외적으로는 무역을 통제한 것이다.

　항일전쟁 후기의 전후 경제 관련 구상에서 마오쩌동은 여러 장소에서 외국자본의 투자 유치와 기술합작 문제에 대해 논하였다. 그러나 국제환경의 변화로 인해 건국 직전에 마오쩌동과 중공중앙은 여전히 대외적 연계를 강화할 것을 강조하는 한편, 내용과 방침에서 아래와 같은 3대 변화가 나타났다. 첫 번째 변화는 내용면에서 무역·투자·기술합작 등의 전면 개방에서 '대외무역' 혹은 '외국인과의 거래'로 바뀐 것이다. 마오쩌동은 "외국인과 거래하는 것은 문제가 안 된다. 할 거래가 있으면 해야 한다. 게다가 이미 거래하기 시작하였다. 여러 자본주의 국가의 상인들은 서로 경쟁까지 벌이고 있다."[185]라고 하였다. 두 번

184)　마오쩌동, 「국가 자본주의 경제에 대하여」 (1953년 7월), 『모택동문집(毛澤東文集)』 제6권, 282쪽, 인민출판사, 1999.

185)　마오쩌동, 「중국공산당 제7기 중앙위원회 제2차 전체회의 보고」 (1949년 3월 5일), 『모택동선집(毛澤東選集)』 제4권, 1435쪽, 인민출판사, 1991.

째 변화는 방침 면에서 선(先) 사회주의 국가, 후(後) 자본주의국가라는
순서를 제기한 것이다. 1949년 2월 16일 대외무역방침에 대한 중앙의
지시에서는 "우리 대외무역의 기본방침은 무릇 소련과 동유럽 여러 신
민주국가가 필요로 하는 물품에 대해 우리는 반드시 적극적으로 소련
과 신민주국가에 수출해야 한다. 무릇 소련과 신민주국가가 우리에게
제공할 수 있는 물품에 대해서 우리는 반드시 극력 소련과 신민주국가
로부터 수입해 들여야 한다. 오로지 소련과 신민주국가에 필요하지 않
는 물품이거나 우리에게 공급할 수 없는 물품에 대해서만 우리는 여러
자본주의국가에 수출하거나 자본주의국가에서 수입해야 한다."[186]

이것이 바로 마오쩌둥이 중공 제7기 2중전회에서 말한 "우리는 반드
시 될수록 우선 사회주의국가와 인민민주국가와 거래해야 하고, 동시
에 또 자본주의국가와도 거래해야 한다"는 것이다.[187] 세 번째 변화는
방법상에서 '통제'를 실행한 것이다. 1949년 2월 16일 대외무역 관련 중
공중앙의 결정에는 "대외무역은 마땅히 국가에서 경영하고 관제해야
한다"라고 명확하게 규정지었다.[188]

대외무역에 대한 통제를 강조한 것은 역사적으로 대외무역 과정에
서 주권을 상실함으로 인해, 특히 세관권을 상실함으로 인해 반식민지
로 전락하였던 교훈을 되살린 것이며, 1946년 11월 국민당정부가 미국
과 「중미 우호 통상 항해조약」을 체결한 뒤 민족 상공업이 도산하고 급
속한 인플레이션을 초래했던 교훈을 살린 것이며, 또한 대외무역을 국

186) 『중공중앙문건선집』 제18권, 136쪽, 중공중앙당학교출판사, 1992.
187) 마오쩌둥, 「중국공산당 제7기 중앙위원회 제2차 전체회의 보고」 (1949년 3월 5일), 『모택동선집(毛澤
東選集)』 제4권, 1435쪽, 인민출판사, 1991.
188) 『중공중앙문건선집』 제18권, 139쪽, 중공중앙당학교출판사, 1992.

가경제계획에 포함시키기 위한 것이었다. 이와 같은 조치로 인해 훗날 적지 않은 문제가 불거졌지만, 그때 당시 여건에서는 필요한 것이었다. 그래서 마오쩌둥은 "대내적 자본을 절제하고 대외적 무역에 대한 통제는 이 나라 경제투쟁의 두 가지 기본정책이다. 이 점을 경시하거나 가볍게 여기게 되면, 앞으로 절대적인 큰 과오를 범하게 될 것이다."라고 말했던 것이다.[189]

따라서 건국 직전 마오쩌둥이 제기한 신 중국경제와 항일전쟁 후기에 제기한 전후의 경제는 모두 신민주주의 성격의 경제이므로 본질적으로 일치하였다. 이것은 마오쩌둥이 신민주주의사회이론이 경제문제에서의 전개라고 할 수 있다. 그러나 역사적 조건 특히 국내외 정치형세의 변화 때문에 구체적인 경제모형에서 보면, 마오쩌둥은 건국 전에 제기한 신 중국경제는 자신의 요구와 특징이 있었다. 이는 자력갱생을 기초로 하고 공업화의 실현을 목표로 하며 국민경제를 사회주의 계획경제로 포함시킨 경제모형이었던 것이다.

---

189) 마오쩌둥, 「중국공산당 제7기 중앙위원회 제2차 전체회의 보고」 (1949년 3월 5일), 『모택동선집(毛澤東選集)』 제4권, 1433쪽, 인민출판사, 1991.

제9장
문화건설론

제9장
문화건설론

그의 혁명은 중국역사상에서의 이와 동양의 모순심리를 반영하고 있다. 이상한 것은 중국의 낡은 가치표준을 혁명하면서 긍정했다는 것이다. 마오쩌동주의는 중국의 낡은 사물을 극복하는 한편 전통 유학을 논리와 교육의 도구로 삶는다. 단지 호남 농민의 아들이 규정한 학설이 유학과 대립되는 점을 포함시킨 것뿐이다.

-(미)헨리 키신저

제1절
구국과 발전의 외침: 신문화(新文化)

신민주주의사회를 건설하려면 정치건설과 경제건설도 중요하지만 더욱 중요한 것은 문화건설이다. 마오쩌동도 여러 작품에서 어떤 신문화를 건설해야 하는가에 대하여 토론한 적이 있다.

『신민주주의론(新民主主義論)』을 읽어 본 사람들은 마오쩌동이 마르크스주의 역사유물론과 인식론을 통일시켰음을 보아낼 수 있을 것이다. 마오쩌동은 정치와 경제의 형태가 문화 형태를 결정한다고 말했다. 그리고 이런 문화가 다시 정치와 경제에 영향을 미친다고 했다. 즉 사회는 인간을 떠나 독립하지 못하고 인간과 서로 연관된 특수한 존재인 것이다. 사람은 생존과 발전을 위하여 생산을 하고 생산과정에서 형성되는 일정한 물질 이익관계는 일정한 성격의 사회의 경제적 기초이다.

정치는 더욱더 특유한 인간 현상이다. 정치는 인간이 생산과정에서 형성한 물질이익과 특정관계를 보호하기 위하여 존재하고 발전하는 것이기에 경제의 집중적 체현이고 경제에 반작용을 한다. 인간의 활동은 기계처럼 진행하는 것이 아니라 모든 경제 정치활동은 일정한 관념의 지배하에서 진행되고, 또 그런 관념은 일정한 경제와 정치의 상호 관계에 의해 결정된다. 이런 관념형태가 바로 마오쩌동이 말하는 문화이다. 문화는 인간의 의식, 사유방식과 습관을 통해서 사회를 개조하고 사회도 인간을 개조하는 것을 통하여 새로운 문화를 창조한다.

우리는 사회-인간-문화의 복잡한 관계로부터 마오쩌동의 문화관을 이해하고 마오쩌동이 문화건설을 중시하는 원인을 알 수 있다.

첫째, '구국'을 하려면 반드시 낙후한 구문화를 혁신하고 국민성을 개조해야 한다.

5·4운동이 흥기했던 역사적 배경을 고찰하는 것은 1911년의 신해혁명(辛亥革命)으로 인해 봉건왕조를 무너뜨리고 중국 2000여 년의 봉건독재 통치를 종결시켰으나 새로운 문화를 형성시키지 못하고 중국인의 낙후한 국민성을 개조하지 못하여 원세개(袁世凱)가 복고의 깃발을 들고 일어나 중국은 낙후하고 망하는 운명에서 벗어나지 못하게 되었다. 노신(魯迅)의 『아큐정전(阿Q正傳)』이 사람들의 심금을 울린 것은 바로 이런 진리를 심각하게 폭로했기 때문이었다. 5·4운동도 낡은 문화의 장애를 돌파하여 중국을 개조하려 하였다. 마오쩌동과 이 시대의 사람들 모두 5·4운동의 영향으로 마르크스주의를 신문화의 핵심으로 받아들였다. 그리고 혁신의 문화운동에서 사람을 개조하는 것을 중점으로 한 사회변혁의 사상을 형성하였다. 즉 구국을 하려면 반제 반봉건의 정치투쟁을 해야 할뿐만 아니라 낙후한 중국의 문화를 혁신시키고 사람을 개조시켜야 한다.

항일전쟁에서도 마오쩌동은 군사투쟁과 정치투쟁뿐만 아니라 사상문화투쟁에도 주의를 기울였다. 항일전쟁에서 많은 반동사상을 극복하지 않으면 항일전쟁의 승리는 무망한 일이었다. 즉 항일전쟁의 승리는 전쟁터에서 뿐만 아니라 낡은 사상, 낡은 문화와의 투쟁도 중요한 것이었다. 국민당 소속 문인들이 말하는 '주의'란 사실은 투항, 분열, 후

퇴의 사상이었다. 그러나 항전, 단결, 진보의 사상으로 인민을 무장해야만 항전의 승리를 거두고 민족 구국의 중임을 완성할 수 있었던 것이다.

둘째, '발전'은 중국을 부흥시키는 신문화를 건설하게 하고 사회의 신인을 개조시키게 한다.

마오쩌둥은 문화건설은 구 중국을 변화시키기 위해서가 아니고 신중국을 건설하기 위함이고 중국의 발전과 미래를 위함이라고 강조했다. "우리 공산당인은 오랫동안 중국의 정치혁명과 경제혁명, 그리고 문화혁명을 위하여 분투해 왔다. 분투의 목적은 중화민족의 새로운 사회와 새로운 국가를 건설하기 위해서이다. 새로운 사회와 새로운 국가는 새로운 정치, 새로운 경제, 새로운 문화가 있어야 한다."[190]

그런 신문화는 우선, 새로운 사상과 관념을 말한다. 마오쩌둥은 당내에서는 실사구시의 사상과 군중을 연결하는 사상과 전심전의로써 인민에게 복무하는 사상을 제창하고, 당 외에서는 항일을 선전하고 단결과 진보의 관념, 그리고 중국공산당의 신민주주의 강령을 선전하였다. 선전의 목적은 새로운 사상, 새로운 관념을 전파하는 것이고 중국발전의 수요에 적응하는 것이다.

그 다음 신문화는 또한 인민대중의 문화사업을 말한다. 토지혁명전쟁 시기나 항일전쟁 시기 모두 농촌근거지의 물질적 조건은 아주 낙후하였다. 그러나 마오쩌둥은 힘들다고 문화사업을 포기하거나 하지 않고 인민대중의 교육사업과 혁명의 문화단체를 있는 힘껏 발전시켰다.

---

190) 『모택동선집(毛澤東選集)』 제2권 1991, 인민출판사, 663쪽.

연안시기 중공중앙과 마오쩌둥은 항일전쟁을 위한 문화사업을 창립하기 위하여 정치적으로 물질적으로 많은 심혈을 기울였다. 그렇기 때문에 마오쩌둥이 건설하려는 신문화는 관념형태의 문화일 뿐만 아니라 실질적인 사업형식의 문화였다.

그리고 또 그 다음, 신문화는 혁명신인을 만드는 것을 말한다. 관념형태문화나 사업형식의 문화 모두 사람의 정서를 연마하고 마음을 미화시키며 각오를 높이고 사상을 개조하며 능력을 키우는데 있다. 그렇기 때문에 마오쩌둥은 신민주주의 경제와 정치에 알맞은 문화를 건설할 때에 공농병 군중을 교육해야 한다고 선전하였다. 그는 "무산계급에는 소자산계급의 사상을 가지고 있는 사람이 많고 농민과 도시소자산계급 모두는 낙후한 사상이 있어 투쟁중의 부담이 될 수 있다. 우리는 장기적으로 내심적으로 그들을 교육하고 그들의 진보를 도와야 한다. 그들은 투쟁 중에서 자신을 개조하고 있기 때문에 우리는 그들의 개조 과정을 문예로써 표현토록 해야 한다"[191]고 말했다. 당 내에서는 당원과 간부들의 당성을 키우고 무산계급의 선봉자로 양성하고 혁명대오 내에서는 인민 군중을 도와 우매, 미신, 낙후의 사상관념을 극복하여 용감한 혁명전사로써 양성시켜야 한다. 이것이 마오쩌둥이 바라는 문화개조를 통해 만든 '신인'인 것이다. 이것이 중국사회의 주체이고 신중국 발전의 희망이었다.

그렇기 때문에 신중국 탄생 전야에 마오쩌둥은 "세상의 모든 사물 중에서 사람이 가장 소중한 것이다. 공산당의 지도 아래 오로지 사람만 있으면 인간 세상의 그 어떤 기적도 창조할 수 있다."라고 가슴이 벅차

---

191) 위의 책, 제3권, 849쪽.

선포하였던 것이다.[192] 여기서 말하는 사람이란 '공산당의 지도를 받는 사람'을 가리키며, 즉 신문화로 새롭게 부각된 중국 인민을 가리킨다. 마오쩌동이 말한 바와 같이 "중국인이 마르크스·레닌주의 이론을 몸에 익힌 후 중국인은 정신적으로 피동적이던 데서 주동적으로 바뀌었다. 그때부터 근대 세계사에서 중국인을 업신여기고 중국문화를 업신여기던 시대가 끝난 것이다. 위대한 승리를 거둔 중국인민 해방전쟁과 인민의 대혁명은 위대한 중국인민의 문화를 부흥시켰거나 또 부흥시키고 있다." 그러면 근대중국의 구국과 발전이라는 2대 기본문제를 해결한 "위대한 중국 인민을 부흥시켰거나 또 부흥시키고 있는 문화"는 어떤 성격의 문화인가?

첫째, 그 문화는 자산계급 성격의 문화가 아니다. 5.4운동 이전에 중국 문화전선의 투쟁은 자산계급의 신문화와 봉건계급의 구문화 사이의 투쟁이었다. 그 시기 이른바 학교·신학·서양학은 거의 모두 자산계급 대표들에게 필요한 자연과학과 자산계급의 사회정치 학설이었다. 그 시기 이러한 이른바 신학사상은 중국 봉건사상과 투쟁하는 혁명적 역할을 하였으며, 구시대의 중국 자산계급 민주혁명을 위한 것이었다. 그런데 중국 자산계급의 무기력함과 세계가 이미 제국주의시대에 들어섬에 따라 그런 자산계급사상은 얼마 지나지 않아 외국 제국주의의 노예화사상과 중국 봉건주의 복고사상의 반동 동맹에 의해 격퇴되어 이른바 신학은 빈 껍데기만 남았을 뿐이다. 자산계급 문화가 흥성하던

---

192) 마오쩌동, 「유심론적 역사관의 파산」 (1949년 9월 16일), 『모택동선집(毛澤東選集)』 제4권, 1512, 1516쪽, 인민출판사, 1991.

데서 쇠락하는 역사과정에 대해 위에서 말한 마오쩌동의 간단명료한 분석을 통해 신민주주의 혁명에서 자산계급의 문화가 이미 그 선진성을 잃어(자산계급의 유물론사상은 제외) 신민주주의 사회의 문화는 이미 선진성을 잃은 그 문화를 절대 건설할 수 없음을 보여주었다.

둘째, 그 문화는 사회주의 성격의 문화도 아니다. 5.4운동 이후 중국에는 완전 새로운 문화의 활력소가 생겼다. 그것은 바로 중국공산당이 이끄는 공산주의 문화사상이며, 즉 공산주의 우주관과 사회혁명론이다. 중국정치의 정예 부대인 중국 무산계급과 공산당이 중국 정치 무대에 등장하면서, 그 문화의 정예부대는 새로운 장비와 새로운 무기로 무장하여 가능한 모든 동맹군을 연합해 전투대형을 펴고, 제국주의문화와 봉건문화를 향해 용감하게 공격을 개시하였다. 그 정예부대는 사회과학 영역과 문화예술 영역에서, 철학 분야이건 경제학·정치학·군사학·역사학·문학·예술(연극·영화·음악·조각·그림 등 포함) 분야이건 막론하고 모두 큰 발전을 이루었다. 국민문화 방침을 정함에 있어서 이런 공산주의 사상문화가 이미 주도적인 지위를 차지하게 되었다.

그러나 전반적인 국민문화는 신민주주의 혁명과 건설시기까지는 사회주의의 것이 아니었다. 그것은 전반적인 사회혁명과 사회건설 임무가 정치적으로 보나 경제적으로 보나 모두 사회주의가 아니라 신민주주의였기 때문에, 국민문화는 반드시 그러한 국면에 적응해야 했다. 그리고 또 공산당 당원과 골간들에게 진행한 공산주의 세계관과 방법론 교육을 전 국민에 대한 사상문화 교육과 동일시할 수 없었으며, 전 사회적으로 공산주의 사상체계를 선전하고 보급시킨 것은 노동자와 농민, 그리고 다른 노동대중들이 앞으로 숭고한 이상을 위해 분투하도록 교육을 진행한 것일 뿐으로, 역시 신민주주의 혁명과 건설시기의 행동 강령은 아니었다. 그렇기 때문에 마오쩌둥은 "현 시기 중국혁명은 중국 무산계급의 지도를 떠날 수 없기 때문에, 현 시기 중국의 신문화도 중국 무산계급 문화사상의 지도, 즉 공산주의사상의 지도를 떠날 수 없다. 그러나 이러한 지도는 현 단계에서는 인민대중을 이끌어 반제국주의와 반봉건주의 정치혁명과 문화혁명을 진행하는 것이기 때문에, 현 단계에서 새로운 국민문화의 내용은 여전히 사회주의의 것이 아니라 신민주주의의 것인 것이다."라고 말하였던 것이다.[193] 그렇기 때문에 구국과 발전의 호소 속에서 형성된 신문화는 무산계급 사회주의 문화사상을 지도로 하는 인민대중의 반제국주의 반봉건주의 신민주주의문화였다. 이런 신문화가 바로 마오쩌둥이 「신민주주의론」에서 논술하였던 "민족적, 과학적, 대중적인 문화"였던 것이다.

신문화는 "민족적, 과학적, 대중적인 문화"라고 마오쩌둥이 강조하였는데, 여기서 세 개의 '적'은 보통 규정어가 아니라 심사숙고를 거친 뒤 신문화에 대해 내린 세 개의 질적인 규정이라는 사실에 주의를 기울일 필요가 있다. 이 세 개의 질적 규정성은 그가 세 각도에서 제기한 것이며, 즉 과학적인 삼중 논증을 거쳐 얻어낸 것이다.

첫째, 그가 근대중국의 주요 모순 및 규정한 신민주주의혁명의 임무에 근거해 제기한 것이다. 중화민족과 제국주의, 인민대중과 봉건주의의 모순은 근대 중국사회의 주요 모순이었다. 그 주요 모순이 중국

---

193) 마오쩌둥, 「신민주주의론」 (1940년 1월), 『모택동선집(毛澤東選集)』 제2권, 705~706, 706, 707쪽, 인민출판사, 1991.

혁명의 임무는 제국주의와 봉건주의 및 그들과 서로 연결되어 있는 관료매판자본주의에 저항하는 것임을 규정하였다. 신문화의 세 개의 질적 규정성은 바로 중국혁명의 이 3대 임무에 근거해 제기한 것이다. 즉 '민족적'이라는 것은 바로 제국주의문화와 대립되는 것이다. 마오쩌둥은 "이런 신민주주의적인 문화는 민족적인 것이다. 그 문화는 제국주의 압박에 저항하고 중화민족의 존엄과 독립을 주장하는 것이다."라고 말하였다. '과학적'이라는 것은 봉건주의 문화와 대립되는 것이다.

마오쩌둥은 "이런 신민주주의적인 문화는 과학적인 것이다. 그 문화는 모든 봉건사상과 미신사상에 반대하는 것이며, 실사구시할 것을 주장하고 객관적 진리를 주장하며 이론과 실천의 일치를 주장한다."라고 아주 명확하게 말하였다. 게다가 그는 또 "이런 점에서 중국 무산계급의 과학사상은 중국의 진보적인 자산계급 유물론자 그리고 자연 과학자들과 반제국수의 반봉건주의 반미신의 통일선선을 형성할 수 있다. 그러나 절대 그 어떤 반동적인 유심론자와도 통일전선을 이룰 수 없다."라고 지적하였다. 그는 또 한 걸음 더 나아가서 "공산당원은 일부 유심론자 심지어 종교 신자와 정치행동상의 반제국주의 반봉건주의 통일전선을 형성할 수도 있다. 그러나 그들의 유심론 혹은 종규 교의에 찬성하는 것은 절대 안 된다."라고 지적하였다. 상기 언론들을 통해 과학과 반과학적인 봉건미신 간의 관계에 대해 한 층 한 층씩 분명하게 설명한 것이다. '대중적'이라는 것은 관료매판자본주의의 전제통치 혹은 문화전제주의와 대립되는 것을 말한다.

마오쩌둥은 논술할 때 '관료매판자본주의'라고 밝히지 않았다. 그것은 그 시기 장제스를 대표로 하는 관료자산계급이 여전히 항일민족통일전선에 남아 있었기 때문이었다. 그러나 그는 "그런 신민주주의 문화가 대중적인 것"이라고 말하였는데, 이는 곧 "민주적인 것"이기 때문이었다.[194] 그때 당시 '민주'에 대해 언급한 것은 바로 장제스가 이끄는 국민당의 전제통치와 문화전제주의를 겨냥한 것이었다. 이것이 바로 신민주주의 문화가 '민족적, 과학적, 대중적인 문화'라고 제기한 마오쩌둥의 논리였다.

둘째, 그가 중국공산당의 전반적인 이론과 실천의 살아 움직이는 영혼 즉 실사구시의 사상노선에 따라 제기한 것이다. 마오쩌둥이 실사구시의 사상노선을 제기할 때, 먼저 국제공산주의만 따르는 교조주의자, 특히 중국공산당 내부의 국제공산주의자 대표를 겨냥한 것이기 때문에, 그는 중국공산당이 독립적·자주적으로 혁명을 이끌며 자체만의 길을 갈 것을 강조하였으며, 이론적으로 마르크스주의가 자기 민족의 형태를 띠도록 해야 한다고 강조하였던 것이다. 바로 실사구시의 사상노선이라는 요구에 따라 중국공산당이 창조하려는 신문화는 '민족적' 문화임이 결정되어졌던 것이다. 그 다음 실사구시의 사상노선은 객관적 진리를 주장하며 역사적 변증법적 발전을 존중할 것을 요구했다. 따라서 중국공산당이 창조하려는 신문화는 '과학적' 문화임이 결정되어 졌던 것이다.

그 다음 실사구시의 사상노선은 인민대중이 역사의 창조자임을 강조했다. 따라서 이론과 실제를 연결시키는 것은 대중들 속에 깊이 파고들어가 대중과 연결하고 인민을 위해 봉사해야 함을 의미하며, 이를 다시 말하면 대중노선을 걸을 것임을 밝힌 것이었다. 이에 따라 중국

---

194) 마오쩌둥, 「신민주주의론」 (1940년 1월), 『모택동선집(毛澤東選集)』 제2권, 708쪽, 인민출판사, 1991.

공산당이 창조하려는 신문화는 반드시 '대중적'문화임이 결정되었던 것이다. 이로부터 '민족적, 과학적, 대중적인 문화'라고 개괄한 것은 신민주주의 혁명의 임무에 따라 제기한 것일 뿐만 아니라, 무산계급의 세계관, 인식론, 방법론에 근거해 제기한 것으로서 신민주주의 문화 속에서 무산계급 사회주의 사상문화가 지도적 위치를 차지하고 있음을 반영한 것이었다.

셋째, 그가 5.4 신문화운동 이후 문화운동의 경험과 교훈에 근거해 제기했다는 점이다. 5.4 신문화운동의 최대 공헌은 '과학'과 '민주'를 상징으로 하는 신문화를 도입했다는 것이다. 이는 중국 봉건주의문화에 심각한 시련과 막대한 충격을 가져다주었으며, 역사 발전의 일종이었다고 할 수 있다. 마르크스주의가 바로 이런 발전과정에서 중국에 전파되어 중국의 선진적인 지식인들에게 받아들여졌던 것이다. 그러나 5.4신문화운동 과정에서 형식주의 과오도 나타났었다. 즉 바로 중국의 문화전통을 전면 부정한 '서양 팔고' 경향인데 가장 전형적인 대표가 바로 '전면적 서구화'론이다. 그런 형식주의가 훗날 공산당에도 영향을 미쳤다. 즉 중국문화전통을 전면 부정하는 '당팔고' 경향을 말하는데, 가장 전형적인 대표가 바로 왕밍(王明)의 교조주의였다. 마오쩌둥은 옌안 시기에 5.4신문화운동 후의 경험과 교훈들을 종합하면서 '마르크스주의 중국화' 구호를 제기하여 중국 전통문화의 정수를 비판적으로 계승할 것을 강조하였으며, 중국사회의 특성과 중국혁명의 경험을 깊이 있게 연구할 것을 요구하였다. 그것이 1938년 마오쩌둥이 중공 확대 6기 6중전회에서 논술한 내용이었다. "마르크스주의 중국화의 매개 부분에서 중국의 특성을 띠도록 해야 한다. 즉 중국의 특성에 따라 마르크스주의를 응용하는 것이 전 당이 반드시 이해하고 해결해야 할 문제이다. 서양 팔고는 반드시 폐지해야 한다. 텅 비고 추상적인 논조는 반드시 멈춰야 하며, 교조주의는 반드시 폐지되어야 한다. 신선하고 활발하며 중국 국민이 좋아하는 중국의 기풍과 중국의 기백으로 그것을 대체해야 한다."[195] 그래서 「신민주주의론」에서 마오쩌둥은 "형식주의적으로 외국의 사물을 받아들임으로써 과거에 중국은 큰 손해를 보았다."라고 말하였던 것이다. 또한 그 말을 토대로 "중국문화는 마땅히 자체의 형태를 갖추어야 하며, 그것은 바로 민족형태이다."라고 제기하였던 것이다.[196] 다시 말하면 신민주주의 문화에는 과학적, 민주적(즉 대중적)인 내용이 포함되어야 할 뿐만 아니라 민족적 형태도 포함되어야 한다는 것이었다.

195) 마오쩌둥, 「새 단계를 논함」 (1938년 10월), 『건당 이래 중요한 문헌 선편』 제16권 651쪽, 중앙문헌출판사 2011.
196) 마오쩌둥, 「신민주주의론」 (1940년 1월), 『모택동선집(毛澤東選集)』 제2권, 707쪽, 인민출판사, 1991.

신민주주의 문화의 건설과정에서 혁명문예는 마오쩌동이 중시하는
문제 중 하나였다.

마오쩌동의 문예사상에 대해 국외 30여 개 국가에서 평가를 한 적이
있고 국내에서도 연구를 멈추지 않았다. 그중 정치와 학술, 착오와 정
확, 편면과 전면 등의 평론이 섞여 사람들의 시야를 넓히면서 연구의
난도를 더했다. 민주혁명시기 마오쩌동의 문예사상은 혁명공능론(革命
機能論), 혁명공리론(革命功利論)과 실천심미론(實踐審美論)으로 구성된 혁
명문예이론이다.

1. 문예의 혁명기능론(革命機能論)

마오쩌동은 "무산계급의 문학예술은 무산계급 혁명사업의 일부분
이고 당의 문예사업은 당의 혁명사업의 '위치'에서 확정된 것이며, 당
의 혁명시기 내에 규정된 혁명임무에 복종해야 한다"[197]고 말했다. '위
치'란, 첫째 문예는 중국혁명의 한 갈래의 전선이다. 중국혁명에는 '문

---

197) 『모택동선집(毛澤東選集)』 제3권, 866쪽, 인민출판사, 1991.

(文)'과 '무(武)'라는 두 갈래의 전선이 있는데 '문(文)'이 바로 문화선선이고 그 중 주요한 것이 문예전선이다. 둘째, 문예는 중국혁명의 한 전략군이다. 마오쩌동은 "문화가 없는 군대는 멍청한 군대이다. 멍청한 군대는 적과 싸워 이기지 못한다"[198]라고 말했다. 그렇기 때문에 적을 이기려면 총기를 든 군대뿐만 아니라 문화군대도 있어야 한다. 이런 군대는 자신을 단결시키고 적을 이기는 중요한 군대이다. 문예대오는 문화군대에서도 특별히 활약하는 조직이다. 셋째 문예는 중국혁명의 유력한 무기이다. 근거지의 전쟁 환경과 농촌 환경에서 문예사업은 아주 필요하다. 인민들의 감정과 의지를 반영하는 예술형식은 군중을 교육하고 생산력을 발전시키는 무기가 되었다.

혁명의 '전선', '군대', '무기'라는 말은 문예의 기능을 결정하고 중국혁명을 완성하고 각 시기의 혁명임무를 위하여 복무한다는 것을 말한다. 마오쩌동은 "문예사업의 목적 즉 혁명문예의 기능은 바로 문예를 혁명의 구성부분으로 하여 인민을 단결시키고 인민을 교육하며 적에게 타격을 가하고 적을 궤멸시키는 유력한 무기가 되어 인민을 도와 적들과 투쟁하게 하는데 있다"[199]라고 말했다.

2.문예의 혁명공리론(革命功利論)

마오쩌동이 문예사업에 대한 요구는 문예기능에 대한 지도사상이고, 이런 문예의 혁명공능론의 핵심이 문예의 가치관인 것이다.

마오쩌동은 철저한 유물주의자이다. 그는 명확한 언어로 공리주의

---

198) 위의 책, 1011쪽.
199) 위의 책, 848~864쪽.

가치관을 서술했다. "공리를 따지되 위선적이지 말아야 한다. 눈앞의 이익과 원대한 이익이 통일된 공리를 따지고 협애한 공리를 따지지 말아야 한다. 무산계급의 공리를 따지고 봉건계급, 자산계급과 기타 비무산계급의 공리는 따지지 말아야 한다." 이것이 바로 마오쩌둥이 주장하는 혁명 공리론이었다.

마오쩌둥의 혁명문예론의 기본사상은 이런 혁명공리론을 관철시키고 있다.

첫째, 입장과 방법의 관계에 대한 문제에서는 입장이 방법을 결정하고 방법이 입장을 체현한다. 마오쩌둥은 "문예사업에서 생긴 논쟁의 중심은 기본적으로 군중을 위한 문제와 어떻게 군중을 위하는가 하는 문제"라고 했다.[200] 군중을 위하는 문제는 문예사업 참가자의 입장문제, 문예작품의 정치경향문제 즉 가치관의 문제이다. 즉 "어떻게 군중을 위하는가라는 문제는 문예사업의 방식문제, 문예표현의 방법문제 즉 방법론의 문제이다. 입장과 방법, 가치관과 방법론, 이 양자는 어떤 관계인가? 마오쩌둥은 입장문제, 가치관의 문제는 방법문제이고 방법론문제의 전제조건이라고 했다."[201] 마오쩌둥이 강조한 군중을 위한 입장과 가치관은 그가 주장한 무산계급 혁명의 공리주의였다. 문예사업의 방식, 방법은 모두 이런 혁명의 공리론을 체현시켜야 한다는 것이 바로 마오쩌둥 혁명문예론의 기본 의의였다.

둘째, 보급과 제고의 관계문제에서 혁명공리주의의 가치척도를 표준으로 하였다. 보급의 기초에서 제고하고 제고의 지도하에거 보급된다.

---

200) 위의 책, 853쪽.
201) 위의 책, 857쪽.

문예공작의 방식, 방법을 연구할 때에 마오쩌동은 방법으로 방법을 연구하지 않고 무산계급의 혁명공리주의로써 방법과 방법론의 문제에 대하여 논하였다. 마오쩌동은 늘 군중을 위해 복무하는 입장에서 혁명공리주의 가치관에 의하여 보급과 제고의 의미와 상호 관계를 논하였다. 그 결론은 "우리의 제고는 보급의 기초에서 진행하고, 우리의 보급은 제고의 지도에서 진행되는 것이다"[202]라는 것이었다.

셋째, 정치표준과 예술표준의 관계에 대하여 혁명공리론 원칙대로 정치표준을 1위에 두고 예술표준을 2위에 두었다. 예술작품의 우열은 예술의 평가문제일 뿐만이 아니다. 마오쩌동은 계급사회에서 계급마다 예술작품에 대한 결론이 다르다고 했다. 원인은 문예에는 예술적 표준 외에 정치적 표준도 있기 때문이라는 것이었다. 정치표준이란 각 계급이 문예작품에 대한 가치의 기준으로 계급의 이익마다 다르기에 다른 가치 기준이 있고 정치표준이 있다는 것이다. 그럼 정치표준과 예술표준의 관계는 어떠한가? 정치는 예술과 다르고 일반의 우주관도 예술창작과 예술비판의 방법과 다르다. 우리는 불변의 추상적인 정치표준과 예술표준을 부인한다. 계급사회 중 각 계급 모두 서로 다른 정치표준과 예술표준이 있다. 그러나 그 어떤 계급사회의 그 어떤 계급도 정치표준을 1위에 예술표준을 2위에 둔다.[203] 마오쩌동의 관점은 그의 무산계급 혁명의 공리주의 가치관을 체현하였던 것이다.

넷째, 예술창작의 동기와 효과의 관계문제에서는 사회실천, 그리고

---

202) 위의 책, 862쪽.
203) 위의 책, 869쪽.

동기와 효과통일론을 강조하였다. 마오쩌동은 문예비판에서 정치표준을 1위에 두었는데, 정치의 우열을 어떻게 판단하는가 하는 문제에 부딪쳤다. 원칙은 아주 명확했다. 즉 인민 군중을 위한 것이냐 아니냐 였던 것이다. 그러나 문예작품에서 동기와 효과가 인민 군중을 위한 것인가는 아주 복잡한 문제이다. 마오쩌동은 이와 같이 말했다. "우리는 변증유물주의의 동기와 효과의 통일론자이다. 대중을 위한 동기와 대중들에게 환영을 받는 효과는 통일된 것이다. 개인을 위한 동기는 나쁜 것이고, 대중을 위하나 환영을 받지 못하거나 효과가 없는 것도 나쁜 것이다."[204] 이 말은 이론적으로 성립되고 편면적이지 않고 정확한 것이다. 그러나 운영하려면 쉽지 않다. 때문에 마오쩌동은 혁명공리주의의 가치표준과 변증유물주의의 인식론 표준인 실천표준을 통일시켰던 것이다. 그리고 사회실천과 그 효과는 주관 소원과 동기를 검증하는 표준이라고 강조하였던 것이다.[205]

3. 문예의 실천심미론(實踐審美論)

마오쩌동의 혁명문예론의 기초는 실천심미론이다. 이것의 심미이론은 주관에서 출발한 유심주의 미학이론이 아니고, 실천을 벗어난 객관적 기계유물주의 미학이론도 아닌 실천을 기초로 한 능동의 반영론인 변증유물주의 미학이론인 것이다.

먼저, 그는 문학예술은 인민생활에서 온다고 했다. 심미의 본질은 모든 미학자들이 관심을 갖는 문제이다. 미의 본체에 대한 문제는 그

---

204) 위의 책, 868쪽.
205) 위의 책, 868쪽.

기원을 찾아야 한다. 문학예술의 심미문제도 문학예술의 기원을 찾아야 한다. 마오쩌동은 "관념형태의 문예작품은 모두 일정한 사회생활이 인류의 머릿속에 반영된 산물이다. 혁명의 문예는 인민의 생활이 혁명작가의 머릿속에 반영한 산물이다. 인민들의 생활에는 예술의 원석이 숨겨져 있다. 비록 거칠지만 가장 생동적이고 풍부하며 기본적인 원석이다. 이것을 예술로 쓰면 끝이 없는 원천이 될 것이다"[206] 라고 했다. 어떤 사람들은 고대와 외국의 문예작품이 문학예술의 근원이라고 했다. 마오쩌동은 이 말을 부인하였다. 과거의 문예작품은 원(源)이 아닌 류(流)이고 구인과 외국인은 그들의 생활을 원천으로 해서 예술창작을 한 것이다. 후세는 작품을 계승, 흡수, 감별할 필요는 있지만 이는 문예창작의 원천은 아니다.

이런 문학예술 원천에 대한 관점은 유물주의 반영론의 관점이다. 이는 심미는 순수한 주관 활동이라는 견해와 원칙적으로 구별된다. 그러나 마오쩌동의 관점을 간단하게 이해하거나 해석해서는 안 된다. 마오쩌동이 강조한 반영론은 사회생활 또는 인민생활을 대상으로 한 반영론이다. 사회생활은 객관적이나 사회생활의 본질은 실천적이다. 실천이 없으면 사회생활이 없고 인민의 실천이 없으면 인민생활이 없다. 때문에 문학예술활동 중의 유물주의 반영론은 객관적인 사회실천을 대상으로 한 반영론인 것이다.

다음, 그는 문학예술은 원시미에서 예술미로 전화하는 창작과정이라고 강조하였다. 마오쩌동은 심미 과정의 복잡성을 알고 있기에 문예심미를 동태의 과정이라고 말했다. 인민의 생활이 문학예술창작의 원천

---

206) 위의 책, 860쪽.

이 될 수 있는 것은 바로 원시미 때문이다. 민간이야기 등 문예는 심미적 각도에서 보면 맹아상태의 미라고 할 수 있다. 이런 미는 인민군중이 자신의 노동과 생활 속에서 자발적으로 진행한 소박하고 풍부한 예술창작의 재료가 된다. 마오쩌둥은 인민 군중에게는 '원시미'와 '맹아상태의 미'라는 두 가지 형태의 미가 있다고 했다. 그러나 이런 미의 단계에서 머무르면 안 된다고 했다. 마오쩌둥은 "인류의 사회생활이 문학예술의 유일한 원천이고 후자에 비해 풍부한 내용이 있지만 인민들은 전자에 만족하지 않고 후자를 추구한다. 이것은 문예작품에서 반영한 생활이 실제생활보다 더욱 높이가 있고 강렬하며 집중적이고 전형적이며 또 이상적이어서 더욱 보편성을 가지고 있다"[207]고 했다. 즉 예술의 심미는 간단히 원시미와 맹아상태의 미뿐만 아니라 이것을 전형화시켜야 한다는 뜻이었다. 이 과정이 바로 문학예술이 창작되는 과정이다. 사람들이 문예를 창작하는 형태는 초급문예와 고급문예이다. 심미의 각도에서 보면 초급예술미와 고급예술미인 것이다.

이와 같이 마오쩌둥은 두 가지 실천이 네 가지 형태의 미를 창조했다고 한다. 하나는 인민군중의 물질적 실천활동에서 형성된 인민생활의 '원시미'와 인민군중이 물질적 실천활동에서 창작한 '맹아상태의 미'이다. 다른 하나는 문예사업 참여자들의 예술창작실천이다. 인민생활 속의 원시자료를 가공하여 '초급예술미'와 '고급예술미'를 형성케 하였다. 그 다음, 마오쩌둥은 문예창작의 실천은 문예사업 참가자와 인민생활이 서로 작용하는 과정이라고 강조하였다. 문예창작의 특수한 실천에서 주체는 문예사업 참가자이고, 객체는 인민군중의 생활이다. 마

---

207) 위의 책, 861쪽.

오쩌동은 "문학가, 예술가는 실천 속에서만이 창작을 할 수 있다. 아니면 공상 예술가가 되는 것이다"[208]라고 했다. 즉 문학가나 예술가들이 문을 닫고 수레를 만들려고 하지 말고 생활 속에서 창작하기를 바랐던 것이다. 창작은 문학가나 예술가들의 생각대로 하는 것이 아니라, 주체의 능동성과 수동성이 있고, 환경의 제약을 받으며, 사회생활이 제공하는 자료의 제약을 받고 사회수요의 제약을 받는다. 사회생활이 문예사업에 영향을 미치는 한편 문예사업이 사회생활에도 영향을 미친다. 이것이 바로 마오쩌동이 창작실천에 대한 인식이었다.

마지막으로 마오쩌동은 문예작품은 정치와 예술의 통일, 내용과 형식의 통일, 혁명의 정치내용과 완벽한 예술형식의 통일을 이루어야 한다고 강조하였다. 그리고 예술창작의 상호 작용성은 창작실천의 과정뿐만 아니라 문예작품에서도 체되어해야 한다고 말했다. 그는 예술성이 없는 작품은 정치적으로 진보해도 영향력이 없다고 했다. 반대로 정치적으로 안 좋은 것은 예술성이 강할수록 더 망치게 된다고 했다. 그렇기 때문에 마오쩌동은 "정치관점이 틀린 예술품을 반대하고, 정치적 관점만 있고 예술의 힘이 없는 경향도 반대해야 한다. 우리는 문예문제에서 두 가지 전선의 투쟁을 해야 한다"[209]고 말했다. 논리의 목표는 정치내용과 예술형식이 통일하여 문예작품이 혁명실천에서의 전투력을 발휘하게 하는데 있었던 것이다.

마오쩌동의 실천심미론의 기초와 혁명문예이론의 지도하에서 연안의 혁명문예는 큰 성과를 거두었던 것이다.

---

208) 위의 책, 861쪽.
209) 위의 책, 870쪽.

제3절
인민교육론

　새로운 사상과 관념을 전파하고 새로운 문화사업을 창립하는 목적은 혁명의 신인을 양성하기 위함이고 또 역사가 우리에게 안겨준 임무이기도 하다. 이것은 마오쩌동 신민주주의 문화건설의 기본사상이다. 이런 사상은 문화예술 사업에서 체현되고 군중을 위하여 복무하는 혁명문예이론을 형성하였다. 이런 사상은 또 교육사업에서 체현되는데 이것이 바로 마오쩌동이 강조하는 인민교육이론이다.

　인민교육이란 토지혁명전쟁 시기에는 '소비에트문화교육(蘇維埃文化教育)', 즉 '공농교육(工農教育)'이라고 부르고 항일전쟁 시기에는 '국민교육(國民教育)'이라고 불렀다. 인민교육의 기본특징은 세 가지가 있다.

　첫째, 인민 군중을 교육대상으로 하는데 특히 많은 농민을 교육보급대상이라고 강조 하였다. 마오쩌동은 "중국은 역대로 지주들이 문화가 있고 농민은 문화가 없었다. 그러나 지주의 문화는 농민이 만든 것이다. 지주의 문화를 만든 것은 다름이 아니라, 농민의 몸에서 약탈한 피땀인 것이다. 중국에는 90% 인민이 교육을 받지 못했는데 이중 대다수는 농민이었다. 농촌에서 지주세력이 무너지자 농민의 문화운동이 시작되었다."[210] 라고 했다. 때문에 반식민지·반봉건의 중국에서 교육사업은 인민 군중을 대상으로 농민을 주요대상으로 발전해야 한다. 이것이 '인민교육'의 첫 번째 의미인 것이다.

둘째, 인민군중이 좋아하는 내용과 형식으로 교육을 해야 한다. 대혁명시기에 마오쩌둥은 농민들이 '서양학당'을 배척하고 '사숙'을 반기는 특이한 현상에 주의를 기울였다. 마르크스주의 관점으로 그 현상에 대해 고찰한 뒤에야 마오쩌둥은 "농촌 초등학교 교과서에 전적으로 도시 관련 내용들만 담겨 있어서 농촌에서의 필요성에 맞지 않다는 것, 초등학교 교사들이 농민을 대하는 태도 또한 좋지 않아 농민을 돕는 자가 아니라 농민들이 싫어하는 대상으로 바뀐 것"을 비로소 알게 되었다. 그래서 토지혁명 시기에 소비에트문화교육을 시작한 후, 마오쩌둥은 교육 내용과 교육 형식의 개혁을 중시하면서 인민의 수요에 적응하게 하였다. 문맹퇴치에서부터 시작해 인민대중을 도와 봉건미신을 타파하고 신민주주의 정책과 공산주의 사상의 학습에 이르기까지 마오쩌둥은 민족적 과학적 대중적인 문화로 대중을 교육하였고, 인민군중의 환영을 받는 내용과 형식으로 교육을 하였다. 이것이 '인민교육'의 두 번째 의미인 것이다.

셋째, 교육의 목적은 인민 군중을 우매하고 낙후한 정신의 굴레에서 해방시키고, 혁명의 정신으로 반제 반봉건의 투쟁에 뛰어들어 주인공의 자태로 신 중국을 창립케 하는 것이다. 마오쩌둥의 교육사상은 명

---

210) 위의 책, 제1권, 39쪽.

확한 목적이 있다. 일반교육이나 전문교육이나 간부교육이나 민중교육모두가 인민군중의 해방을 위해서이고 중국인민의 혁명 사업을 위해서였다. 예를 들면 1934년 1월 중화 소비에트공화국 중앙집행위원회와 인민위원회의 제2차 전국소비에트대표대회 보고에서, 마오쩌동은 "혁명전쟁의 승리를 위하여, 소비에트정권의 공고화와 발전을 위하여, 민중의 모든 세력을 동원하여 위대한 혁명투쟁에 동참할 수 있도록 하기 위하여, 혁명의 새 시대를 창조하기 위하여, 소비에트는 반드시 문화교육의 개혁을 실행하여 반동통치계급이 공농 대중에게 씌운 정신적인 올가미를 벗겨버리고 새로운 공농의 소비에트문화를 창조하여야 한다."라고 말하였던 것이다. 이것이 바로 '인민교육'의 세 번째 의미이며, 또한 가장 근본적인 의미이기도 하다.

마오쩌동과 중국공산당이 건립한 인민교육은 국민당의 반동적 교육과는 근본적으로 대립된 것이고 근대중국 교육사업 발전의 새로운 형식이며, 신민주주의 사회문화건설의 중요한 내용이다. 마오쩌동은 소비에트교육 건립 초에 이 두 가지 대립된 교육을 비교한 적이 있었다. 국민당통치의 문화교육은 자산계급의 손에 장악되어 있었다. 그들의 교육정책은 한편으로는 반동적인 무단선전으로 압박당하는 계급의 혁명사상을 소멸하고, 다른 한편으로는 우민정책으로 공농 군중을 교육에서 제거하였다. 반혁명의 국민당은 교육비를 군비로 하여 학교가 문을 닫게 되어 많은 학생들이 중퇴하게 되었다. 이런 국민당 통치 하에서 사람들은 무지몽매해져 갔다. 전국의 문맹수도 인구의 80% 이상을 차지했다.

그리고 혁명문화사상에 대해서는 잔혹한 공포정책을 채택하였다. 그 어떤 진보적인 문학가, 사회과학자, 문화교육기관의 혁명분자는 국민당과 파쇼의 잔혹한 정책에 당하기 마련이었다. 모든 문화교육기관이 암흑의 지옥이 되었다. 이것이 바로 국민당의 교육정책이었다.

그러나 우리 근거지에 와 본 사람들은 모두 자유로운 광명과 새로운 천지를 본 것 같았다고 했다.

여기의 모든 문화교육기관은 공농 군중이 장악하고 공농 군중과 자녀들은 교육의 우선권을 가지고 있었다. 정부는 모든 방법으로 공농의 문화 수준을 제고시키려 하였다. 지금의 소비에트구역은 잔혹한 전쟁 환경 속에 있고, 대부분의 지역은 문화가 낙후하나 아주 빠른 속도로 혁명 문화건설을 하고 있다. 각 시기의 인민교육은 공통적으로 일반적인 특징 외에도 서로 다른 요구와 내용이 있다. 따라서 마오쩌동의 인민교육이론을 연구하려면 각 시기의 교육 논술과 사상에 대하여 연구를 해야 하는 것이다.

1. 소비에트문화교육: 마오쩌동 교육사상의 초보적 형태

토지혁명시기 한편으로는 반혁명 투쟁을 하고, 다른 한 편으로는 혁명을 발전시켰다. 마오쩌동은 두 가지 반혁명 투쟁이 있었다고 했다. 하나는 군사투쟁이고 다른 하나는 문화투쟁이었다. 그리고 또 두 가지 혁명의 발전이 있었다. 농촌혁명과 문화혁명의 발전이었다. 문화혁명 발전의 표현은 혁명근거지에서 소비에트문화교육 즉 공농교육사업을 창립한 것이었다.

마오쩌동이 소비에트문화교육에 대한 기본사상의 체현은 그가 제기한 교육방침과 교육임무에 있었다.

첫째, 교육방침.

마오쩌둥은 문화교육의 방침은 "공산주의정신으로 고단한 민중을 교육하고 문화교육이 혁명전쟁과 계급투쟁을 위해 복무하고, 교육과 노동이 연결되어 중국인민 모두가 문명을 향수하는 행복한 사람이 되는데 있다"고 했다.[211]

이런 교육방침이 제기한 네 가지 임무는 마오쩌둥 교육사상의 세 가지 기본요구를 체현하였다.

1) 교육은 인민을 위해 봉사하는 사상이다. 소비에트교육은 관학이 아니라 인민교육이다. 그 대상은 고생하는 광범위한 민중이고 그 내용은 무산계급과 인민대중 자체의 사상체계인 공산주의이며, 그 목적은 광범위한 인민대중을 혁명의 신인으로 변화시키는 것이다. 다시 말하면 교육은 반드시 인민을 위해 봉사해야 한다는 것이다.

2) 교육은 정치를 위해 봉사하는 사상이다. 마오쩌둥의 혁명문예론과 마찬가지로 마오쩌둥은 교육의 기능도 반드시 정치를 위해 봉사하는 것이라고 주장하였다. 교육은 비정치적인 문화기능을 갖추고 있다. 예를 들면 글을 익혀 문맹을 퇴치하고 과학지식을 보급하는 것 등이다. 그러나 이런 기본기능의 역할은 민중의 지혜를 개발하는 것이다. 민중의 지혜가 개발되면 필연적으로 봉건미신과 우민정책과 충돌하게 된다. 그렇기 때문에 반식민지·반봉건 국가인 중국에서 신교육·신문화를 형성하는 것은 결국은 정치와 연결되게 된다. 도덕교육을 중시하는 중국에서 이러한 연결은 더욱 필연적인 것이다. 중국공산당이 창립한 소비에트교육은 그 목적이 더욱 명확하다. 즉 고생하는 민중을 반동통

---

211) 『소비에트중국(蘇維埃中國)』, 중국현대사자료편집위원회, 285쪽.

치계급의 정신적 속박에서 해방시켜 민족의 독립과 인민민주를 위해 용감하게 싸우는 혁명적 전사로 양성하는 것이다. 그래서 마오쩌동은 "문화교육이 혁명전쟁과 계급투쟁을 위해 봉사하게 하는" 교육방침을 크게 강조하였던 것이다.

3) 교육과 생산노동이 결합하는 사상이다. 옛날 교육의 결함은 이론과 생산실천이 분리되어 지주 자산계급을 위해 봉사하는 문인을 대거 만들어냈다 것이다. 마오쩌동은 마르크스주의자가 되어가는 과정에서 그것이 교육과정의 방식과 방법문제만이 아니라, 입장문제와 사상 감정의 문제라는 점을 갈수록 인식하게 되었다. 그는 그 문제에 대한 자신의 인식과정에 대해 여러 차례 언급하였었다. 그는 이렇게 말하였다. "나는 학생 출신으로 학교에서 학생의 습관을 키웠다…… 그때 나는 세상에서 깨끗한 사람은 지식인뿐이고, 노동자와 농민은 아무튼 더럽기 짝이 없다고 생각하였다. 지식인의 옷이라면 남의 옷이라도 입을 수 있었고, 깨끗하다고 생각되었다. 그러나 노동자와 농민의 옷은 입기를 꺼렸으며 더럽다고 생각되었다. 혁명에 참가하여서 노동자·농민, 그리고 혁명군의 전사들과 함께 지내면서 그들에 대해 점차 알게 되었고, 그들도 나에 대해 점차 익숙해졌다. 그때에야 나는 비로소 자산계급학교에서 배웠던 자산계급과 소자산계급의 감정을 근본적으로 바꿀 수 있었다."[212] 바로 이러한 입장과 사상 감정의 변화로 인해 그는 옛날 교육의 폐단에 대해 인식하게 되었으며, 중앙 소비에트구에서 교육업무를 지도할 때, "교육과 노동을 연결시켜야 한다"는 방침을 제기할 수

212) 마오쩌동, 「옌안문예좌담회에서의 연설」(1942년 5월), 『모택동선집(毛澤東選集)』 제3권, 851쪽, 인민출판사, 1991.

있었던 것이다. 그리고 그 방침은 마르크스와 엥겔스가 『공산당선언』에서 제기한 "교육과 물질생산을 결합시켜야 한다"[213]라는 사상에 전적으로 부합되는 것으로서, 이는 마르크스주의 교육방침이었던 것이다.

마오쩌동은 나중에 소비에트 문화교육사업의 지도에서 형성되고 제기된 이런 사상을 견지하였다. 각 시기의 교육방침이 구체적이고 차이가 있었지만, 이런 방침의 인민교육사상은 지금도 그 가치를 체현하고 있다.

둘째, 교육임무.

마오쩌동은 소비에트문화교육의 임무에 대하여 이렇게 말했다. "소비에트문화건설의 중심임무는 무엇인가? 전체 인민의 의무교육의 실행, 사회교육의 발전, 문맹의 제거와 고급간부의 배양에 있다."[214]

이런 네 가지 임무는 근거지의 객관적 실제와 요구를 반영한 것이었다. 근거지 농촌은 경제문화가 낙후하여 일반 사회교육이 절박하게 요구되었다. 게다가 농민들은 학교에 다닐 경제적 여건이 없었기 때문에 의무교육을 시행해야 했다. 그리고 문맹제거를 사회교육과 의무교육의 임무로 제기하고, 투쟁의 실제에서 출발하여 교육을 통한 간부의 양성도 해야 했다. 마오쩌동이 제기한 임무는 보통교육과 사회교육이고 고급교육이나 전문교육이 아니었다. 이것이 바로 실제에서 출발한 과학적 사상이 교육 사업에서의 체현인 것이었다.

그러나 교육내용이나 요구에서 보면 경제문화가 극도로 낙후한 중국

---

213) 『마르크스·엥겔스선집』 제1권, 294쪽, 인민출판사, 1995.
214) 『소비에트중국(蘇維埃中國)』, 중국현대사자료편집위원회, 285, 301쪽.

에서 교육은 혁명이었다. 이것은 교육제도의 혁명이고 교육내용의 혁명이었다. 교육을 지주자산계급의 소유에서 인민 군중이 자신을 해방시키는 무기가 되었고, 교육을 '관학(官學)'에서 '민학(民學)'으로 바꾸었다. 마오쩌동은 "소비에트의 문화교육정책을 실시하고 소비에트 문화혁명을 통해 공산주의로써 공·농 군중들의 사상을 무장하고 군중의 문화수준을 제고하여 민중의 힘을 키우는 것은 소비에트의 중요한 임무이다"라고 말했다. 당시 소비에트 문화교육은 큰 성과를 거두었다.

근거지의 물질적 조건은 아주 힘들었지만 중국공산당은 문명건설을 포기하지 않고 최대한으로 근대중국에서 가장 선진적인 교육제도를 창조하였고, 그러한 기초 위에서 마오쩌동교육사상의 초보적인 형태가 형성되었던 것이다.

2. 국민교육: 마오쩌동 교육사상의 완정한 형태.

항일전쟁시기 항일민족통일전선의 건립은 근거지의 경제, 정치, 문화건설의 제고를 위해 유리한 조건을 마련하였고, 교육도 소비에트문화교육에서 국민교육으로 발전하였다. 신민주주의교육은 이론에서 실천으로 발전하고, 그 기본 구성과 내용도 이 시기에 완성되었다.

해방전쟁시기 근거지의 교육은 항일전쟁시기의 국민교육을 계속하여 사용하였다. 그 기본 경험은 『중국인민정치협상회의공통강령(中國人民協商會議共同綱領)』에 수록되었고, 신 중국 건립 후 신민주주의사회 국민교육의 지도사상이 되었다. 따라서 항일전쟁시기의 국민교육사상의 연구는 마오쩌동 인민교육이론을 이해하는데 특수한 의의를 갖고 있는 것이다.

마오쩌동이 항일전쟁시기에 제기한 국민교육사상은 풍부한 내용이 있다. 그 요점은 아래와 같다.

첫째, 민족 구국을 하려면 인민의 민족문화와 민족각오를 제고시켜야 한다.

마오쩌동은 근대중국이 반식민지·반봉건사회로 몰락한 것은 국력 외에 교육, 문화의 낙후함이 중요한 원인이라고 말했다. 도시에서 농촌으로 남방의 농촌에서 북방의 농촌으로의 간고한 투쟁 속에서 그는 중국문화교육 사업이 얼마나 낙후한가를 심각하게 인식하게 되었다. 때문에 전국에서 항일전쟁이 시작되고 그는 전민의 항전만이 민족의 구국을 실현할 수 있다고 강조했다. 그럼 전 민족이 항전하려면 정치 개혁 외에 교육도 개혁해야 했다. 따라서 1937년 8월에 발포한 『항일10대구국강령(抗日十大救國綱領)』에서 마오쩌동은 낡은 교육제도와 낡은 교육과정을 개혁하여 항일구국을 목표로 한 신 제도, 신 과정을 실행해야 한다고 강조했다.[215] 그리고 1938년에는 항일전쟁시기의 문화교육정책을 진일보 논하였다. 그는 위대한 항일전쟁은 반드시 위대한 항일전쟁 교육운동과 결부시켜야 한다고 강조하였다. 마오쩌동의 문화교육정책 관련 논술은 국민당정부에 대한 호소일 뿐 아니라, 항일 민주근거지 자체 문화건설에 대한 요구이기도 하였다. 특히 산간닝변구가 설립된 후 마오쩌동은 그곳은 경제가 낙후하고 문화교육사업이 지극히 낙후하여 문맹률이 99%에 달하고, 학교가 지극히 적은 반면에 전 지역에 무당은 2천 명이나 있어, 문맹과 미신이 만연하였음을 발견하였다. 그

---

215) 『모택동선집(毛澤東選集)』 제2권, 356쪽, 인민출판사, 1991.

런 상황은 산간닝변구가 담당하고 있는 항일전쟁·단합·민주라는 중요임무에 너무 어울리지 않는 것이었다. 1942년 9월 중공중앙이 리웨이한(李維漢)을 변구정부에 비서장으로 파견하면서 마오쩌둥은 특히 그를 불러 "변구 문화교육사업이 너무 낙후하다. 문맹이 많고 무당이 많다. 그대가 부임한 후 반드시 문화교육을 발전시켜야 한다."라고 당부하였다. 1944년 4월 상순 마오쩌둥은 또 중앙선전부, 서북국 선전부, 변구정부 책임자 및 변구의 5개 분구의 서기들을 불러 문화교육과 건설에 대하여 좌담회를 하는 자리에서 말하였다. "1943년에 우리는 경제건설은 잘하였지만 문화문제는 의사일정에 올려놓지 못하였다. 일부 선전부서에서는 어떻게 해야 할지 모르고 있다. 일부 동지들은 오로지 군사와 정치건설에 대해서만 알 뿐, 경제와 문화 건설에 대해서는 모르고 있다. 그래서는 안 된다. 과거에 정치와 군사를 첫 순위에 놓은 것은 맞는 조치였다. 경제발전을 저애하는 요소들을 제거해야만 경제와 문화를 건설할 수가 있다.

군사와 정치는 생산력 발전을 저애하는 요소를 제거하는 힘으로서 그 목적은 경제문화를 발전시키기 위한 데 있다. 공자가 학교를 설립한 목적은 봉건질서를 선전하기 위함에 있었다. 자본주의는 문화건설을 하지 않으면 안 된다. 우리가 항일근거지를 건설하면서 문화가 없으면 여전히 안 된다. 군대도 문화를 필요로 한다. 그래야만 낡은 군대를 변화시켜 승리할 수가 있다. 전사가 문화가 없으면 전투력을 높일수가 없는 것이다. 문화를 발전시키지 않으면 경제발전도 장애를 받게된다." 그래서 그는 변구 정부와 함께 변구의 문화교육문제를 전적으로 연구하고 해결할 것을 선전부서에 지시하였다. 그리하여 그해 변방에서는 농촌의 겨울 휴가철을 이용하여 교육을 진행하는 동학(冬學)을 창설하였다. 그리하여 농민들은 문화수준을 제고시키면서 정치적 각오도 제고하게 되었다.

둘째, 국민교육의 성격은 민족 과학의 대중적 신민주주의교육이 되어야 한다.

마오쩌둥은 신민주주의사회의 국민교육은 사회주의적 요소가 있지만 사회주의 성격의 교육이 아니라 신민주주의 성격의 교육이라고 했다. 그리고 『논연합정부(論聯合政府)』에서는 중국국민문화와 국민교육의 취지는 신민주주의라고 강조했다. 즉 중국은 민족 과학의 인민대중의 신문화와 신교육을 건립해야 한다고 말했다.[216] 이것을 민주주의 교육이라고 한 것은 이 시기의 국민교육은 신민주주의 경제, 정치를 위하여 복무하고 항일전쟁을 위해 복무했기 때문이었다. 먼저, 교육임무로부터 보면 농민을 주체로 한 인민군중의 문화지식수준과 민족각오를 제고시키기 위해서이고, 제국주의와 봉건주의 문화의 사상적 영향을 숙청하기 위해서이다. 마오쩌둥은 「정책을 논함」(1940년 12월)이라는 글에서 이렇게 말하였다. "문화교육정책에 대하여서는 반드시 인민대중에게 항일에 대한 지식 기능과 민족 자존심을 제고시키고 보급하는 것을 중점으로 삼아야 한다."[217] 「연합정부를 논함」(1945년 4월)에서 그는 국민교육 임무에 대해 논술하면서 한 걸음 더 나아가 "모든 노예화한 봉건주의적이고 파시스트적인 문화와 교육에 대해서는 반드시 적절하고도 단호한 절차를 취해 제거해야 한다."라고 지적하였다.[218]

---

216) 『모택동선집(毛澤東選集)』제3권, 1083쪽, 인민출판사, 1991.
217) 『모택동선집(毛澤東選集)』제2권, 768쪽, 인민출판사, 1991.
218) 『모택동선집(毛澤東選集)』제3권, 1083쪽, 인민출판사, 1991.

이 모든 규정이 국민교육의 민주주의 성격을 반영하였다. 다음, 교육사업의 발전으로부터 보면 항일민족통일전선의 교육이었기 때문이었다. 토지혁명전쟁시기의 소비에트문화교육에서 모든 문화교육기관은 공농 군중의 손에 장악되어 있었지만, 항일전쟁 시기는 민족통일전선의 건립으로 이런 정황이 바뀌었다. 그래서 마오쩌둥은「정책을 논함」에서 교육업무 중의 한 가지 중요한 정책에 대해 논술하였다. "마땅히 자산계급 자유주의 교육가, 문화인, 기자, 학자, 기술자들이 근거지로 와서 우리와 합작해 학교를 운영하고 신문을 만들며 일할 수 있도록 허용해야 한다. 항일 적극성을 갖춘 모든 지식인을 흡수하여 우리가 운영하는 학교로 와 단기훈련을 받도록 함으로써 그들이 군대업무와 정부업무, 사회업무에 참가하도록 해야 한다. 그들에 대해 반드시 대담하게 받아들이고 대담하게 임용하며 대담하게 등용하여야 한다."[219]

1944년 10월 30일 마오쩌둥은 직접 산간닝변구 문화교육종사자회의에 참석하여「문화업무 중의 통일전선」이라는 제목으로 연설하였다. 연설에서 그가 말하였다. "해방구의 문화는 이미 진보적인 일면을 보이고 있는 한편 여전히 낙후한 일면도 존재한다. 해방구에는 인민의 신문화가 형성된 한편 봉건 흔적도 널리 존재한다. 150만 명의 인구가 있는 산간닝변구에 아직도 백여 만 명의 문맹과 2천 여 명의 무당이 존재하며 미신사상이 여전히 광범위한 대중에게 영향을 끼치고 있다. 이들 모두 대중들 머릿속에 자리 잡은 적들이다.

대중의 머릿속에 자리 잡은 적에 저항하는 것이 일본제국주의에 저항하는 것보다도 더 어렵다고 생각한다. 우리는 반드시 스스로 자체의

219) 『모택동선집(毛澤東選集)』 제2권, 768쪽, 인민출판사, 1991.

문맹과 미신, 비위생적인 습관과 투쟁해야 한다. 그러한 투쟁을 진행하기 위해서는 광범위한 통일전선이 반드시 필요하다. 그러나 산간닝변구는 인구가 적고 교통이 불편하며 기존의 문화수준이 매우 낮은데다 전쟁기간이어서 통일전선을 특히 광범위하게 펴야 한다. 따라서 교육업무 분야에서 집중적이고 정규적인 초·중학교가 있어야 할 뿐 아니라, 분산적이고 비정규적인 마을학교와 '신문읽기 소조'와 '글 익히기 소조'가 있어야 한다. 신식학교가 있어야 할 뿐 아니라 옛날 마을에 있던 서당도 개조하여 이용해야 한다."[220] 그러나 한편 이런 민주주의 교육은 구식이 아닌 신식 민주주의교육이어야 한다. 이는 주로 항일 민주근거지의 국민교육이 무산계급이 이끄는 가장 광범위한 인민대중을 상대로 하는 교육으로서, 자산계급이 이끄는 소수인만 누릴 수 있는 교육이 아니기 때문이다.

게다가 교학내용에서도 공산주의 이론과 방법, 그리고 문제를 관찰하고 학문을 연구하며 업무를 처리하고 간부를 훈련시키는 무기로 삼을 것을 강조하고 있다. 그래서 그런 국민교육은 무산계급이 이끄는 민족적, 과학적, 대중적인 교육, 즉 신민주주의 성격의 국민교육인 것이다.

셋째, 국민교육의 방법은 이론과 실천의 연결이다.

마오쩌동은 젊은 시절 교육사업에 종사한 적이 있어 구식교육의 폐단에 대해 잘 알고 있었다. 그는 근거지의 국민교육을 지도할 때에 정책적인 연구뿐만 아니라 방법의 개진에도 중시 하였다. 그는 「우리를

---

220) 『모택동선집(毛澤東選集)』 제3권, 1011~1012쪽, 인민출판사, 1991.

개조시키는 학습」「당 기풍의 정돈에 대하여」「당팔고에 반대하여」「옌안문예좌담회에서의 연설」등 중요한 보고를 통해 주로 당의 건설에 대해 논하는 한편 교육내용과 교육방법의 개조에 대해서도 논하였다. 그는 마르크스주의 세계관과 방법론에 근거해 '이론과 실천을 연결시키는 방법'을 실행하면서 주관주의 교육방법을 극복할 것을 거듭 강조하였다.

그는 "학교 교육에서 재직 간부에 대한 교육면에서 철학을 가르치는 자가 학생들에게 중국혁명의 논리에 대해 연구하도록 이끌지 않고, 경제학을 가르치는 자가 학생들에게 중국경제의 특징에 대해 연구하도록 이끌지 않으며, 정치학을 가르치는 자가 학생들에게 중국혁명의 책략에 대해 연구하도록 이끌지 않고, 군사학을 가르치는 자가 학생들에게 중국의 특징에 어울리는 전략과 전술에 대해 연구하도록 이끌지 않고 있다. 그 결과 잘못된 것을 널리 퍼뜨려 해를 끼치고 있다."[221] "이론과 실천을 연결하는 것"은 마오쩌둥이 옌안시기에 극구 선도해온 과학적 학풍과 과학적 방법이었다. 이중에는 풍부한 내용이 들어있었다. 먼저, 그는 교육이 중국의 민족해방과 사회해방을 위해 봉사할 것을 요구하였으며, 인민대중의 기세 높은 혁명투쟁을 반영하고, 혁명의 이론과 지식을 학습할 것을 요구하였다. 이에 따라 그는 교육업무 종사자들에게 대중과 밀접한 연결을 유지하고, 대중들에게서 배우며 대중을 위해 봉사할 것을 요구하였다. 마오쩌둥은 "오로지 대중의 학생이 되어야만 나중에 대중의 스승이 될 수 있는 것이다."라고 거듭 강조하

---

221) 마오쩌둥, 「우리를 개조시키는 학습」(1941년 5월 19일), 『모택동선집(毛澤東選集)』 제3권, 798쪽, 인민출판사, 1991.

였다. 그 다음에 그는 교육과 생산노동을 결합시켜 지식인과 공농군중을 결합시키는 수단으로 보고 혁명과 반혁명을 구별하는 표준으로 하였다. 그는 교육과 생산을 결부시킨 옌안의 젊은이가 중국 청년운동의 방향을 대표한다고 주장하였다. 그가 말하였다. "옌안의 젊은이들은 무엇을 하였을까? 그들은 혁명이론을 배우고 항일구국의 도리와 방법을 연구하였다. 그들은 생산운동을 실행하여 수 천 수 만 무의 황무지를 개간하였다.

황무지를 개간해 농사를 짓는 일은 공자도 해본 적이 없다. 공자가 학교를 운영할 때 그의 학생도 적지 않았다. 그러나 그의 학생은 옌안과 비교하면 훨씬 적다. 게다가 그들은 생산운동을 좋아하지 않았다. 그의 학생이 그에게 농사를 어떻게 짓느냐고 물으면 그는 '알지 못한다. 농민보다 못하다.' 라고 대답하였고. 또 채소는 어떻게 심느냐고 물으면 그는 '알지 못한다. 채소를 심는 자보다 못하다.' 라고 대답하였다. 중국 고대에 성인에게서 글공부를 한 젊은이들은 혁명의 이론에 대해 배우지 못하였을 뿐 아니라 노동도 해보지 못하였다. 현재도 전국의 광범위한 지역의 학교들에서는 혁명이론도 많이 가르치지 않고 생산운동에 대해서도 가르치지 않고 있다. 오직 옌안과 여러 적후항일 근거지 청년들만 전국의 다른 지역 젊은이들과 전혀 다르다. 그들은 참으로 항일구국의 선봉이다. 그들은 바른 정치 방향을 따라 나가고 있으며, 바른 업무방법도 익혔기 때문이다. 그렇기 때문에 나는 옌안의 청년운동은 전국 청년운동의 본보기라고 말하는 것이다."[222] 이로부

---

222) 마오쩌둥, 「청년운동의 방향」 (1939년 5월 4일), 『모택동선집(毛澤東選集)』 제2권, 568쪽, 인민출판사, 1991.

터 중앙소비에트시기부터 항일전쟁시기에 이르기까지 마오쩌동은 줄곧 교육과 생산노동을 결합시켜 교육이 정치를 위해 봉사하도록 하는 것과 함께 인민교육의 기본 요구와 기본 방법으로 삼아왔던 것이다. 그 다음에 그는 "해방구의 문화사업 종사자와 교육 종사자들이 당시 농촌의 특징에 의해 인민의 수요와 자원의 원칙으로 적당한 내용과 형식을 채용해야 한다"고 말했다. [223] 연안의 교육종사자는 마오쩌동의 요구대로 여러 가지 형식의 교육을 진행하여 농민 군중의 환영을 받았다.

넷째, 국민교육의 중점은 간부교육이다.

연안시기 마오쩌동은 간부교육문제를 특별히 중시하였다. 간부교육과 국민교육은 서로 다른 교육체계였다. 국민교육은 교육부에서 주관하고, 간부교육은 조직부에서 기획하고, 당교, 행정학원과 다른 간부학교에서 실시했다. 그러나 연안시기, 간부교육이 문화교육과 문맹교육의 임무를 맡아서 간부교육과 국민교육이 구별되면서 긴밀히 연결되어 있었다. 마오쩌동의 교육사상에서는 이 두 가지 교육을 연결하여 논하였다.

간부교육문제에 대하여 마오쩌동의 기본사상은 아래와 같았다.

1) 간부교육은 전체 교육 중 가장 중요한 사업이다. 그 원인은 국민교육을 포함한 모든 사업은 간부들이 해야 하기 때문이다. 정치방침이 결정된 후 간부는 모든 것을 결정하는 요소이기에 간부교육을 중시하지 않고, 교육사업의 제일 첫번째에 두지 않으면 본말이 전도되는 착오를 범하게 될 것이다. 간부교육을 교육의 선두에 두는 것은 마오쩌

---

223) 위의 책, 제3권, 1091쪽.

동 교육사상의 연구 중 가장 중요한 사상이었다.

2) 간부교육의 중점은 이론을 배우고 역사를 배우며 현실혁명운동을 배우는 경험이다. 문화정도가 높지 않은 간부는 문화를 공부하는 임무가 있고 영도력을 제고시키기 위해서는 업무를 공부하는 임무도 있다. 그러나 중점은 마오쩌둥이 제기한 3대 학습임무였다. 연안간부교육은 마오쩌둥의 이런 중요한 사상을 관철시켰다.

3) 간부교육은 실제문제의 연구를 중심으로 하고 주관주의를 반드시 반대해야 한다. 마오쩌둥은 "재직 간부의 교육과 간부학교의 교육은 중국혁명의 실제문제를 연구하는 것을 중점으로 하고, 마르크스·레닌주의의 기본원칙을 지도 방침으로 해야 하며, 정지 상태로 고립적으로 마르크스·레닌주의를 연구하는 방법을 폐지해야 한다"[224]고 말했다. 그가 제기한 학습을 '개조'하고 학풍을 '정돈'하는 문제는 연안의 간부교육에 큰 작용을 하였다.

이것은 일반 기술적인 방법의 쟁론이 아니라 당내의 기회주의 특히 왕명이 토지혁명시기에 제기한 좌경모험주의와 항일전쟁초기의 우경 기회주의를 뿌리 깊이까지 수정할 수 있기 때문이었고, 전 당이 마르크스주의 수준을 제고하고 마르크스의 영혼을 장악하게 한 교육이기 때문이었다. 연안시기의 간부교육은 정확한 방침과 방법으로 당을 위하여 많은 인재를 배양하고 중국혁명의 승리를 위하여 중요한 기초를 닦아 주었다.

---

224) 위의 책, 제3권, 802쪽.

3. 인민교육: 마오쩌동 교육사상의 발전형태

중화인민공화국의 건립을 전후해서 전국에서는 신민주주의 건설을 위하여 중국공산당은 각 민주당파와 무당파 민주인사들과 함께 『중국인민정치협상회의공통강령(中國人民協商會議共同綱領)』과 여러 정책을 제정하였다. 그중 문화교육정책이란 중요한 내용도 있었다. 이와 동시에 중국공산당은 혁명근거지의 문화교육 사업에 대한 경험을 종합하고 마오쩌동의 교육이론에 대하여 체계적인 연구를 하여 새로운 조건에서 규범화하고 발전시켰다.

건국초기, 마오쩌동 교육사상은 혁명의 승리와 함께 우리국가 교육사업의 지도사상이 되었다. 이는 우리국가의 인민교육이 규범화, 체계화, 혁명화의 방향으로 발전하게 하였다.

1) 규범화

『중국인민정치협상회의공통강령(中國人民協商會議共同綱領)』는 중국문화교육의 성격, 임무와 방법 등에 관하여 명확한 규정을 하였다. 제41조항에는 "중화인민공화국의 문화교육을 신민주주의교육으로 민족의·과학의·대중의 문화교육으로 한다. 인민정부의 문화교육 사업은 인민의 문화수준을 제고하고 국가의 건설인재를 배양하며 인민을 위해 복무하는 사상을 주요임무로 해야 한다"고 적혀 있다. 제46조항에는 "중화인민공화국의 교육방법은 이론과 실제를 일치하게 하고, 인민정부는 계획적으로 낡은 교육제도, 교육내용과 교육법을 개혁해야 한다"라고 쓰여 있다. 제47조항에는 "계획적으로 교육을 보급하고 중등교육과 고등교육을 강화해야 하며 기술교육을 중시해야 한다"고 쓰여있다.

이런 규정은 근거지 교육실천의 기초에서 건립된 것이라는 것을 알 수 있다. 그리고 토지혁명시기부터 항일전쟁시기까지 점차적으로 완성된 마오쩌동 신민주주의 교육사상의 집중체현이었던 것이다.

1949년 12월 5일 중공중앙은 문화교육의 사업을 중공중앙선전부 소속에서 중앙정부 문교부 소속으로 바꾸었다. 이것은 건국 후 신민주주의 교육이 규범화의 방향으로 발전하고 있다는 것을 말해주고 있다.

2) 체계화

중국혁명이 승리 후 인민교육은 규범화하는 과정에서 체계적인 방향으로 발전하여 경제건설과 사회개조를 위해 복무하게 되었다. 근거지 교육의 발전과정에서 중국공산당은 실제에서 출발하여 여러 가지 형식의 학습조직을 창립하였다. 건국 후 1951년부터 전국적으로 대규모의 문맹 제거사업을 진행하였고 그 과정에서 군중교육체계를 형성하였다. 그리고 중국공산당은 인민대학과 공농속성중학교(工農速成中學校)를 창립하여 교육의 부족함을 보충하고자 하였다. 이런 기획과 노력을 거쳐 비전문교육, 일반교육, 중등교육, 고등교육과 고등종합교육으로 구성된 신 중국인민교육체계를 건립하였다. 이것은 마오쩌동 인민교육이론이 실천 속에서 이룩한 실현과 발전이었다.

3) 혁명화

인민교육의 체계화, 규범화의 과정은 혁명화, 무산계급화의 과정이었다. 교육은 사람을 만드는 사업이기에 낡은 제도를 무너뜨리고 신사회를 건립하는 투쟁에서 교육 영역도 심각한 변혁을 거쳐야 했다. 건국 후 중국공산당은 먼저 마오쩌동 사상과 그의 교육사상을 보급하였는데 이는 사상영역의 혁명이었다. 다음은 교육자들의 단결교육과 개조를 하여 입장을 바꾸고 새로운 사상과 문화를 받아들이게 하여 인민을 위해 복무하게 하였다. 그다음은 교육제도와 교학내용에 대해 개혁을 하였다.

이런 개혁과 개조는 제국주의, 봉건주의와 관료자본주의가 교육사상에 대한 영향을 청산하고 인민을 위해 복무하고 신민주주의 건설과 사회주의 건설을 위해 복무하도록 하였다. 이것은 새로운 사업이고 위대한 혁명이었다. 그리고 건국 후 마오쩌동 사상을 발전케 하였다.

제4절
지식인 문제에 대한 득실 분석

신민주주의 문화건설에서 지식인 문제는 극히 중요하고 복잡한 문제였다. 그리고 이 문제의 처리법은 문화건설의 성패와 신민주주의 혁명, 민주주의사회 건설과도 관계가 있었다.

어떤 사람들은 마오쩌동 사상을 연구할 때에 마오쩌동은 농민의 작용을 중시하는 한편 지식인을 배척한다고 했다. 이것은 전형적인 '포퓰리즘'이다. 마오쩌동이 농민문제를 중시하는 것은 중국이 낙후한 농민국가이고 농민의 수량이 많으며 압박착취를 당한 농민의 혁명성이 강하여 중국혁명의 동력이 되기 때문이었다. 그리고 이런 동력은 공인계급의 동맹군으로서의 동력이지 공인계급을 대신해서 영도한다는 것은 아니었다. 따라서 마오쩌동이 지식인들을 배척한다는 학설은 완전히 틀린 것이다. 마오쩌동이 만년에 지식인 문제에서 착오를 범한 것으로 지식인 문제에서의 정확한 사상을 부정했다는 것은 틀린 관점이다.

물론 지식인문제에 있어서 마오쩌동의 사상을 연구하는 것은 힘든 일이다. 여기에는 두 가지 잘못된 인식이 있기 때문이다. 하나는 마오쩌동이 지식인 문제에서의 논술은 복잡한 변화과정이 있기에 전면적으로 분석하지 않으면 정확하게 알 수 없다는 것이다. 다른 하나는 중국혁명의 실천 중 당내 많은 지역과 부문이 지식인에 대한 문제에서 정확함과 착오가 얽혀있기 때문에 과학적으로 분석하지 않으면 마오쩌둥의 사상과 정책을 정확히 이해할 수 없다는 점이다.

먼저, 지식인의 계급속성에 대한 문제에서 마오쩌둥은 이를 '소자산계급'에 귀납시키고 구체적인 분석을 하지 않았다. 토지혁명전쟁시기 그는 농촌에서 문화교육상황을 조사할 때에 지식인들을 공인, 빈농, 부농, 상인처럼 전문적으로 조사하지 않았다. 항일전쟁시기에야 지식인들이 민족해방과 혁명투쟁에서 발휘한 적극적 작용을 주시하고 연구를 하기 시작했다.

예를 들어 1939년 5월에 그는 지식인은 '혁명적' '비혁명적' '반혁명적'인 세 부류로 나뉜다고 제기하면서, 그들을 분별하는 기준은 그들이 광범위한 공·농대중과 서로 결합시키기를 원하는지, 원하지 않는지, 그리고 그 기준을 실행하는지, 실행하지 않는지를 보아야 한다고 말하였다. 그리고 같은 12월 초에 그는 또 식민지·반식민지 국가의 지식인과 자본주의국가의 지식인의 구별, 지주자산계급을 위해 봉사하는 지식인과 공·농계급을 위해 봉사하는 지식인의 구별이라는 중대한 문제에 대해 제기하였다. 이는 매우 중요한 사고방식과 논단이었다. 즉 지식인의 계급 속성에 대해 구체적으로 분석하려면 주로 그가 어느 계급을 위해 봉사하는 지를 보아야 한다. 두루뭉술하게 그들을 '소자산계급 지식인'이라고 불러서는 안 되며, 더욱이 단순하게 '자산계급 지식인'이라고 불러서도 안 된다. 그래서 「중국혁명과 중국공산당」(1939년 12월)이라는 글에서 마오쩌둥은 다음과 같이 지적하였다.

1) "지식인과 청년 학생은 하나의 계급 혹은 계층이 아니다."
2) "그들의 가정출신을 보고, 그들의 생활조건을 보며, 그들의 정치입

장을 보면 현대중국의 지식인과 청년학생의 대다수를 소자산계급의 범주에 귀속시킬 수 있다."

3) "제국주의와 대자산계급에 접근하고, 또 그들을 위해 봉사하면서 민중에 반대하는 일부 지식인"

4) "광범위한 가난한 지식인은 공·농과 함께 혁명에 참가하고 혁명을 지지할 수 있다."

5) "지식인은 대중의 혁명투쟁에 동참하기 전, 그리고 대중의 이익을 위해 봉사하고 대중과 결합하려는 결심을 내리기 전에는 흔이 주관주의와 개인주의 경향을 나타낸다. 그들의 사상은 늘 공허하며 그들의 행동은 늘 흔들리곤 한다.…… 지식인의 이러한 결함은 오로지 장기간의 대중투쟁 속에서만 극복될 수 있다."[225]

다음, 지식인 작용의 평가문제에서 마오쩌동은 "장기적이고 잔혹한 민족해방전쟁에서, 신 중국을 건립하는 위대한 투쟁에서, 공산당은 지식인들을 흡수하여 위대한 항전역량을 키우고 천백만의 농민 군중을 조직하여 혁명의 문화운동과 혁명의 통일전선을 발전시켰다. 지식인의 참여 없이 혁명의 승리는 불가능한 것이다"[226]라고 말했다.

마오쩌동이 지식인이 혁명에 대한 중요성을 강한 것은 당시 당내에 많은 사람들이 정확한 인식을 하지 못하여 지식인을 두려워하거나 배척하는 심리를 갖고 있었기 때문이다. 예를 들면 학교에서 청년학생들을 대담하게 모집하지 못하고, 당조직에서는 지식인의 입당을 받아들이는 것을 꺼리는 것 등이다. 마오쩌동은 이런 인식이 틀린 것이라고 지적하였다. 그 이유는 첫째, 지식인의 장점은 지식을 장악하고 있는

---

225) 위의 책, 제2권, 641~642쪽.
226) 위의 책, 제2권, 1991, 인민출판사, 618쪽.

것이다. 이는 혁명이론을 받아들이고 혁명업무를 잘할 수 있는 중요한 바탕이 된다. 옌안 시기에 그는 "공인계급은 지식인을 거절하지 말고 환영해야 한다. 그들의 도움 없이는 진보하지 못할뿐더러 혁명도 승리하지 못한다."[227]라고 말하였다. "혁명 간부는 반드시 글을 읽을 수도 있고 쓸 수도 있어야 하며, 풍부한 사회상식과 자연 상식도 습득해야 한다. 이를 업무에 종사하는 기반과 이론을 학습하는 기반으로 삼아야 한다. 그래야만 업무를 잘 완성하고 이론도 잘 배울 수 있다." 두 번째 이유는 지식인은 혁명의 '선봉'과 '교량'이기 때문이다. 지식이 있기 때문에 지식인들은 먼저 마르크스주의를 접촉할 수 있고, 먼저 각성하여 혁명의 선봉대가 될 수 있다. 5.4운동 때이건 중국공산당 창건 때이건 지식인은 마르크스주의를 받아들이기만 하면 혁명의 선봉대가 되었다. 지식이 있기 때문에 지식인은 마르크스주의를 전파할 수 있고, 공·농 대중을 조직할 수 있어, 당과 노동자·농민을 연결시키는 교량역할을 할 수 있는 것이다. 그래서 마오쩌둥은 "그들은 현 단계의 혁명에서 늘 선봉대와 교량적인 작용을 하고 있다."[228]라고 말하였던 것이다. 당의 발전사에서 연안시기는 진보적인 지식인들이 대량으로 중국공산당에 투신하고 참가하던 위대한 시기였다. 이것이 바로 중국공산당이 장제스 국민당을 이기게 되는 기점이 되었던 것이다.

그 다음, 지식인의 결점에 대한 인식과 처리에서 마오쩌둥은 세계관을 개조할 것을 강조하였다. 연안 정풍과정에서 마오쩌둥은 지식인의 결점을 집중적으로 논하였다. 원인은 당이 역사적 경험과정을 종합하면서 당내 여러 차례 기회주의가 발생한 원인이 모두 소자산계급의 사

---

227) 위의 책, 728쪽.
228) 위의 책, 641쪽.

회환경과 지식인의 실제와 군중에서 탈출하려는 사상과 관련이 있다고 보았기 때문이었다. 그렇기 때문에 마오쩌동은 '삼풍(三風)'을 주장하였던 것이다. 1풍은 주관주의의 '학풍(學風)'이고, 2풍은 종파주의의 '당풍(黨風)'이며, 3풍은 당팔고(黨八股)의 '문풍(文風)'이다. 이런 삼풍의 출현은 모두 소자산계급 출신인 지식인의 결점과 관계가 있다. 마오쩌동은 이에 대해 매우 예리한 분석과 평론을 행하였다. 예를 들어 그는 「당기풍의 정돈에 대하여」라는 글에서 다음과 같이 기술했다.

"우리 중국은 반식민지·반봉건국가이며 문화가 발달하지 못하여 지식인이 아주 귀한 존재이다. 당 중앙은 2년여 년 이전에 많은 지식인을 쟁취하자고 결정하였다. 그들이 혁명을 원하고 항일전쟁에 참가할 의향이 있다면 일률적으로 환영한다는 입장이다. 지식인을 존중하는 것은 전적으로 마땅한 일이다. 혁명적인 지식인이 없다면 혁명은 승리할 수 없다. 그러나 지식인들도 자신의 결점이 있다는 사실을 우리는 알아야 한다. 예를 들면 스스로 지식이 있다고 잘난 체 하면서도 그런 거만한 태도가 저들의 발전을 저애하는 해로운 것임을 인식하지 못하고 있는 것이다."[229] 마오쩌동이 위에서 논술하게 된 큰 배경은 왕밍의 교조주의를 겨냥한 것이며, 구체적으로 칼끝은 지식인의 결함을 겨냥하고 있어 많은 사색을 불러일으켰다. 이외에도 옌안 정풍시기에 그가 지식인의 결함에 대해 중점적으로 논한 것은 그 시기 도시 지식청년들이 저들이 동경하던 혁명의 성지인 옌안으로 대거 몰려왔다가 도시와 농촌의 차이 때문에 근거지에 적응을 하지 못하는 상황을 보았기 때문이었다. 옌안 문예계에서는 심지어 옌안의 어두운 일면을 폭로하는 작

---

229) 위의 책, 제3권, 815~816쪽.

품까지 나타났으며, 그로 인해 사상 면에서 의견 차이까지 나타났다. 그래서 마오쩌둥은 사상투쟁을 통해 지식인의 세계관을 개조해야 한다고 거듭 강조하였으며, 매우 날카롭게 말하였던 것이다. "우리 옌안 문예계에 상기와 같은 여러 가지 문제가 존재하는 것은 어떠한 사실을 설명하고 있는가? 바로 문예계에 여전히 심각한 부정기풍이 존재하고 있음을 설명하고 있다. 동지들에게 유심론, 교조주의, 공상, 공론, 실천을 경시, 대중 이탈 등의 결함이 너무 많이 존재하고 있는 것이다. 따라서 실제적으로 엄숙한 정풍운동을 전개할 필요가 있음을 설명하고 있다. 수많은 우리 동지들이 여전히 무산계급과 소자산계급의 구별점에 대해 분명하게 가리지 못하고 있다.……소자산계급 출신들은 언제나 갖은 방법을 이용해 또 문학예술적인 방법을 통해 자신을 나타내려고 하고 저들의 주장을 선전하려고 하며, 사람들에게 소자산계급 지식인의 모습에 따라 당을 개조하고 세계를 개조할 것을 요구하고 있다. 이런 상황에서 우리가 해야 할 일은 그들에게 '그것은 옳지 않은 일'이라고, '무산계급은 너희들의 뜻에 따르지 않을 것'이라고, '그것은 대지주 대자산계급의 뜻에 따르는 것이며 당이 망하고 나라가 망하는 위험한 짓'이라고 크게 호통을 치는 것이다."[230] 그래서 마오쩌둥은 무산계급사상이 비무산계급사상을 상대로 적극적인 사상투쟁을 전개해야 한다고 강조하였으며, 문예계 등 지식계에 대해 사상적 정돈과 세계관의 개조를 진행해야 한다고 강조하였던 것이다. 그는 또 지식인에게 실천 속에 깊이 파고들어 공·농 대중들과 결합하여 사상 감정적으로 공·농 대중과 어울리고 사상방법 면에서 이론과 실천을 연결시킬 것을 강조

---

230) 위의 책, 제3권, 875~876쪽.

하였던 것이다.

마지막으로, 지식인에 대한 정책문제에서 1939년 12월 초 마오쩌동과 중공중앙의 기본정책은 '대량흡수'였으며 아울러 '교육을 진행할' 것을 요구하였다. 1942년에 총정치부는 「부대 지식인 간부 문제에 대한 지시」에서 그 기본정책 내용을 '받아들이는 것' '변화시키는 것' '임용하는 것' 등 세 가지 방면에서 한 층 더 구체화하였다. '받아들이는 것'은 지식인을 군대에 받아들이고 그들을 용납하여 우리의 우수한 간부가 되게 하는 것을 가리킨다. '변화시키는 것'은 지식인의 소자산계급 사상의식을 바꿔 그들을 혁명화하고 무산계급화 하는 것을 가리킨다. '임용하는 것'은 바로 그들의 업무를 합리적으로 분배하여 그들에게 적절한 발전성을 부여하는 것을 가리킨다. 이러한 지시와 함께 존재하는 문제에 대해서도 다음과 같이 구체적으로 열거하고 분석하였다. "오랜 세대의 간부들이 지식인을 대하는 태도가 결정적 의미를 가진다. 오랜 세대의 간부들은 반드시 지식인에 대한 당의 정책을 충실하게 이행해야 하며, 새 지식인을 배척하는 자신의 태도에 대해 엄격하게 배제시켜야 한다. 지식인의 약점을 과장하지 말아야 하고, 지식인에 대해 인내심을 갖고 부드러운 태도로 설득 교육해야 한다."[231] 그러한 정책은 해방전쟁 과정에서도 여전히 관철되었다. 1948년 1월 18일 마오쩌동은 「현재 당의 정책에 존재하는 몇 가지 중요한 문제」라는 글에서 "학생, 교사, 교수, 과학종사자, 예술종사자 그리고 일반 지식인에 대해서 반드시 모험적인 정책을 피해야 한다. 중국 학생운동과 혁명투쟁의 경험이 증명하다시피 학생, 교사, 교수, 과학종사자, 예술종자사, 그리고

---

231) 『중공중앙문건선집』 제13권, 443쪽, 중공중앙당학교출판사, 1991.

일반 지식인의 절대 대수는 혁명에 참가할 수도 있고, 혹은 중립을 유지할 수도 있다. 완강한 반혁명분자는 극소수에 불과할 뿐이다. 그렇기 때문에 우리 당은 이들 학생, 교사, 교수, 과학종사자, 예술종사자, 그리고 일반 지식인에 대해서 반드시 신중한 태도를 취해야 한다. 반드시 상황을 분별하여 이들을 단합시키고 교육하여 임용해야 한다. 그 중 극소수를 차지하는 완강한 반혁명분자에 대해서만 대중노선을 통해 적절하게 처리해야 한다."라고 특별히 전 당에 귀뜸하였던 것이다.[232]

신 중국 건립초기 지식인에 대한 당의 정책에는 전체적으로 변함이 없으나 혁명승리 후 국가의 의식형태를 건설해야 하는 필요성과 신민주주의사회에서 사회주의사회로의 과도를 위한 사상 준비 때문에 중점을 교육과 개조에 두기 시작했다. 1950년 6월 중공7기3중전회에서 마오쩌동은 "지식인을 위해 군정대학이나 혁명대학을 창립하여 그들을 교육하고 개조해야 한다. 사회발전사, 역사유물론 등 과정을 배우게 해야 한다"[233]고 말했다. 1951년 9월 이후 중공중앙은 지식인에게 학습을 강화하고 자아교육과 학술혁명을 행할 것을 더욱 요구하였다. 같은 해 11월 30일 중공중앙은 또 학교에 재직하는 교사와 고등학교 이상의 학생들에게 학습운동을 보편적으로 전개할 것을 요구하였으며, 그들에게 비판과 자아비판 방법으로 자아교육과 자아개조를 진행할 것을 호소하였다. 이것이 바로 건국 초기에 교육계에서부터 문예계에 이르기까지 그리고 전 지식계에서 사상개조운동이 전개하게 된 발단이었다. 그 운동은 신 중국 건립초기 전국 범위 내 신민주주의 문화건설의 특

232) 『모택동선집(毛澤東選集)』 제4권, 1269~1270쪽, 인민출판사, 1991.
233) 『모택동문집(毛澤東文集)』 제6권, 74~75쪽, 인민출판사, 1999.

징, 즉 지식인의 사상개조를 중시하였음을 반영했던 것이다.

그렇다면 지식인 문제에 대한 마오쩌둥의 사상을 어떻게 평가할 것인가?

종합적으로 반식민지·반봉건사회지식인 특점에 대한 마오쩌둥의 분석과 정책은 과학적이고 정확한 것이었다. 특히 연안시기 지식인계급 속성에 대한 분석과 작용에 대한 평가, 그리고 1939년에 제정한 지식인을 대량 흡수하는 정책은 아주 정확하였다. 이런 정확한 견해와 주장이 있었기에 혁명대오의 장대해 짐과 성숙을 보증하게 되었고, 전국 정권의 탈취를 위하여 중요한 기초를 닦을 수 있었던 것이다.

그러나 이런 사상에도 연구해야 할 문제들이 있다.

하나는 지식인에 대한 결점을 분석하는 일이다. 반식민지·반봉건의 사회에서 지식인들은 압박을 받아 혁명성이 있었기 때문에 대다수의 지식인은 혁명에 적극 참여할 수 있었다. 이것은 그들의 장점이었다. 마오쩌둥의 이런 견해는 아주 정확했고 실천에서도 증명하였다. 그리고 결점에 대한 분석도 전체적으로 정확하였다. 그러나 "지식인이 제일 무식하다"고 하는 점을 지나치게 강조하였다. 마오쩌둥이 이 문제를 논할 때에는 교조주의(敎條主義)의 어리석음을 비판하기 위해서였다. 그러나 교조주의 사이에는 지식인이 있는데 지식인이 교조주의자는 아니었다. 마오쩌둥의 비판은 여기서 잘못된 것이었다. 그러나 혁명시기 지식인이 혁명승리에 대한 의의를 강조하였기에 이런 착오가 엄중한 문제를 일으키지는 않았다. 하지만 훗날 사회주의시기 지식인 문제에 큰 폐해가 나타나게 된 것은 사실이었다.

다른 하나는 지식인에 대한 교육과 개조의 방법이었다. 혁명과정에서 지식인의 약점에 주의하고 필요한 정치교육과 사상투쟁을 진행한 것은 정확한 것이었다. 많은 지식인이 투쟁에서 우수한 무산계급 선진 인사와 전문가가 되었는데 이는 당의 정책과 갈라놓을 수 없는 것이었다. 그러나 연안 시기나 신 중국건립 초기나 정책의 관철에는 일정한 실수가 있었다. 원인은 정책이 구체적이지 않고 경계선의 정확하지 않아 실제 사업에서 학술문제나 인식문제를 정치사상문제로 여기고 사상의식 문제를 정치입장 문제로 여겼으며, 인민내부의 모순을 적아모순으로 여겼던 것이다. 이런 상황은 무능한 지도자의 잘못된 방법에서 적절하게 표현되었다.

종합적으로 신민주주의 문화건설에서 지식인에 대한 마오쩌둥의 기본사상은 정확하였다. 그러나 부족한 점도 없지 않아 있었다. 그렇기 때문에 마르크스주의자는 낡은 사회를 파괴하거나 새로운 사회를 건설하거나 모두 지식인 문제에 대한 연구를 중시해야 한다. 지식인을 얻으면 천하를 얻고 지식인을 정확히 인도하지 못하면 장기적으로 국가를 영도하지 못하기 때문이다.

제10장
철학론

제10장
철학론

　그는 변증법 사고를 가진 복잡한 인물이다. 그와 그의 사업은 서방의 범주로 서술해서는 안 된다. 그러면 설명할 수 없거나 더욱 희미하게 된다. 그는 그 시대사람 중 가장 낙관적인 사람이나 또 세상의 모든 불합리한 현상에 대하여 분개하고 증오하며 무능한 자를 믿지 않는 사람이다. 외부의 영향에 대해서는 그 누구보다 개방적이다. 그는 놀라운 솜씨로 곡물에서 쭉정이를 골라내고 또 본능적으로 진정 가치가 있는 물건을 식별할 줄 안다.

-(미) 님 웨일즈

제1절
결합의 철학

　구국과 발전, 이 두 가지 기본문제에 대하여 중국근대에는 많은 사람들이 해결하려고 시도했지만 성공하지 못하였다. 유독 마오쩌동 만이 정확한 길을 찾았다. 전인들과 구별하자면 마오쩌동은 가장 새롭고 효과적 사상무기인 마르크스주의를 운용하였다는 점이다. 그러나 마르크스를 운용한 사람은 마오쩌동 뿐만이 아니었는데 다들 성공하지 못했던 것이다. 그러나 마오쩌동은 더욱 정확히 마르크스주의의 정수(精髓)와 영혼을 장악했던 것이다.

　여기서는 마르크스주의의 정수와 영혼, 그리고 마오쩌동이 성공한 비결을 연구하였다.

　1930년 초, 마오쩌동의 농촌에서 도시를 포위하고 최후에 전국의 정권을 탈취하는 사상은 당내 좌경모험주의자들의 비난과 비판을 받았다. 이런 비판에 회답을 하기 위하여 그는 『본본주의를 반대한다(反對本本主義)』는 저작에서 이렇게 썼다. "우리는 마르크스주의가 옳다고 하지만 이것은 마르크스 개인이 아닌 그의 이론 때문이다. 이것은 우리의 실천 속에서 투쟁 속에서 증명되었다. 우리의 투쟁은 마르크스주의가 필요하다. 우리는 반드시 우리국가의 실제 정황과 결합시켜 '본본주의'

를 공부해야 한다."²³⁴ 당시 마오쩌동의 견해는 당의 지지를 받지 못하였고 교조주의(敎條主義)가 당내 주력이 되었다. 1934년의 대실패를 거친 후 홍군지휘자가 장정의 경험을 거쳐 마오쩌동 사상의 정확성을 인식하게 되었다. 준의회의에서 중공중앙 정치국은 마오쩌동을 중앙 지도자로 임명하였다. 1938년 10월 마오쩌동은 중공확대 6기6중 전회에서 『본본주의를 반대한다(反對本本主義)』에서의 사상을 발휘하면서 이렇게 말했다. "공산당은 마르크스 레닌주의 이론을 배우고 중국의 구체적 환경에다 적용해야 한다. 중화민족의 일부분인 공산당은 중국의 특징을 떠나 마르크스주의를 논하는 것은 추상적인 텅 빈 마르크스주의이다. 그렇기 때문에 마르크스주의를 중국화하고 중국특색을 갖도록 해야 한다. 즉 중국의 특징으로 응용하여 당의 문제를 해결해야 한다는 뜻이다."²³⁵ 마오쩌동은 중국혁명의 이런 기본경험을 "마르크스 레닌주의이론과 중국혁명의 결합"이라고 개괄하였다.

여기서 우리는 마오쩌동과 다른 마르크스주의자들의 구별을 알 수 있다. 그는 마르크스주의 기본원리를 중국혁명의 구체적 실제와 결합시켰다. 마오쩌동 사상의 과학적 체계는 바로 이런 '결합'에서 형성된 과학적 결론과 논리 체계이다. 그렇기 때문에 중공중앙이 마오쩌동 사상을 당의 지도사상으로 할 때 "마르크스·레닌주의의 이론과 중국혁명의 실제가 통일된 사상"이라고 정의를 내렸던 것이다.

그러면 국외에서 도입한 마르크스주의와 중국의 구체적 실제를 마오쩌동은 어떻게 결합시켰는가?

---

234) 『모택동선집(毛澤東選集)』 제1권, 1991년, 112쪽.
235) 위의 책, 제2권, 534쪽.

중국혁명의 과정에는 두 종류의 사람이 나타났다. 하나는 외국의 사상과 학설로는 중국의 문제를 해결할 수 없고, 또 중국의 실정에 부합하지 않는다고 주장하는 파벌이었고, 다른 하나는 중국의 문제는 마르크스주의로 해결해야만 하고, 그 방법이 마르크스주의 저작에서 중국문제를 해결하는 방침, 정책과 방법을 찾아야 한다는 교조주의 파벌이었다. 중국혁명이 험난하고 실패를 거듭한 것은 바로 마르크스주의와 중국 실제를 결합하지 못한데에 있었다.

마오쩌동의 위대함은 마르크스주의와 그에 맞는 과학적인 결론을 제기한 것뿐만 아니라, 이를 결합시키는 인식론과 방법론 즉 '마오쩌동 철학사상'을 형성했다는 점이다.

마오쩌동의 철학사상에 대하여 국내외 학술계에서 대량의 연구를 하여 성과는 많지만, 여기서는 신민주주의혁명시기 마오쩌동의 철학적 기본사상만을 토론하고자 한다.

1. 마오쩌동 철학사상은 주체와 객체의 상호작용 과정에서 실현한 주관과 객관, 인식과 실천이 역사적으로 통일된 인식론과 방법론이지, 세계의 본원을 탐색하거나 지식의 원천을 논쟁하는 것은 아니었다.

이에 대하여 마오쩌동은 청년시절 큰 흥미를 갖고 '대본대원(大本大源)'의 문제를 연구하겠다고 말했다. 그러나 민주혁명의 실천에 투신한 후 그는 실천 속의 철학문제를 해결하고자 노력하였다. 실천문제를 중시하는 것은 마르크스 철학의 특징이다. 이것은 마오쩌동과 다른 철학가들의 구별인 것이다. 세계관 또는 본본론 문제에서는 직접 마르크스주의 유물론으로 결론을 지었고, 인식론 문제에서는 실천의 인식론과 방법론을 논술하였다. 실천을 중시하는 것은 마르크스주의 철학의 특징이다. 마르크스는 구 철학은 세계를 해석하는 것이지만 신 철학은 세계를 변화시킨다고 말했다. 마오쩌동은 마르크스 철학을 세계를 변화시키는 방향으로 심화하였다. 그러나 이때 실천속의 주관과 객관 그리고 인식과 실천의 관계를 어떻게 해결하는가 하는 난제에 부딪쳤다. 이것은 마오쩌동 철학사업의 방향이었다. 이런 의미에서 우리는 마오쩌동의 철학사상은 실천속의 철학사상이라고 말할 수 있다. 즉 마오쩌동과 다른 철학가들의 구별은 바로 실천의 문제에 중점을 두고 연구를 했다는 점이다.

실천은 주체가 능동적으로 객관사물을 개조하는 과정이다. 이것은 물질운동의 과정이고 객관적으로 존재하는 것이다. 그렇지만 자연계의 물질운동과는 다르다. 주체가 목적이 명확한 객체를 개조하는 과정이고 목적성이 있는 특수한 존재이다. 실천은 모두 사람의 실천이고 사람은 실천 속에서 주체가 되며 실천하여 바꾸려는 외부의 세계는 실천의 대상인 객체로 존재한다. 목적이 있는 사람은 실천의 주체이고 이와 대응하는 외부물질세계는 실천의 객체이다. 때문에 실천속의 철학 문제를 연구하려면 실천의 특징을 연구하고 실천속의 주체와 객체의 상호관계의 복잡성을 연구해야 한다.

우리는 실천에서의 기본 범주는 주체와 객체라는 것을 알 고 있다. 『모택동선집』을 보면 첫 구절에 "누가 우리의 적인가? 누가 우리의 벗인가? 이것은 혁명의 가장 중요한 문제이다"[236]라고 쓰여 있다. 정치학적으로 보면 이 말의 뜻은 바로 적아를 구분하는 것은 혁명의 주요 문제이고, 철학적으로 보면 이 말의 뜻은 바로 실천의 주요 문제인 것이

---

236) 『모택동선집(毛澤東選集)』 제1권, 1991년 3쪽.

다. 어떤 사람들은 마오쩌동 철학사상은 주체와 객체가 없다고 보는데 사실은 그러하지 않다. 예를 들면『청년운동의 방향(靑年運動的方向)』에서 마오쩌동은 이렇게 말했다. "중국의 혁명은 무엇을 반대하는가? 혁명의 대상은 누구인가? 물론 제국주의와 봉건주의이다. 그럼 현재의 혁명대상은 누구인가? 바로 일본제국주의와 간신들이다. 혁명은 누가하는 것인가? 혁명의 주체는 무엇인가? 바로 중국의 백성들이다."[237] 여기에서 '대상'은 바로 '객체'이다.『모택동 철학 주해집(毛澤東哲學批注集)』에서 마오쩌동은 주체와 객체에 문제에 대하여 여러 번 논술하였다. "인식의 주체는 사회의 계급이다." "인식의 주체와 객체의 변화는 혁명시기에 특별히 강렬하다. 예를 들면 러시아의 무산계급과 중국의 농민들이다."[238] 여기의 '인식의 주체와 객체'는 바로 '실천의 주체와 객체'이다. 마오쩌동의 저작에서 '우리' '우리당' '우리나라 무산계급' '우리나라 인민' 등의 개념은 혁명실천에서 '주체'의 통속적인 표현인 것이다. 마오쩌동의 철학사상을 연구하려면 주체와 객체라는 기본 범주에 주의해야 한다.

주체와 객체의 관계에서 사람은 의식과 열정이 있는 특수한 물질실체이고, 또 실천의 주체가 주동적이고 주도적인 지위에 있기 때문에 실천에서 사람의 의식과 물질의 관계에 대한 문제에 부딪치게 된다. 의식과 물질, 사유와 존재는 철학의 기본문제라고 할 수 있다. 이런 기본문제는 실천에서 존재하고 그 누구도 초월하거나 피할 수 없다. 그러나 그 범위가 '실천'으로 규정되어서 주체와 객체의 관계에 대한 표현

---

237) 위의 책, 제2권, 562쪽.
238)『모택동 철학 비주집(毛澤東哲學批注集)』, 중안문헌출판사, 1988, 18쪽, 22쪽

형태가 특수성을 갖고 있다. 마오쩌동은『실천론』,『모순론』등의 저작에서 다른 철학자들이 관용하는 '의식과 물질', '사유와 존재'가 아닌 '주관과 객관'이라는 철학적 범주를 많이 사용하였다. 그 원인은 일반적인 우주관, 세계관 또는 본체론 속의 '의식과 물질' '사유와 존재'는 실천 속에서 간단하게 통용하는 것이 아니라 그들과 실천의 특징을 연결해야만 하는 것이다. 즉 실천의 철학에서 연구하는 '의식', '사유'는 단지 실천의 주체의식·사유이기 때문에 마오쩌동은 이것을 '주관'이라고 하고 실천 범위 내의 물질을 '객관'이라고 불렀다. 때문에 '주관과 객관'이라는 범주는 '의식과 물질', '사유와 존재'이라는 범주와 연결되어 있고, 또 실천속의 '주체와 객체'와 연결이 있는 범주였던 것이다.

실천은 과정적으로 말하면 주체가 능동적으로 객체의 물질적 운동을 개조하는 과정이다. 주관과 객체의 관계로 말하면 또 "주관적으로 객관을 보는 것"이다.[239] 여기서 '주관'은 주동적인 주도적인 지위에 있고 실천을 목적으로 하는 것이다. 때문에 마오쩌동은 혁명이론, 당의 노선, 방침, 정책 등 실천속의 의식 즉 주관의 능동성을 아주 중시하였던 것이다. 그러나 중국혁명의 경험은 우리에게 주관은 혁명을 실패에서 승리로 인도하고 또 승리에서 실패로 인도할 수도 있다는 것을 알려주었다. 주관의 능동성은 적극적 능동성과 소극적 능동성으로 나뉜다. 때문에 주관의 능동성뿐만 아니라 적극적인 주관능동성을 어떻게 보증하는가를 연구해야 한다. 마오쩌동은 이 문제를 연구하면서 객관과 그 내부 규칙성에 부합한 주관성만이 적극적인 능동성을 발휘할 수 있다고 말했다. 그는『중국혁명전쟁의 전략문제(中國革命戰爭的戰略問題)』

---

239)『모택동선집(毛澤東選集)』제2권, 1991년 , 477쪽.

(1936년 12월)에서 이렇게 말했다. "무엇 때문에 주관적으로 착오를 범하는가? 그것은 전쟁 또는 전투의 배치와 지휘가 당시 정황에 부합하지 않았고, 주관적 지도와 객관적 실정이 부합하지 않았기 때문이다. 사람이 일을 처리할 때는 잘 처리하는 것과 잘못 처리하는 것으로 구분된다.

일을 잘 처리한다는 것을 군사적으로 보면 승리를 거두는 것 즉 패전을 하지 않는다는 것이다. 여기서의 관건은 주관과 객관을 잘 연결시켜야 한다는 것이다.[240] 주관은 능동성이 있고 객관적 세계를 개조할 수 있지만 주관이란 사람의 의식이어서 그 자체의 제약을 받고 활동중의 실천과 대상의 제약을 받기 때문에 절대적이지가 않다. 그리고 객관세계는 자체의 규칙이 있는데 이를 개조하여 변화를 일으키려면 그 규칙에 따라 진행해야 하는 것이다. 주관의 능동성은 적극적 의미에서 보면 객관세계의 규율성을 인식하고 개조하는 능동성인 것이다.

사람은 적극적인 능동성을 구비하면 실천 속에서 자유로울 수가 있는데 그러하지 못하면 실천 속에서 배회하게 된다. 물론 이런 적극적인 능동성, 이런 자유는 구체적인 역사 즉 이런 실천의 영역에서 자유를 얻은 것이지 영원한 자유를 얻은 것은 아니다. 때문에 한편으로는 주관이 능동적으로 객관을 개조해야 하고 다른 한편으로는 주관이 자각적으로 객관에 부합되어야 하는 것이다. 양자를 통일시켜야만 정확한 실천을 할 수 있는 것이다. 실천의 철학이 연구하고 해결해야 하는 기본문제는 주체와 객체의 관계 중 주관과 객관, 인식과 실천의 통일 문제인 것이다. 이것은 바로 마오쩌둥이 『실천론』(1937년 7월)에서 말

---

240) 위의 책, 제1권, 179쪽.

한 바와 같은 것이다. "모든 객관세계의 변증법 운동은 선후로 사람의 인식으로 반영된다. 사회실천에서의 발생, 발전과 소멸의 과정은 무궁하고 인간 인식의 발생, 발전과 소멸의 과정도 무궁한 것이다. 우리의 결론은 주관과 객관, 이론과 실천, 지와 행의 구체적 역사적 통일이고, 구체적 역사에 어긋난 모든 사상을 반대하는 것이다."[241] 『실천론』에서의 이런 '결론'이 바로 『모순론』(1937년 8월)에서 말한 "사물의 모순 문제에 관한 정수"인 것이다.

사물 내부의 모순은 절대적인 공성이 있고, 이런 공성과 절대성은 홀로 존재하는 것이 아니라 구체적 역사의 사물 즉 구체적 모순 속에 존재한다. 때문에 사물 내부의 모순을 반영하는 공성, 절대성의 진리는 공산당이 신봉하는 마르크스 기본원리와 같이 모순의 보편성과 특수성을 결합해야만 진정한 위력을 발휘할 수 있는 것이다. 이런 의미에서 마오쩌동은 레닌의 대립통일규칙은 유물변증론의 본질과 핵심이라는 과학적 논증을 발휘할 때에 이렇게 말했다. "이런 공성과 개성, 절대와 상대의 도리는 사물 모순문제의 정수이다. 이것을 모르면 변증법을 포기한 것과 같다."[242] 모택동은 철학저작에서 '정수'와 '결론'이라는 완전 일치한 철학적 논단을 내린 것은 우연이 아니다. 이것은 마오쩌동 사상이 바로 실천에서 주관과 객관, 인식과 실천, 공성과 개성, 절대와 상대 사이에서 실현한 역사통일의 인식론과 방법론인 것이다.

2. 마오쩌동의 철학사상은 실사구시를 근거로 한 유물론 세계관과 인민을 본위로 한 가치관이 통일된 인식론과 방법론이다.

---

241) 위의 책, 제1권, 295쪽.
242) 위의 책, 제1권, 320쪽.

실천은 물질적인 사람과 물질적인 외부세계 사이의 물질운동 과정이고, 또 의식과 격정이 있는 사람과 외부물질세계 사이의 목적이 있는 물질운동 과정이다. 때문에 사람의 인식 즉 주관이 객관세계를 반영할 때에는 이중 반영을 하게 된다. 하나는 사람 외의 외부물질세계이고, 다른 하나는 사람이라는 특수한 물질세계이다. 앞에서 말한 '객관'은 실천범위의 '물질'과 '존재'이고, 여기서는 주체가 객체를 인식하고 개조하는 외부물질세계이고, 주체형태로 존재하는 사람이라는 특수한 물질세계 즉 물질적 주체인 사람도 객관존재라는 뜻이다. 마오쩌둥은 손자(孫子)의 "지피지기, 백전백승(知己知彼, 百戰不殆)"라는 말을 마음에 들어 했다. 여기서의 '피(彼)'는 '지(知)'의 객체이고 '기(己)'는 '지(知)'의 주체이다. 전쟁에서 백전백승하려면 '기(己)'라는 주체를 '지(知)'의 대상으로 해야 한다. '피(彼)'와 '기(己)'는 두 가지 형태의 물질세계지만 모두 주관이 인식하고 개조하려는 '객관'인 것이다. 마오쩌둥은 이렇게 말했다. "적군과 아군을 포함한 학습과 인식의 대상을 연구대상으로 해야 하는데 우리의 사상만이 연구의 주체가 된다."[243] 이 말을 이해한다면 마오쩌둥이 실천 중의 인식론과 방법론을 논술할 때에 두 가지 기본적인 출발점이 있다는 것을 알 수 있다.

하나는 "모든 것은 실제로부터 출발해야 하는 것"이다.

토지혁명시기 마오쩌둥은 당이 정치형세와 지도사업을 분석할 때에 주관주의 사상방법과 사업방법이 있다는 것에 주의를 두었다. 이런 착오를 수정하기 위하여 대책을 제기하였다. "당원은 사회경제의 조사와 연구를 주의해야 하고 투정과 사업의 방법을 찾아야 하며 실정을 떠난

---

243) 위의 책, 제1권, 182쪽.

조사는 공상과 맹목의 구덩이에 빠지게 된다는 것을 깨달아야 한다."[244] 1930년 5월 '조사가 없이는 발언권이 없다'라는 구호를 제기할 때에 지도사상은 "공산당의 정확하고 동요되지 않는 투쟁책략은 소수자가 방에서 상상한 것이 아니라 군중의 투쟁과정에서 즉 실제 경험에서 산생한 것이다."[245] 이 사상은 항일전쟁과 해방전쟁시기에도 견지하고 제고되고 규범화 하였다. 『논지구전(論持久戰)』·『중국혁명과 중국공산당(中國革命和中國共産黨)』에서 객관적 실제 문제를 인식하고 분석하며 해결하는 '근거'로 하였다. 『우리의 학습을 개조하다(改造我們的學習)』『연안문예좌담회에서의 강화(在延安文藝座談會上的講話)』등 저작에서는 "실제에서 출발하다"라는 유물주의 인식론과 방법론을 제기하였다.

마오쩌동이 1948년 4월 1일에 진수간부회의(晉綏幹部會議)에서 이렇게 말했다. "실정에 근거하여 사업방침을 정하는 것은 모든 공산당원이 지켜야 할 기본적인 사업방법이다. 우리가 착오를 범하는 것은 당시의 실정을 벗어나 주관적으로 자신의 사업방침을 결정했기 때문이다. 전 동지들은 이것을 교훈으로 삼아야 한다."[246] 다른 하나는 "모든 것은 인민의 이익으로부터 출발해야 한다는 것"이다.

마오쩌동은 "모든 것은 실제에서 출발한다"는 말은 유물주의 과학관에 부합된다고 했다. 동시에 그는 유물주의자도 개인의 이익을 추구하지만, 공산당인은 철저한 유물주의자로서 개인주의나 이기주의를 추구하지 말고 인민의 이익을 본위로 한 무산계급의 공리주의를 추구해야 한다고 말했다. 인민군중은 실천에서 외부 물질세계의 규칙을 반영

---

244) 위의 책, 제1권, 92쪽.
245) 위의 책, 제1권, 115쪽.
246) 위의 책, 제4권, 1308쪽.

해야 할 뿐만 아니라, 주체의 상황과 이익도 반영해야 한다. 이런 이익에 대한 요구는 사람의 인식 속에서 가치관으로 표현된다. 모택동은 "우리 공산당인과 다른 정당의 구별은 바로 인민군중과 밀접히 연결되어있는 것이다. 성심성의로써 인민을 위해 복무하고 모든 것은 인민의 이익에서 출발해야 한다. 인민과 당의 지도층에 책임을 지는 것이 우리의 출발점이다"[247]라고 말했다. 그리고 "마르크스주의 철학변증유물론은 두 가지 현저한 특징이 있다. 하나는 계급성이고, 다른 하나는 실천성이다.

이론은 실천에 의지하고, 이론의 기초는 실천이며, 또 실천을 위해 복무한다"[248]라고 말했다. 무산계급을 위해 복무하고, 실천을 위해 복무하는 것은 선명한 무산계급 공리주의와 무산계급의 가치 경향인 것이다. 마오쩌둥의 철학은 규칙, 관점, 방법, 그리고 입장의 철학이다. '입장'은 정치적 경향이다. 마오쩌둥의 철학을 연구해 보면 그가 실천 속에서 탐색하고 추구한 '정확한 사상'은 외부물질세계와 내부규칙성을 반영한 객관적 진리이고, 인민군중의 근본 이익과 각 단계에서 실현할 가치관의 통일인 것이다.

물론 양자는 근본적으로 통일할 수 있는 것이다. 인민군중은 생산력의 주체이고 근본적인 이익과 생산력의 발전 그리고 이로 인한 사회발전의 규칙은 일치한 것이다. 그러나 현실생활에서 양자는 늘 일치하지 않는다. 이것은 외부 물질세계의 본질과 규칙이 점차 폭로하는 과정 일뿐만 아니라, 인민군중의 이익에는 원대한 이익과 눈앞의 이익, 전체적 이익과 부분적 이익의 구별이 있고 인민군중의 인식에는 선진

247) 위의 책, 제3권, 1094쪽.
248) 위의 책, 제1권, 284쪽.

과 낙후의 구별이 있기 때문이다. 때문에 마오쩌동은 실제로부터 출발하는 것만 중시하고 인민군중의 이익으로부터 출발하는 것을 중시하지 않으면 명령주의의 착오를 범하게 된다고 말했다.

그 반대로 군중의 이익으로부터 출발하는 것만 강조하고 이런 이익의 요구가 합리적인 것인가, 아니면 중국의 실정에 부합되는가를 보지 못한다면 꼬리주의(尾巴主義)적 착오를 범하게 된다고 말했다. 이런 두 가지 편면성은 주관과 객관, 인식과 실천의 통일에 도움이 되지 않는다. 유물주의 세계관과 인민을 본위로 하는 가치관이 통일되고 "모든 것은 실제로부터 출발해야 하는 것"과 "모든 것은 인민의 이익으로 출발해야 하는 것"이 통일되어야만 혁명실천의 주관과 객관, 인식과 실천의 역사적 통일을 할 수 있다는 것이었다.

3. 마오쩌동 철학사상은 실사구시를 정수로 한 철학사상이다. 그러므로 우리는 마오쩌동 철학사상에 대하여 전면적이고 깊이 있는 인식을 가져야 한다.

우선 이것은 실사구시를 정수로 한 "능동적 혁명적 반영론"이다. 주관과 객관, 인식과 실천을 실현하는 구체적 역사적 통일문제에서 마오쩌동은 두 성구를 사용하였다. 하나는 "과녁을 보고 화살을 쏘다(有的放矢)"라는 것이고, 다른 하나는 "실사구시(實事求是)"이다. "과녁을 보고 화살을 쏘다"라는 것은 주관에서 객관으로 전화(轉化)하는 것이다. '과녁'은 중국혁명이고, '화살'은 마르크스·레닌주의이다. 우리 공산당인은 이 '화살'로 중국혁명과 동방혁명의 '과녁'을 쏴야 한다는 것이다. 그러나 "실사구시"는 객관에서 주관으로 전화하는 것이다. '실사'는 객관적으로 존재하는 일체 사물이고, '시'는 객관적 사물의 내부 연결 즉 규칙성이며, '구'는 우리가 연구해야 한다는 뜻이다.

우리는 국내외, 성 내외, 현 내외, 구 내외의 실제 정황에서 출발하여 규칙성을 찾고 사물의 내적 연결을 찾아 우리의 행동지침으로 해야 한다. 마오쩌동은 이론과 실천의 결합과정에서 "과녁을 보고 화살을 쏘다"와 "실사구시"는 통일된다고 말했다. 그 뜻은 주관과 객관은 쌍방적으로 작용하는 것이지 일방적으로 작용하는 것이 아니라는 말이다. 그러면 주관에서 객관으로 하는 유심론과 구별할 수 있고, 객관에서 주관으로 하는 기계유물론과도 구별할 수 있는 것이다.『신민주주의론(新民主主義論)』에서 모택동은 이런 주관과 객관의 상호작용의 인식론을 창의적으로 '능동적인 혁명의 반영론'이라고 개괄하였다. '반영론'으로 보면 그는 '실사구시'를 근본점으로 제기한 것이고, 객관에 대한 주관의 작용은 위에 두었다. 때문에 덩샤오핑 등 무산계급 혁명가들은 "마오쩌동 동지가 연안에서 중앙당교를 위하여 제시한 '실사구시' 4자는 그의 철학사상의 정수이다"[249]라고 말했다.

다음으로 이것은 실사구시를 정수로 한 인식론과 방법론이 통일된 '결합'의 철학이라는 점이다. 마오쩌동은『실천론』에서 "실천을 통하여 진리를 발견하고 실천으로 진리를 증명하여 감성적 인식에서 이성적 인식으로 발전하고, 또 이성적 인식이 능동적으로 혁명의 실천을 지도하여 주관세계와 객관세계를 개조한다. 실천, 인식, 재실천, 재인식, 이런 형식으로 반복하여 실천과 인식의 내용이 점차적으로 발전한다. 이것이 바로 변증유물론의 전부 인식론이고, 변증유물론의 지행통일관(知行統一觀)이다."[250] 신 중국 건립 후 수정된『모순론』을 출판할 때 마

---

249) 위의 책, 제2권, 67쪽.
250) 위의 책, 제1권. 296쪽.

오쩌동은 중요한 논술을 추가하였다. "인류인식운동의 질서로 보면 늘 개별적인 특수한 사물에 대한 인식에서 일반적 사물에 대한 인식으로 확대된다.

사람들은 늘 사물의 특수한 본질을 인식하고 이런 인식을 지도로 구체적 사물에 대하여 연구를 한다. 이런 인식과정은 특수에서 일반으로, 일반에서 특수로 변화하는 과정이다. 인류의 인식은 늘 이렇게 순환적으로 반복적으로 진행하는데, 매 한 차례의 순환은 모두 인류의 인식을 제고시키고 심화시킬 수 있다."[251] 마오쩌동은 1943년 6월 1일에 중공중앙을 위한 『지도방법에 대한 약간의 문제(關於領導方法的若幹問題)』라는 초안에서 이렇게 말했다. "우리 당의 모든 실제 사업에서 정확한 지도는 모두 군중과 연결되어 있다. 즉 군중의 의견을 집중하여 연구하고 군중 속에서 선전하여 군중과 함께 행동하여 이런 의견의 정확성을 확인하는 것이다. 이렇게 반복하면 보다 더 정확한, 생동한, 풍부한 지도가 될 수 있다. 이것이 바로 마르크스주의 인식론이다."[252] 마르크스주의 인식론에 대한 논술은 변증법, 유물사관과 통일된 인식론이다. 공식으로 보면 아래와 같다.

실천 – 인식 – 재인식 – 재인식 –……
특수 – 일반 – 특수 – 일반 –……
군중 – 지도 – 군중 – 지도 –……
이 세 가지 공식의 실질은 모두 마오쩌동이 말한 "실사구시"이다. 즉
객관 – 주관 – 객관 – 주관 –……

---

251) 위의 책, 제1권. 309쪽.
252) 위의 책, 제3권. 899쪽.

그들은 '실사구시'의 철학사상이 인식론과 방법론에서의 전개인 것이다. "실사구시"를 정수로 하고 주관과 객관, 인식과 실천을 구체적으로 역사적으로 통일시킨 것은 마오쩌둥이 마르크스·레닌주의 기본원리를 실현시키고 중국혁명의 구체적 실제를 결합하는 '비결'이었던 것이다. 이런 의미에서 우리는 마오쩌둥의 철학사상은 '결합'을 실현하는 인식론과 방법론, 즉 '결합'의 철학이라고 할 수 있는 것이다.

제2절
철학연구와 당의 사상노선

마오쩌동이 철학을 연구하는 것은 중국혁명이 부딪친 난제를 풀기 위해서이다. 이것이 바로 혁명가, 정치가와 철학가인 마오쩌동이 다른 철학가들과의 다른 점이다.

1. 마오쩌동 철학연구의 특징.

『마오쩌동철학주석집』은 마오쩌동철학사상을 연구하는 중요한 저작이다. 여기서 마오쩌동이 철학을 배우고 연구하는 두 가지 특징이다.

첫째, 학술연구로 의식형태의 건설을 추진한다.

『마오쩌동철학주석집』에서 마오쩌동은 마르크스주의 철학의 저작을 주석하였다. 열독과정에 중요한 관점과 원리에 대하여 자신의 이해를 더했다. 스탈린의 명작『변증유물주의와 역사유물주의를 논하다(論辯證唯物主義和曆史唯物主義)』를 열독할 때에는 물음을 10개나 썼다. 다른 저작들과 비하면 마오쩌동은 이 저작에 큰 중시를 하지 않았다는 것이다. 다른 학자들이 스탈린의 이 저작의 관점을 사용할 때에는 "스탈린의 것을 베껴 쓰지 말아야 한다."고 말했다. 많은 주석에서 특히『철학선집(哲學選輯)』에 부록된 '연구제강'의 주석에서는 중요한 관점에 대하여 의문을 제기하고 자신의 견해를 적었다. 여기에서 우리는 마오쩌둥이 마르크스주의 철학을 한 종류의 지식과 과학연구 대상으로 대하였다는 것을 알 수 있고, 마르크스주의 철학을 열심히 배웠지만 미신을 하지 않았다는 것을 알게 되었다. 이렇게 한 목적은 무엇인가? 그는 이렇게 말했다. "철학의 연구는 호기심을 만족하기 위해서가 아니라 세상을 개조하기 위해서 이다."[253] 즉 사회의 의식형태인 마르크스주의 철학을 완선하기 위하여 중국의 혁명을 지도한 것이었다.

의식형태의 철학은 늘 일정한 경제적 기초를 반영하고, 일정한 정치상의 구조와도 연계가 있다. 때문에 이는 일정한 정치적 실천과 긴밀히 연결되어 있고, 일정한 계급 또는 사회집단의 수요를 만족시켜야 하는 것이다. 철학은 지식으로서 그 어떤 사회에서든 연구할 수 있고 발휘할 수 있다. 의식형태에 따라 사회제도나 정치적실천이 중대한 전화점에 처해 있을 때에는 '운명'이라는 문제에 부딪칠 수 있는 것이다. 1937년 연안에서 철학에 대하여 강의할 때에 마오쩌둥은 철학의 운명은 철학이 사회계급의 수요를 얼마나 만족시키는가에 있다고 말했다. 우리국가 경제체제와 정치체제가 변화한 지금에는 마르크스주의 철학의 체계는 현실과 부딪치게 된다. 이런 상황에 대하여 마오쩌둥은 마르크스주의 철학을 일종의 지식으로 다시 과학적인 탐색을 하여 의식형태를 재건설해야 한다고 말했다.

둘째, 생활의 사회실천에서 자양분을 흡수하여 철학연구를 한다.

---

253) 『모택동주석문집』 중앙문헌출판사 1988년 152쪽.

『마오쩌동철학주석집』은 마오쩌동의 학술연구의 기본방법을 명확히 알게 하였다. "실천의 표준을 철학 연구에 관철시키고 사회실천을 기초로 마르크스주의 철학에 대하여 재인식하며, 마르크스주의 철학의 발전을 추진하여 중국혁명의 실천을 지도하게 하는 것이다."

마오쩌동의 주석은 레닌의 주석과 현저한 차이가 있었다. 이론원리를 주석하는 레닌과 달리 마오쩌동은 중국혁명의 경험과 교훈에 대하여 주석하였다. 이런 주석에는 두 가지 특징이 있다. 하나는 어떤 관점에 대한 진위를 실천으로 증명한 것이다. 주석 형식으로 보면 철학적 관점으로 중국혁명의 경험과 교훈을 종합한 것 같다. 예를 들어 "구체적인 현실에서 출발하지 않고 허무한 이론의 명제에서 출발하면 유물론의 세계관에 어긋난 것이다"를 읽을 때에 마오쩌동은 이렇게 주석하였다. "이립산주의(李立三主義)와 훗날의 군사모험주의, 군사보수주의는 모두 이런 착오를 범했다. 이는 변증법이 아닐뿐더러 유물론도 아니다."[254] 그러나 철학적 각도로 보면 마오쩌동은 실천의 표준으로 위의 이론관점의 정확성을 검증하였다. 이는 마오쩌동이 마르크스주의 철학을 연구하고 추진했던 특징이다. 특징의 다른 하나는 정확한 철학적 관점으로 실천을 지도하는 정치적 책략을 제기했다는 것이다.

마오쩌동은 주석에서 변증법을 중시하고 모순의 동일성을 특별히 중시한 것은, 국공합작과 항일민족통일전선을 형성하기 위한 것이다. 마오쩌동의 사상에서 변증법은 사실 변증의 실천론이나 실천의 변증법인 것이다. 마오쩌동이 철학을 연구하는 중점은 당시 시대의 특징인 것이다. 이것이 바로 중국혁명과 밀접하게 연결된 마르크스주의 철학이고,

---

254) 위의 책 7~9쪽

마오쩌동 철학사상이 자신의 이론 특색을 갖게 한 원인인 것이다.

2. 사상노선의 제기와 마오쩌동 철학의 연구.

마오쩌동이 철학을 배우는 근본 목적은 '중국혁명의 논리'를 연구하기 위함이다. 이런 '혁명의 논리'를 명확히 하려면 먼저 과학적인 사상노선을 확립해야 한다. 마오쩌동은 중국국정과 역사를 연구하지 않고 학생을 인도하여 혁명을 하지 않으면 이론과 실제를 통일시키는 마르크스주의 기본원칙에 어긋난다고 했다. 그렇기 때문에 마오쩌동의 철학연구는 먼저 공산당을 위하여 새로운 국면을 열 수 있는 사상노선을 정하고, 당내에서 이런 사상노선과 일치하는 작풍과 방법을 형성하는 것이다. 사상노선, 사상기풍과 사상방법은 주체의 본질적인 것이다. 마오쩌동 철학은 당과 간부의 소질을 건설하는 것을 아주 중시하였다.

마오쩌동은 『본본주의를 반대한다(反對本本主義)』라는 저작에서 '사상노선'이란 개념을 제기하였다. 그리고 이전의 고전회의(古田會議) 중 당의 사상건설 방면의 논술이 바로 그 시작이었다. 1937년 연안에서 변증법, 유물론을 강의하기부터 1938년 철학반을 조직하기까지 체계적으로 당의 사상노선을 바로잡기 위하여 마르크스주의를 공부하고 보급하였다. 1941년에 발표한 『우리의 학습을 개조하다(改造我們的學習)』부터 연안정풍(延安整風)을 지도하기까지 실사구시의 사상노선으로 전당의 인식을 통일시키고 당의 작풍과 과학적인 사상방법·사업방법으로 전환시켰다.

마오쩌동이 제기한 '사상노선'이라는 개념은 1930년 5월에 발표한 본본주의를 반대한다(反對本本主義)』에서 제기한 것이다. 그는 이렇게 말했다. "보수형식인 동지들은 지금의 투쟁책략이 가장 좋은 것이고, 본본주의가 영원한 승리를 보장한다고 생각하는데 이것은 틀린 것이다. 이런 관점은 공산당인이 투쟁에서 창조한 새로운 국면의 사상노선이 아닌 보수적 노석인 것이다."[255] 그때부터 마오쩌동은 줄곧 이 문제를 해결하려고 했다. 1937년에야 문제를 해결할 수 있는 주관과 객관조건이 구비된 것이다.

우선, 객관적인 면이다. 1935년 1월 준의회의에서 중공중앙은 왕명의 좌경모험주의의 통치를 끝내고 마오쩌동의 지도적 지위를 확정하게 되었다. 동시에 홍군은 적군의 추격에 이론적으로 사상적으로 철학적으로 이론과 실천의 관계에 대한 문제를 전면적으로 종합할 수 없었다. 1935년 10월 장정승리 후, 1936년 12월 서안사변이 해결된 후 장제스(蔣介石)가 원칙적으로 중공이 제기한 국공합작의 항일전선을 인정하고, 마오쩌동이 이론연구의 환경과 시간을 갖게 되었다. 동시에 러시아가 데보린(Deborin, 德波林, 1881~1963, 소련의 철학가)과 그의 철학사상에 대한 비판이 우리나라 이론계의 유물변증법 즉 '신철학'에 대한 중시를 일으켰다. 특히 이달(李達)이 번역한 『변증법유물론교정(辯證法唯物論教程)』과 아이쓰치(艾思奇)가 쓴 『대중철학(大衆哲學)』 등은 '신철학'을 소개하고 보급하는데 중요한 작용을 하였고, 우리나라가 마르크스주의 인식론과 변증법에 대한 연구하도록 추진하였다.

다음은 주관적인 면이다. 마오쩌동은 이론과 실제를 중시하는 지식인으로서 마르크스주의 이론에 대한 수양이 높았다. 그는 청년시절부터 이론사유에 능하였고, 중국고대변증법사상과 서방자산계급의 진화

---

255) 위의 책, 제1권, 115쪽.

론의 훈도를 받았다. 그는 『강당록(講堂錄)』에서 '천하만사는 끊임없이 변화한다'라고 적었고, 『논리학원리』에서는 "세상의 모든 사물은 비교해야만 잘 알 수 있다"라고 써서 그의 소박한 변증법사상의 관점을 표현하였다. 마르크스주의 세계관, 특히 유물사관을 받아들인 후 그는 계급투쟁과 무산계급독재만이 중국과 세계를 바꿀 수 있다는 것을 깨달게 되었던 것이다. 힘겨운 토지혁명전쟁시기에 그는 전리품에서 서책과 자료를 수집하였다. 엥겔스의 『반사림론(反杜林論)』과 레닌의 『두개 책략(兩個策略)』·『공산주의운동중 '좌파'의 유치병(共産主義運動中的 "左派" 幼稚病)』 등 저작을 수집하고 몹시 아꼈다. 그리고 전우들과 같이 당시 혁명투쟁의 중대한 사건을 연계하면서 유물변증법을 연구하였다. 홍국이 장정을 거쳐 섬북에 도착한 후 마오쩌둥은 당시 상대적으로 안정된 환경을 이용하여 열심히 철학 서책을 읽었고, 주석까지 쓰기도 했다. 예를 들면 『변증법유물론교정(辯證法唯物論敎程)』에서 그는 이렇게 주석하였다. "다섯 번의 토벌의 실패의 원인은 적의 강대함에 있다. 그러나 주요원인은 군사적 모험인 것이다. 기회주의는 혁명이 실패한 주요원인이다. 외적인 힘은 내적인 규칙을 통해야만 간접적으로 영향을 미치는 것이다."[256] 이 주석에서 우리는 마오쩌둥이 실정과 연계하면서 독서를 하는 특징을 엿볼 수 있다. 이런 특징은 그의 철학수준을 제고시키고 중국혁명의 풍부한 경험으로 철학적 개괄을 할 수 있게 하였다. 중국혁명의 이론과 실제를 연계시키는 풍부한 경험을 찰학적 이론으로 승화한 것은 중국혁명 발전의 수요이고 시대의 수요였다. 그러면 위에서 말한 객관적 조건의 구비는 이런 수요와 가능성이 현실로 전화

---

256) 위의 책, 106쪽.

하게 되는 것을 알 수 있다. 『실천론(實踐論)』과 『모순론(矛盾論)』은 모두
이런 정황에서 산생된 것이다. 물론 직접적인 원인은 마오쩌둥이 당시
연안항일군정대학에서 수업을 하면서 유물변증법을 강의하였기 때문
이다. 그러나 강의 자체가 이런 수요와 당시 구비한 주객관적 조건에
서 형성한 것이다. 여기에서 『실천론』과 『모순론』은 마오쩌둥이 1937년
7월부터 8월에 걸쳐 쓴 『변증유물론강수제강(辯證法唯物論講授提綱)』 중
두 구절에서 나온 것이다. 이 제강은 모두 3장으로 구성되었다. 그 목
록은 아래와 같다.

1장 유심론과 유물론
  1. 철학중의 양군대전
  2. 유심론과 유물론의 구별
  3. 유심론의 발생과 발전의 근원
  4. 유물론발생과 발전의 근원

2장 변증법유물론
  1. 무산계급혁명의 무기 – 변증법유물론
  2. 과거의 철학유산과 변증법유물론의 관계
  3. 변증법유물론 중 우주관과 방법론의 일치
  4. 철학대상의 문제
  5. 물질론
  6. 운동론
  7. 시공론
  8. 의식론

마오쩌동이 제3장에서 '질량 변화법칙' '부정의 부정법칙'과 '본질과 현상' '형식과 내용' '원인과 결과' '근거와 조건' '가능과 현실' '우연과 필연' '필연과 자유' '사슬과 고리'등 내용에 대하여 쓰려고 하였는데, 항일 전쟁의 폭발로 쓰지 못하게 되었다. 『모택동선집』에 수록된 『실천론』은 제2장 11절 즉 『변증유물론』 마지막절의 내용이다. 『모순론』은 제3장 『유물변증법』의 내용이고, 주제는 변증법의 대립통일규칙을 적었다. 『모택동선집』을 공개 발표할 때에 『실천론』은 원래대로 유지하고, 『모순론』은 보충과 수정을 하였다. 마오쩌동이 『변증유물론강수제강(辯證法唯物論講授提綱)』의 실천론』·『모순론』을 중시한 것은 여기에 당의 사상노선에서 지켜야 할 인식론과 방법론 원칙을 집중적으로 서술하였기 때문이다.

3. 「실천론」이 당의 사상노선에 대한 논술.

「실천론」의 논술에서 마오쩌동은 체계적으로 그의 인식론사상을 서술했고 중국공산당의 사상노선을 위하여 이론적 기초를 확립했다.

첫째, 「실천론」은 이론적으로 주관과 객관 사이의 변증관계를 논하고 실천을 해야만 주관과 객관의 모순을 해결한다고 했다.

우선, 「실천론」의 마지막 장절에서 마오쩌동은 "사회가 오늘날까지 발전하여 세상을 인식하고 개조하는 책임은 무산계급과 그의 정당에게 있다. 무산계급과 혁명인민이 세계를 개조하는 투쟁은 아래와 같다. 객관적 세계를 개조하고 자신의 주관적 세계 즉 인식능력을 개조하며 주관적 세계와 객관적 세계의 관계를 개조하는 것이다"[257]라고 했다. 때문에 주관과 객관 사이의 관계를 정확히 이해하는 문제는 마오쩌동 인식론사상 중의 핵심문제인 것이다.

다음으로 마오쩌동은 인식의 본질은 객관에 대한 주관의 반영이고, 인식의 진리는 주관이 객관에 부합하는 것이라고 말했다. 객관사물은 변증 규칙에 따라 발전하기에 객관에 대한 주관반영은 객관사물운동에 대한 반영인 것이다. 주관과 객관은 일치하기에 객관실제를 떠나면 인식의 원천을 단절하는 것과 같다. 객관적 실제가 정지되고 발전하지 않는 것으로 보면 객관실제를 정확히 반영할 수 없다. 그렇기 때문에 인식의 본질을 견지하는 것은 객관에 대한 주관적인 반영이고 주관이 객관사물의 변증운동에 대함 반영이며, 우리가 주관과 객관을 연구하

---

257) 위의 책, 제1권, 296쪽.

는 기본조건이고 인식론을 연구하는 전제인 것이다.

마지막으로 마오쩌동은 주관이 객관에 대한 반영, 주관과 객관의 통일은 복잡하고 모순된 과정이고 그들의 통일은 실천 속에서 해결할 수 있다고 했다. 마오쩌동은 "객관적 과정의 발전은 모순과 투쟁으로 충만한 발전이고, 사람의 인식운동의 발전도 모순과 투쟁으로 충만한 발전이다"[258]라고 말했다. 철학사에서 직관 반영 논자는 복잡한 인식과정을 객관세계가 사람의 감관에 작용하여 일어난 반영으로 보고 사물의 본질적 인식을 하지 못하여 주관과 객관의 일치를 이루지 못하여 진리성 인식을 얻지 못하였다고 했다. 마오쩌동은 이런 부족을 극복하는 유일한 출로는 실천을 인식의 기초로 하는 것이라고 했다. 「실천론」의 요점은 실천은 인식의 원천이다.

특히 생산활동이라는 기본적인 실천활동은 인식발전의 기본 원천인 것이다. 때문에 실천은 인식이 저급에서 고급으로 발전하는 원동력인 것이다. 뿐만 아니라 실천은 진리성을 점검하는 표준과 인식의 목적이기에 실천에서 형성한 인식이 실천으로 돌아가 실천의 발전을 지도할 때에는 인식의 내적 규칙을 점검하고 인식의 발전을 촉진하는 작용을 한다. 즉 실천을 해야 주관과 객관의 모순을 해결하고 실천의 기초 위에서 주관과 객관의 통일을 이룬다는 뜻이다. 때문에 마오쩌동은 실천과 인식의 변증관계를 주관과 객관의 모순을 해결하는 관건이라고 본 것이다. 인식은 사회실천에서 형성하고 사회실천을 떠나면 인식도 존재하지 않는다. 그리고 사람들은 능동적으로 객관세계의 사회실천을 개조해야만 주관과 객관이 작용을 하고 객관본질에 대한 인식을 하게

---

258) 위의 책, 295쪽.

되며, 주관이 객관에 부합되는가를 점검할 수 있는 것이다. 이런 논술은 실천이 인식에 대한 결정적 작용과 인식과 실천의 의존관계에 대하여 말해주고 있으며 실천이 주관과 객관모순을 해결하는 결정적 작용을 말해주고 있다.

둘째, 『실천론』은 규칙적으로 인식발전의 '2차 비약(兩次飛躍)'에 대한 이론을 논하였다. 우선 마오쩌둥은 인식의 발전과정은 감성인식(感性認識)에서 이성인식(理性認識)의 단계로 발전하고 이성적 인식을 하고 다시 실천 속으로 돌아가서 객관적 진리성과 발전적 이성을 인식하는 과정이라고 했다. 이것은 마오쩌둥이 인식발전 과정의 두 단계와 2차 비약에 대한 이론이다.

감성적 인식단계와 이성적 인식단계는 대립되면서 통일되는 모순의 관계이다. 감성 인식과 이성 인식은 질적으로 구별되고 서로 대립된다. 동시에 두 가지 인식은 서로 의존하고 서로 삼투되며 서로 연결된다. 표현으로는 이성 인식은 감성 인식에 의존하고 감성 인식은 이성 인식으로 발전하는 것이다. 감성 인식은 저급단계의 인식이지만 실제 인식과정은 사람들이 감각경험을 형성하는 과정이기에 이성 인식을 배척하지는 않는다. 사람의 인식은 이렇게 감성 인식과 이성 인식의 대립 통일에서 발전하는 것이다.

감성 인식에서 이성 인식으로 발전한 인식운동은 끝난 것이 아니라 이성 인식은 다시 실천으로 돌아가야 하는 것이다. 이런 과정은 이론을 점검하고 발전하는 과정이고 인식에서 의의가 큰 두 번째 비약인 것이다. 이 과정 역시 모순이 가득한 복잡한 과정인 것이다.

다음으로 마오쩌둥은 "인식이 '두 단계', '2차 비약'을 거쳐 실천 속에서 기대치에 도달하였다. 구체적 과정의 인식운동이 되었다고 말 할 수 있지만 과정의 추진으로 말하면 사람의 인식운동은 완성되지 않았다."[259]고 했다. 그 어떤 과정도 모두 앞으로 추진하고 발전하는 것이기에 사람의 인식운동도 마찬가지여야 한다. 그러나 사람의 주관사상이 객관형세의 발전을 따라가지 못하는 상황이 발생할 수도 있다. 이것은 사람의 인식과정은 주관과 객관, 인식과 실천사이의 모순을 끊임없이 해결해 나가는 과정이라는 것을 설명해 주고 있다.

사람의 인식은 실천으로 시작하고 감성 인식에서 이성 인식으로 발전하며 이성 인식으로 객관세계를 개조한다. 그리고 이성 인식을 점검하고 발전하여 객관과정이 추진될 때에 주관인식도 추진한다. 이것이 인식운동 변증발전 과정의 내용이고 주관과 객관 사이에 있는 모순이 발전하는 내용이다.

마지막으로 마오쩌동은 인식발전과정을 전면적으로 논하면서 인식운동 과정의 일반규칙에 대하여 종합적인 논술을 하였다. "실천을 통하여 진리를 발견하고 또 실천 속에서 진리를 증명하고 발전시킨다. 감성적 인식에서 이성적 인식으로 발전하고 이성적 인식으로 혁명을 지도하여 주관세계와 객관세계를 개조한다. 실천, 인식, 재실천, 재인식, 이런 형태는 무한으로 반복된다. 그러나 실천과 인식사이의 내용은 조금 더 고급적으로 발전하게 된다. 이것이 변증유물론의 인식론이고 변증유물론의 지행통일관이다."[260] 이것은 마오쩌동 인식론사상 중의 정수이고 마르크스주의 인식론사의 인식발전 규칙에 대한 명확한 개괄이며, 마르크스주의 인식론에 대한 중대한 공헌이다.

---

259) 위의 책, 294쪽.
260) 위의 책, 296쪽.

이런 마르크스주의 인식론은 중국공산당 사상노선의 철학적 기초이다. 연안 정풍운동에서 전당이 실사구시의 사상노선을 확립하고 교조주의와 경험주의를 극복하는데 적극적인 작용을 하였다.

4.『모순론』의 당의 사상노선에 대한 논술.

『모순론』에서 마오쩌둥은 체계적으로 방법론사상을 논하여 중국공산당 사상노선의 이론기초를 확립하였다.

첫째,『모순론』은 변증모순이 대립통일이란 이치를 논하였다.
우리는 '모순'에 대하여 많이 거론하였었다. 그럼 '모순'이란 또는 변증모순의 과학적 의미는 무엇인가? 이에 대한 답은 여러 가지가 있었다. 예를 들어『한비자·난일(韓非子·難一)』에는 이런 이야기가 있다. "한 장수가 창과 방패를 팔면서 "나의 방패는 이 세상의 그 어떤 창도 막을 수 있다. 그리고 나의 창은 이 세상의 그 어떤 방패도 꿰뚫을 수 있다."라고 말했다. 이때 어떤 자가 와서 물었다. "그럼 당신의 창으로 방패를 찌르면 어떻게 되겠소?" 그러자 장수는 말문이 막히고 말았다고 한다." 이것이 바로 우리나라 '모순'이란 단어의 근원이다.
여기에서의 '모순'은 서로 저촉하고 반대한다는 뜻이다. 우리의 일상 또는 당과 정부가 발표한 문건에서도 '모순'은 이런 뜻이다. 사실 칸트(Immanuel Kant)가 말한 '모순'도 이런 뜻이다. 그는『순수이성비판(純粹理性批判)』에서 '순수한 이성적 법칙의 모순'을 논술할 때에 '모순'을 Antinomie라고 썼는데 우리는 늘 '이율배반(二律背反)'이라고 번역하였다. 헤겔(Georg Wilhelm Friedrich Hegel)은 모순이 정반대인 두 방면으로 구성되었다고 하면서, 또 양자는 동일성이 있다고 말했다. 그는 『작은 논리(小邏輯)』라는 책에서 이렇게 말했다. "긍정과 부정은 모두 설정된 모순이기에 동일성이 있다."[261] 그리고 『미학(美學)』이라는 책에서는 이렇게 말했다. "대립하면서 통일되는 것을 모순이라고 한다."[262]

마르크스주의 변증법학설에서는 헤겔의 이런 사상을 높이 평가하였고, 마르크스·엥겔스는 '양극상통', '대립이 서로 심투하다'라는 말로 '모순'의 의미를 설명하였다. 레닌은 『변증법문제를 말하다(談談辯證法問題)』에서 이에 대하여 연구를 하고 세 가지 성과를 얻었다. 1. 모순의 의미를 '사물은 서로 배척하는 대립면과 서로 연결하는 연관이 있다'고 하였다. 2. 그는 모순의 대립면 사이의 배척을 '대립된 투쟁'이라고 하고, 모순에서는 절대적이라고 하였다. 그리고 대립면 사이의 연관을 '대립면의 통일'이라고 하고 모순에서는 조건적이고 순간적이어서 사라지기 쉽다고 하였다. 3. 그는 모순을 '대립면의 통일'이라고 정의하였다.[263] 그러나 당시 레닌은 두 가지 문제를 해결하지 못하였다. 하나는 모순의 정의에서 '동일'과 '통일' 두 명사 중 어느 것을 써야 하는지 결정하지 않은 것이다. 다른 하나는 모순의 정의와 모순의 동일성에 대하여 정확히 구분하지 않고 '대립통일면'이라고 서술을 하였다. 마오쩌동은 그의 저작에서 '모순'은 용도가 다양하여 '서로 저촉'하고 '서로 반대'한다고 하였으나 『모순론』에서는 보다 더 과학적으로 규범화하여 변증모순을 대립통일이라고 하였다.

마오쩌동은 '대립통일' 4자는 모순의 뜻이기에 반드시 밝혀야 한다고

261) 헤겔, 『작은 논리(小邏輯)』, 상무인서관, 1980, 258쪽.
262) 헤겔, 『미학(美學)』 제1권, 상무인서관, 1979, 154쪽.
263) 레닌, 『레닌선집(列寧選集)』 제2권, 인민출판사, 1995, 412쪽.

말했다. 『모순론』의 원고에서는 '대립통일'을 '모순통일'이라고 하였다. 당시 언어가 제한을 받는 시기여서 그다지 적절한 단어는 아니었다. 그러나 문장 전체를 보면 '모순통일'이 '대립통일'이라는 뜻이라는 것을 알 수 있었다. 이것은 그의 실천경험을 기초로 한 것이다. 혁명투쟁에서 그는 세 가지 정황에 주의하였다. 하나는 통일된 사물에서 대립하고 통일된 두 면이 있다는 것이다.

예를 들어 중국자산계급의 영역에서 그는 20년대부터 이 계급이 민족자산계급과 매판자산계급이라는 대립하고 통일된 부분으로 나눌 수 있다는 것을 발견하였다. 공산당 무산계급 선봉대 조직 내에도 이런 모순이 있다. 이런 현상은 사람의 의지로 전환되는 것이 아니다. 다른 하나는 서로 대립되는 사물사이라도 일정한 조건에서는 대립되고 통일된 모순관계를 형성할 수 있는 것이다.

예를 들어 중국의 대립된 무산계급과 자산계급 사이, 공산당과 국민당 사이는 일본의 침략과 민중의 항일요구에 서로 연합할 수 있는 것이다. 마오쩌동은 『모순론』을 쓰기 전에 『변증법유물주의교정辯證法唯物論敎程』을 읽었는데 그는 주석을 이렇게 썼다. "지금 투쟁의 정확한 구호는 항일민족통일전선이다. 우선 해결해야하는 문제는 국내평화와 국공합작이다." "중국민족모순은 자산계급을 연합하는 통일전선으로 해결해야 한다." 마지막으로 사물이 발전하는 역사적 과정에서 선후로 나타난 대립되는 현상 또는 사물 사이는 일정한 조건에서 대립통일 즉 모순이 된다. 예를 들어 첫 국공합작에서 10년 내전까지, 10년 내전에서 제2차 국공합작까지 많은 사람들이 이런 역사현상에 의혹을 가졌다. 마오쩌동은 이들 사이에는 서로 대립되고 또 연결된 고리가 있기에 평화와 전쟁, 이런 선후에서 일어나는 현상에는 일정한 조건에서 형성된 모순관계라고 하였다. 이런 경험의 기초에서 마오쩌동은『모순론)』에서 그 어떤 모순이든 공통점은 '대립통일'이라고 했다. "사물의 모순법칙인 대립통일의 법칙은 유물변증법의 제일 근본적인 법칙이다."[264] 마오쩌동이 이런 과학적 개괄을 하게 된 것은 풍부한 실천 경험 외에 마르크스·레닌주의 변증법의 논술에 대하여 세심한 연구를 했기 때문이다. 엥겔스는『반도림론(反杜林論)』에서 이렇게 말했다. "우리가 사물을 정지하고 생명이 없는 것으로 보고 사물이 독립적이고 병렬되며 선후로 이어지면 우리는 그 어떤 모순도 찾을 수 없다. 그러나 우리가 사물의 운동, 변화, 생명과 상호작용에서 그 사물을 고찰하면 완전히 다른 결과를 얻는다. 여기에서 우리는 바로 모순에 빠지게 된다."[265]

마오쩌동은 이런 견해를 아주 중시하였다. 그는『모순론』에서 이 논술을 인용하였고, 원고의 제2장에서 이 사상에 의거하여 변증법의 모순에 대하여 논술하였다. 그는 형식적 논리에서 중국은 중국이나 변증법으로 보면 중국은 변화하고 있고, 과거의 봉건 중국은 지금의 자유해방된 중국과는 다른 것이므로 중국은 같은 중국이 아니라고 말했다. 여기의 봉건중국과 자유해방된 중국은 동일성이 있으나 이런 동일성은 상대적이고 순간적인 것이다. 사물은 운동하고 그들 사이에는 대립과 투쟁만이 절대적인 것이다.

변증모순은 이런 대립되면서 통인된 것이다. 마오쩌동의 이런 논증법은 헤겔의『작은 논리(小邏輯)』중 동일에서 차이를 찾고, 차이에서 대립과 모순을 분석하는 방법과 아주 비슷하였다. 다른 것은 헤겔은 객

264) 『모택동주석문집(毛澤東哲學批注集)』중앙문헌출판사 1988년 299쪽.
265) 엥겔스『마르크스, 엥겔스선집(馬克思恩格斯選集)』제3권 인민출판사 1995년 461쪽.

관 유심주의 기반에서 논리추정을 하였으나, 마오쩌둥은 변증유물주의 기반에서 객관모순에 대하여 논리적 분석을 한 것이다. 『모순론』은 변증모순 즉 대립통일에 관하여 과학적인 모순관을 형성하였고, 모순학설을 구성하는 첫 번째 기본 이론이 된 것이다.

둘째, 『모순론』은 계통과 과정이 통일하는 구체적 모순이론을 제기하였다. 그리고 모순전체-모순각방-모순전체, 즉 전체-부분-전체의 전면적인 분석방법을 제기하였다.

마오쩌둥은 『모순론』에서 '사물의 모순'에 대하여 논하였다. 사물의 구체적 모순을 연구하는 것이 바로 『모순론』의 취지인 것이다. 엄격히 말하면 '모순론'은 '구체적 모순을 논하다.' 또는 '구체적 모순의 이론에 대하여'라고 해야 한다.

구체적 모순이 사물의 모순이라면 우리는 『모순론』에서 말한 '사물'이 무엇인가를 연구해야 한다. 먼저 사물은 물질적 운동의 형식이라고 할 수 있다. 사물의 모순을 인식하는 것은 물질의 운동형식 내부의 모순을 인식해야 하는 것이다. 마오쩌둥은 물질운동은 하나하나의 '큰 체계'라고 하였다. 『모순론』의 논술로 보면 우리는 물질의 운동형식을 아주 간단하고 단일하게 여기면 안 된다. 이것은 아주 복잡한 것이고 많은 모순이 공통으로 작용하며 모순과 모순 사이에도 모순으로 구성된 것이다. 일본학자는 50년대부터 마오쩌둥이 모순의 특수성 문제를 중시하는 연구에는 하나의 출발점이 있다는 것을 알았다. 즉 '하나의 큰 사물의 발전과정에는 수많은 모순이 있다는 것'이다. 예전의 한 가지 모순만 논술하는 이론과 비교하면 마오쩌둥이 제기한 것은 아주 새로운 것이었다. 때문에 『모순론』에서는 사물의 운동형식이 발전과정에는 근본모순과 비근본모순의 구별이 있다는 것을 상세하게 논술한 것이다. 그리고 그 과정의 발전 단계에는 주요 모순과 비주요 모순의 구별이 있으며, 모순에는 주요한 모순 면과 비 주요한 모순 면의 구별이 있다고 논술하였다. 이 말은 사물인 물질적 운동의 형식 내부에는 '많은 모순'이 존재하고 순서가 없이 엉켜있는 것이 아니라 순서적이고 조직적으로 연결되고 작용하고 있다는 것이다. 이런 사상은 '모순의 특수성' '주요 모순과 주요한 모순 면'이 두 장에서 아주 상세히 논술되었다. 이것은 현대의 '계통'의 논술과 흡사한 것이다. 계통론 중 '계통'은 서로 연결된 여러 요소의 집합이고 요소와 요소하이에는 일정한 구성과 순서가 있으며 정체적인 객체로서 개별적인 요소로 속성을 정한 것이 아니라 요소의 구성으로 결정한 것이다.

『모순론』에서는 '사물'을 '많은 모순'을 가지고 있는 '대 계통'으로 여기고 또 '과정'으로 보았다. 마오쩌둥은 "대 계통의 물질운동 형식의 특수한 모순성과 규정한 본질을 연구해야 할뿐만 아니라 매개 운동형식의 발전과정에서의 특수한 모순과 본질도 연구해야 한다. 일체 운동형식의 실질적인 발전과정은 모두 다른 것이다. 우리의 사업은 여기에 중점을 두고 여기서부터 시작을 해야 한다."[266] 라고 말했다. 여기서 마오쩌둥은 '계통'과 '과정'을 사물의 두 가지 기본 형태로 보고 또 이것을 연구사업의 출발점으로 보았다는 것을 알 수 있다. 과정은 사물내부 모순구성의 변화에 따라 모순의 심화에 따라 형성된 것이라는 것을 알 수 있다. 반대로 사물내부의 이런 구성과 순서는 사물이 발전하는 과정에서 표현된 것이라는 것을 알 수 있다. 『모순론』 중 '계통'과 '과정'은

---

266) 『모택동선집(毛澤東選集)』 제2권, 1991년 , 310쪽.

사물의 갈라놓을 수 없는 부분인 것이다.

여기에서 말한 바와 같이 『모순론』에서 연구하는 '사물의 모순'은 사실 '계통'과 '과정'이 통일된 '사물'의 모순인 것이다. 이런 출발점이 있기에 마오쩌둥은 『모순론』에서 모순을 인식하고 해결하려면 모순전체-모순의 여러 면-모순전체, 또는 전체-부분-전체 이런 노선으로 진행해야 한다고 하였다. 이에 대하여 『모순론』에서는 이렇게 논술하였다. "우리는 중국혁명을 하는 사람이기에 모순의 연결에서 그 특수성을 알아야 하고, 또 모순의 여러 면에서도 연구를 해야만 전체를 알 수 있다."[267] 그는 사물의 전체에서 문제를 보지 않는 관점은 형이학적 관점이라고 하였다. 우리가 『모순론』을 연구할 때에 마오쩌둥이 '모순의 특수성' 이론에 대한 공헌을 강조하였는데 이것은 필요한 것이었다. 그러나 우리는 마오쩌둥이 모순의 특수성 문제를 연구하는 데는 전제조건이 있다는 것을 잊지 말아야 한다. 바로 사물을 많은 모순으로 구성된 모순의 총제로 보고 마지막에는 이런 모순으로 돌아온다는 인식이다. 그는 모순의 특수성을 인식하는 것은 교조주의를 반대하기 위함이고, 모순의 상호작용과 모순의 총체를 인식하는 것은 협애한 경험주의를 피하기 위함이라고 말했다. 마오쩌둥의 전체-부분-전체 이런 전면적인 분석법은 이미 중국공산당의 일상과 언행에 융합이 되었다. 이런 방법은 지금의 체계적인 방법인 전체에서 출발하여 사물을 인식하는 방법과 아주 흡사한 것이다.

셋째, 『모순론』은 구체적 모순문제의 정수를 제시하였고 대립통일의 규칙을 심화하였다.

---

267) 위의 책 310쪽

『모순론』에서는 '사물의 모순'과 '구체적인 모순'을 논하고 일반 '모순'을 논하지 않았다. 때문에 마오쩌둥은 여기에는 모순의 보편성과 특수성, 즉 공성과 개성, 절대성과 상대성이라는 관계가 있다고 했다. 이것은 헤겔과 비교하면 알 수 있는 것이다. 헤겔이 연구한 모순의 '일반모순' 즉 '모순'의 범주이다. 때문에 그는 모순의 문제를 알려면 '동일'을 알아야 한다고 말했다. 그는 동일을 단순하게 추상적 동일로 보는 것을 비판하였고 모든 차별을 배척하는 동일의 관점으로 보고 동일은 차별을 포함한 '구체적 동일'이라고 하였으며, 이것은 모든 나쁜 철학과 구별하고 철학적 철학으로 할 수 있는 관건이라고 하였다.[268]

헤겔의 이런 사상은 아주 훌륭하였다. 그는 '일반모순'의 의의를 갖고 있는 모순은 즉 각종 구체적 모순에서 추상된 모순의 범주는 동일과 차이, 동일성과 투쟁성 사이의 관계를 정확히 이해하는 것이고 이것이 그 정수이다. 그러나 구체적 모순에만 부딪치면 이것으로 부족하다. 예를 들어 왕밍(王明)같은 교조주의자들도 모순에 대해 말했고 동일에는 차이와 대립이 있다고도 하였다. 그의 저작에서도 이립삼(李立三)을 비판하면서 이렇게 말했다. "그는 소자산계급을 전체 계층으로 보았는데 소자산계급에는 타인의 노동을 착취하는 '상층'과 타인의 노동을 착취하지 않는 '하층'으로 구성된다는 것을 모르고 있었다." "그는 자산계급의 대중계층과 모든 자산계급 개량의 파벌에 대하여 요해를 하지 못하였다. 그리고 그들은 혁명과 반혁명사이의 '제3파벌' 또는 '중간영역'으로 본다." "그는 학생을 전체 범주로 여기고 그들을 '도시빈민'으로 생

---

268) 헤겔, 『작은 논리(小邏輯)』, 상무인서관, 1980, 249쪽.

각하고 그들의 계급분화의 과정을 보지 못하였다."[269] 왕명의 이런 말들을 보면 이립삼보다 더 '좌'적이라는 것을 알 수 있다. 그러나 그는 통일 중의 차이와 대립통일로써 문제를 설명하였다. 구체적인 모순에서 모순의 보편성 즉 모순의 공성과 절대성만으로는 부족하다. 모순의 특수성 특히 모순의 개성과 상대성도 보아야 한다. 객관적으로 그 어떤 구체적인 모순도 공성뿐만 아니라 자신의 특점과 개성이 있다. 그들은 모순의 보편성과 특수성, 즉 모순의 공성과 개성, 절대성과 상대성의 통일이다. 그리고 이런 양면을 연결시켜야만 구체적 모순을 증명할 수 있다. 때문에 구체적 모순에서 모순 문제의 정수는 모순의 보편성과 특수성, 특 모순의 공성과 개성, 절대성과 상대성의 관계문제인 것이다. 이런 사상은 인식론의 의미를 갖고 있다. 레닌은 늘 변증법과 인식론은 통일된 것이라고 하였다. 그는 사물의 변증법을 논술 할 때에 객체의 변증운동 규율문제와 주체가 객체를 인식하는 변증운동 규율을 같이 고려하였다.『모순론』은 레닌의 이런 사상을 배워 객관적이고 구체적인 모순에는 공성과 개성, 절대와 상대의 문제가 있을 뿐만 아니라, 사람의 인식과 같은 모순에도 공성과 개성, 절대와 상대의 문제가 있다고 하였다. 이런 문제를 더하면 세상의 가지성문제, 인간의 인식능력의 무한성과 인간 개체 인식능력의 유한성 사이의 모순 등의 문제를 해결할 수 없는 것이다.

우리는 인간이 물질과 그 운동형식에 대한 인식이 개성에서 공성으로 상대에서 절대로 발전한다는 것을 알아야 이런 인식론의 문제에 대답을 할 수가 있다. 이런 의미에서 모순의 공성과 개성, 절대와 상대의

---

269) 왕명,『왕명언론선집(王明言論選輯)』, 인민출판사, 1982, 129쪽

관계문제는 모순의 정수라고 할 수 있는 것이다.

『모순론』이 모순문제의 정수에 관하여 변증법과 유물주의 세계관, 인식론이 통일되는 의미에서 대립통일학설을 심화시켰다. 마오쩌동은 유물주의 세계관의 기초에서 특히 구체적인 사물에서 출발하여 변증법을 연구하는 가운데 구체적 모순문제와 그 정수를 제기하였고, 유물주의 인식규칙대로 구체적 모순의 개성과 공성, 강대와 절대가 통일하는 변증법원리를 제기하였다. 이런 고립적으로 변증법을 연구하는 과학적 태도와 방법, 그리고 이로 인해 얻은 모순문제 정수의 결론은 과학적이고 사실적이어서, 변증법·모순학설을 심화시킨 것이다.

즉 우리 앞에 놓여 진 모순학설은 '동일과 차이' '통일과 대립' 이런 일반원리로 구성된 이론체계가 아니라, '동일과 차이' '통일과 대립' '보편성과 특수성' '절대성과 상대성', 그리고 이로 인해 산생된 '내인과 외인' '근거와 조건' '평행과 불 평행' '근본모순과 비 근본모순' '주요 모순과 비주요모순' '주요한 모순 면과 비주요한 모순 면' '대항과 비대항' 등 서로 연결하는 중요한 원리로 구성된 이론체계인 것이다. 뿐만 아니라 변증법과 형이상학의 대립도 심화시켰다. 전에 우리는 모순이 사물이 발전하는 동력이 옳은가 아닌가를 결정하는 것이 변증법과 형이상학의 근본적인 차이라고 하였다. 지금은 모순이 사물이 발전하는 동력인 것을 인정하고 모순의 보편성은 모순의 특수성에 존재하며 보편성과 특수성을 서로 연결시켜야 진정으로 형이상학과 구별하는 유물변증법이라고 말할 수 있는 것이다. 이것은 당이 왕명과 투쟁하는 실천에서 증명한 새로운 원리이다. 때문에 우리는 『모순론』이 모순문제의 정수에 대한 결론은 마오쩌동이 레닌에게 제기한 대립통일학설인 '변증법의 핵심'은 마르크주의 변증법이론에 불멸의 공헌을 하였다고 말할 수 있다.

넷째, 『모순론』은 모순의 정수문제를 주선으로 구체적 모순이론의 과학체계를 구성하였다.

우선 『모순론』은 모순의 보편성과 특수성을 결합하는 구체적 모순이론을 논하였다. 여기에는 5가지 주요원리가 있다. 1) 모순보편성의 원리, 2) 모순특수성의 원리, 3) 모순의 보편성은 모순의 특수성에 존재하고 모순의 특수성은 모순보편성의 원리를 포함하고 있다. 4) 모순내부의 대립면 사이에 있는 보편적인 절대적인 투쟁성이 특수한 상대적인 동일성에 존재하고 동일성에는 투쟁성의 원리가 포함된다. 5) 모순의 투쟁성에서 보편적인 절대적인 투쟁성을 특수한 상대적인 대항 또는 비대항의 모순투쟁에 존재하는 원리. 『모순론』에서는 이런 원리에 대하여 상세히 논하고 마르크스·레닌주의의 모순학설을 풍부하게 하였으며 중국혁명을 정확히 지도할 수 있는 과학적인 우주관과 방법론을 제공하였다.

동시에 『모순론』은 이런 구체적 모순이론 주요 원리의 논리를 제시하였다. 『모순론』에서 사람들이 모순을 인식하고 연구하는 질서는 모순의 특수성에서 모순의 보편성으로, 그리고 모순의 보편성에서 모순의 특수성으로 진행하였다. 서술의 순서는 먼저 모순의 보편성 문제를 분석하고 다시 집중적으로 모순의 특수성을 분석하며, 마지막에 모순의 보편성으로 돌아가는 것이다. 이 두 가지 공식은 마오쩌동의 구체적 모순이론이 실천과 이론에서 전개할 때의 논리구성이다. 과학적 이론으로서 구체적 모순이론의 서술질서는 바로 논리를 연결하는 표현인 것이다. 문제의 주선은 모순의 보편성과 특수성의 관계인 것이다. 이런 주선에서 구체적인 모순 이론은 세 개의 서로 겹쳐진 원으로 전체의 논리를 전개하였다.

첫 번째 원은 모순에 존재하는 보편성과 특수성 이론이다. 마오쩌 둥은 모순은 모든 사물의 발전과정에 존재하고, 사물의 발전과정 전체 에 존재한다고 하였다. 그리고 모순은 큰 체계의 물질운동형식, 각 운 동형식의 발전과정, 각 발전과정의 모순, 발전과정의 모든 발전단계와 각 발전단계의 모순에는 특수성이 있다고 하였다. 마지막으로 모순의 특수성에는 모순의 보편성이 있다고 하였다. 이런 모순이 존재하는 보 편성–특수성–보편성의 논리가 바로 겹쳐진 원으로 볼 수 있다.

첫 번째 원 외에 구체적 모순의 이론체계에는 두 번째 원에도 있다. 이것은 모순 본질의 보편성과 특수성의 이론과 관계된다. 마오쩌둥은 모순은 대립통일이고 투쟁성과 동일성 이 두 가지의 기본 속성이 있다 고 하였다. 모순의 본질이란 모순 내부의 필연적 연결 즉 대립과 통일 사이의 필연적 연결, 투쟁성과 동일성 사이의 필연적 연결이다. 『모순 론』은 구체적 사물에 존재하는 모순의 보편성과 특수성 문제를 논술하 고 "모순의 여러 면의 동일성과 투쟁성"이라는 장절에서 진일보적 모순 의 본질과 보편성, 그리고 특수성 문제에 대하여 논술하였다. 마오쩌 둥은 모순의 동일성은 조건이 있고, 상대적이라고 논증을 하고 또 모 순의 투쟁성은 무조건적이고 절대적이라고 논증을 하였으며, 마지막에 는 투쟁성과 동일성은 모순에서 서로 연결되어 있을 뿐만 아니라, 양 자의 연결은 상대적인 동일성 안에 절대적인 투쟁성이 포함된 연결이 라고 하였다. 즉 모순 내부의 동일성과 투쟁성 사이에는 필연적인 연 계가 있는 이것이 바로 모순의 본질인 것이다. 마오쩌둥이 훗날 개괄 한 말로 말하면, 모순의 본질은 "하나를 둘로 보는 것"이다. 모순의 본 질에서 마오쩌둥은 상대적인 동일성은 모순의 특수성이고 절대적인 투 쟁성은 모순의 보편성이다. 모순에서 동일성의 특징이 달라서 모순이

다른 상태로 나타나게 한다. 예를 들어 무산계급과 자산계급 사이의 모순투쟁은 절대적이고 보편적이나 토지혁명전쟁시기와 항일전쟁시기가 서로 연결되는 동일성이 달라 모순의 상태가 다르다. 위의 모순이 존재하는 보편성과 특수성의 논술과 비교하면, 여기에서의 모순 본질의 보편성과 특수성의 논술은 '존재'에서 '본질'로 심화하여 깊이가 있게 되었다.

구체적 모순의 이론 체계에는 세 번째 원이 있다. 그것이 바로 모순의 투쟁내용과 형식상의 보편성과 특수성 이론이다. 『모순론』에서는 모순 쌍방이 서로 배척하는 투쟁에서 그 투쟁성은 절대적인 것이고 보편적인 것이나, 그의 형식은 상대적이고 특수성이 있다고 하였다. 대항과 비대항은 모순투쟁의 두 가지 특수한 형식이고, 이들은 일정한 조건에서 대립되고 서로 전환한다. 모순의 투쟁성이란 대항과 비대항의 특수한 투쟁형식에서 존재하는 투쟁성이다. 이것은 보편성과 특수성의 관계이고, 절대적인 보편적인 투쟁성이 상대적인 특수한 투쟁 속에 존재하는 형식이다.

위에서 볼 수 있는 것처럼 『모순론』은 마오쩌둥의 구체적 모순이론의 원리는 이런 세 가지 원으로 조직된 이론체계이다. 이 세 가지 원은 서로 다른 원인데 첫 번째 원은 두 번째 원을 감싸고 있고, 두 번째 원도 세 번째 원을 감싸고 있는 것처럼 서로 연결된 엄밀한 이론체계인 것이다. 그리고 마오쩌둥이 연구한 것은 구체적 모순이고 사람들이 실천에서 해결해야 하는 구체적 사물의 모순이므로 모순 전체는 끊임없이 사람들의 실천과 그의 환경의 상호작용에 의해 변하고 있다. 때문에 이런 원도 변함이 없는 것이 아니라, 끊임없이 변화하고 개방된 원인 것이다. 때문에 『모순론』은 우리에게 사물의 변증법에 맞는 과학적

이론체계를 전시한 것이다.

『모순론』은 모순의 의미, 사물의 구체적 모순과 모순문제의 정수 등 방면에서 마르크스주의의 모순학설을 논하였고, 우리에게 엄밀한 과학적 이론체계를 제공하였다. 이것은 모두 마오쩌둥이 모순학설과 전체 유물변증법이론에 대한 공헌이라고 볼 수 있는데 이런 학설이 더 이상 충실해지고 풍부해 지며 발전하지 말아야 한다는 뜻은 아닌 것이다.

지금의 인식으로 보면 『모순론』에는 진일보적으로 연구할만한 논점이 있다. 예를 들어 내적 원인과 외적 원인의 논술에서 내적 원인은 변화의 근거이고, 외적 원인은 변화의 조건이라는 것은 정확한 것이다. 형이학에서의 '외인론'을 비판하는 것은 필요한 것이다. 그러나 외적 원인은 일정한 조건에서 사물이 발전하고 변화하는 주요원인이 될 수 있는가는 논술하지 않았다. 현대의 체계론은 체계와 환경의 작용에서 환경은 체계에 늘 결정적 작용을 한다고 하였다. 사실 마오쩌둥은 그의 정치, 군사 저작에서 이런 생각을 말했지만 『모순론』에서는 논술을 하지 않았는데 이는 큰 유감이라고 할 수 있다. 그리고 『모순론』에서 '근본모순'과 '주요모순'에 대한 논술은 아주 훌륭하였고 중대한 실용적 가치와 이론적 의의가 있다고 하지만, 문장을 통독해 보면 이 두 가지 중요한 범주에 대한 구별과 연결에 대해서는 정확히 말하지 않았다.

이외에 평행과 불평행의 문제에서 동일성과 대립 면 사이에서 전화(轉化)하는 문제에서도 조금 더 연구를 해야 한다. 그러나 우리는 당시의 역사적 조건과 인식수준 그리고 힘든 상황에서는 피할 수 없다는 것을 알고 있다. 그 어떤 과학적 저작도 이런 문제가 있을 수 있기에 후인들은 선인들에게서 너무 엄격하게 요구하지 말아야 할 것이다. 때문에 어떤 동지들이 『모순론』 중 개별문제를 가지고 『모순론』의 과학성을 부정하는 것은 틀린 것이다. 그리고 어떤 동지들이『모순론』의 정확한 이론마저 비난하는 것은 극히 잘못된 행위라고 생각한다. 우리가『모순론』을 연구하고『모순론』의 공헌과 부족함을 분석하는 것은, 모두 실사구시의 과학적 태도를 취해야 하고, 이런 태도로 실천의 경험을 종합하고, 마오쩌둥 모순학설의 발전을 추진해야 하는 것이다.

다섯째,『실천론』과『모순론』의 관계 그리고 이 두 학설과 당의 사상노선의 관계.

먼저, 이 두 가지 이론은 서로 다른 각도에서 인식의 규칙을 제시하였다.『실천론』에서 마오쩌둥은 실천이 주관과 객관의 모순을 해결하는 특수한 작용에 대하여 설명을 하였고 실천을 기초로 한 인식발전과정의 변증법에 대하여 설명을 하였다.『모순론』은 모순의 보편성과 특수성의 상호관계 원리를 강조하였다. 특히 특수에서 일반으로 일반에서 특수로의 인식질서에 대한 논술은『실천론』이 강조한 인식이 실천을 의존하는 원리인 '실천, 인식, 재실천, 재인식'의 인식과정의 규칙이 방법론에서의 표현이라고 했다. 이런 인식은 정확한 것이다.

양자의 관계는 이것뿐만 아니다.『모순론』은 방법론 상『실천론』에서 제기한 발전을 인식하는 변증운동 규율을 심화하고 구체화하였다.『실천론』에서는 사람들은 실천에서 감성적 인식이 이성적 인식으로 상승해야만 실천으로 다시 돌아갈 수 있다고 하였고, 이성적 인식과 감성적 인식의 성질이 다르고, 이성적 인식은 사물의 본질, 전체와 내부의 연계를 반영한다고 하였다. 그리고 감성적 인식에서 이성적 인식으로의 발전은 큰 진보이고, 뇌를 통해 감성적 재료를 개조해야만 실현할 수 있다고 하였다. 그럼 사물의 본질, 전체와 내부의 연결은 직관적이고 반영할 수 없는 것이어서, 뇌를 통하여 감성적 인식을 가공해야만 이성적 인식을 형성하는데 사람의 뇌는 어떻게 '가공'해야만 이성적 인식의 요구에 부합되는 것일까? 『모순론』에서 이 문제에 대하여 답을 하였다. 『모순론』의 첫 장에서는 레닌의 말을 인용하여 변증법은 대상의 본질과 자신의 모순을 연구한다고 하였다. 이 관점은 칸트(Immanuel Kant)가 제일 먼저 발견하였다. 그는 '이성'이 추구하는 것은 대상의 본질이고 사람들이 사물의 본질 영역에 들어서면 모순에 빠진다고 하였다. 그는 곤혹에 빠졌다. 헤겔은 칸트가 곤혹에 빠진 것은 그가 모순의 적극적 의의를 알지 못하기 때문이라고 하였다. 그 본질은 "차별을 포함한 규정이다"[270] '이성'은 대립의 규정에서 그들의 통일을 인식하는 것이다. 즉 대립통일에서 사물의 본질을 인식하는 것이다. 마르크스주의 변증법은 이런 사상을 비판적으로 계승하고 인식이 사물의 본질을 반영하려면 사물의 내적 모순을 계시해야 한다고 하였다. 그렇지 않으면 마오쩌둥이 말한 것처럼 사물의 변화를 설명할 수 없는 것이다. 마오쩌둥은 『모순론』에서 특수한 모순으로 구성한 사물이 다른 사물의 특수한 본질과 구별된다고 하였다.

사람의 뇌는 감성적 인식을 가공할 때에 우선 대상의 모순의 특수성을 제기하고, 그 특수한 본질을 인식해야 한다. 동시에 이런 모순이 발전하는 과정에 모순 쌍방의 힘의 변화가 전화하고 사물이 각 발전단계의 성질을 인식해야 한다. 그리하여 모순의 특수성 가운데서 그 보편성과 공성, 그리고 여러 사물의 공동적인 본질을 연구하고 제시해야 한다. 그러면 우리는 사물의 특수한 본질과 구체적 성질 그리고 공동적인 본질을 반영하는 이성적 인식을 형성할 수 있는 것이다. 그리고

---

270) 헤겔, 『작은 논리』, 상무인서관, 1980, 250쪽.

이렇게 모순의 분석과 종합을 해야만 진정으로 거친 것과 거짓을 제거하고 정화와 진실을 추구할 수 있는 것이다. 때문에 마오쩌둥은 연안에서 철학을 강의할 때에 『실천론』을 강의한 후 『모순론』을 강의하였던 것이다.

그래서 마오쩌둥이 당의 사상노선을 논술할 때에 실제에서 출발해야 한다고 강조했을 뿐만 아니라, 실천을 하고 대립통일의 규칙, 즉 '하나를 둘로 나누는' 방법으로 주관성·편면성과 표면성을 극복하고 중국사회와 중국혁명 발전의 규칙을 정확히 제시하여 혁명의 승리를 지도해야 한다고 강조하였던 것이다. 마오쩌둥 사상은 중국공산당을 배양하고 『실천론』과 『모순론』은 공산당의 사상노선을 배양하였던 것이다.

제3절
실천법칙의 탐색

결합의 철학에서 과학이론은 방향의 지남이고, 객관실제는 근거와 출발점이며, 실천은 기초와 정착이며, 관건은 '구시' 즉 인식규칙이다. 마오쩌동이 '실사구시'에 대한 논술에서 '구시'는 세계를 인식하는 결과이고, 세계를 개조하는 전제이며, 인식과 실천은 통일된 중추이고, 인식과 실천의 전 과정을 관통하고 있다.

1. '구시(求是)'의 중점 : 실천규칙

규칙에 대하여 마오쩌동은 대량의 논술을 하였다. 그의 전 논술을 고찰해 보면 대체로 네 가지가 있다.

첫째, 일반과 구체적 관계에서 보면 정치, 경제, 문화, 군사 등 영역의 규칙은 구체적 과학의 규칙이고, 철학연구는 그중 일반적인 규칙이다. 『당의 작풍을 정돈하다(整頓黨的作風)』에서 마오쩌동은 지식은 실천에서 오고 다시 실천으로 돌아간다는 사물의 발전규칙에 대한 인식을 강조하였다. 이런 지식에는 두 가지가 있다. 하나는 생산투쟁의 지식이고, 다른 하나는 계급투쟁의 지식이다. 자연과학·사회과학은 이 두 가지 지식의 결정이다. 철학은 자연지식과 사회지식의 개괄과 종합이다. 즉 자연과학·사회과학은 사물의 발전하는 구체적 규칙을 반영하고 철학은 사물의 발전을 반영하는 일반규칙인 것이다. 마오쩌둥은 자연, 사회와 사유의 일반규칙 즉 변증법이 제시한 대립통일·질량호변·부정의 부정 등 이 세 가지 규칙의 근본은 대립통일 규칙이라고 하였다. 『모순론』 등 철학 저작에는 이에 대해 논술을 하였다.

둘째, 주관과 객관의 관계로 보면 규칙은 세 가지로 나뉜다. 하나는 자연계와 사회내부의 운동규칙 즉 마오쩌둥이 말한 사람의 의지로 전화하지 않는 '객관규칙'이고, 다른 하나는 사람들이 잘 알고 있는 자연계와 사회의 객관규칙 즉 마오쩌둥이 연구한 '군사규칙'과 같은 '과학규칙'이다. 세 번째는 주관적으로 인식되고 주체로 객체를 개조하는 것을 목적으로 한 실천과정의 과학적 규칙이다. 이것은 마오쩌둥이 저작에서 창조적으로 제기한 '지도규칙'이다.

셋째, 공성과 개성의 관계로 보면, 규칙은 '보편규칙'과 '특수규칙'으로 나뉜다. 마오쩌둥은 『중국혁명전쟁의 전략문제(中國革命戰爭的戰略問題)』에서 명백하게 말했다. "우리는 일반전쟁의 규칙을 연구해야 하고, 특수한 혁명전쟁의 규칙도 연구해야 하며 더욱 특수한 중국혁명전쟁의 규칙도 연구해야 한다."[271] 위의 '과학규칙'과 '개관규칙'의 관계는 반영과 피 반영의 관계라는 것을 알 수 있다. 때문에 '객관규칙'은 사람의 의지로 전이하지 않는 객관 존재이고, '과학규칙'은 마오쩌둥의 말대로

---

271) 『모택동선집(毛澤東選集)』 제2권, 1991년, 171쪽.

발전하고 변화하는 것이다. 그러나 '지도규칙'과 '과학규칙'의 관계는 반영과 피 반영의 관계가 아니라 응용과 불 응용의 관계이다. '과학규칙'은 실천에서 응용하려면 실제로 결합하는 문제가 있어야 한다. 즉 공성과 개성의 통일 문제이다. '보편규칙'과 '특수규칙'의 관계는 '과학규칙'이 '지도규칙'으로 전환하는 과정에서 발생하는 것이다. 마오쩌동이 실천을 중시했기에 '지도규칙'을 창의적으로 제기했을 때 '보편규칙'과 '특수규칙'의 관계문제도 연구하고 제기하였던 것이다. 『모순론』은 모순의 보편성과 특수성 관계에서 체계적으로 이 문제를 해결하였다.

넷째, 세계를 인식하고 개조하는 것으로 보면 규칙은 '인식규칙'과 '실천규칙'으로 나뉜다.

『중국혁명전쟁의 전략문제(中國革命戰爭的戰略問題)』에서 마오쩌동은 전쟁의 지도 규칙을 찾으려면 공부를 해야 하는데, 공부하는 관건은 정확한 방법에 있다고 하였다. 그것은 어떤 방법인가? 그것은 바로 적군과 아군의 정황을 숙지하고, 행동규칙을 찾아내며, 이런 규칙을 응용하여 행동하는 것이라고 하였다.[272] 때문에 우리는 실천 속에서 두 가지 규칙을 연구해야 한다. 하나는 세상을 인식하는 규칙인 인식규칙이고, 다른 하나는 세상을 개조하는 규칙인 마오쩌동이 말한 '행동규칙' 또는 실천규칙이다. 『실천론』이 연구하는 것은 인식규칙이고 세상을 인식하는 기점, 순서와 과정을 제시하였다. 그러나 마오쩌동은 『실천론』에서 아주 명확하게 말했다. "마르크스주의 철학에서 중요하다고 말한 문제는 객관 세상의 규칙성을 알고 세상을 해석한다는 말이 아니

---

272) 위의 책 178쪽.

라, 이런 객관규칙에 대한 인식으로써 능동적으로 세상을 개조하는데 있다."[273] 우리는 이미 사상을 해석하는 최고의 성과는 객관규칙을 반영하는 과정에서 '과학규칙'(즉 정의, 공리, 진리)을 찾는다는 것을 알고 있다. 세상을 개조하는 전제는 '과학규칙'인 진리와 구체적 실천과 결합하여 '지도규칙'(즉 전략과 책략, 노선과 방침, 정책)을 찾는 것이다. 그러나 전략의 실시 노선의 관철은 세상을 개조하는 실천을 목적으로 하고, 또 자신의 규칙을 갖고 있다. 이것이 마오쩌동 철학사상을 연구하는 중점인 행동규칙 또는 실천규칙인 것이다.

마오쩌동 철학사상이 사람들의 주목을 끌 수 있었던 것은 그의 사상이 특수한 역사적 사명을 안고, 또 이런 사명을 성공적으로 완성한 데 있었다. "중국은 어디로 가야 하는가?" 이 과제를 철학적 명제로 바꾸면 "어떻게 실천해야 하는가?"가 된다. 여기에는 두 가지 문제가 있다. 하나는 실천의 주체가 어떤 사상노선 또는 인식노선을 확립해야 하고, 어떻게 과학적 인식을 진행해야 하는가 하는 문제이다. 다른 하나는 실천의 주체가 어떻게 실천의 규칙을 장악하고 어떻게 과학적인 실천을 해야 하는가 하는 문제이다. 이 두 가지 문제는 긴밀히 연결되어 있다. 세계를 개조한다는 필요성에서 보면, 정확한 사상노선, 또는 인식노선을 확립하는 것은 과학적 실천을 하는 전제이다. 과학적 인식을 하는 문제는 역시 실천의 규칙을 제시하고 과학의 실천을 진행하는 것을 위하여 복무하는 것이다. 때문에 마오쩌동은 교주주의자들을 "학생을 인도하여 중국혁명의 논리를 배우지 않는다." "극히 잘못된 전형이다."라고 비판하였다. '혁명 논리'에서의 '논리'는 객관변증법 또는 객관

---

273) 위의 책 292쪽

규칙이고, '중국혁명'은 중국인민이 중국을 개조하는 위대한 칠천이기 때문에, 이 말은 즉 실천의 객관변증법 또는 실천의 객관규칙 즉 실천규칙인 것이다.

이점을 알고 마오쩌동의 저작을 읽으면 우리는 『반반주의를 반대한다(反對本本主義)』 『실천론』·『모순론』이 모두 중국공산당의 사상노선 또는 인식노선을 연구하는 한 종류라는 것을 알 수 있다. 그의 군사저작, 정치저작은 다른 종류이다. 예를 들어 『중국혁명전쟁의 전략문제(中國革命戰爭的戰略問題)』·『논지구전(論持久戰)』·『신민주주의론(新民主主義論)』 등이다. 사상노선의 문제도 있지만, 주로는 중국공산당의 실천규칙을 연구한 것이다. 위에서 분석한 바와 같이 사상노선의 연구는 실천규칙을 탐색하기 위한 것이다. 첫 종류의 작품은 두 번째 종류의 작품을 위해 복무하는 것이다. 첫 종류의 작품은 마오쩌동 철학사상의 중요한 대표작이고, 두 번째 종류의 작품은 더욱 중요한 마오쩌동 철학사상의 대표작이라고 할 수 있다. 그 원인은 다음과 같다.

첫째, 마오쩌동은 정치적 영도자로서 중국혁명을 영도하고 민족의 구망을 위해 철학을 공부하고 연구하였다. 그가 인식론 문제를 연구하고 인식론 노선문제를 연구한 것은 학술적으로 인식의 본질·특징·과정과 규칙을 연구한 것이 아니라, 중국공산당이 '투쟁 중에서 새로운 국면을 창조하는 사상노선'을 확립하기 위해서였다. '당의 사상노선'과 철학에서의 '인식노선'은 내용적으로 보면 같은 것이지만, 전자는 가치경향이 명확하고 당의 실천을 위해 복무한다. 사상노선의 연구는 실천문제의 연구로 돌아가게 되고, 실천규칙의 연구로 돌아가게 된다. 실천문제의 연구, 실천규칙의 연구는 또 인식문제의 연구 인식규칙의 연구를 포함한다. 이런 '귀속'과 '포함'의 의미가 마오쩌동의 두 번째 종류의 저작이 중요한 대표작인 것임을 결정하고 있다.

둘째, 마르크스는 처음으로 실천을 유물주의에 인용하고 이를 신 철학의 기초로 하였다. 이런 철학혁명은 여기에서 끝난 것이 아니라 엥겔스·레닌 등은 대대적으로 모색을 하여 이 혁명을 끊임없이 추진시켰다. 그들은 "마오쩌동의 공헌으로 늘 한 가지만 강조하였다. 즉 그는 인식과 실천의 변증관계를 체계적으로 논술하였고, 인식운동의 규칙과 변증과정을 제기하였으며, 처음으로 '능동적 혁명 반영론'이라는 논리를 과학적 개괄하였다"고 하였던 것이다. 이런 평가는 과분하거나 과장되지 않았고, 마오쩌동이 인식론 영역에 있어서 실천문제를 연구하는데 공헌했음을 강조하였던 것이다. 그러나 마오쩌동이 실천문제에서 한 큰 공헌인 실천규칙문제에 대한 창조성 탐색에 대해서는 지나쳐 버렸다. 우리는 두 번째 종류의 저작을 철학저작이라고 보고 그 중요성은 첫 종류의 저작보다 더 깊다고 생각한다.

셋째, 두 번째 종류의 저작은 중국혁명전쟁의 규칙, 항일전쟁의 규칙과 중국혁명의 규칙문제에 대해 탐색하고 해결한 것인데, 이는 중국혁명의 과정에서 절박하게 해결해야 할 문제였다. 다른 사람은 해결하지 못하였으나 마오쩌동이 해결하였고 그 가치도 일목요연하였다.

마오쩌동 '실천규칙'의 철학사상을 연구하기 위하여 우리는 『논지구전』을 대표적으로 연구를 해야 한다.

만약 『자본론(資本論)』이 마르크스가 남겨 준 '논리학'의 저작이라면, 마오쩌동이 우리에게 남겨준 『논지구전』의 논리는 마오쩌동 철학사상의 전범인 것이다. 이 저작에는 풍부한 인식론, 방법론과 형식논리 등 방면의 철학사상이 적혀 있어 마오쩌동이 혁명실천의 규칙성을 탐색하는 저작이다. 『논지구전』의 첫 사업은 "적아 쌍방의 정황"을 연구하는 것이고, 두 번째 사업은 "행동의 규칙을 찾는 것"이고, 세 번째 사업은 "이런 규칙을 자신의 행동에 옮기는 것"이었다. 여기서 "행동의 규칙을 찾는 것"은 중요한 문제이다. 따라서 우리는 『논지구전』이 실천규칙을 연구하는 대표작이라고 하는 것이다.

그럼 '행동규칙'이란 무엇인가? 즉 세상을 개조하는 실천규칙이란 무엇인가? 이 문제는 마오쩌동 외에 연구한 사람이 없었다. 그러나 마오쩌동 역시 자신이 제기하고 장기간 자연계나 사회 내부의 발전규칙이라고 생각하였기에 깊이 연구하지는 않았다. 때문에 여기서도 초보적으로 탐색을 했을 뿐이다.

2. 실천규칙은 주객체 사이의 대립통일규칙이다.

마오쩌동은 여러 규칙 중에서 가장 근본적인 것이 대립통일규칙이라고 했다.

『논지구전』에서 마오쩌동의 전 논리의 기점은 바로 항일전쟁의 가장 기본적인 모순인 "반식민지·반봉건의 중국과 제국주의 일본사이의 결사전"이었다. 모든 문제의 근거가 여기에 있다.[274] 그리고 이런 '근거'에 대하여 구체적인 분석과 서술을 하였다. 중일모순 중의 일본은 강국, 소국, 퇴보, 도움이 적은 특징을 갖고 있고, 중국은 약국, 대국, 진보,

---

274) 위의 책,제2권, 447쪽.

도움이 많은 특징을 갖고 있다. 이런 특징은 서로 반대되면서 서로 연결되어 '사실이 존재하는', '전쟁의 전체 기본요소'가 되고 "쌍방의 모든 문제와 일체 작전을 관철"하고 있다.[275]

마오쩌둥은 이런 주체와 객체의 모순 그리고 모순 쌍방의 특징과 관계를 장악하여 항일군민이 전쟁에서 반드시 지켜야 하는 행동규칙, 즉 항일전쟁의 실천규칙인 '지구전(持久戰)'을 제시하였다. 마오쩌둥은 이렇게 말했다. "우리가 항일전쟁을 지구전이라고 하는 것은 모든 적아 요소의 관계에서 발생한 결론이기 때문이다."[276] 여기서 우리는 모든 실천, 실천하는 자와 실천대상 사이인 주체와 객체 사이에는 개조와 피개조, 또는 개조와 개조에 저항하는 모순이 있다는 것을 알 수 있다. 때문에 주체와 객체의 관계는 일반적인 대응 관계가 아닌 모순관계인 것이다. 물론 실천과정에는 주객체 사이의 모순뿐만이 아니라 중대한 영향을 미치는 많은 복잡한 모순도 있는데, 주체와 객체는 실천활동을 구성하는 가장 중요한 부분인 것이다.

주체는 객체를 굴복시키고 개변시키려 하는데 객체는 주체를 '조롱'하거나 '징벌'한다. 양자 사이에는 서로 배척하는 투쟁성이 있다. 동시에 주체와 객체는 서로 의존하는 정황에서만이 주체와 객체가 될 수 있고, 주체는 일정한 조건에서 특수한 객체가 될 수 있으며, 양자는 서로 연결하는 동일성을 갖고 있다. 때문에 모순도 주객체가 있고 실천의 내부에 존재한다. 그러므로 우리는 마오쩌둥이 전략문제를 고려할 때에 적아를 구분하는 것을 혁명의 첫 문제로 하는 원인과 혁명의 동력과 대상의 연구를 중시하는 원인을 알 수 있는 것이다. 그 목적은 바

---

275) 위의 책, 450쪽.
276) 위의 책, 제2권, 460쪽.

로 실천의 주체와 객체를 정확히 구분하고 실천 속의 주체와 객체사이의 대립통일의 규칙을 제시하는 것이다. 이런 규칙은 주체가 능동적으로 객체를 개조하는 실천규칙 또는 행동규칙이다.

3. 실천규칙은 주체와 객체사이 모순 쌍방의 혁명이 전화하는 규칙이다.

실천은 주체가 능동적으로 객체의 물질적 활동을 개조하는 것이다. 여기서의 '개조'는 본질적인 특징이다. 변증법으로 보면 개조는 사물의 혁명 전화를 실현하는 것이다. 이에 대해 마오쩌동은 명확히 설명하였다. "공산당의 임무는 반동파와 형이상학의 잘못된 사상을 폭로하고 사물의 변증법을 선전하여 사물의 전화를 촉진하여 혁명의 목적을 이루는 것이다."[277] 혁명의 전화를 목적으로 한 변증법은 일반 자연계 재부의 변증법이 아닌 사람이 참가하는 물질세계의 변증법이고, 주체와 객체사이의 변증법이며, 실천의 변증법 즉 실천의 규칙인 것이다.

실천과정의 모순전화는 다른 사물발전과정의 모순전화처럼 조건성이 있고 과정과 특징은 구체적 조건의 제약을 받는다. 그러나 실천과정 중의 모순 전화는 다른 사물 반전과정의 모순전화와 구별이 있는데, 이것은 주체와 객체사이의 모순전화이다. 주체는 강렬한 실천목적성이 있고 동시에 자신의 구성·상황 등 여러 방면의 제약을 받기 때문에 모순전화에는 명확한 방향이 있는데 또 많은 변수가 있어서 복잡한 상황을 이루게 된다. 『논지구전』에서는 이런 방법으로 항일전쟁의 실

---

277) 위의 책, 제1권, 330쪽.

천규칙을 연구하였다. "중일전쟁이 지구전이라면 최후의 승리는 중국의 것이다. 이런 지구전은 세 가지 단계가 있다. 첫째는 적이 진공하고 우리가 방어하는 단계이다. 두 번째는 적의 전략이 보수적이고 우리가 진공하는 단계이다. 세 번째는 우리가 공격을 하고 적이 후퇴를 하는 단계이다."[278] 항일전쟁의 실천은 마오쩌둥의 이런 예견은 합리적이고 규칙에 맞는 것임을 검증하였다. 이런 규칙은 바로 항일전쟁의 주체가 열세로부터 우세로 전화하는 규칙, 즉 주·객체 사이의 모순전화의 규칙인 것이다.

4. 실천규칙은 주체가 객관실제에서 발휘하는 자각능동성 규칙 실천과 행동이다.

마오쩌둥은 이런 것을 주관이 객관에서 발휘한 인류의 특수한 능동성이이라고 했다. 그러나 실천규칙, 행동규칙은 객관실제에 의하여 정확하게 실천과 행동을 하는 규칙, 즉 정확히 인간의 자각능동성을 발휘하는 규칙이다.

여기서는 객관세계가 사람의 의지로 이전하지 않는 규칙성뿐만 아니라 사람의 자각능동성의 발휘도 규칙을 지켜야 한다고 했다. 이것은 아주 중요한 사상이다. 싸움이란 자각능동성이 가장 강렬하게 표현하는 실천이다. 마오쩌둥은 혁명전쟁을 영도할 때에 "용병술을 귀신 같이"하는 것도 행동규칙대로 자각능동성의 규칙대로 지휘를 했기 때문이다.

---

278) 위의 책, 제2권, 462쪽.

철학 교과서에서 자각능동성을 논술할 때에 모두 객관조건의 허가 범위 내에서 활동해야 한다고 강조하였는데, 이것은 정확한 것이지만 이 하나만을 강조해서는 안 된다. 마오쩌둥은 "전쟁을 지도하는 사람은 객관조건의 허가 범위를 초월하면 전쟁의 승리를 거둘 수 없다. 그러나 객관조건의 범위 내에서는 능동적으로 전쟁의 승리를 거둘 수 있다." "전쟁의 승부는 쌍방의 군사, 정치, 경제, 지리, 전쟁성질, 국제원조 등 많은 조건에 의해 결정되지만 이것들 뿐 만은 아니다. 이것만 있으면 승부를 겨룰 수는 있지만 마지막 승부를 겨루지는 못한다. 승부를 겨루려면 주관적 노력도 필요하다. 이것이 바로 전쟁 중의 자각 능동성이다."279

마오쩌둥의 『논지구전』은 전체 체계와 논리로 보면 세 가지 서로 연결되는 부분으로 구성되었다. 첫 번째 부분은 문제를 제기하는 것, 즉 항일전쟁은 지구전이라는 것을 제기한 것이다. 두 번째 부분은 "왜 논지구전을 하는가?"를 논술한 것이다. 세 번째 부분은 "어떻게 하는가?"와 "어떻게 하지 말아야 하는가?" 즉 "지구전을 어떻게 견지해야 하는가?"라는 문제를 연구하는 것이다. 우리는 세 번째 부분의 연구는 사람의 자각능동성으로 일으킨 것임을 알 수 있다. 이 부분에서 '전쟁 중의 능동성', '전쟁과 정치', '항일의 정치동원', '전쟁의 목적', '방어중의 진공, 지구전 중의 속결, 내선 중의 외선', '주동성, 영활성, 계획성', '운동전, 유격전, 진지전', '소모전, 섬멸전', '적의 틈새를 탈 가능성', '항일전쟁 중의 결전문제', '병과 민은 승리의 근본이다' 등 11개 문제를 거론하였다. 즉 "어떻게 하는가?"의 규칙인 능동성을 정확히 발휘하는 규칙을

---

279) 위의 책, 제2권, 478쪽.

연구하였던 것이다. 여기에서 우리는 두 가지를 알 수 있다. 하나는 마오쩌동은 "무엇인가?" 또는 "아므 것도 아니다"만 연구한 것이 아니라, "어떻게 해야 하는가?" "어떻게 하지 말아야 하는가?"도 연구했고, 행동규칙 또는 실천규칙을 연구하였다. 다른 하나는 행동규칙 또는 실천규칙은 자각능동성을 발휘하는 규칙이었던 것이다.

『논지구전』에서 마오쩌동은 어떻게 자각능동성을 발휘하는가를 논술할 때에 6가지 중요한 문제에 대하여 강조하였다.

(1) 반드시 객관조건이 허가하는 범위에서 사람의 자각능동성을 발휘토록 해야 한다.

(2) 먼저 실천의 목적과 임무를 명확히 해야 한다. 마오쩌동은 '전쟁과 정치' 그리고 '항일의 정치동원'이라는 장절에서 항일전쟁의 정치목적과 선전문제에 대하여 논하였다. '전쟁의 목적'이라는 장절에서는 전쟁의 본질에서 항일전쟁의 군사목적에 대하여 논하고, 정치와 군사의 방면으로 항일전쟁의 임무를 규정하였다. 이것은 자각능동성이 포함한 '자각'의 의미이다.

(3) 다음은 실천의 특징과 조작원칙을 명확히 해야 한다. "방어속의 진공, 지구 중의 속결, 내선 중의 외선"과 "주동성, 영활성, 계획성"이라는 장절에서 마오쩌동은 이 문제에 대하여 논하였다.

(4) 그 다음 실천의 형식상의 특징을 연구해야 한다. "운동전, 유격전, 진지전"이라는 장절에서 전쟁의 형식문제에 대하여 연구를 하였다.

(5) 그리고 실천의 효과와 실현수단의 문제를 연구해야 한다. "소모전, 섬멸전"이라는 장절에서는 전쟁의 효과문제에 대하여 논하였다.

(6) 마지막에는 실천 중 시기의 문제에 대하여 연구를 하였다. "적의

틈을 타는 가능성"과 "항일전쟁에서의 결전문제"라는 장절에서는 어떻게 시기를 장악하여 실천의 승리를 거두느냐 라는 문제에 대하여 논하였다. 따라서 실천 속에서 사람의 자각능동성을 정확히 발휘하려면 객관조건이 허가하는 범위 내에서 목적과 방법의 변증통일을 실현해야 한다. 이것이 바로 마오쩌동이 탐색하는 실천규칙 또는 행동규칙의 내용이었던 것이다.

제4절
중국의 사회변혁과 마오쩌동의 방법론 사상

마르크스주의의 기본원리와 중국혁명의 구체적 실제를 결합하는 과정에서 마오쩌동 철학사상은 명확한 인식론 기능을 발휘하고 과학적 방법론 기능도 명확히 드러냈다.

아주 오랜 시간동안 마오쩌동 철학사상을 배우고 선전할 때에 사람들은 늘 세계관 기능을 강조하고, 이들 사상을 개조하고 입장을 바꾸는 '예리한 무기'로 보면서 마오쩌동 철학사상의 명성을 손상시켰다. 사실 마오쩌동 철학사상은 일반철학과 같이 세계관과 방법론의 통일체이나 그의 형성사로 보나 이론내용으로 보나 주요한 기능은 세계관이 아닌 방법론에 있는 것이다. 이는 중국공산당과 중국인민이 중국사회를 개조하는 과학적인 방법론 사상이었다.

마오쩌동 철학사상이 형성되고 발전하는 과정에는 처음부터 방법론적 특징이 있었다. 마오쩌동은 중국인민이 마르크스·레닌주의를 찾으면 국가의 운명을 관찰하는 도구를 찾은 것과 같다고 했다.[280] 그리고 초보적으로 인식문제를 찾는 방법론이라고 했다.[281] 마르크스·레닌주의를 일종의 방법 또는 도구로 전화하여 중국의 사회개조 문제를 연구

---

280) 위의 책, 제4권, 1471쪽
281) 위의 책, 제2권, 379쪽.

하고 해결하는 것은 마오쩌동 철학사상의 기점이었다. 이런 발전방향 대로 마오쩌동 철학사상이 초보적으로 형성될 때에 『본본주의를 반대한다(反對本本主義)』에서 '본본주의의 사회과학연구법'을 반대하고, 마르크스·레닌의 '본본' "우리나라의 실제정황과 결합시켜야 한다"라는 방법을 제기하였다.[282] 마오쩌동 철학사상이 체계적이고 성숙되던 연안시기에, 마오쩌동은 철학을 연구하는 목적은 "도구에 대한 연구"와 "사상방법론의 연구를 위주"로 한다고 말했다.[283] 연안의 이론가들은 마오쩌동 철학사상의 방법론 특징에 주의를 기울였다. 예를 들어 장루신(張如心)은 1941년 4월 마오쩌동이 중국혁명에 대한 공헌을 논술할 때에 이렇게 강조하였다. "마오쩌동 동지가 이런 성공을 거둔 것은 유물적으로 우리나라의 정황을 이해하고, 마르크스주의 영혼인 유물변증법을 완전 습득하고 있었기 때문이었다."[284]

마오쩌동 철학사상의 이론 내용에도 방법론적 특징은 명확하였다. 우리는 모두 '실사구시'사상은 마오쩌동 철학사상의 정수라는 것을 알고 있다. 마오쩌동이 실사구시에 대한 과학적인 해석은 책에 적혀 있는 것처럼 간단하지가 않았다. '구시'의 주체는 머리가 '공백'의 상태인 주체가 아니라 마르크스·레닌주의 과학이론을 완벽하게 습득하고 있는 주체인 것이다. '구시'의 과정도 주체가 객체를 반영하는 과정뿐만이 아니다. 주체가 능동적으로 객체에 다가가 마르크스주의 과학이론으로 객체의 내적 규율을 탐색하는 과정인 것이다. 주체가 객체와 상호작용하는 과정에서 과학적 이론으로 객체의 내적 규칙을 파악할 때에 나타

282) 위의 책, 제1권, 112쪽.

283) 『모택동서신선집(毛澤東書信選集)』, 2003, 중앙문헌출판사, 123쪽·171쪽.

284) 「장루신, 마오쩌동 동지의 지휘 하에 전진한다(在毛澤東同志的旗幟下前進)」, 『해방주간』 127기.

나는 과정·순서와 규칙이 바로 방법인 것이다. 이런 의미에서 우리는 '실사구시' 사상은 변증유물주의 세계관과 인식론이 일체화한 방법론 내용이라고 할 수 있다.

마오쩌둥은 방법론의 연구를 중시하였다. 한편으로는 철학의 발전규칙과 관계가 있고, 다른 한편으로는 중국혁명의 내적수요 때문이었다. 마오쩌둥은 "세계관으로 세계를 보고 세계의 문제를 연구하며 혁명을 지도하고 사업을 하며, 생산에 종사하고 전쟁을 지휘하는 것 모두 방법론이다. 이외에는 다른 단독적인 방법론이 없다"[285]라고 강조하였다. 마오쩌둥의 방법론사상은 마르크스주의 세계관에서 전화되어 온 것이고 중국사회를 변혁하는 방법론이다.

지금 우리는 한편으로는 마르크스·레닌주의 사회건설의 과학이론과 외국 경제건설의 경험을 배워야 하면서, 다른 한편으로는 이 이론에는 중국 현대화건설과 개혁에 대한 답안이 없는 문제에 부딪쳤다. 마오쩌둥의 이론과 실제를 결합하는 방법론 사상을 연구하는 것은 복잡한 현대화 건설과 개혁에서 큰 성공을 이룰 수 있게 한다. 마오쩌둥 철학사상의 연구를 경멸하거나 시대에 뒤떨어진 사상이라고 하는 사람은, 중국혁명의 역사와 현실에 대한 인식이 부족하기 때문이고 혁명사업에 아주 불리한 것이다.

1. 실사구시 방법의 운용단계

국내학자들은 마오쩌둥이 중국사회를 변혁하는 방법론이 바로 실사

---

285) 모택동, 『변증법유물론강수제강(辯證法唯物論講授提綱)』 제3장, 1937.

구시의 방법론이라는 것을 알게 되었다. 마오쩌둥 방법론에 대한 연구를 추진하기 위해서는 모범적인 저작이 필요하다.

『논지구전』은 마오쩌둥 방법론을 연구하는 가장 좋은 저서일 것이다. 이 저작은 항일전쟁 초기에 쓴 것이지만 항일전쟁의 전 과정과 각 단계의 특징을 예견하고 상응하는 전략 전술을 제정하였다. 그리고 이 모든 것은 한 점의 오차도 없이 8년 항전의 실천에서 증명되었다. 사람들은 마오쩌둥의 엄밀함과 정확한 논리사유능력에 대해 탄복하지 않을 수 없었다. 그렇기 때문에 『논지구전』 중에 있는 "살아있는 논리"는 마오쩌둥의 방법론과 운용공식인 것이다.

『논지구전』을 관통하면 마오쩌둥의 방법론은 실사구시를 핵심으로 한 이론과 실천이 서로 연결되고 논리와 역사가 통일되며 모순분석과 종합이 서로 결합하는 방법론이라는 것을 알 수 있다.

마오쩌둥은 늘 대립통일규칙은 사물운동의 가장 기본적인 규칙이고 논리사유의 가장 근본적인 규칙이라고 강조했다. 논리 사유규칙의 의의가 있는 대립통일규칙은 마오쩌둥이 늘 말하던 모순 분석과 종합의 법칙이다. 이런 모순분석법은 사물은 간단한 존재물이 아니라 대립통일의 여러 요소로 구성된 모순체 또는 모순군이라는 것을 알 수 있다. 때문에 사물을 인식할 때에 통일체에서 서로 연결하고 배척하는 대립면 또는 대립 요소를 분리하고 그 지위와 서로 전화하는 추세를 제시해야 한다. 때문에 이런 모순분석법은 논리학의 일반분석과 다른 종합법, 유기통일의 분석법이다. 즉 종합에 분석이 있고 분석에 종합이 있는 변증방법이다. 이런 변증의 분석과 종합방법이 바로 『논지구전』이 제시한 실천규칙의 기본방법이다.

주지하듯이 마오쩌둥은 모순분석법을 논술할 때에 모순의 보편성과 특수성을 통일해야 한다고 강조하였다. 즉 "구체적인 문제는 구체적으로 분석한다"라는 마르크스주의 방법이었다. 『논지구전』에서 마오쩌동은 일반적인 분석과 종합을 한 것이 아니라, 중일모순 즉 항일전쟁의 주체 객체의 모순의 특징을 파악하고 구체적인 분석과 종합을 하였다. 그는 모순의 양과 질에 대해 분석하고 모순 쌍방의 물질적 요소와 정신적 요소 등에 대해서도 모순의 비교와 분석을 하였다. 그리고 모순 쌍방이 대립투쟁 중 질과 양의 변화와 방향에 대해서도 구체적인 분석과 개괄을 하였다. 이런 모순의 보편성과 특수성을 통일시키는 분석과 종합을 통하여 그는 항일전쟁 중의 주체와 객체의 모순 즉 중일 모순은 대립된 투쟁에서 세 단계를 거친다고 하였다.

즉 객체가 주요모순인 방면, 주체가 비 주요모순인 방면의 단계·주객체 쌍방이 내부의 질과 양의 복잡한 변동과 상황에 나타난 평행 단계·주체가 주요모순의 방면, 객체가 비 주요모순 방면의 단계이다. 이 세 단계는 모순대립면의 주요 지위가 일정한 조건에서 서로 전화하는 단계이다. 마오쩌동은 철학 교과서에서처럼 기지의 전화현상에 대하여 철학적 해석을 한 것이 아니라, 철학을 도구로 현실의 모순을 분석하여 '합리적 가상'으로 전화하고 과학적 결론을 얻었다. 항일전쟁의 실천은 이런 '가상'의 정확성을 검증하고 이런 보편성과 특수성이 통일된 분석법과 종합법의 정확성을 검증하였다. 이런 실사구시를 핵심으로 한 모순분석법과 종합결합법은 논리운용에서 세 가지 기본 전환이 있다. 바로 마오쩌동이 『실천론』에서 말한 세 가지가 그것이다.

- 실천 속에서 감성자료를 수집한다.
- 감성자료에 대해 과학적 분석을 한다.
- 종합을 통해 이성적 인식을 하고 실천에 사용한다.

이것이 바로 마오쩌둥이 『당팔고를 반대한다反對黨八股』에서 논술한 세 가지 문제이기도 하다. 즉

■ 문제를 발견하다.

■ 문제를 분석하다.

■ 문제를 해결하다가 그것이다.

이것은 '실사구시'를 논리사유의 방법론으로서 '문제'를 출발점으로 하고 서로 구별하면서 서로 심투하는 문제의 발견법, 문제의 분석법과 문제의 해결법인 완전한 방법체계인 것이다. 마오쩌둥이 제창하는 실지고찰법, 조사법, 반성법과 실천에서 사용하는 통찰법은 모두 문제를 발견하는 구체적 방법이다. 그는 정치, 군사저작에서 비교법, 연상법, 성질분석법, 수량분석법, 모순구조분석법, 주요모순 분석법, 경험종합법, 역사분석법, 증명법, 위선제거법 등 방법을 대량적으로 응용하였는데, 이것은 모두 문제를 분석하는 구체적인 방법이다. 중국혁명의 복잡한 문제를 치리할 때에 채용한 가설법, 결합법, 평행법, 두 전선 작전법, 기획법 등은 모두 문제를 해결하는 방법이었다.

이처럼 풍부한 내용인 방법론 사상이 중국사회의 변혁을 위하여 과학적 기초를 닦아주었던 것이다.

『논지구전』의 논리 운용절차는 세 단계로 전개되었다.

첫 단계는 '문제의 제기'이다. 항일전전은 망국을 할 것인가 속전을 할 것인가 라는 문제는 민족의 생사와 관련된 큰 문제였다. 마오쩌둥은 국민이 관심을 갖는 문제를 잡고 지구전이라는 문제를 제기했고, '문제의 근거'는 항일전쟁 중의 주·객체 모순의 문제라고 했다. 이런 과정은 모순을 발견하는 과정이었다. 모순을 발견하는 것은 창조적으로 활동하는 중요한 단계로 모순을 분석하고 해결하는 기석과 기점이기도

했다. 두 번째 단계는 '문제의 분석'이었다. 마오쩌동은 중·일모순과 기본요소 종합성에 대한 분석을 통하여 항일전쟁의 노선을 합리적으로 설정하였다. 이 단계는 실천규칙을 제시하는 관건적인 단계였다.

세 번째 단계는 '문제의 해결'이었다. 이 단계에서는 문제를 제기하고 모순을 해결하는 방안을 제기하였다. 이 단계에서 주체요소는 분석의 대상이 아닌 참여하는 역량이 되었다. 그렇기 때문에 마오쩌동은 사람의 자각능동성으로부터 "군대와 인민은 승리의 기본"으로 즉 사람은 실천이 성공할 수 있는 기본이라고 하였다.

마오쩌동은『논지구전』에서 실천규칙을 제시할 때에 비교법, 귀납법과 전개법을 통일하는 방법, 역사와 논리를 결합하는 방법, 가설법 등 여러 가지 방법을 응용하였다. 이것은 변증의 분석과 종합법의 인솔 하에 과학적인 방법을 형성하고 항일전쟁의 정확한 전략의 제정을 위하여 큰 작용을 발휘하였다.

2. 실사구시의 방법론 원칙.

중국사회의 특수한 복잡성 때문에 마오쩌동이 마르크스이론을 방법으로 전화할 때 영활성과 창조성과 실천성이 있는 방법론 원칙을 형성하였다. 이것은 중국공산당이 인민을 영도하여 중국사회를 개조할 때 사용한 기본적인 방법론 원칙이었다.

첫째, 구체 객관성 원칙.
마오쩌동은 중국이 사회변혁을 할 때에 "실제에서 출발"하는 기본원칙을 준수해야 한다고 말했다. 마오쩌동은 주체가 객체를 장악할 때에 어떤 방법으로나 객체의 구체적 정황에서 출발해야 한다고 말했다. 문제를 발견하고 분석하며 해결하는 과정에는 이런 객관성의 원칙을 지켜야 했던 것이다.

'모순'과 '문제'로 보면 마오쩌동은 서로 연결하고 점차적으로 진행하는 세 가지 유형이 있다고 했다. 처음은 물질세계 또는 개관세계의 내적 모순이다. 다음은 처음 모순으로 인한 주관세계와 객관세계 사이의 모순이다. 세 번째는 앞의 두 가지 모순으로 인한 주관세계 내부의 모순이다. 여기에는 정확한 사상과 정확하지 않는 사상, 선진적 사상과 낙후한 사상의 모순이 있다. 그리고 또 마오쩌동 방법론 사상이 연구하는 대상과 임무 중 하나이기도 하다. 이런 '모순'과 '문제'를 일반적으로 "객관존재의 모순" 또는 "구체적 문제"라고 한다. 사회현상으로서 '실제'라고도 부른다.

동시에 마오쩌동이 강조하는 '실제'는 실천과 연결이 있는 실제이다. '문제'란 실천과정에서 폭로한 객관세계의 내부, 주객관과 주관세계 내부의 실제모순이다. 마오쩌동 방법론사상에서 실천은 문제를 발견하는 기초일 뿐만 아니라, 문제를 분석하고 해결하는 기초이기도 하다. 더욱 중요한 것은 방법의 진실성과 믿음성을 판단하는 권위이다. 이런 의미에서 우리는 마오쩌동 방법론 사상은 실천성과 영활성적인 특징이 있다고 할 수 있다.

둘째, 전체 종합성 원칙.

사회의 변혁은 특별히 복잡한 공정이다. 마오쩌동은 사회변혁에는 전체를 장악해야 만이 정확한 전략을 형성할 수 있다고 했다. 때문에 전면적으로 문제를 보고 신천에서 전면적으로 사물내부의 횐적 연계와 종적 연계를 장악해야 한다고 강조하였다.

종적으로 보면 마오쩌둥은 객관사물의 개성에서 출발하여 그 공성(共性)을 제시하고, 다시 공성의 인도로 구체적 개성을 전시하였다. 문제를 발견하고 분석하며 해결하는 것은 분석과 종합이 서로 결합하는 노선이었던 것이다.

이런 종적인 분석과 종합은 횡적인 분석과 종합과 연결되어 있다. 마오쩌둥은 대국을 고려하고 전국을 통관해야 한다고 강조하였다. 그리고 "전국은 일체 국부로 구성한 것이고, 국부는 전국에 속해 있는 것이다"[286]라고 말했다. 따라서 국부 사이의 횡적 연결을 하여 전국(全局)적으로 종합해야 한다고 했다. 적국과 국부, 전체와 부분은 사물 내부의 횡적 연결이고, 공성과 개성, 보편성과 특수성은 사물 내부의 종적 연결이라고 했다. 마오쩌둥의 방법론 사상은 종횡으로 연결하고 결합한 전체 종합성 원칙의 방법론을 관철하는 논리였던 것이다.

셋째, 역사과정성 원칙.

마오쩌둥은 사물은 늘 발전하는 과정이라고 했다. 중국사회의 방법론으로 표현하면 '역사─현실─미래'가 통일하는 원칙 즉 역사과정성 원칙이 그것이었다.

먼저 마오쩌둥은 그 어떤 현실은 모두 역사의 현실 즉 특정역사가 발전한 결과라고 했다. 중국을 변혁할 때에도 마오쩌둥은 마르크스주의를 배우고 외국의 선진적 경험을 배우는 것은 중국의 역사와 결합하여야 하고, 맹목적으로 배외하거나 중국의 역사발전규칙을 떠나서는

---

286) 『모택동선집(毛澤東選集)』 제2권, 1991, 인민출판사, 379쪽.

안 된다고 강조 하였다.

다음으로 마오쩌동은 현실의 연구는 미래를 보아야 한다고 말했다. 그리고 현실에서 출발하여 미래의 청사진을 그려야 하고 이 청사진으로 현실의 분투목표를 기획해야 한다고 말했다. 즉 문제의 분석과 해결은 전면적으로 문제의 역사, 현실과 미래에 대하여 연구를 하고 각 단계 사이의 연계에 대하여 연구를 해야 한다고 했으니, 이런 원칙이 바로 마오쩌동 방법론 사상의 역사과정성 원칙이었던 것이다.

마오쩌동은 현실에서 미래까지는 여러 가지 가능성이 있으므로 일방적으로 직선으로 발전하는 것이 아니라고 했다. 동시에 혁명가는 주관적 노력으로 조건을 창조하고 이상을 쟁취하는 가능성이 있다고 했다. 이로부터 마오쩌동 방법론 사상 중의 역사과정성 원칙에는 창조성이 있다는 것을 알 수가 있다.

넷째, 혁명전화성 원칙.

"사물의 전화를 촉진시키고 혁명의 목적을 이룬다"는 것은 마오쩌동이 규정한 임무와 목표이고, 마오쩌동 방법론 사상의 기본원칙이다. 마오쩌동이 철학을 '도구'로 전화한 것은 중국을 개조하기 위해서였다. 마오쩌동은 서재에 있는 철학가가 아니라 실천 속의 철학가였다. 그렇기 때문에 그의 방법론 사상도 '혁명전화'의 표식을 가지게 된 것이다. 사실 우리는 당과 마오쩌동의 실천에서 개괄한 문제의 발견법, 분석법, 해결법의 주선이 바로 사물이 혁명의 방향으로 전화하게 촉진하는 것 즉 마오쩌동이 말한 '신진대사'라는 것을 알 수가 있는 것이다.

이 네 가지 기본적인 방법론 원칙은 마르크스·레닌주의 원리에 부합되면서 또 중국혁명과 중국전통 방법론적 특징을 가지고 있었다. 이런 방법은 다발적이고 동시에 작용하는 것이지 고립적으로 발생하는 것이 아니었다. 그렇기 때문에 마오쩌둥의 방법론 사상으로 중국을 개조하려면 전면적으로 이런 원칙을 장악해야만 방법론의 우세를 형성할 수 있게 되는 것이다.

제5절
마오쩌둥 철학과 스탈린 철학의 관계

마오쩌둥 철학사상은 풍부한 내용이 있다. 여기서는 일일이 논할 수가 없는데, 한 질문에 대해서는 대답을 해야 할 것 같다. 마오쩌둥 철학사상과 스탈린 철학사상은 어떤 관계인가? 마오쩌둥 철학사상을 연구할 때 어떤 학자들은 스탈린의 철학사상이 마오쩌둥 철학사상의 영성에 직접적인 중대한 소극적 영향을 하였다고 여겼다. 심지어 마오쩌둥의 '투쟁철학'도 스탈린 철학사상의 영향을 받은 것이라고 했다.

1. 소련의 30년대 철학은 스탈린 철학과 다르다는 것은 우리가 먼저 연구해야 하는 기초적인 문제이다.

소련은 1938년 이전의 철학저작에는 Сироков, Айзенбург 등 '소장파(少壯派)' 철학저작과 '스탈린(斯大林)'의 철학저작이 있는데, 이것을 모두 스탈린 철학이라고 간단하게 말할 수는 없는 것이다. 양자 사이에는 연결이 있고 구별도 있기 때문이다.

그들의 연결은 정치적으로 표현된다. Сироков, Айзенбург, 등 '소장파(少壯派)' 철학저작은 소련의 30년대 데보린(Deborin) 철학을 비판하는 투쟁에서 나타난 것이고, 스탈린 철학은 이 투쟁의 종합이었다. 1929년 말 스탈린은『소련 토지정책의 몇 가지 문제를 논하다論蘇聯土地政策的幾個問題』에서 이렇게 논하였다. "우리들의 실제 사업성과와 이론사상의 발전은 조금 어긋나고 있다."소련 철학이론이 실천과 어긋나는 문제를 토론할 때에 '소장파'는 철학계 지도자 데보린·아브람 모이세비치(abram Moiseevich) 등을 비판하였다. 1930년 비판과 반비판의 모순이 깊어가는 가운데 모순의 중심은 철학연구의 방법으로 전개되었다. 전환점은 1930년 말에 있었다. 12월 9일 스탈린은 홍색교수학원 지부위원회의 회원에게 Deborin·Abram Moiseevich의 파벌을 '형식주의 경향'이 있다고 하였다. 이것은 학원식, 교수식의 화법이었다. 그는 Deborin·Abram Moiseevich 파벌을 '면셰비키 유심주의'라고 불렀다. 그 후 철학 논전이 신속히 정치적 토벌로 발전하게 되었다.

연공 중앙은 1931년 1월 25일에 결의를 하여 집적적·정치적으로 철학연구를 간섭하였다. 이런 상황이 점점 심각해져 갔다. 1936년 어떤 문장에서는 Deborin·Abram Moiseevich 파벌을 '반혁명 역도' '반혁명 테러리스트' 등 반혁명의 모자를 씌웠다. 1938년 스탈린의 철학저작『변증유물주의와 역사유물주의를 논하다(論辯證唯物主義和曆史唯物主義)』도 이런 배경에서 발표된 것이다. 이로부터 소련의 30년대 철학과 스탈린 철학에는 긴밀한 연결이 있게 된 것이고, 그 연결고리는 Deborin 철학을 비판하는 투쟁이었으며, 그 특징은 정치비판으로 철학논쟁을 한 것이라는 것을 알 수 있다. 시로코브(西洛可夫, Cирokoв, Shirokov)·아이젠베르그(愛森堡, Aйзенбург, Aizenberg의 저작인『변증유물론교정(辯證法唯物論教程)』과 미팅(米丁)의 저작인『변증유물론과 역사유물론(辯證唯物論與曆史唯物論)』을 보면 정치적 비판의 화약 냄새가 곳곳에서 난다. 그들의 구별은 아래와 같다.

우선 1938년 전 소련 철학계는 데보린에 대한 비판이 모두 일치하였지만, 개인의 철학관점은 모두 같지 않았다. 1938년 이후 스탈린의 철학을 돌출시켜 철학에는 생기가 없었다. 양자는 근본적으로 다른 것이다. 다음 중요한 것은 소련 30년대 철학과 스탈린 철학의 이론 구조가 다른 것이다.

『변증유물론교정(辯證法唯物論敎程)』
서론 철학과 당파성
1장 유물론과 관념론
2장 인식론으로 보는 변증법
3장 변증법의 근본법칙−질로부터 량으로의 전화와 반면의 법칙
4장 본질과 현상, 형식과 내용
5장 가능성과 현실성, 우연성과 필연성
6장 유물변증법과 형식논리학

『변증유물론과 역사유물론(辯證唯物論與曆史唯物論)』
서론 방법은 변증이고 이론은 유물주의이다
1장 마르크스주의 변증법의 네 가지 기본 특징
2장 마르크스주의 철학유물주의 세 가지 기본 특징
3장 역사유물주의

그들의 구별은 이론적으로 표현되었다. 먼저 1938년 이전의 소련 철학계에서 데보린에 대한 비판은 일치하였지만, 각자의 철학관이 일치한 것은 아니었다. 1938년 이후 스탈린 철학이 우세를 차지하였고, 양

자는 근본적으로 다르게 되었다. 다음 중요한 것은 소련의 30년대 철학과 스탈린 철학은 이론적으로도 많이 달랐다는 점이다. 그 다음으로는 주요한 철학관점도 달랐던 것이다.

이런 연결과 구별을 이해하는 것은 우리가 마오쩌둥 철학사상의 역사발전을 연구하는데 도움이 된다. 어떤 동지들은 마오쩌둥 철학사상은 스탈린 철학사상의 직접적 영향을 받고 형성되었다고 하는데, 이것은 그들이 소련의 30년대 철학과 스탈린 철학 사이의 관계와 구별에 대해 연구하지 않았다는 것을 의미한다고 할 수 있다.

2. 마오쩌둥 철학과 스탈린 철학의 다른 점과 같은 점

철학적 범주 또는 철학적 술어로 보면 마오쩌둥 철학은 스탈린 철학보다 훨씬 독창적이었다. 물론 총체적인 범주에서는 관점이 같고 사용 범주도 같았으나 마오쩌둥은 자신만의 창조성이 있었다. 특히『모순론』에서 '모순의 보편성'과 '모순의 특수성', '주요 모순'과 '비 주요 모순' 등의 범주를 대량적으로 사용하였는데, 스탈린 철학에는 없는 것이었다.『마오쩌둥철학주석집(毛澤東哲學批注集)』에 대한 연구를 통하여 이런 범주 중 일부는 소련의 30년대 철학저작을 참고로 했다는 것을 알 수 있다. 예를 들면 '모순의 특수성', '주요 모순'과 '비 주요 모순' 등이 그것이었다. 그러나 마오쩌둥은 이런 범주에 대하여 더욱 심각하게 체계적으로 해석을 하고 개조를 하였다. 이런 참고와 창조가 서로 결합하는 과정에서 특색이 있는 마오쩌둥철학사상이 형성되었던 것이다.

마오쩌둥과 스탈린이 철학이론 체계를 구성한 목적이 다른 것은 중요한 구별이다. 스탈린은 당시 레닌주의를 보위하고 레닌의 철학유산을 보위하는 사업을 하였다. 이런 사업은 30년대부터 시작하였는데 『레닌주의 기초를 논하다(論列寧主義基礎)』『레닌주의 몇 가지 문제를 논하다(論列寧主義的幾個問題)』등 주요 저작을 발표하였다. 스탈린의 출발점은 레닌주의가 마르크스주의 체계에서의 지위를 확정하는 것이었다. 그러나 이 사업을 할 때에 그는 다른 동지들의 의견을 듣지 않고 레닌주의의 보편적 의의만을 과대평가하였다. 그는 그리그 지노비에프(Grigori Zinovyev)의 관점을 비판하고 "레닌주의는 제국주의 전쟁시대와 농민이 대다수인 나라가 직접 세계혁명시대의 마르크스주의를 시작하는 것과 같다."라고 말했다. 그리그 지노비에프(Grigori Zinovyev)도 레닌의 전우였다. 그는 레닌주의에 부정이나 비난을 하지 않았는데 스탈린은 그가 틀렸다고 생각해서 "이것은 바로 레닌주의를 국제무산계급의 학설에서 소련의 특수한 정황의 산물로 변화시킨 것이다"[287]고 혹평했다. 스탈린은 "레닌주의는 제국주의와 무산계급혁명시대의 마르크스주의"라고 생각하고 그 어느 누구도 레닌주의를 소련의 사상체계라고 해서는 안 된다고 하였다. 현대인들은 스탈린의 사상방법에는 과대일반성, 부정특수성이 있고, 일반과 특수의 형이상학의 특징을 부정했다고 본다. 철학적으로 보아도 그렇다. 『변증유물주의와 역사유물주의를 논하다(論辯證唯物主義和歷史唯物主義)』에서 모두 레닌의 명의로 하고 보편적 의의를 가진 철학적 이론체계를 만들려고 하였다. 여기에서 특수성 문제는 언급하지 않았다. 사실 이렇게 하면 레닌주의를 보위하지도 못하고, 레닌주의의 진정한 정화를 버리게 되며, 레닌주의를 상처받게 한다. 마오쩌둥은 스탈린과는 반대였다. 그가 하려는 사업은 마

---

287) 『스탈린선집(斯大林選集)』상권, 인민출판사, 1979년, 396쪽.

르크스주의 기본원리를 운용하여 중국혁명의 복잡한 문제를 해결하려는 것이었다. 토지혁명전쟁시기 그는 본본주의를 반대해야 한다고 명확히 주장하였다. 마오쩌동의 사로는 일반성이 어떻게 특수성과 결합하여 모순의 특수성 문제를 해결할 것인가를 탐색하는 것이었다. 여기에는 중국과 외국의 다른 특수성, 중국혁명과 외국혁명의 다른 특수성, 중국혁명의 여러 발전단계의 특수성을 포함하고 있다. 당시 특히 항일전쟁 단계, 토지혁명전쟁 단계는 모두 다른 특수성을 갖고 있었다. 때문에 마오쩌동은 홍군이 서북에 이른 후 마르크스주의 철학저작을 수집하여 중국혁명의 운명과 전도가 관련된 중대한 문제를 탐색하기 시작하였던 것이다. 그는 엥겔스·레닌의 철학 원작을 읽었는데, 가장 주의를 둔 것은 시로코브(西洛可夫) 등의 저작이었는데, 그 원인은 이런 저작들이 특수성 문제에 대하여 많이 언급했기 때문이었다. 스탈린은 절대적인 보편적 의의가 있는 마르크스주의 철학체계를 건립하려 하였고, 마오쩌동은 중국혁명의 특수성 문제를 해결할 수 있는 마르크스주의 철학체계를 건립하려 하였는데, 이것이 양자의 기본적인 구별이었다. 이로부터 마오쩌동과 스탈린 철학관점의 구별이 결정되었던 것이다.

마오쩌동 철학과 스탈린 철학의 주요한 이론 관점의 구별:

첫째, 마오쩌동은 주체와 객체의 관계, 그리고 주관과 객관, 인식과 실천의 관계를 철학인식론의 중심적 범주로 하였고, 스탈린은 물질과 의식의 관계를 철학 인식론의 중심적 범주로 하였다. 『실천론』과 『모순론』에서 마오쩌동 철학인식론의 중심 범주는 주관과 객관, 인식과 실천이다. 예전에 우리는 스탈린 철학으로 마오쩌동 철학을 해석하고, 주관이 의식이고 객관이 물질이라고 여겼다. 그러나 이런 해석에는 두 가지 문제가 존재했다. 하나는 원리적으로 물질이 의식을 결정하기에 객관이 주관을 결정하고, 범주학적으로 보면 주관의 '주'는 객관의 '객'을 상대로 '주'가 된 것이다. 즉 주관은 '주어', 객관은 '술어'이고, 주관은 객관을 상대로 주도적 지위에 있는데, 이것은 모순이 아닌가? 다른 하나는 원리적으로 보면, 물질과 의식은 기본적인 관계이고, 인식과 실천의 관계가 해결되면서 해결되는 것이다. 그러면 어느 편이 더 기본적인가? 인식과 실천, 주관과 객관을 기본관계로 하는 방안이 있는데, 이는 물질과 의식의 관계가 철학의 기본문제라는 전형적인 논법과 모순된다. 『모택동철학비주집(毛澤東哲學批注集)』은 우리에게 이런 문제를 해결하는데 믿음직한 자료를 제공해 주었다. 마오쩌동은 소련의 30년대 철학저작을 공부하고 개괄할 때에 주체와 객체를 중심으로 마르크스주의 철학을 연구하였다. 그는 주체는 구체적인 사람이고, 사회의 계급이며, 객체는 사람 이외의 외부세계라고 하였다. 그러나 그것은 변하지 않는 것이 아니기에 주체와 객체의 변화를 인식하는 것은 혁명 시기에 아주 강렬히 표현되었다. 그리고 주체와 객체는 변증 통일이고, 실천에서만이 실현된다.

실천은 외부세계를 변화시키고 자신을 변화시키기 때문이다. 이런 기본관점과 연결시켜 그는 루트비히 안드레아스 폰 포이어바흐(費爾巴哈, 독일 철학자이자 인류학자)의 주객체의 통일은 변하지 않는 통일이란 관점을 부정하였고, 게오르크 빌헬름 프리드리히 헤겔(黑格爾)의 주객체의 통일은 객체가 주체에서 사라지는 통일의 관점도 부정하였으며, 게오르기 발렌티노비치 플레하노프(普列漢諾夫, 러시아의 마르크스주의 이론가이며 혁명가, 러시아 마르크스주의 운동의 기초를 닦음)의 주객체는 늘 직관적 기초에서 통일하는 관점과 데보린(德波林)의 주객체의 통일은 기계적통일이라는 관점을 부정하였다. 『모택동철학비주집(毛澤東哲學批注集)』의 이런 사상은 주로 시로코브(西洛可夫) 등의 저작에서 개괄한 것이지만 아주 중요하였다. 첫째, 여기에서 우리는 마오쩌둥이 늘 말하는 '주관과 객관' '인식과 실천'은 모두 '주체와 객체'에서 파생한 것이라는 것임을 알 수 있다. 마오쩌둥 철학인식론의 진정한 중심 범주는 주체와 객체이다. 둘째, 스탈린의 물질과 의식을 중심범주로 하는 철학인식론과 근본적으로 구별이 되었다.

둘째, 중심 범주의 구별은 능동 반영론과 피동 반영론의 부동점에서 집중적으로 표현되었다. 마오쩌둥이 주체와 객체를 철학인식론의 중심 범주로 하고, 주체는 사유가 있는 사람이고, 객체는 주체가 인식하는 대상으로 하는데, 주체의 인식에 객관적 내용을 제공하기에 주객체 사이는 상호적 작용이라고 하였다. 마오쩌둥은 소련의 30년대 철학이 마르크스주의 실천관에 대한 전술에서 주체와 객체의 관계는 실천을 기초로 된 통일이고, 주체와 객체는 먼저 실천의 주체와 객체이고, 다음에 인식의 주체와 객체이기 때문에 인식과정은 반드시 주체의 실천과정을 거쳐야 한다고 말했다. 따라서 이런 인식론은 실천을 기초로 한 능동의 반영론이지, 직관적인 피동의 반영론은 아닌 것이다. 『모택동철학비주집(毛澤東哲學批注集)』과 『실천론』을 연결해 보면, 기본 관점은 "반영론은 피동의 섭취대상이 아니라 능동적인 과정이다. 생산과 계급투쟁에서 인식은 능동의 요소이고, 세계를 개조하는 작용을 한다.["288]
이 점에서 마오쩌동철학과 스탈린의 철학은 큰 구별이 있는 것이다.
스탈린 철학 인식론의 중심 범주는 물질과 의식이고, 사람과 사람의
활동이 없기에 그의 인식론은 의식과 물질의 반영만 논술한 것이었다.
세계와 그 규칙은 인식될 수 있고, 인식은 경험과 실천의 점검으로 객
관적 진리의 의미가 있는 지식이 될 수 있는 것이다. 실천은 인식의 기
초이고, 인식은 능동의 반영과정이라는 것을 돌출시키지 않았기에, 직
관적인 피동적인 반영론과 선을 그을 수가 없었던 것이다.

　　셋째, 능동성에 대한 강조는 마오쩌동 철학이 모순 동일성에 대한
문제를 결정하였다. 특히 대립 면 사이가 일정한 조건에서 서로 전화
하는 문제를 중시하였다. 『모택동철학비주집(毛澤東哲學批注集)』에서 마
오쩌동은 "인식의 주체와 객체의 변화는 혁명시기에 특히 강렬하였
다"[289]라고 말했다. 기계론의 관점을 비판하면서 실천에 존재하는 주체
와 객체의 삼투를 강조하였다. 무엇 때문에 이런 상황이 나타난 것인
가? 변증법을 연구하면서 그는 사물내부에는 모순이 존재하고 모순의
동일성이 존재하기 때문이라고 말했다. 그는 "대립의 쌍방이 서로 결
합하고 새로운 대립으로 전환하는 것이 삼투이다"[290]라고 말했다. 그
리고 "변증법의 중심 대립의 삼투 즉 대립의 동일성을 연구하는데 있
다"[291]라고 말하면서 대량의 지면을 할애하여 문자주석에서 그 이치를

288) 『마오쩌동철학주석집(毛澤東哲學批注集)』, 중앙문헌출판사, 1988년, 15쪽.
289) 위의 책 18쪽.
290) 위의 책 76쪽.
291) 위의 책 79쪽.

논술하였다. 『모순론』에서 그는 대립면의 상호전화를 동일성의 두 번째 의미로 제기하였는데, 철학계는 이에 대해 논쟁을 그치지 않았다. 마오쩌둥의 모택동철학비주집(毛澤東哲學批注集)』을 읽으면 그가 이 문제를 제기하고 강조하는 데는 근거가 있다는 것을 알 수 있다. 그는 실천에서 이 문제를 개괄하였다. 중요한 것은 이것은 그의 능동적인 반영론과 일치하고 주체와 객체가 능동적으로 존재할 수 있는 내부적 원인이라는 점이다. 이 문제에서 스탈린은 마오쩌둥과 달랐다. 그는 변증법을 논술할 때에 모순관이 돌출되지 않았고, 네 번째 특징에서 레닌이 말한 '변증법의 핵심' 문제를 논술하였다. 모순문제를 논술할 때에 그는 모순은 '대립면의 투쟁'이라고 보았다. 그는 변증법의 첫 번째 특징으로 사물 사이의 상호 연결에 대해 말하였지만, 이들을 단지 '서로 의존하고 서로 제약한다'라고 말했다. 전화의 문제는 양변이 질변으로 발전할 때에만 제기되고, 사물의 재적모순의 '대립면의 상호전화'가 아니라고 하였다. 때문에 스탈린의 철학적 영향에서 소련의 철학가들이 50년대에 『모순론』을 읽었을 때 마오쩌둥이 동일성에 대립면이 서로 전화한다는 내적 연계의 관점을 이해하지 못하였던 것이다.

마오쩌둥 철학과 스탈린 철학 사이에는 이론 관점의 구별이 더 있는데, 여기서는 세 가지 가장 돌출적인 구별에 대해서만 논하였다. 이 말은 마오쩌둥 철학과 스탈린 철학 사이에는 공통점이 하나도 없다는 뜻이 아니다.

공통점을 말한다면 적극적인 것과 소극적인 것이 있다. 적극적인 것은 양자는 모두 마르크스·레닌주의 철학체계 범위 내의 철학이론이고, 기본범주도 일치하며, 이론과 실천의 결합을 주장하는 것이다. 소극적인 것은 양자는 철학의 정치성을 과도하게 돌출하여 이론비판과 정치적 토벌을 했다는 것이다. 이런 방면에서도 마오쩌둥은 스탈린과 구별이 있으나 그의 일생으로 보면 그는 철학의 정치화를 철학이론에 정치의 모자를 씌워 비판을 하였는데, 이는 스탈린 철학의 영향을 받지 않았다고는 말하지 못한다. 이 점이 마오쩌둥의 철학적 탐색을 속박하기도 하였다.

1938년 스탈린의 『변증유물주의와 역사유물주의를 논하다(論辯證唯物主義和曆史唯物主義)』가 발표되기 전 마오쩌둥의 철학적 사유가 활발하고 창조성이 있다는 것을 알 수 있다. 1938년 이후 그는 스탈린의 철학 저작에 큰 불만을 가지고 연안에서 처음으로 읽을 때에 물음표를 열 개나 표시했고, 훗날에는 "스탈린을 모방할 필요가 없다"라고 명확히 말했으나 스탈린의 저작을 크게 수정하지는 못하고 사상적으로도 큰 속박을 받아 신 중국 건립 후에도 스탈린 철학체계가 중국의 강단에 오르는 것을 용인하였다.

그러나 종합적으로 보면 마오쩌둥 철학과 스탈린 철학은 다른 것이라고 할 수 있다. 외국학자들이 마오쩌둥 철학을 일방적으로 중시하는 것도 바로 이 때문인 것이다.

참고문헌

1. 『毛澤東選集』第1-4卷, 人民出版社.

2. 『毛澤東早期文稿』, 湖南出版社.

3. 『毛澤東農村調査文集』, 人民出版社.

4. 『毛澤東書信選集』, 中央文獻出版社.

5. 『毛澤東哲學批注集』, 1988, 中央文獻出版社

6. 『一大'前後』, 人民出版社.

7. 『中共中央文獻選集』第1-18冊, 中共中央党校出版社.

8. 『建党李來重要文獻選編』第1-26策, 中央文獻出版社.

9. [美] 伊·卡恩, 『毛澤東的勝利與美國外交官的悲劇』, 群衆出版社.

10. [美] 費正淸, 『美國與中國』, 商務印書館.

11. 『中國昨天與今天(1840-1987國定手冊)』, 解放軍出版社.

12. 胡繩, 『從阿片戰爭到五四運動』, 上海人民出版社.

13. 『孫中山選集』第1-11卷, 中華書局.

14. 『毛澤東自述』, 人民出版社.

15. 陳建中·金邦秋, 『智惠的曙光-毛澤東早期·建党和大革命時期著作研究』, 陝西人民出版社

16. 『劉少奇選集』, 人民出版社.

17. 『鄧小平文選』, 人民出版社.

18. 『周恩來選集』上卷, 人民出版社.

19. 胡繩主編, 『中國共産党的七十年』, 人民出版社.

후기

탈고를 하고 나니 긴장하고 있던 마음이 홀가분해진 것 같다… 드디어 『모택동과 근대중국』을 탈고했기 때문이다. 이런 기분이 드는 것은, 첫째 출판사와 약정한 원고 마감시간 때문이었다. 상하이 연구기관에서 베이징의 중앙기관으로 전근하느라 탈고하는 일자가 자꾸만 미뤄져서 '의무적·감정적'으로 괴로웠었는데, 탈고하면서 그런 무거운 마음의 짐을 내려놓을 수 있었던 것이다. 물론 관용을 베풀어준 출판사에게 감사할 뿐이다.

『모택동과 당대중국』이 1991년 6월에 푸젠(福建)인민출판사에서 출판된 후, 널리 홍보하지 않았음에도 독자들이 많이 구입해줘서 크게 감동을 받았었다. 덕분에 재 인쇄까지 해야 했는데, 이는 학술저작을 발행하는 경우 극히 드문 일이라고 한다. 필자 입장에서 얼마나 잘 썼다고 감히 말할 수 있는 것이 아니기에, 필자가 연구를 하면서 느낀 바를 독자들에게 간략하게 알려주었을 뿐인데, 많은 독자들이 편지를 보내와 크게 격려해주고 높이 평가해주어서 매우 기뻤다.

일부 매체와의 인터뷰에서 『모택동과 근대중국』 『모택동과 당대중국』 『모택동과 모택동 후의 당대중국』 등 '모택동 연구 3부곡'을 저술할 것이라는 계획을 밝히자, 독자들은 더욱 더 많은 편지를 보내와 하루 빨리 다른 두 저작을 읽을 수 있기를 바란다는 마음을 전해주었다. 그러나 아무렇게나 책을 쓰고, 아무렇게나 책을 출판하는 것이 달가운 일이 아니었기에 안팎으로 큰 압박을 느껴야 했다. 그러다가 이제야 독자들에게 보고하고 설명할 수 있게 되어 그나마 마음의 짐을 덜 수 있을 것 같아 홀가분하기 짝이 없다.

그렇다고 이 분야 연구에서 완전히 손을 놓겠다는 의미는 아니다. 『모택동과 근대중국』이 어떤 의미에서 보면 『모택동과 당대중국』보다 쓰기가 더 어려웠는데, 그것은 『모택동과 당대중국』이 사회주의시기 마오쩌동의 이론과 실천을 확실하게 이해한 위에서 써야 했기 때문이었다. 그러다 보니 독자들에게 도움이 되는 점도 있었다고 감히 말하고자 한다. 첫째는 많은 독자들이 역사에 대해 관심이 많기 때문에, 그 시기의 모택동에 대해 객관적으로 공정하게 볼 수 있도록 하였다는 점이다. 둘째는 '문화대혁명'과 마오쩌동과의 관계에 대해 많은 독자들이 한 측면에 대해서는 잘 알고 있지만, 다른 한 측면에 대해서는 잘 알지 못하고 있는데, 그 '두 명의' 마오쩌동을 나란히 세워놓으려고 노력했기 때문에, 독자들은 참신하다는 느낌을 받을 수 있다고 본다는 점이다. 『모택동과 근대중국』에서는 주로 신민주주의 혁명시기의 마오쩌동에 대해 썼는데, 그 부분의 역사에 대해서는 거의 모든 사람이 잘 알고 있을 것이다. 마오쩌동의 찬란한 업적으로 인해 사람들의 머릿속에는 '두 명의' 서로 다른 마오쩌동이 있다는 사실에 대해서는 별로 평가와 생각을 하지 않고 있는 것 같다. 따라서 그러한 생각을 갖고 평범하게 썼다면 필연적으로 다른 저작들과 내용이 중복될 가능성이 많을 것이라고 생각한다. 그렇게 된다면 아무런 의미가 없는 것이므로, 필자는 새로운 것을 써야 한다는 생각으로 열정을 기울였던 것이다. 그런

데 말이 그렇지 생각한 대로 새로운 것을 쓴다는 것은 쉬운 일이 아니었기에 필자는 선뜻 필을 들 수 없었던 것이다. 그러다 보니 『모택동과 당대중국』을 먼저 쓴 뒤 『모택동과 근대중국』을 쓰게 되었던 것이다. 특히 공론화된 문제에 대해서는 더욱 쓰기가 어려웠기 때문이었다.

『모택동과 당대중국』을 저술할 당시는 본인이 연구생에게 강의하는 강의안을 토대로 하여 특정 주제를 둘러싼 사실들을 근거로 하여 역사를 재평가하는 연구방법을 통해 마오쩌동의 사회주의 이론과 실천에 대해 상세하게 논술하였었는데, 뜻밖에도 독자들의 좋은 반응을 얻었던 것이다. 이 책에 대한 많은 서평에서 필자의 이러한 연구방법이 과학적이라며 논제에 대해 깊이 연구하는데 이로운 방법이라고 긍정적인 평가를 해주었던 것이다. 그래서 『모택동과 근대중국』을 저술할 때도 그러한 방법을 취하여 기존의 저작들보다 더 깊이 있는 분석을 하고자 하였다. 그러나 막상 서술을 시작하고 보니 두 책이 다른 성격의 책이었기 때문에 『모택동과 당대중국』의 연구방법을 그래도 본뜨면 안 된다는 사실을 발견하게 되었다. 그래서 몇 장을 쓴 뒤 필자는 손을 놓고 이 두 책을 어떻게 구별 지을까를 깊이 생각하게 되었다.

사회주의시기에 마오쩌동은 어려운 탐색을 진행하는 탐구자로서 중국의 실제상황에 부합하는 사회주의 건설의 길을 걷고자 시도하였다. 그러나 만년에 그의 지도사상에 심각한 오류가 생겨 그 탐색을 완성하지는 못하였다. 이 역사적 위인은 그 역사시기에 성공한 일면도 있고, 과오도 있으며, 경험도 있고, 교훈도 주었다. 그렇기 때문에 반드시 분석에 중점을 두어야 한다고 느끼게 되었던 것이다. 신민주주의 혁명시기에 마오쩌동은 어려운 탐색을 진행하는 탐구자였을 뿐 아니라, '신민주주의 이론'의 창시자이며 완성자였다. 그래서 우리는 분석에 중점을 두어 일정한 깊이와 새로운 의미를 갖도록 해야 할 뿐 아니라, 그 이론 내부의 논리적 연관성, 즉 체계문제에 대해서도 고려해야만 했다. 이 책이 출판될 즈음이면 마침 마오쩌동 탄신 100주년을 맞이하게 될 것으로 예측된다. 만약 '신민주주의이론' 체계문제에서 좋은 견해를 제기할 수 있다면, 이 또한 훌륭한 기념이 되지 않을까 여겨진다. 이런 생각을 하는 동안 필자의 머릿속에서는 이 저작의 창작 방향이 더욱 명확해졌으며 자신감도 높아질 수 있었다.

필자가 오랫동안 마오쩌동 사상에 대해 연구하면서 느낀 바로는 마오쩌동이 이끈 혁명이 성공할 수 있었던 가장 근본적인 경험은 그가 실사구시적 사상노선을 형성하고, 그것을 전 당의 사상노선으로 삼게 했기 때문이라고 알게 되었다. 그 사상노선을 근거로 마오쩌동은 두 계열의 기본 구상을 완성할 수 있었다. 그 한 계열은 객체 면에서 근대 중국이 반식민지·반봉건 국가로서 구국과 발전이 중화민족 앞에 놓인 두 가지 기본문제였다. 모든 애국자·혁명가가 성공을 거두려면 모두 그 현실을 직시해야 했다. 어떤 '주의'를 선택하든지 간에 그 두 가지 역사적인 과제를 해결할 수 있는 '주의'여야만 가장 좋은 '주의'라고 할 수 있었기 때문이었다. 이는 역사적인 요구이며, 또한 사회발전 객관법칙의 요구이기도 했다. 다른 한 계열은 주체 면에서 중국인민은 부지런하고 용감하지만, 행동 법칙을 이행하지 못한다면 아무 일도 이룰 수 없기 때문에, 반드시 중국혁명의 논리에 대해 연구하고, 그 논리에 따라 근대중국의 일련의 복잡한 문제를 해결해야만 한다는 점이었다. 그래서 『모택동과 근대중국』의 모든 내용은 이 두 가지 기본 문제를 하나의 문제로 연결시켰다. 이는 마오쩌동의 '신민주주의 이론' 체계를 구축해야 한다는 문제의식을 갖고 있던 필자의 생각이었다. 한편 필자는 '실사구시'가 인식론과 방법론의 각도에서 보나, 가치론의 각도에서 보나 모두 서로 연결된 세 개의 구성부분이라고 생각했다. 그 세 구성부분 중 첫 번째는 '실사(實事)론'이었다. 그 본질을 보면 '구체적 모순론'이 그것이었다. 실제에서 출발하자는 것으로 모순을 발견하고 문제를 제기하는 것이었다. 그 가치 취향을 보면 '인민 이익론'이라 할 수 있는데, 이는 곧 인민의 이익에서 출발하자는 것이었다. 이는 세계를 인식하고 개조하는 출발점 혹은 근거였다. 두 번째는 '구시(求是)론'이었다. 그 실질을 보면 모순을 분석하고 규칙을 명시할 수 있는 것이고, 가치관 면에서 보면 여러 가지 이익 관계에 대해 정확하게 인식하고 분석하자는 것이었다. 이는 세계를 인식하는 관건이며, 세계를 개조하는 전제였다. 세 번째는 '정확한 목표론'이었다. 그 요구를 보면, 모순을 해결하고 세계를 개조하는 것이었다.

가치 목적에서 보면, 인민을 위해 봉사하고, 인민대중에게 눈에 보이는 물질적 이익을 가져다줌으로써, 그들이 사회와 국가의 주인이 되게 하는 것이었다. 이러한 인식론·방법론·가치관에 따라 중국의 실제 상황에서 출발하여 제시한 '신민주주의 이론'은 그에 상응하는 세 개의 서로 연결되는 부분으로 구성되었다. 그것이 바로 필자가 '서론' 제3절에서 제기한 바 있는 '근대중국 국정론' '신민주주의 혁명론', '신민주주의 사회론'이다. 독자들은 이 책 제2장에서 '근대중국 국정론'에 대해 논술하였고, 제3장부터 제6장까지는 '신민주주의 혁명론'에 대해 논술하였으며, 제7장에서는 '신민주주의 사회론'에 대해 논술하였음을 발견할 수 있었을 것이다. 다시 말하면 제2장에서 제9장까지 여덟 개의 장에는 마르크스주의를 중국의 실제와 결합시켜 이루어낸 제1차 역사적·비약적인 성과인 '신민주주의 이론'에 대해 논하였다. 그 이외의 두

장 중 제1장에서는 중국문제를 해결하려면 반드시 마르크스주의를 선택해야 하며, 이는 신민주주의 이론이 생겨날 수 있는 전제임을 논하였다. 그리고 제10장에서는 종합하여 신민주주의 이론이 생겨나게 된 철학적 바탕에 대해 논하였다. 다시 말하면 마르크스주의 기본 원리와 중국의 구체적인 실제를 결합시킨 실사구시를 정수(精髓)로 하는 모택동의 철학사상에 대해 논한 것이었다. 이것이 바로 이 책의 체계이자 필자가 인식하고 있는 모택동의 '신민주주의 이론'의 체계와 내부의 논리관계였다.

이로써 우리는 신민주주의시기에 마오쩌동이 당과 인민을 이끌고 악전고투하면서 근대중국의 기본문제를 해결하기 위해 전례 없는 위대한 업적을 쌓았을 뿐 아니라, 더욱 중요한 것은 우리 후세 사람들에게 소중한 정신적 재부, 즉 신민주주의 이론과 실사구시를 정수로 하는 마오쩌동 철학사상을 남겨주었음을 볼 수 있는 것이다.

마오쩌동이 중국혁명을 이끈 경험을 종합하고, 깊은 산 속에서 보물을 찾듯이 마오쩌동의 민주혁명시기의 사상적 정수를 연구하고 널리 발양시키고자 한 것이 이 책을 쓰게 된 목적이다. 이는 숭고하지만 어려운 임무였다. 엄청나게 많은 문헌과 예리하게 파헤친 논단을 접하고 연구하는 과정에서 정신세계가 크게 풍부해졌음을 느꼈으나, 그것을 한 부의 이론연구 저작으로 승화시키려면 어떻게 개괄하고 어떻게 분석해야 할지 한참 골머리를 앓아야 했다. 그것을 이제 드디어 탈고하게 된 것이다. 모든 것을 독자들의 평가에 맡기고자 한다!

이 삼부작의 연구와 창작과정에서 필자의 지도교사인 저우항(周抗) 선생님이 중요한 지도를 해주셨으며, 편찮으신 몸으로 서언까지 써주셨으니 참으로 감사하기 그지없다. 푸젠인민출판사의 왕유첸(王有千)

동지도 많은 수고를 해주었다. 여기서 깊은 감사의 뜻을 표하고자 한다. 물론 필자를 위해 막중한 집안일을 도맡아 해준 아내 두푸쒼(杜馥蓀)에게도 감사의 뜻을 전한다.

이 책에서 필자는 장자오이(蔣照義)와 공동 창작한 『중국혁명과 '모순론'』(푸젠인민출판사에서 출판), 장자오이·후전핑(胡振平)·우쥔(吳軍)·첸훙밍(錢宏鳴) 등과 공동으로 완성한 『모택동사상연구대계·총론류(毛澤東思想研究大系·總論類)』(상하이인민출판사에서 출판)의 일부 내용을 이용하였다. 비록 자신의 저작이긴 하지만 그래도 사실을 독자들에게 설명해야 한다고 보기 때문에 밝히는 것이다.

독자들도 알고 있듯이 이 책에서는 유감스럽게 빠뜨린 부분도 있다. 예를 들면 마오쩌동의 신민주주의 혁명시기에 그의 군사사상의 중요한 공헌을 빠뜨린 것과 같은 경우이다. 원래는 1장 혹은 제4장의 한 절을 할애해서 논할 계획도 있었으나 필자가 익숙지 않은 연구영역에서 임의로 평가할 용기가 나지 않아 결국 그만두었다. 과학을 위해서 그렇게 할 수밖에 없었던 점에 대해 독자들의 양해를 구하는 바이다. 빠뜨린 부분을 제외하고도 책에 편파적인 부분이 있는 것도 불가피한 일이었다. 전문가 학자들과 여러 분야의 독자들, 그리고 친구들의 지도 편달을 진심으로 고대하는 바이다.

1993년 9월 베이징에서